PHILIPPA CARR
besser bekannt als
VICTORIA HOLT

DER ZIGEUNER UND DAS MÄDCHEN

Roman

WILHELM HEYNE VERLAG
MÜNCHEN

HEYNE ALLGEMEINE REIHE
Nr. 01/7812

Titel der englischen Originalausgabe
THE RETURN OF THE GYPSY
Deutsche Übersetzung von Hilde Linnert

6. Auflage

Inhalt

I

Romany Jake

Kaum ein Mensch, der den Sommer und Frühherbst des Jahres 1805 erlebt hat, wird ihn jemals vergessen. Im ganzen Land herrschte Angst vor dem Unheil, das im Schoß der Zukunft verborgen lag; doch stärker als alle Angst war die Entschlossenheit, dem Schrecklichen zu begegnen. Die ganze Nation rüstete sich gegen die Invasion durch den fürchterlichsten Feind, dem sich die Völker Europas seit den Tagen Attilas, des Hunnen, gegenübersahen. Der korsische Abenteurer Napoleon Bonaparte hatte der Welt gezeigt, daß seine Eroberungslust vor nichts haltmachte. Nachdem er den größten Teil Europas unterworfen hatte, wandte er sich jetzt unserer Insel zu.

Jedermann sprach von ihm; noch das kleinste Gerücht über ihn wurde weiterverbreitet und aufgebauscht; man nannte ihn allgemein nur »Boney«, denn es gibt kein besseres Mittel gegen die Angst als die Verachtung – selbst wenn sie nur gespielt ist. Man nannte ihn auch verächtlich »den kleinen Korporal«; und die ärgste Drohung einer Mutter einem ungehorsamen Kind gegenüber war: »Wenn du nicht brav bist, wird Boney dich holen« – als wäre Boney der Teufel persönlich. Boney war der »schwarze Mann«, und es wird zu dieser Zeit wohl kaum jemanden in England gegeben haben, der nicht voll böser Ahnungen damit rechnete, daß Boney den Kanal überqueren würde.

Im gesamten Land formierten sich Bürgerwehren; Waffen wurden zusammengetragen und in geheimen Depots versteckt. Wir betrachteten das Meer, das unsere Küste umspülte, und segneten es, ganz gleich, ob es sich ruhig und blau vor uns erstreckte oder wütend tobte. Es war unser großer

Verbündeter, denn es trennte uns von der Landmasse, über die Napoleons Bataillone marschierten und wo ihm offenbar niemand Einhalt gebieten konnte.

Angesichts dieser drohenden Gefahr wurden selbst Feinde zu Verbündeten. Wir bildeten eine einzige große Familie, die entschlossen war, ihre Unabhängigkeit zu verteidigen. Wir waren kein kleiner europäischer Staat, den man ohne weiteres überrennen konnte. Bis jetzt hatten wir die Meere beherrscht, und wir hatten nicht vor, unsere Rolle als erste Seemacht aufzugeben. Wir hofften, daß wir auf unserer kleinen Insel unangreifbar waren und deshalb unsere Freiheit bewahren würden.

In unserer Familie gab es kaum ein anderes Gesprächsthema, und bei den Mahlzeiten hörten wir unserem Vater zu, der seine Ansichten zur allgemeinen Lage zum besten gab. Mein Vater war das unangefochtene Familienoberhaupt. Er war der Patriarch, der Herr im Haus. Es gab nur zwei Familienmitglieder, die ihn mild stimmen und beeinflussen konnten: meine Mutter und ich.

Er war zu dieser Zeit bereits alt – sechzig –, meine Mutter war seine zweite Frau. Obwohl sie einander in ihrer Jugendzeit geliebt hatten, war jeder von ihnen zuerst mit einem anderen Partner verheiratet gewesen. Meine Mutter hatte aus erster Ehe bereits einen erwachsenen Sohn und eine erwachsene Tochter; ich war die Frucht der so lange verzögerten zweiten Verbindung.

Infolge dieser späten Heirat hatten sich in unserer Familie reichlich komplizierte Verwandtschaftsverhältnisse ergeben. Zum Beispiel war meine Freundin und Spielgefährtin Amaryllis, die mit mir gemeinsam aufgewachsen und nur einen Monat jünger war als ich, eigentlich meine Nichte: ihre Mutter Claudine war nämlich die Tochter meiner Mutter aus ihrer ersten Ehe.

Ich leitete daraus eine gewisse Vorrangstellung Amaryllis gegenüber ab – ich war nicht nur um einen Monat älter als sie, sondern auch ihre Tante.

Manchmal sprach ich sie sogar mit »Nichte« an, bis unsere Gouvernante, Miss Rennie, mir befahl, diesen Unsinn zu lassen.

»Es ist doch eine Tatsache«, widersprach ich.

»Das ist kein Grund, es so hervorzukehren«, erwiderte Miss Rennie jedesmal. »Ihr seid beide kleine Mädchen, und ein Monat Altersunterschied ist vollkommen bedeutungslos.«

Ich war kein so liebes kleines Mädchen wie Amaryllis. Sie war blond und sah aus wie einer der kleinen Engel auf den bunten Bildern in unserer Familienbibel. Manchmal wunderte ich mich, daß sie keinen Heiligenschein hatte. Sie war hübsch und zart, hatte blaue Augen und lange blonde Wimpern, ihr Gesichtchen war herzförmig, und ihre Haare waren gelockt.

Sie war sehr freundlich und liebte Tiere; ihre Mutter Claudine, die meine Halbschwester war, betete sie an, ebenso David, ihr Vater, der der Sohn meines Vaters war. Ganz gleich, wie man es betrachtete – unsere Verwandtschaftsverhältnisse waren in der Tat überaus verworren. Doch wir waren eine Familie, die zusammenhielt, und am engsten hielten Amaryllis und ich zusammen.

Wir wurden gemeinsam unterrichtet; wir bekamen am gleichen Tag Ponies; wir lernten gemeinsam beim gleichen Reitlehrer reiten; wir hatten die gleiche Gouvernante; wir waren wie Schwestern. Doch obwohl wir verwandt und beinahe ständig zusammen waren, unterschieden wir uns in Aussehen und Temperament grundlegend.

Ich war sehr dunkel, hatte beinahe schwarzes Haar, dunkelbraune Augen, dichte, dunkle Augenbrauen und Wimpern. In unserer Familie gab es sowohl Frauen mit sehr dunklen wie auch solche mit sehr hellen Haaren, wovon man sich in unserer Ahnengalerie überzeugen konnte. Einige der dunkelhaarigen Frauen hatten blaue Augen, was einen sehr reizvollen Gegensatz bildete. Zu ihnen gehörten meine Vorfahrin Carlotta und meine Mutter. Sie waren die außergewöhnlichen Frauen, die die Fesseln der Konvention sprengten, wenn sie Lust dazu hatten. Auch ich gehörte zu ihnen. Dann gab es die sanften Frauen mit den freundlichen, *guten* Gesichtern. Sie standen in deutlichem Gegensatz zu den dunklen Mitgliedern der Familie.

Amaryllis und ich paßten genau in dieses Schema. Wir wurden liebevoll umsorgt. Vermutlich hätten die meisten Eltern eine Tochter wie Amaryllis vorgezogen, doch meine Eltern liebten mich so, wie ich war. Sie wußten, daß ein kleiner Rebell in mir steckte und daß meine Reaktionen nicht immer vorhersehbar waren. Wahrscheinlich war auch meine Mutter in ihrer Jugend so gewesen. Mein Vater wiederum war ein kühner, rasch entschlossener Mann, deshalb war ihm eine Tochter lieber, die ihm nachgeriet.

Daß Amaryllis und ich gute Freundinnen waren, verdankten wir größtenteils ihrem selbstlosen, nachsichtigen Wesen. Wenn ich nach dem Lieblingsspielzeug griff oder das Schaukelpferd übermäßig lang für mich in Anspruch nahm, gab sie einfach nach. Das bedeutete nicht, daß sie keinen Kampfgeist besaß. Sie konnte sich für eine gute Sache vorbehaltlos einsetzen. Vielleicht war sie über ihr Alter hinaus klug und sah ein, daß es keinen Sinn hatte, um etwas zu kämpfen, das die Mühe nicht lohnte; vielleicht hatte sie auch erkannt, daß ein Gegenstand, den ich an mich riß, bereits seinen Wert verloren hatte, weil sie ihn nicht so verzweifelt besitzen wollte, wie ich.

Wie immer, Amaryllis war Amaryllis, und ich war Jessica, und es hat wohl nie zwischen zwei Kindern, die im selben Haus aufwuchsen, einen größeren Gegensatz gegeben.

Meine Eltern, besonders mein Vater Dickon, entsprachen ebenfalls nicht konventionellen Vorstellungen. In unserem Haushalt traf er die Entscheidungen, und sein Wort war Gesetz.

Als wir etwa acht Jahre alt waren, fand mein Vater, daß wir zu groß waren, um mit Miss Rennie im Kinderzimmer zu essen; von nun an nahmen wir die Mahlzeiten gemeinsam mit unseren Eltern ein.

»Ich liebe es, wenn die Familie beisammen ist«, erklärte mein Vater.

Beide Elternpaare waren sehr verständnisvoll. Sie ermutigten uns Kinder zum Reden und hörten uns immer aufmerksam zu. Ich sprach gern, und mein Vater ermunterte mich dazu. Dann lehnte er sich zurück, beobachtete mich, und um seinen Mund zuckte es manchmal verräterisch, als unterdrücke er ein Lachen. Er debattierte mit mir, stellte mir Fallen, und ich stürzte mich immer Hals über Kopf in die Diskussion. Ich äußerte meine Ansichten vollkommen unbefangen, denn je mehr ich meinem Vater widersprach, desto zufriedener war er.

Meine Mutter hörte hingerissen zu, ohne die Augen von uns zu lassen.

Das gleiche galt für Amaryllis; ihre Eltern waren genauso stolz auf sie wie die meinen auf mich. Ich stellte mir vor, wie die Ehepaare in ihren Schlafzimmern miteinander sprachen, und hörte förmlich meinen Vater: »Amaryllis hat nicht den Kampfgeist unserer Jessica. Ich bin froh, daß wir eine solche Tochter haben.«

Und im anderen Schlafzimmer: »Wie verschieden die beiden doch sind. Ich bin froh, daß Amaryllis nicht so vorlaut ist. Jessica ist manchmal richtig vorlaut.«

Wir waren beide der Liebe unserer Eltern sicher – und das ist das wichtigste für ein Kind.

Der Gedanke, daß eine fremde Macht unser Familienleben stören könnte, beunruhigte uns. Wie allen Engländern war auch meinen Eltern die Bedrohung deutlich bewußt. Überall erwachte der Patriotismus. Erst wenn die Menschen fürchten müssen, daß sie einen Besitz verlieren, wird ihnen klar, wie kostbar er ist.

So sah es in jenen denkwürdigen Tagen des Jahres 1805 bei uns aus.

Ein großes Herrenhaus, in dem eine weit verzweigte Familie lebt, hat etwas Beruhigendes an sich. Eversleigh befand sich seit Generationen im Besitz unserer Familie. Es beeindruckte mich tief, daß das Haus lange vor uns erbaut worden war und auch noch stehen würde, wenn wir alle schon zu Staub zerfallen wären.

Es war auch beruhigend, daß die gesamte Familie hier vereint war, also meine und Amaryllis' Eltern. Davids Zwillingsbruder Jonathan war schon vor langer Zeit gestorben, und seine Frau Millicent war mit ihrem Sohn Jonathan zu ihren Eltern zurückgekehrt, die in einigen Meilen Entfernung von uns lebten. Eigentlich hätten sie in Eversleigh bleiben sollen, denn Jonathan war der Erbe des Besitzes. Die nächste in der Erbfolge war ich, und nach mir kam Amaryllis. Es ärgerte mich ein wenig, daß Jonathan nur deshalb vor mir rangierte, weil er ein Junge war – ich war nämlich älter als er. Millicent hatte jedoch darauf bestanden, nach Pettigrew Hall zu ihren Eltern zurückzukehren; aber sie kam oft zu Besuch nach Eversleigh. Ich liebte das Haus, weil es so alt war, und ich dachte oft an die Familienmitglieder, die hier gelebt hatten. Ich hatte soviel über sie gelesen, daß ich das Gefühl hatte, sie zu kennen – alle Generationen seit der Zeit der großen Elizabeth, als Eversleigh erbaut worden war. Der E-förmige Grundriß ermöglichte die Datierung einwandfrei. Ich liebte die alte Halle, von der aus sich die beiden Flügel erstreckten. Geliebtes altes Eversleigh.

Die Umgebung war überaus reizvoll. Vor allem war das Meer nicht fern. Ich liebte es, am Rand des Wassers entlangzugaloppieren und den salzigen Wind im Gesicht zu spüren. »Reiten wir um die Wette!« rief ich dann Amaryllis zu. Ich wollte mich immer mit ihr messen und unbedingt gewinnen. Amaryllis blieb jedesmal ein Stück hinter mir zurück, denn es war ihr vollkommen gleichgültig, wer schneller war. Der Sieg war unwichtig, fand sie; wichtig war das Reiten. Wie verständig Amaryllis doch war!

In der Nähe von Eversleigh gab es zwei Häuser, die mich faszinierten. Natürlich nicht so sehr die Häuser selbst, sondern ihre Bewohner.

In Enderby lebte Tante Sophie – eine bedauernswerte, tragische Gestalt. Als Marie-Antoinette in Paris den Dauphin heiratete (der später als Ludwig XVI. den Thron bestieg), hatte während der Hochzeitsfeierlichkeiten ein Feuerwerk stattgefunden, und Sophie hatte dabei schwere Verletzungen erlitten.

Tante Sophie lebte seither zurückgezogen; nur ihre treue Freundin, Gefährtin und Zofe Jeanne Fougère war bei ihr. Sie legte keinen Wert darauf, daß ich sie häufig besuchte, obwohl sie Amaryllis recht gerne bei sich sah. Es war ein unheimliches Haus, in dem sich Schreckliches abgespielt hatte. Die Diener behaupteten, daß es dort spukte, was ich gern glaubte. Selbst meine Halbschwester Claudine benahm sich merkwürdig, wenn sie Enderby einen Besuch abstattete; sie blickte sich im Zimmer um, als sähe sie etwas, das wir nicht wahrnahmen.

Ich hätte das Haus gern allein durchstreift, denn ich mochte es, wenn es mich gruselte. Das Haus hatte etwas Böses an sich. Auf Amaryllis übte Enderby nicht die gleiche Wirkung aus; wahrscheinlich spüren wirklich gute Menschen den Hauch des Unheimlichen weniger stark als jemand, der eher der Sünde zuneigt.

Doch ich wußte, daß mein Gefühl mich nicht täuschte. Ich blickte mich oft unvermittelt um und hoffte, eine unheimliche Gestalt zu erspähen, die hastig verschwand. Am liebsten hielt ich mich in der Galerie auf, weil es dort angeblich am häufigsten spukte.

Ich unterhielt mich auch gern durch ein Sprechrohr, das von einem der Schlafzimmer in die Küche führte, mit Amaryllis – sie befand sich dann in der Küche, ich im Zimmer. Claudine kam einmal dazu und bat uns, das sein zu lassen. Amaryllis gehorchte sofort, doch ich wollte auf keinen Fall darauf verzichten. Es faszinierte mich, und als ich klein war, bat ich einen der Diener, durch das Rohr mit mir zu sprechen.

Tante Sophies Leben war sehr tragisch verlaufen. Sie hatte nicht nur entstellende Narben davongetragen, sondern auch ihren Verlobten verloren. Alle diese Unglücksfälle vergaß sie nie, sondern trauerte immerzu der Vergangenheit nach. Es war ihr im Grunde gar nicht recht, wenn alles glattging, lieber war es ihr, wenn etwas schieflief. Die Gerüchte über eine mögliche Invasion schienen sie zu verjüngen. Sie war aus Frankreich, wo die Revolution gewütet hatte, geflohen und hatte ihren Schmuck gerettet, indem sie ihn in ihre Kleider einnähte. Ich hätte gern Genaueres über diese Flucht erfahren, aber man durfte vor Tante Sophie nicht darüber sprechen, und Jonathan, der Sohn meines Vaters, der ihr bei der Flucht geholfen hatte, war tot und konnte nichts mehr erzählen.

Enderby war ein Haus der Schatten, das von hohen Bäumen und dichtem Buschwerk umgeben war und unheimlich und geheimnisumwittert wirkte; es hatte etwas Mystisches, Tragisches an sich und mußte so bleiben, weil Tante Sophie es wollte.

Das zweite Haus war Grasslands, das mich kaum weniger interessierte als Enderby – und wiederum faszinierte mich nicht so sehr das Gebäude als vielmehr die Menschen, die in ihm lebten. Grasslands war ein alltägliches, kleines Herrenhaus, das freundlich, aber eher unscheinbar wirkte. Auf dem kleinen Gut gab es nur einen Pachthof, man konnte es daher vergessen. Das galt jedoch keineswegs für die Bewohner des Hauses.

Nehmen wir zum Beispiel die alte Mrs. Trent. Ich war davon überzeugt, daß sie eine Hexe war. Sie verließ kaum jemals das Haus, und es hieß, daß sie seit dem Selbstmord ihrer älteren Enkelin wunderlich geworden war. Eine schreckliche Tragödie hatte sich in Grasslands abgespielt, über die sie nie hinweggekommen war. Sie lebte nun mit ihrer zweiten Enkelin Dorothy Mather, die alle nur Dolly nannten, in dem Haus.

Dolly war ein seltsames Geschöpf. Wir trafen sie gelegentlich, wenn wir ausritten; manchmal erwiderte sie unseren Gruß, dann wieder ritt sie an uns vorbei, als wären wir Luft für sie. Sie hätte eigentlich anziehend wirken müssen; sie hatte eine gute Figur und wunderschönes blondes Haar; aber ihre Züge waren leicht entstellt. Ein Augenlid hing herab, und ihr Gesicht sah aus, als wäre es gelähmt; dadurch machte sie einen leicht unheimlichen Eindruck.

Mich fröstelte bei ihrem Anblick, und selbst wenn sie lächelte – was selten genug der Fall war –, wirkte das Lächeln infolge dieser Entstellung irgendwie spöttisch.

Claudine war immer freundlich zu ihr und ermahnte uns, ebenfalls nett zu Dolly zu sein. »Die arme Dolly«, pflegte sie zu sagen, »das Leben hat ihr grausam mitgespielt.«

Amaryllis hielt jedesmal, wenn wir Dolly trafen, ihr Pferd an und wechselte ein paar Worte mit ihr; merkwürdigerweise ging Dolly immer darauf ein. Sie sah Amaryllis auf ihre seltsame Art an, als wolle sie andeuten, daß sie etwas über Amaryllis wußte, das sie vorläufig für sich behielt, um es vielleicht bei passender Gelegenheit preiszugeben.

Als ich Amaryllis darauf aufmerksam machte, behauptete sie, ich sähe Gespenster. Dolly suche nur eine Freundin und wisse nicht, wie sie das anstellen sollte.

Das war also unsere kleine Gemeinschaft, die jetzt von einer Invasion bedroht war.

Es war ein schöner Septembertag. Die Luft war frisch und vom Geruch des Herbstes erfüllt. Amaryllis und ich waren in Gesellschaft von Miss Rennie ausgeritten und hatten gerade den Wald erreicht. Es war schön, unter den Bäumen auf einem Teppich aus goldenen und rostroten Blättern zu reiten. Ich liebte das raschelnde Geräusch, wenn die Hufe unserer Pferde im Laub versanken.

Miss Rennie war ein bißchen außer Atem. Als wir uns dem Wald näherten, hatte ich mein Pferd in Galopp fallen lassen, was sie immer aus der Fassung brachte. Sie fühlte sich auf dem Pferderücken keineswegs so sicher wie im Schulzimmer und war sehr erleichtert, wenn einer der Stallknechte uns an ihrer Stelle begleitete.

Zu jener Zeit benahm ich mich ihr gegenüber nicht sehr rücksichtsvoll und neckte sie oft; ich rächte mich auf diese Weise für den verächtlichen Tonfall, in dem sie sich manchmal über meine Leistungen im Unterricht äußerte. Beim Reiten konnte ich den Spieß umdrehen, und ich trieb oft mein Pferd zum

Galopp an, weil ich wußte, daß es ihr schwerfiel, mit mir Schritt zu halten.

»Reiten wir um die Wette!« hatte ich Amaryllis zugerufen, und wir hatten unseren Pferden die Sporen gegeben. Deshalb erreichten wir den Wald vor Miss Rennie, und so kam es, daß wir auf den Zigeuner stießen.

»Glaubst du nicht, daß wir auf Miss Rennie warten sollten?« rief Amaryllis.

»Sie wird uns schon einholen«, antwortete ich.

»Ich finde trotzdem, daß es sich gehören würde.«

»Du kannst ja warten.«

»Nein, wir sollten zusammenbleiben.«

Ich ritt lachend weiter, und dann erblickte ich ihn. Er saß unter einem Baum, und weil seine Kleidung bunt zusammengewürfelt war, verschmolz er fast mit der farbenfrohen Umgebung. Er trug ein offenes orangefarbenes Hemd, eine goldene Kette um den Hals, goldene Ohrringe und eine hellbraune Hose. Sein Haar war schwarz und gelockt, seine dunklen Augen funkelten, und die blendend weißen Zähne blitzten in seinem sonnengebräunten Gesicht. Als er uns erblickte, begann er, seine Gitarre zu zupfen.

Ich hielt mein Pferd an und starrte ihn an.

»Guten Tag, Mylady«, begrüßte er mich mit wohlklingender Stimme.

»Guten Tag«, antwortete ich.

Amaryllis hatte mich inzwischen eingeholt.

Er erhob sich und verbeugte sich. »Welche Freude, nicht nur mit einer, sondern gleich mit zwei schönen Damen zu sprechen.«

»Wer sind Sie?« fragte ich.

»Ein Zigeuner. Ein Wanderer auf dieser Erde.«

»Wo kommen Sie her?«

»Von überallher.«

»Lagern Sie hier?«

Er machte eine unbestimmte Handbewegung.

»Dieser Wald gehört meinem Vater«, stellte ich klar.

»Der Vater einer so entzückenden, jungen Dame wird armen Zigeunern bestimmt nicht verwehren, auf seinem Besitz eine kurze Rast einzulegen.«

»Miss Amaryllis! Miss Jessica!« schrillte Miss Rennies Stimme ganz in der Nähe.

»Wir sind hier, Miss Rennie«, antwortete Amaryllis.

Der Zigeuner beobachtete belustigt, wie Miss Rennie auf die Lichtung geritten kam.

»Da seid ihr ja! Wie oft habe ich euch ermahnt, mir nicht davonzureiten? Das ist äußerst ungehörig.« Ihr Redeschwall stockte, denn sie hatte den Mann jetzt erst erblickt und war starr vor Entsetzen. Sie nahm ihre Pflichten sehr ernst, und die Vorstellung, daß ihre Schutzbefohlenen mit einem fremden Mann gesprochen hatten, verschlug ihr die Sprache.

»Was . . . was tut ihr hier?« stammelte sie.

»Nichts«, antwortete ich. »Wir sind kurz vor Ihnen hier angelangt und haben diesen Mann angetroffen.«

Er verbeugte sich vor Miss Rennie. »Jake Cadorson, zu Ihren Diensten, Madam.«

»Was?« rief sie schrill.

»Ich stamme aus Cornwall, Madam.« Er lächelte, als fände er die Situation sehr amüsant. »Im Cornischen bedeutet Cador Krieger. Daher heißt Cadorson soviel wie Sohn eines Kriegers. Der Einfachheit halber nennen mich meine Freunde, die Zigeuner, Romany Jake.«

»Das ist natürlich sehr interessant.« Miss Rennie hatte sich wieder gefaßt. »Wir müssen jetzt zurückreiten, sonst kommen wir zu spät zum Tee.«

Er verbeugte sich noch einmal, ließ sich wieder unter dem Baum ins Laub fallen und zupfte an den Saiten seiner Gitarre. Als sich unsere Pferde in Bewegung setzten, begann er zu singen. Ich drehte mich unwillkürlich um; er bemerkte es und warf mir eine Kußhand zu. Ich war merkwürdig erregt und ritt wie im Traum weiter. Seine kräftige, angenehme Stimme klang mir noch lange in den Ohren.

»Ich muß darauf bestehen, daß ihr bei mir bleibt, wenn wir

ausreiten«, schalt Miss Rennie. »Das war eine äußerst un-
schickliche Begegnung. Zigeuner im Wald! Ich weiß nicht,
was Mr. Frenshaw dazu sagen wird.«

»Sie erhalten immer die Erlaubnis, hier zu lagern, vorausgesetzt, daß sie mit dem Feuer vorsichtig umgehen – und nach
den vielen Regenfällen in der letzten Zeit besteht kaum die
Gefahr eines Waldbrandes«, beschwichtigte ich sie.

»Ich werde Mr. Frenshaw berichten, was wir gesehen haben«,
fuhr Miss Rennie fort. »Und ich muß dich ersuchen, Jessica,
meinen Anordnungen Folge zu leisten. Ich möchte mich nicht
gezwungen sehen, deinen Eltern zu berichten, daß du unge-
horsam bist. Das würde ihnen sicherlich Kummer bereiten.«

Ich stellte mir den Gesichtsausdruck meines Vaters vor, wenn
sie ihm von unserem Abenteuer erzählte, und wußte genau,
daß er Mühe haben würde, ein Lächeln zu unterdrücken. Ich
erinnerte ihn vermutlich daran, wie er selbst in meinem Alter
gewesen war; und weil Eltern es gern sehen, wenn ihre Kinder
ihnen nachgeraten, würde er sich bestimmt nicht über mein
Verhalten ärgern.

Ich mußte noch immer an den Mann unter dem Baum denken.
Romany Jake! Ein Zigeuner ... doch er sah ganz anders aus als
die Zigeuner, die ich bis jetzt zu Gesicht bekommen hatte. Er
sah eher wie einer der Gentlemen aus, mit denen meine Eltern
verkehrten – als hätte er sich nur als Zigeuner verkleidet. Er
wirkte sehr kühn, und das hatte mir sehr gefallen. Was würde
wohl Miss Rennie sagen, wenn sie wüßte, daß er mir eine
Kußhand zugeworfen hatte? Ich spielte mit dem Gedanken, es
ihr zu gestehen, verzichtete aber dann darauf. Es war vielleicht
doch nicht gut, wenn es meinen Eltern zu Ohren kam.

Sie hielt Wort, erzählte meinen Eltern von dem Fremden, und
beim Abendessen unterhielt man sich darüber.

»In unserem Wald lagern also Zigeuner«, begann mein Vater.

»Im Winter ziehen sie immer nach Süden«, bemerkte David.

Mein Vater wandte sich mir zu. »Du bist heute auf sie gestoßen.«

»Nur auf einen. Er hat gesagt, daß er Romany Jake heißt.«

»Du hast mit ihm gesprochen?«

»Nur ganz kurz. Er trug ein orangefarbenes Hemd, hatte Ringe in den Ohren und eine Kette um den Hals.«

»Der Beschreibung nach ein echter Zigeuner«, bemerkte David.

»Du solltest lieber nicht in den Wald reiten, wenn sich dort Zigeuner herumtreiben«, ermahnte Claudine besorgt Amaryllis.

»Der Wald ist jetzt so schön«, widersprach ich. »Es ist so lustig, durch die raschelnden Blätter zu reiten.«

»Trotzdem...«, meinte Claudine, und meine Mutter nickte zustimmend.

»Mir wäre es lieber, wenn sie nicht hierherkämen«, sagte sie.

»Sie sorgen manchmal für Unruhe«, gab mein Vater zu. »Aber wir haben ihnen immer erlaubt, auf den Lichtungen zu lagern. Solange sie nichts anstellen, können sie bleiben. Sie werden sicherlich zur Küchentür kommen, um Körbe und Küchengeräte zu verkaufen und um den Küchenmädchen die Zukunft vorherzusagen.«

»Mrs. Grant wird ein Auge auf sie haben«, versprach meine Mutter.

Mrs. Grant war unsere überaus tüchtige Haushälterin, die über die unteren Regionen unseres Hauses genauso despotisch herrschte wie Pluto über den Hades. Ich hatte noch nie soviel Würde in einem so kleinen Körper erlebt, denn sie war kaum einen Meter sechzig groß und noch dazu rundlich. Es genügte, daß sie in ihrem perlenbestickten schwarzen Kleid durch den Korridor rauschte, damit das Dienstpersonal vor Angst erschauderte und ein jeder rasch sein Gewissen erforschte. Wir konnten die Zigeuner also beruhigt Mrs. Grant überlassen.

In den darauffolgenden Tagen erfuhr ich etwas mehr über die Zigeuner. In solchen Fragen wandte man sich am besten an die Dienerschaft, und ich war immer bestrebt gewesen, mich mit ihnen gut zu stellen. Ich plauderte mit ihnen, war über ihre großen und kleinen Sorgen genau unterrichtet und stets bemüht, ihr Vertrauen zu gewinnen. Ich wußte über ihre Le-

bensumstände Bescheid; während Amaryllis die Eroberungs-
züge der römischen Generäle und den Rosenkrieg studierte,
saß ich in der Küche und ließ mir erzählen, was geschehen
war, als Maisie Deans Ehemann nach Hause kam und sie mit
ihrem Liebhaber ertappte. Ich beteiligte mich an dem Rätsel-
raten darüber, wer der Vater von Jane Abbeys Kind war. Ich
wußte, daß Polly Crypton, die am Waldrand in einer Hütte
inmitten ihres Kräutergartens lebte, nicht nur Ohren- und
Zahnschmerzen sowie Verdauungsstörungen heilen konnte;
sie besprach Warzen, verkaufte Liebestränke, und wenn sich
ein Mädchen in ganz bestimmten Schwierigkeiten befand,
wußte sie auch hierfür Abhilfe. Letzteres war ein beliebtes
Gesprächsthema, doch meist zeigte dann jemand auf mich,
und die Plaudertaschen schwiegen. Aber ich wußte, daß Polly
Crypton über ganz besondere Fähigkeiten verfügte. Ich fand,
daß dieses Wissen genauso wichtig war wie Kenntnisse über
Schlachten, die vor langer Zeit irgendwo stattgefunden hatten.
Außerdem konnte ich immer noch Amaryllis' Notizen ab-
schreiben, da sie eine sehr pflichtbewußte Schülerin war.
Es war also nicht weiter schwierig, mehr über Romany Jake
herauszubekommen.
Laut Mabel, dem Stubenmädchen, »war er vielleicht einer« –
das bedeutete, daß er auf Frauen besonders anziehend wirkte.
»Er hat auf der Treppe zum Zigeunerwagen gesessen, Gitarre
gespielt und dazu gesungen... Seine Stimme ist traumhaft –
und sein Gitarrenspiel – es ist himmlisch. Man nennt ihn nur
Romany Jake. Er kommt von weither.«
»Aus Cornwall«, stellte ich richtig. »Das kann man eigentlich
nicht als ›weither‹ bezeichnen.«
»Es ist viele Meilen von hier entfernt. Er war oben im Norden
und ist durch das ganze Land hier herunter gezogen... im
Zigeunerwagen, mit den anderen.«
»Er muß das Land sehr gut kennen.«
»Er ist wahrscheinlich sein ganzes Leben gewandert. Eine
Zigeunerin war heute früh hier und hat uns die Zukunft ge-
deutet.«

Die übrigen Mädchen begannen zu kichern.

»Hat sie auch dir deine Zukunft geweissagt?« fragte ich.

»O ja... sogar Mrs. Grant hat sich weissagen lassen und ihr dafür einen Krug Apfelwein und ein Stück Fleischpastete gegeben.«

»Hat sie etwas Interessantes erzählt?«

»Natürlich, Miss Jessica. Sie sollten sich auch von ihr wahrsagen lassen. Sie würden bestimmt viel erfahren.«

Die Mädchen wechselten Blicke. »Miss Jessica ist vielleicht eine«, meinte Mabel.

Mir wurde bei diesem uneingeschränkten Lob warm ums Herz.

»Und Miss Amaryllis ist ein süßes kleines Ding, sie ist so hübsch und sanft.«

Ich war nicht im geringsten eifersüchtig. Ich war viel lieber »vielleicht eine«, als hübsch und sanft zu sein.

Das Gespräch mit den Dienstboten hatte mich in meiner Überzeugung bestärkt, daß Romany Jake etwas Besonderes an sich hatte. Das konnte man der Art und Weise entnehmen, wie sie über ihn sprachen und wie sie kicherten, wenn sein Name fiel. Obwohl sie mir gegenüber recht offen waren, erinnerten sie sich gelegentlich daran, wie jung ich war. Das hinderte sie zwar nicht daran weiterzureden, doch sie wurden vorsichtiger und machten nur noch Andeutungen, die ich nicht immer verstand.

Doch eines war klar: die Ankunft von Romany Jake war eines der aufregendsten Ereignisse seit langem, er hatte sogar die Angst vor der Invasion in den Hintergrund gedrängt, denn in den Kammern der Dienstmädchen wurde von nichts anderem mehr gesprochen als von ihm.

Er war kein gewöhnlicher Zigeuner, sondern stammte aus Cornwall, und unter seinen Vorfahren befand sich ein Spanier, behaupteten die Mädchen. Das konnte stimmen, denn nach der Niederlage der großen Armada hatten sich Matrosen der gescheiterten Schiffe an Land retten können. Daher floß in den Adern etlicher Männer und Frauen in Cornwall spanisches Blut. Es war für die dunklen Augen, die gelockten Haare und das leidenschaftliche Temperament verantwortlich – und Romany Jake verfügte über alle diese Eigenschaften.

»Romany Jake«, flüsterte Mabel sehnsüchtig. »Von diesem Namen werde ich heute nacht träumen.«

»Wenn ich an ihn denke, nenne ich ihn im Geist immer Jake«, seufzte die kleine Bessie. »Er ist gar kein richtiger Zigeuner, er hat sich ihnen nur angeschlossen, weil er es liebt, durch das Land zu ziehen.«

»Er sieht jedenfalls aus wie ein Zigeuner!« warf ich ein.

»Was wissen denn Sie schon von Zigeunern, Miss Jessica.«

»Genausoviel wie du«, fuhr ich sie an.

»Sie haben sich auf der Lichtung häuslich niedergelassen. Sie beschlagen die Pferde, flechten Körbe und flicken die Kessel, die man ihnen bringt. Sie sind keineswegs faul, und Romany Jake spielt Gitarre und singt dazu. Manchmal singen alle mit. Wenn man ihnen zusieht, ist es wie im Theater.«

»Wenigstens hat er dafür gesorgt, daß ihr nicht mehr von der Invasion redet«, sagte ich.

»Romany Jake würde wahrscheinlich sogar mit Boney fertig werden«, meinte Mabel.

Die anderen lachten über diese Bemerkung. Diese fröhliche Stimmung verdankten sie Romany Jake.

Ich traf ihn noch einmal, als ich allein war. Ich war zu den Gesindehäuschen gegangen, um Mrs. Green, der Frau eines Stallknechts, die an einer Erkältung litt, ein heißes, nahrhaftes Getränk zu bringen, und auf dem Rückweg stand ich ihm plötzlich gegenüber. Seine Jackentasche bauschte sich, und ich nahm an, daß er gewildert hatte.

Seine Augen funkelten, als er mich ansah, und ich freute mich darüber, denn ich bildete mir ein, daß er mich bewunderte. Je älter ich wurde, desto mehr genoß ich es, bewundert zu werden, und war zu jedem Mann freundlich, der mir zu verstehen gab, daß ich ihm gefiel. Bei ihm freute es mich jedoch ganz besonders.

Deshalb empfand ich durchaus kein Bedürfnis, vor ihm davonzulaufen oder ihm Vorwürfe zu machen, weil er auf unserem Besitz gewildert hatte.

»Guten Tag, kleine Lady«, begrüßte er mich.

»Guten Tag«, antwortete ich. »Ich kenne Sie, Sie sind Romany Jake. Ich habe Sie vor ein paar Tagen im Wald getroffen.«

»Das stimmt, denn nachdem ich Sie kennengelernt habe, werde ich Sie bestimmt nie mehr vergessen. Daß eine so große Dame sich jedoch an mich erinnert, ist nicht nur erfreulich, sondern auch bemerkenswert.«

»Sie sprechen nicht wie ein Zigeuner.«

»Hoffentlich ist das nicht als Vorwurf gedacht.«

»Warum sollte es einer sein?«

»Weil Sie vielleicht der Meinung sind, daß jeder Mensch seinen Platz kennen sollte – ein Gentleman ist ein Gentleman, ein Zigeuner ein Zigeuner.«

Er lachte auf, und ich lächelte ihn an.

»Ich weiß, daß Sie mit Ihrem Wagen im Wald lagern«, fuhr ich fort. »Bleiben Sie lang hier?«

»Das Schöne am Wanderleben ist, daß man nach Lust und Laune weiterziehen kann, sobald man will. Es ist herrlich, unter Sonne, Mond und Sternen zu leben.«

Seine Stimme klang melodisch, keineswegs wie die Stimme eines Zigeuners. In ihr schwang Lachen mit, das ansteckend wirkte.

»Sie sind ja ein Poet«, bemerkte ich.

»Wenn man ein Wanderleben führt, lernt man, die Natur zu lieben. Man genießt ihre Wohltaten – und das freie Leben auf der Landstraße.«

»Und wie ist es im Winter?«

»Da haben Sie den Finger auf den wunden Punkt gelegt. Der Nordwind weht, es schneit, und was macht der arme Zigeuner dann? Ich werde es Ihnen verraten: Er findet ein warmes, angenehmes Haus und eine warme, angenehme Dame, die ihm ihre Türen öffnet und ihn bei sich aufnimmt, bis die Kälte vorbei ist und es Frühling wird.«

»Dann ist er aber kein wandernder Zigeuner mehr, nicht wahr?«

»Was spielt das schon für eine Rolle, solange er glücklich ist und die Menschen um ihn glücklich macht? Das Leben ist dazu da, daß man es genießt. Sind Sie etwa nicht meiner Meinung? O doch, ich weiß, daß Sie genauso denken. Sie werden das Leben genießen, das lese ich in Ihren Augen.«

»Sehen Sie die Zukunft voraus?«

»Es heißt, daß Zigeuner diese Fähigkeit besitzen.«

»Verraten Sie mir, was Sie für mich in der Zukunft sehen?«

»Alles, was Sie sich von ihr erwarten. Das ist Ihre Zukunft.«

»Das klingt sehr gut.«

»Sie werden Ihre Zukunft so gestalten, daß sie schön wird.«

»Haben Sie Ihr Leben so gestaltet?«

»Ganz bestimmt.«

»Sie sehen eher arm aus.«

»Kein Mensch ist arm, wenn er die gute Erde hat, auf der er lebt, wenn die Sonne seine Tage wärmt und der Mond seine Nächte erhellt.«

»Sie empfinden große Achtung vor dem Himmel.«

»Er ist der Quell des Lebens. Ich gestehe Ihnen etwas, wenn Sie mir schwören, es keiner Menschenseele zu verraten.«

»Ich verspreche es«, versicherte ich eifrig.

»Ich habe mich in dem Augenblick zu Ihnen hingezogen gefühlt, in dem ich Sie gesehen habe. Ich habe mir gesagt: ›Dieses Mädchen wird eine feurige Schönheit werden. Ich möchte es am liebsten entführen und mit mir nehmen.‹«

Ich lachte laut. Natürlich hätte ich böse sein und sofort nach Hause gehen müssen, aber ich tat es nicht. Ich wollte einfach bei ihm bleiben und dieses Gespräch genießen, das für mich etwas ganz Neues bedeutete.

»Glauben Sie wirklich, daß ich mein Elternhaus verlassen und eine Zigeunerin werden würde?«

»Ich habe diesen Schritt gewagt. Es ist ein gutes Leben... jedenfalls eine Zeitlang.« Mich fröstelte.

»Und was ist mit dem Nordwind und dem Schnee?«

»Dann müßten Sie mich nachts warmhalten.«

»Dürfen Sie überhaupt so mit mir sprechen?«

»Eine Menge Leute wäre bestimmt der Ansicht, daß es nicht richtig ist, aber wenn wir allein sind, hängt es nur davon ab, ob Sie es hören wollen.«

»Ich sollte nicht hierbleiben.«

»Ist es nicht so, daß genau das Verbotene auf uns den größten Reiz ausübt? Ich könnte schwören, daß Sie schon oft etwas getan haben, das Sie nicht tun sollten – und daß es Ihnen Spaß gemacht hat.«

Ich hörte Schritte und blickte auf seine ausgebeulte Tasche. Er wollte gerade verschwinden, als Amaryllis in Sicht kam.

»Heute ist mein Glückstag«, stellte er fest. »Wieder zwei schöne Damen gleichzeitig.«

»Das ist ja Romany Jake«, rief Amaryllis.

»Sie sind die zweite Dame, die mir die Ehre erweist, sich an meinen Namen zu erinnern.«

Amaryllis sah mich an. »Wir sollten nach Hause gehen.«

»Ich war gerade dabei«, antwortete ich.

»Guten Tag, Mr. –« begann Amaryllis.

»Cadorson«, ergänzte er. »Jake Cadorson.«

»Guten Tag, Mr. Cadorson«, sagte ich.

Amaryllis und ich drehten uns um und gingen zum Haus zurück. Ich spürte, daß er uns mit den Augen folgte.

»Was hat er denn hier getan?« fragte Amaryllis.

»Das weiß ich nicht.«

»Hast du gesehen, was er in seiner Tasche hatte?«

»Er hatte irgend etwas darin versteckt.«

»Wahrscheinlich einen Hasen oder einen Fasan«, meinte Amaryllis. »Er hat also gewildert. Sollten wir es deinem oder meinem Vater erzählen?«

»Auf keinen Fall«, widersprach ich entschieden. »Schließlich müssen sie ja essen. Willst du, daß sie verhungern?«

»Nein, aber sie sollten nicht wildern. Das ist eine Art von Diebstahl.«

»Erzähl es niemandem, Amaryllis. Mein Vater würde zornig

werden und sie von seinem Grund und Boden verjagen. Sie sind sehr arm.«

Amaryllis nickte. Es war leicht, ihr Mitleid zu wecken.

Das nächste Mal traf ich ihn in der Küche von Grasslands. Claudine schickte Mrs. Trent immer wieder etwas aus ihrer Vorratskammer und nahm großen Anteil an ihrem Schicksal. Sie erwähnte des öfteren, daß Mrs. Trent seit dem Tod ihrer Enkelin Evie nicht mehr sie selbst war. Das Leben war ihr gleichgültig geworden. Amaryllis ritt ungern nach Grasslands, was ich seltsam fand, denn sie war stets bereit, den Leuten auf unserem Besitz eine »Erquickung« zu bringen, wie wir es nannten. Außerdem mochten die Leute sie. Sie sah aus wie ein Engel und hörte geduldig zu, wenn die Pächter über ihre Krankheiten klagten. Für solche Besuche eignete sie sich weitaus besser als ich. »Du bist die geborene Barmherzige Schwester«, hatte ich ihr schon oft gesagt. Und das stimmte auch . . . bis auf Grasslands. Ich hatte sie gefragt, warum sie so ungern dorthin ritt, und sie hatte behauptet, es sei, weil Dolly sie immer so merkwürdig ansähe.

»Mich schaudert in ihrer Gegenwart«, hatte sie gestanden. »Wenn ich aufblicke, sind ihre Augen auf mich gerichtet – zumindest das eine, das ganz geöffnet ist. Dann frage ich mich immer, was das andere Auge sieht – manchmal glaube ich, daß es Dinge erblickt, die sonst niemand sehen kann.«

»Ich habe dich immer für vernünftig und logisch gehalten«, meinte ich. »Ich wäre nie auf die Idee gekommen, daß du auch einmal deiner Phantasie freien Lauf läßt.«

»Ich fühle mich in ihrer Gegenwart jedenfalls unbehaglich. Könntest nicht du ihnen bringen, was meine Mutter für sie hergerichtet hat?«

Obwohl ich mich nicht sehr gut für Krankenbesuche eignete, ritt ich gern nach Grasslands – genau wie nach Enderby. Nicht weil ich mit Mrs. Trent, Dolly oder Tante Sophie zusammen sein wollte, sondern weil mich die unheimliche Atmosphäre in den beiden Häusern reizte.

»Es ist schon ein merkwürdiger Zufall, daß sich zwei solche Häuser in unserer unmittelbaren Nähe befinden«, bemerkte ich zu Amaryllis.

»Es sind nicht die Häuser«, antwortete sie, »sondern die Menschen, die in ihnen wohnen. Wenn Dolly nicht wäre, würde mir Grasslands bestimmt gefallen.«

Amaryllis' Bemerkungen gingen mir nicht aus dem Kopf, und ich hätte gern gewußt, warum sich Dolly so sehr für Amaryllis interessierte. Obwohl die meisten Menschen Amaryllis reizend und engelhaft fanden, schenkten sie mir mehr Aufmerksamkeit als ihr. Dolly bildete da eine Ausnahme, denn einmal hatte sie mir erklärt: »Sie waren ein so süßes Baby.«

»Erinnern Sie sich denn an mich?« fragte ich.

Sie nickte. »Sie waren so hübsch . . . und Sie konnten vielleicht schreien! Wenn Sie nicht sofort bekamen, was Sie wollten – Sie hätten sich hören sollen.«

»Es ist anzunehmen, daß ich mich gehört habe.«

»Wenn Sie gelächelt haben, waren Sie allerdings einfach entzückend.«

Doch im Grunde genommen interessierte sie sich hauptsächlich für Amaryllis. Dennoch war ich diejenige, die Mrs. Trent den Schlehenlikör brachte.

Ich schaute zur Vordertür hinein, und weil ich niemanden erblickte, ging ich um das Haus herum zur Hintertür. Die Tür stand offen, ich vernahm Stimmen und trat ein.

Romany Jake saß am Küchentisch, hatte die Beine von sich gestreckt, die Gitarre auf den Tisch gelegt und einen Becher vor sich stehen.

Dolly saß, in einiger Entfernung, ebenfalls am Tisch.

Als er mich erblickte, stand er auf. »Da ist ja die Lady aus dem großen Haus.«

»Ach, Sie sind es, Jessica«, sagte Dolly.

Da diese Bemerkung überflüssig war, antwortete ich ihr nicht, sondern stellte mein Körbchen auf den Tisch. »Die junge Mrs. Frenshaw schickt Ihrer Großmutter einen Schluck Schlehenlikör.«

»Sie wird sich bestimmt freuen«, antwortete Dolly. »Möchten Sie vielleicht ein Glas Wein?«

»Nein, danke. Ich muß gleich wieder gehen.«

Romany Jake musterte mich lächelnd. »Sie sind zu stolz, um mit einem Zigeuner am gleichen Tisch zu sitzen?«

»Ich habe nie ...«, begann ich, aber er hatte sich bereits Dolly zugewandt.

»Vielleicht sollten Sie Ihren Gast in den Salon führen, der ihrem Stand eher entspricht.«

»Ich werde ein Glas Wein trinken, Dolly«, erklärte ich entschieden, »und zwar hier in der Küche.«

»Ihre Liebenswürdigkeit ist genauso groß wie Ihre Schönheit«, stellte er fest. »Liebenswürdigkeit und Schönheit! Diese beiden Eigenschaften sind selten in einem Menschen vereint.«

Dolly fühlte sich verpflichtet, Jakes Anwesenheit zu erklären. »Er hat ein Körbchen gebracht, das ich bestellt habe.«

»Und wie geht es Ihrer Großmutter heute?« erkundigte ich mich, während sie ein Glas Wein einschenkte und es mir reichte.

»Danke, sie hat heute einen guten Tag. Ich werde ihr erzählen, daß Sie hier waren, und sie wird sich bestimmt über den Schlehenlikör freuen.«

Romany Jake hatte mich nicht aus den Augen gelassen und hob jetzt sein Glas. »Ich wünsche Ihnen ein langes, glückliches Leben, Miss Jessica.«

»Ich wünsche Ihnen das gleiche.« Ich prostete ihm zu.

»Jake hat mir die Zukunft geweissagt«, gestand Dolly.

»Hoffentlich konnte er Ihnen etwas Gutes prophezeien.«

»Ich habe Miss Dolly das gleiche gesagt, was ich jedem sage, der zu mir kommt, und dazu braucht man keine besondere Gabe. Das Schicksal eines Menschen hängt größtenteils von ihm selbst ab. Das Glück liegt in jedermanns Reichweite, wenn er klug genug ist, um entschlossen zuzugreifen.«

»Das ist eine sehr angenehme Lebensauffassung, wenn man daran glaubt«, fand ich.

»Sind Sie denn nicht meiner Meinung, Lady Jessica?«

»In gewisser Hinsicht haben Sie bestimmt recht, aber es gibt so vieles, das wir nicht beeinflussen können. Wir bezeichnen es dann als höhere Gewalt.«

»Erdbeben, Überschwemmungen, unerwartete Todesfälle«, zählte Dolly auf.

»Ich habe nicht nur daran gedacht.«

»Unsere Lady Jessica ist sehr klug«, bemerkte Romany Jake.

»Jake hat mir prophezeit, daß ich ein gutes Leben vor mir habe, wenn ich den richtigen Weg einschlage«, bemerkte Dolly.

»Das gilt für uns alle«, erwiderte ich.

»Doch nicht jedem von uns bietet sich die Möglichkeit, die Straße zum Glück einzuschlagen«, schränkte Romany Jake ein.

»Warum sollten wir uns von ihr abwenden, wenn sie zum Glück führt?«

»Weil man an ihrem Beginn nicht erkennt, daß es der richtige Weg ist. Man muß über Klugheit und Mut verfügen, um sich für sie zu entscheiden.«

»Möchten Sie noch einen Schluck?« fragte ihn Dolly.

»Wie Sie meinen, Miss Dolly.«

Er hielt ihr seinen Becher hin, und sie füllte ihn.

Die Szene in der Küche kam mir irgendwie unwirklich vor. Was wohl meine Familie dazu sagen würde, daß ich mit Dolly und Romany Jake an einem Tisch saß und Wein trank? Er schien meine Gedanken zu erraten und sich darüber zu amüsieren.

»Ich bin ein gutes Beispiel dafür, daß man sein Schicksal selbst gestalten kann«, sagte er. »Wenn ich ein Mensch wäre, der nicht fähig ist, eine Gelegenheit beim Schopf zu packen, hätte ich mich bescheiden zurückgezogen und erklärt, daß ich nicht würdig bin, mit zwei vornehmen Damen an einem Tisch zu sitzen.«

»Ich habe eher den Eindruck, daß Sie sich ohne die geringsten Hemmungen selbst mit sehr hochgestellten Persönlichkeiten an einen Tisch setzen würden.« Ich lächelte.

»Woher will eine Lady wie Sie wissen, was im Herzen eines armen Zigeuners vor sich geht?«

»Ich glaube, daß ich Sie ein wenig durchschaut habe, Mr. Cadorson.«

»Das kommt daher, daß Sie klug sind, woran ich nie gezweifelt habe. Sie haben ein großartiges Leben vor sich, weil Sie kühn sind und die Gelegenheiten, die sich Ihnen bieten, mit beiden Händen ergreifen. Der Mann, der dieses Leben mit Ihnen teilen darf, wird ein glücklicher Mensch sein.«

Er blickte mich bei diesen Worten unverwandt an, und ich wurde rot.

»Und was wird aus mir?« fragte Dolly.

»Sie sind schüchterner als Lady Jessica. Sie hat eine hohe Meinung von sich. Sie ist ein wertvoller Mensch und weiß es. Und sie wird dafür sorgen, daß auch andere es merken.«

»Sie sprechen immer nur von ihr«, unterbrach ihn Dolly etwas gereizt. »Warum interessieren Sie sich so für sie?«

»Ich interessiere mich für die ganze Welt; für Sie, meine sanfte Miss Dolly, und für die nicht ganz so sanfte Lady Jessica.«

Damit stellte er seinen Becher hin, griff nach der Gitarre, spielte ein paar Takte und sang dann ein Lied über schöne Damen. Wir hörten ihm schweigend zu.

Anschließend stimmte er ein Lied über eine hochwohlgeborene Dame an, die mit ihrem Leben unzufrieden war, bis sie im Wald einen Zigeuner traf. Da verließ sie ihr luxuriöses Haus, zog mit ihm in die weite Welt und führte zwischen den Bäumen des Waldes ein freies Leben unter dem Mond, den Sternen und der Sonne.

Jake hatte eine helle, vor Gefühl vibrierende Tenorstimme; während er sang, ließ er mich nicht aus den Augen, und mir war klar, daß das Lied mir und nicht Dolly galt.

Als er verstummte, klatschte ich Beifall; Dolly hingegen schwieg.

»Die Lady wird es vielleicht gar nicht so wunderbar gefunden haben«, meinte ich. »Es ist ja schön und gut, wenn man ein weiches Daunenbett gegen die blanke Erde eintauscht, aber die Erde kann ein sehr hartes und unbequemes Lager sein. Im Sommer krabbeln alle möglichen Tiere darauf herum, und im Winter ist sie von Eis und Schnee bedeckt. Es ist nur ein hübsches Lied.«

»Aber meine liebe Lady Jessica, im Leben eines Zigeuners gibt es Freuden, von denen ich nicht gesungen habe.«

»Sie wird ihre Entscheidung trotzdem bald bedauert haben.«

»Das stimmt nicht. Sie hat bei ihrem Zigeuner mehr über die Liebe und das Leben erfahren als bei ihrem arroganten Lord.«

»Vielleicht sind die arroganten Lords anderer Ansicht.«

»Was für eine streitbare, schwer zu überzeugende Lady Sie sind! Es gibt nur eine Möglichkeit, Sie zu meiner Ansicht zu bekehren.«

»Und zwar?«

Er sah mich keck an, und noch bevor er redete, wußte ich, was er sagen würde. Er beugte sich näher zu mir und flüsterte: »Es Ihnen zu zeigen.«

»Trinken Sie noch ein Gläschen Wein«, schlug Dolly, immer noch verärgert, vor.

Sie füllte seinen Becher; er trank nachdenklich und betrachtete mich belustigt lächelnd; dann griff er nach seiner Gitarre, und seine kräftige Stimme hallte durch die Küche. Einige Mädchen kamen zur Tür und hörten ihm zu.

Als ich sie sah, fiel mir ein, daß ich längst zu Hause sein sollte. Ich stand hastig auf und erklärte, ich müsse jetzt gehen. »Ich bin ja nur wegen des Schlehenlikörs gekommen.«

Er erhob sich, verbeugte sich – und lächelte immer noch rätselhaft. Ich verließ rasch die Küche und vernahm hinter mir die Klänge der Gitarre.

Das Zusammentreffen hatte mich erregt.

Als ich an jenem Novembermorgen erwachte, deutete nichts darauf hin, daß es nicht nur für meine Familie, sondern für alle Engländer ein bedeutender Tag sein würde. Mit einem Schlag schwanden alle unsere Ängste, als uns die Nachricht vom Sieg in der Trafalgar Bay erreichte.

Sogar mein Vater war tief bewegt. Wir saßen um den Tisch herum und sprachen darüber, was dieser Sieg für uns und unser Land bedeutete. Lord Nelson hatte die Franzosen in der Trafalgar Bay geschlagen und ihre Flotte so dezimiert, daß eine Invasion nicht mehr in Frage kam. Er hatte der Welt gezeigt, daß Napoleon nicht unbesiegbar war.

Allerdings folgte sofort die traurige Nachricht, daß unser großer Admiral sein Leben für Englands Freiheit geopfert hatte. Die Trauer darüber dämpfte unsere Freude.

Doch der Jubel ließ sich nicht unterdrücken. Wir hatten Napoleon besiegt. Wir waren das einzige Land in Europa, das dem hochmütigen Kaiser gezeigt hatte, daß es unüberwindlich war.

Mein Vater war ungewöhnlich gesprächig. »Unser Land hat sich niemals in seiner Geschichte einem Eroberer gebeugt.«

David erwähnte die Eroberung durch die Normannen, und mein Vater griff ihn sofort an. »Wir Engländer sind die Normannen. Die Winkinger ... denn vergiß nicht, sie waren keine Franzosen ...« Ich lächelte ihm zu. Mein Vater empfand blinden Haß gegen die Franzosen, weil meine Mutter mit einem Franzosen verheiratet gewesen war, bevor sie seine Frau wurde. Ich konnte ihn mir gut mit einem hörnergeschmückten Helm in einem Langschiff vorstellen, in dem er nach Frankreich segelte. Er erriet meine Gedanken und lächelte.

»Nein«, fuhr er fort. »Sie waren keine Franzosen. Die Normannen waren Wikinger, denen der Frankenkönig die Normandie überlassen hatte, damit sie den Rest seines Landes in Frieden ließen. Die Wikinger, die Angeln und die Jüten vermischten sich mit den Sachsen, und das Ergebnis waren die Angelsachsen ... wir, mein Sohn. Wir haben bis jetzt keinem Eroberer erlaubt, den Fuß auf diesen Boden zu setzen – und werden es mit Gottes Hilfe auch in Zukunft verhindern können. Napoleon! Wir hätten nie zugelassen, daß Napoleon dieses Land betritt. Die Schlacht in der Trafalgar Bay hat uns trotzdem eine Menge Unannehmlichkeiten erspart.«

Dann tranken wir auf unseren großen Helden Lord Nelson

und auf unseren Jonathan, der für sein Land gestorben war. Claudine wurde von Rührung überwältigt, und in ihren Augen glitzerten Tränen.

»Heute nacht werden im ganzen Land Freudenfeuer brennen«, erklärte meine Mutter.

»Wir müssen sie uns ansehen«, rief ich.

»Wir könnten wirklich alle ausgehen«, fuhr meine Mutter fort. »Die Freudenfeuer können ja erst entzündet werden, wenn es dunkel ist.«

»Ich möchte ausgehen und sie sehen«, wiederholte ich. »Du willst doch bestimmt auch dabei sein, Amaryllis, nicht wahr?«

»O ja«, gab sie zu.

Unsere Eltern wechselten Blicke, und mein Vater sagte: »Wir nehmen den Wagen. Die Freudenfeuer werden in der Nähe des Strandes auf den Klippen entzündet werden, so daß die Leute auf der anderen Seite des Kanals sie sehen können. Die Feuer an unserer Küste werden den verteufelten Franzosen klarmachen, was wir von ihrem Napoleon halten. Du kannst uns fahren, David. Wir kommen alle mit.«

Unsere Eltern wirkten erleichtert. Heute nacht würde es um die Freudenfeuer viel Lärm und Trubel geben, und sie wollten ihre Töchter nicht aus den Augen lassen.

In der Abenddämmerung machten wir uns auf den Weg. Die Bevölkerung war außer sich vor Freude, und die Menschen strömten zu der Stelle auf dem Kliff, an der das Feuer entzündet werden sollte. Dort hatte sich bereits eine schaulustige Menge versammelt. Treibholz und anderes Gerümpel waren zu einem hohen Stoß aufgetürmt worden, an dessen Spitze sich eine Puppe befand, die Napoleon darstellen sollte.

Die Menge machte unserem Wagen Platz und jubelte uns zu. Mein Vater winkte und begrüßte die Leute, die er kannte. Er genoß es, wenn die Bevölkerung ihrer Abneigung gegen die Franzosen freien Lauf ließ.

Unser Wagen hielt ein paar Meter von dem Freudenfeuer entfernt an.

Die Menge blickte besorgt zum Himmel empor und betete

darum, daß es nicht regnen möge. Noch vor kurzer Zeit waren sie von der Furcht vor einer Invasion erfüllt gewesen, und jetzt galt ihre einzige Sorge dem Wetter.

Wir hatten Glück, denn das Wetter schlug nicht um. Der große Augenblick war gekommen.

Einige Männer mit brennenden Fackeln traten zu dem Holzstoß, umkreisten ihn und warfen dann ihre Fackeln in die aufgestapelten Trümmer und das mit Paraffin getränkte Holz. Flammen loderten empor, und das Freudenfeuer war weithin sichtbar.

Die Zuschauer jubelten begeistert, reichten einander die Hände und tanzten um das Feuer herum. Ich schaute fasziniert zu. Im Feuerschein sahen die Menschen plötzlich ganz anders aus; man erkannte die ernsten, besonnenen Leute kaum wieder. Es waren hauptsächlich Dienstboten. Ich sah das kleine Küchenmädchen, das mit großen Augen verwirrt um sich blickte. Einer der Stallknechte nahm sie bei der Hand, und sie wirbelten im Tanz davon.

»Im Lauf der Nacht werden sie noch viel wilder werden«, prophezeite David.

»Ja«, antwortete meine Mutter, »heute nacht wird es hoch hergehen.«

»Hoffentlich hat es für einige von ihnen nicht unerwünschte Folgen«, fügte mein Vater hinzu.

»Menschenmassen machen mir Angst«, gestand meine Mutter.

Mein Vater blickte sie zärtlich an. »Diese Leute feiern, Lottie«, flüsterte er.

»Ich weiß. Aber Gedränge und Pöbel...«

»Möchtest du nach Hause?«

Sie sah mich und Amaryllis an. »Nein. Bleiben wir noch eine Weile.«

Ich hatte große Lust auszusteigen, mich unter die Menge zu mischen, um das Feuer zu tanzen. Zwei Männer hatten Fideln mitgebracht und spielten Lieder, die wir alle kannten. In eines stimmten alle ein:

> Als England einst, auf Gottes Rat,
> Aus himmelblauem Meer sich hob,
> Die Charta in die Rechte trat
> Und Engel sangen ihm zum Lob:
> »Herrschte Albion, über das Meer,
> Sklaven werden wir nimmermehr.«

Die Worte hallten durch die Nacht, und unter uns schlugen die Wellen an die weißen Klippen.
Alle in den letzten Monaten aufgestauten Gefühle machten sich Luft. Bestimmt hatte jeder sich ausgemalt, zu welchen Verwüstungen eine Invasion führen würde. Keiner hatte zugeben wollen, daß er es für möglich hielt, und die Erleichterung war ungeheuer.
Dann wechselte die Musik: die Fidler spielten jetzt eine fröhliche Weise:

> Kommt, Mädchen und Jungs, aus den Häusern heraus,
> Kommt zu dem Maibaum hier ...

Es war zwar nicht Mai, aber zu der Melodie konnte man gut tanzen. Die Mädchen und Jungen hielten einander an den Händen und tanzten um das Freudenfeuer, als wäre es ein Maibaum.
Ein paar Zigeuner mischten sich unter die Menge – und da war er. Er tanzte Hand in Hand mit einem dunkeläugigen Mädchen, das Kreolen-Ohrringe trug und dessen roter Rock um ihre Beine flog; ihre schwarzen Haare flatterten im Wind.
Er tanzte sehr elegant. Dann näherten sich die beiden unserem Wagen, und er erblickte mich. Einige Sekunden lang sahen wir einander in die Augen. Er ließ die Hand seiner Tänzerin los, und sie sprang allein weiter. Er sah mich nur an; und obwohl er keine Bewegung machte, wußte ich, daß er mir zu verstehen geben wollte, wie gern er mit mir getanzt hätte. Gleichzeitig deutete er an, daß unsere Bekanntschaft ein köstliches Geheimnis, etwas Kühnes, Verbotenes war.

»Die Zigeuner sind auch hier«, stellte mein Vater fest.

»Es gibt keinen Grund, warum sie nicht mitfeiern sollten«, meinte meine Mutter.

»Außerdem macht es ihnen Spaß«, fügte David hinzu.

Zu meiner Überraschung entdeckte ich Dolly unter den Leuten. Ich hätte nicht erwartet, daß sie in einer solchen Nacht außer Haus und noch dazu zu dem Freudenfeuer gehen würde. Sie stand am Rand der Menge, und weil man aus dieser Entfernung ihre Entstellung nicht wahrnahm, wirkte sie zart und hübsch. Sie mußte Ende zwanzig sein, doch sie sah viel jünger aus.

Ich flüsterte Amaryllis zu: »Dort drüben steht Dolly.«

In diesem Augenblick tauchte Romany Jake neben ihr auf. Er ergriff ihre Hand, zog sie mit sich, und sie begannen zu tanzen.

»Wie merkwürdig«, meinte Amaryllis, »daß Dolly tanzt.«

Ich folgte ihnen so lange wie möglich mit den Blicken. Ein- oder zweimal kamen sie in die Nähe der Kutsche. Dolly sah verzückt aus, während Jake zu mir herüberblickte. Ich verstand seinen Gesichtsausdruck nicht ganz, aber ich begriff, daß er lieber mit mir getanzt hätte.

Ich wartete darauf, daß sie wieder vorbeitanzten, doch sie tauchten nicht mehr auf. Ich hielt nach ihnen Ausschau, konnte sie aber nirgends sehen.

»Sie werden die ganze Nacht feiern«, sagte meine Mutter.

»Ja.« Mein Vater gähnte. »Bring uns nach Hause, David, das reicht. Allmählich wird die Sache langweilig.«

»Es ist gut, daß ihnen einmal klar wird, welcher Gefahr wir entgangen sind«, bemerkte David. »Heute nacht wird es in England keinen Menschen geben, der nicht stolz darauf ist, Engländer zu sein.«

»Heute nacht trifft das zu«, bestätigte meine Mutter. »Aber morgen sieht es vielleicht schon wieder ganz anders aus.«

»Du bist ja eine Zynikerin geworden, Lottie«, scherzte mein Vater.

»Menschenmassen lösen bei mir immer solche Gefühle aus.«

»Mach kehrt, David«, befahl mein Vater, und David wendete. Wir fuhren das kurze Stück zum Haus durch Straßen, die von Freudenfeuern erhellt wurden. Entlang der ganzen Küste flackerten die Holzstöße wie die Perlen eines Halsbandes.

»Eine Nacht, die man nicht vergißt«, sagte David.

Ich würde auf keinen Fall den Anblick von Romany Jake vergessen, der vor mir gestanden und mich mit seinem Blick beinahe dazu gezwungen hätte, aus dem Wagen zu steigen und mit ihm zu kommen. Dann war er Hand in Hand mit Dolly verschwunden.

Einige Tage danach gab es Ärger.

Einer der Jagdhüter suchte meinen Vater auf, weil er zwei Zigeuner dabei ertappt hatte, wie sie im Wald Fasane stahlen. Es gab eine deutliche Trennlinie zwischen dem Gebiet, in dem die Zigeuner lagern durften, und jenem Teil des Waldes, in dem die Fasane gehalten wurden. Überall standen Tafeln, auf denen jedem, der das verbotene Gebiet betrat, schwere Strafen angedroht wurden.

Der Jagdhüter hatte gesehen, daß die Zigeuner Fasane in den Händen hielten. Er war hinter ihnen hergerannt, und obwohl sie ihm entkommen waren, hatte er ihre Spur bis zum Zigeunerlager verfolgt.

Daraufhin ritt mein Vater hinaus und warnte die Zigeuner: Wenn sie noch einmal versuchen sollten, in das verbotene Gebiet einzudringen, und wenn man sie beim Wildern ertappte, dann würde er sie dem Gericht übergeben und sie müßten die Folgen tragen. Außerdem würde er sie dann zwingen, das Lager abzubrechen, und ihnen nie wieder gestatten, seinen Wald zu betreten.

Am Abend erzählte er davon.

»Sie sind eine stolze Rasse. Es ist ein Jammer, daß sie nicht seßhaft werden und aufhören herumzuziehen.«

»Sie lieben vermutlich das Leben unter Sonne, Mond und Sternen«, warf ich ein.

»Poetisch, aber unbequem«, fand Claudine.

David mußte, wie immer, eine philosophische Bemerkung anbringen. »Wenn es ihnen nicht gefiele, würden sie dieses Leben aufgeben.«

»Sie sind faul«, erklärte Dickon.

»Dessen bin ich mir nicht so sicher«, widersprach meine Mutter. »Ihre Lebensweise hat sich seit Generationen nicht geändert.«

»Ja, sie betteln, stehlen und leben auf Kosten ihrer Mitmenschen.«

Ich mischte mich ein. »Sie stehen auf dem Standpunkt, daß alle Menschen berechtigt sind, alle Güter dieser Erde zu gebrauchen.«

»Eine abwegige Philosophie«, fand mein Vater, »an die sich nur jene halten, die fremdes Gut begehren. Sobald sie es besitzen, würden sie es natürlich mit aller Kraft verteidigen, um es zu behalten. Das liegt in der menschlichen Natur, und keine Philosophie der Welt wird jemals daran etwas ändern. Wenn die Zigeuner noch einmal Schaden anrichten, müssen sie fort. Sie sind ein unverschämtes Pack. Überhaupt, der eine ... er sieht ganz anders aus als die übrigen. Er hat auf der Treppe eines Zigeunerwagens gesessen und ausgerechnet Gitarre gespielt. Meiner Meinung nach hätte es ihm nicht geschadet, ein bißchen zu arbeiten.«

»Das muß Romany Jake sein«, warf ich ein.

»Wer?« fragte mein Vater.

»Er ist einer von ihnen, ich habe ihn einige Male gesehen. Die Mädchen in der Küche sprechen oft von ihm.«

»Eine bemerkenswerte Persönlichkeit«, gab mein Vater zu.

»Er ist ihr Sprecher und bestimmt nicht auf den Mund gefallen.«

»Ich habe ihn auch beim Freudenfeuer gesehen«, fügte ich hinzu. »Er hat getanzt.«

»Das kann er bestimmt gut, nur von Arbeit will er nichts wissen. Ich werde froh sein, wenn sie weiterziehen. Sie sind durch die Bank Diebe und Vagabunden.«

Dann begann er, über die Ereignisse auf dem Kontinent zu

sprechen. Napoleon würde jetzt bestrebt sein, in Europa Erfolge zu erringen, damit die Menschen weiterhin an die Unbesiegbarkeit des Kaisers glaubten, auch wenn seine Flotte in der Trafalgar Bay schwer angeschlagen worden war.

Es war etwa eine Woche nach den Freudenfeuern. Wir saßen beim Abendessen, als einer der Diener hereinstürzte und schrie, daß der Wald brenne.
Wir sprangen auf und liefen ins Freie. Draußen empfingen uns Rauch und beißender Brandgeruch. Mein Vater schickte die Dienerschaft mit Wasser zum Wald. Ich holte inzwischen mein Pferd aus dem Stall und galoppierte in die Richtung, wo es brannte, denn dort befand sich das Zigeunerlager.
Der Anblick, der sich mir bot, war unbeschreiblich. Das Gras brannte, und die Flammen griffen bereits auf die Baumstämme über.
Mein Vater stand mitten in dem Durcheinander und brüllte Befehle; die Menschen aus den nahegelegenen Häuschen kamen mit Wassereimern gerannt.
»Wir müssen verhindern, daß die Flammen das Dickicht erreichen«, rief mein Vater.
»Zum Glück ist es beinahe windstill«, bemerkte David.
Die Schwierigkeit bestand darin, daß wir nicht genügend Wasser heranschaffen konnten. Obwohl jeder tat, was in seinen Kräften stand, griff das Feuer immer weiter um sich. Nur ein Wunder konnte den Wald noch retten.
Und das Wunder geschah. Es begann zu regnen, zuerst nur leicht, doch bald wurde ein Wolkenbruch daraus.
Alle atmeten erleichtert auf. Wir blieben stehen, wo wir uns gerade befanden, wandten die Gesichter zum Himmel und genossen den kostbaren Regen.
»Der Wald ist gerettet«, stellte mein Vater fest. »Doch nicht dank dieser lästigen Zigeuner.« Dann erblickte er mich. »Was tust du hier?« fragte er scharf.
»Ich konnte doch nicht zu Hause bleiben.«
Er antwortete mir nicht, sondern sah zu, wie die letzten

Flammen gelöscht wurden. Dann rief er den Zigeunern zu:
»Morgen will ich euch nicht mehr auf meinem Land sehen.«
Er wendete sein Pferd und ritt davon; David und ich folgten
ihm.

Am nächsten Morgen standen mein Vater und ich zeitig auf.
Er war im Begriff, das Haus zu verlassen, und ich fragte ihn:
»Was wirst du wegen der Zigeuner unternehmen?«
»Ich schicke sie fort.«
»Jetzt schon?«
»Ich werde gleich hinreiten.«
«Willst du alle bestrafen, weil einer oder zwei unvorsichtig
waren?«
Er wandte sich mir mit zusammengekniffenen Augen zu.
»Was verstehst du denn davon? Diese Leute haben beinahe
meinen Wald niedergebrannt. Hast du eine Ahnung, wieviel
Holz ich verloren hätte, wenn es nicht geregnet hätte? Ich
dulde es nicht, daß sie meine Bäume in Brand stecken und
meine Fasane stehlen. Sie sind nichts als Taugenichtse und
Gauner.«
»Der Wald ist nicht abgebrannt, und ein oder zwei Fasane
spielen für dich keine Rolle.«
»Was soll das wieder heißen? Warum setzt du dich für eine
Zigeunerbande ein?«
»Sie müssen doch irgendwo lagern. Wohin sollen sie denn
ziehen, wenn niemand ihnen erlaubt, ihr Lager aufzuschla-
gen?«
»Sie können überall lagern, nur nicht auf meinem Grund und
Boden.«
Mit diesen Worten ging er hinaus. Ich kehrte in mein Zimmer
zurück, zog rasch mein Reitkleid an und lief in den Stall. Hier
erfuhr ich, daß mein Vater vor wenigen Minuten weggeritten
war.
Ich gab meinem Pferd die Sporen und holte ihn ein, bevor er
den Wald erreichte. Er hörte mich, sah sich um und hielt
erstaunt sein Pferd an.

»Was willst du denn hier?«

»Du reitest zu den Zigeunern, und ich begleite dich.«

»Ausgerechnet du?«

»Ja, ich begleite dich.«

»Du machst sofort kehrt und reitest nach Hause.«

»Ich will nicht, daß du allein zu ihnen reitest.«

Das verräterische Lächeln zuckte um seine Lippen – zumindest schien er jetzt leicht belustigt zu sein.

»Was glaubst du denn, daß sie mir tun werden? Mich wie einen Fasan braten und zum Abendessen servieren?«

»Sie könnten gefährlich sein.«

»Ein Grund mehr, daß du hier nichts zu suchen hast. Reite sofort zurück.«

Ich schüttelte den Kopf.

»Du gehorchst mir also nicht?«

»Ich habe Angst um dich, wenn du allein reitest.«

»Du wirst mit jedem Tag deiner Mutter ähnlicher. Diese verflixten Töchter! Ich weiß nicht, warum ich mir das überhaupt gefallen lasse.«

»Ich begleite dich jedenfalls.«

Meine Entschlossenheit machte ihm sichtlich Spaß. Er wendete sein Pferd und ritt auf den Wald zu. Ich schloß mich ihm an. Er war überzeugt davon, daß es keine Schwierigkeiten geben würde, sonst hätte er darauf bestanden, daß ich zurückritt. Er hatte anscheinend schon oft mit Zigeunern zu tun gehabt und war vermutlich niemals auf Widerstand gestoßen, weder bei ihnen noch bei anderen Menschen.

Wir erreichten das Zigeunerlager, das aus vier braun und rot gestrichenen Wohnwagen und einem Planwagen bestand, der mit Körben, Kleiderhaken und geflochtenen Binsenmatten beladen war. Ein Feuer brannte; eine Frau saß davor und rührte in einem Kessel. Es duftete nach Gulasch. Im Gestrüpp waren einige Pferde angepflockt; vier oder fünf Männer saßen in der Nähe des Feuers und beobachteten uns.

Niemand hatte Anstalten getroffen, aufzubrechen.

Als ich zu meinem Vater hinüberblickte, fröstelte mich. Sein

Gesicht war gerötet. Er war zornig und würde jetzt diesen Leuten bestimmt zeigen, wer hier der Herr war.

Als er sprach, klang seine Stimme wie Donnergrollen. »Ich habe euch befohlen, mein Land zu verlassen. Warum seid ihr noch hier?«

Die Männer in der Nähe des Feuers bewegten sich nicht, und die Frau rührte weiter in ihrem Kessel. Es war, als hätten sie meinen Vater nicht gehört. Das war die sicherste Methode, ihn wütend zu machen. Er ritt auf die Gruppe zu, und ich folgte ihm.

»Steht auf, ihr Flegel!« rief er. »Steht auf, wenn ich mit euch spreche. Das ist mein Grund und Boden. Ich werde nicht zulassen, daß ihr ihn plündert und meine Vögel stehlt. Verschwindet mit euren Pferden und Wagen. Verschwindet, sage ich. Ihr habt euch mit meiner Erlaubnis hier aufgehalten. Diese Erlaubnis widerrufe ich jetzt.«

Einer der Männer stand langsam auf und schlenderte auf uns zu. Seine Bewegungen waren bewußt herausfordernd. Seine braunen Wangen waren gerötet, und er hatte die Hand auf das Messer in seinem Gürtel gelegt.

»Wir fügen Ihnen keinen Schaden zu«, sagte er. »Wir werden weiterziehen, wenn es soweit ist.«

»Keinen Schaden!« rief mein Vater.

»Ihr setzt meinen Wald in Brand und behauptet, daß ihr keinen Schaden anrichtet. Ihr stehlt meine Fasane und findet, daß das ebenfalls kein Schaden ist. Ihr werdet aufbrechen, wenn ich es anordne ... sofort.«

Der Mann schüttelte langsam den Kopf. Seine Haltung war drohend, doch mein Vater ließ sich von niemandem einschüchtern.

Mein Hals war trocken. Ich wollte meinem Vater zuflüstern, wir sollten besser sofort zurückreiten. In einer solchen Stimmung waren die Zigeuner gefährlich, denn sie waren wilde Gesellen, und wir waren unbewaffnet. Es war Wahnsinn, hier zu bleiben, denn sie waren viele, und wir waren nur zwei.

»Vater ...« flüsterte ich.

Er machte eine Handbewegung. »Reite sofort nach Hause«, befahl er.

»Ich reite nicht ohne dich«, antwortete ich heftig.

Ein zweiter Mann stand auf und ging auf uns zu. Andere folgten ihm. Vier ... fünf ... sechs, zählte ich. Sie kamen sehr langsam näher. Es war, als stünde die Zeit still und als brauchten sie unendlich lange, um uns zu erreichen.

»Habt ihr nicht gehört«, rief mein Vater. »Beginnt zu pakken ... *sofort*!«

»Das Land gehört dem Volk«, erklärte der Mann mit dem Messer. »Wir haben ein Recht darauf.«

»Genausoviel Recht wie Sie«, rief einer der anderen.

»Narren! Schurken! Ich lasse euch einsperren. Ich hole jetzt die Konstabler.«

Er ergriff mein Pferd am Zügel und wollte mit mir davonreiten, als ein Stein meinen Sattel traf. Ich hielt den Atem an. Es war zu spät für einen Rückzug. Sie umringten uns, und ich bemerkte zum ersten Mal in meinem Leben Angst auf dem Gesicht meines Vaters. Natürlich galt sie mir. Er erkannte entsetzt, daß er vielleicht nicht imstande sein würde, mich zu beschützen.

Dann ertönte von einem der Wohnwagen ein Ruf, und alle blickten in diese Richtung. Romany Jake stand auf der Treppe – er war mit dem orangefarbenen Hemd und den Ohrringen eine auffallende Erscheinung.

»Was ist los?« rief er.

Dann erfaßte er mit einem Blick die Situation – meinen Vater und mich und die aufgebrachten Zigeuner rings um uns.

»Seine Lordschaft will uns von seinem Land vertreiben, Jake«, antwortete einer der Männer.

»Uns verjagen? Wenn wir ohnehin zu gegebener Zeit weiterziehen?«

Er schlenderte herüber und stellte sich neben uns. Selbst in diesem Augenblick sah er mir leicht spöttisch und vielsagend in die Augen. »Guter Herr«, begann er mit lauter, klangvoller

Stimme, »meine Freunde und ich werden Ihrem Besitz keinen Schaden zufügen. Gestern abend ist es zu einem Unfall gekommen. Wir hatten nicht die Absicht, Ihnen Schaden zu verursachen.«

»Ihr habt es aber getan. Und deshalb werdet ihr verschwinden ... und zwar jetzt.«

»Wir werden zu gegebener Zeit weiterziehen.«

»Was zu gegebener Zeit ist, bestimme ich. Ich meine damit heute und jetzt. Wenn ihr euch weiterhin widersetzt, lasse ich euch ins Gefängnis werfen. Es ist ohnehin an der Zeit, daß ein Exempel statuiert wird. Ich lasse euch alle nach Botany Bay deportieren. Vielleicht wird man euch dort zu ehrlicher Arbeit erziehen.«

Der Mann mit dem Messer trat näher, und es blitzte auf, als er den Arm hob. In diesem Augenblick warf noch jemand einen Stein.

»Mein Gott, Jessica«, murmelte mein Vater. Wenn er die Möglichkeit gehabt hätte, hätte er den Mann getötet, der den Stein geworfen hatte. Ich war vor Angst wie gelähmt. Ich hatte meinen Vater stets für unbesiegbar gehalten. Er war immer der unumstrittene Herr in unserem Haus gewesen; er hatte ein abenteuerliches Leben hinter sich; er hatte sich während der französischen Revolution dem Pöbel gestellt und meine Mutter vor dem sicheren Tod gerettet. Doch jetzt war er unbewaffnet, hoffnungslos unterlegen und verwundbar, weil er Angst um mich hatte.

Die Zigeuner waren schlau. Sie spürten instinktiv seine Schwäche.

Einer von ihnen trat zu mir und legte mir die Hand auf den Schenkel.

Mein Vater wollte sich auf ihn stürzen, doch in diesem Augenblick griff Romany Jake ein.

Seine Stimme klang laut und herrisch: »Schluß damit. Laßt das Mädchen in Frieden.«

Der Mann, der mich berührt hatte, wich zurück.

Gespannte, drohende Stille trat ein.

»Ihr Narren!« sagte Romany Jake. »Wollt ihr, daß wir alle eingesperrt werden?«

Die Zigeuner wurden unsicher, doch der Mann mit dem Messer rührte sich nicht vom Fleck.

»Geh jetzt«, befahl Romany Jake.

Der Mann mit dem Messer schien eine Art Anführer zu sein. »Es ist an der Zeit, daß wir es ihnen einmal zeigen, Jake.«

»Nicht jetzt, nicht, wenn das Mädchen dabei ist. Steck das Messer ein, Jasper.«

Der Mann betrachtete zögernd das Messer. Die Frage war, wer von ihnen sich durchsetzen würde, denn dies war der Augenblick der Entscheidung. Die anderen, die nur zusahen, würden sich demjenigen anschließen, dessen Wille der stärkere war. Jasper wollte Rache, wollte seinen Zorn an jenen auslassen, denen das Land gehörte und deren Erlaubnis er einholen mußte, bevor die Zigeuner ein Lager aufschlagen konnten. Ich wußte nicht, wie Romany Jake darüber dachte. Seinen Worten hatte ich entnommen, daß er nur auf mich Rücksicht nahm. Was wäre wohl geschehen, wenn mein Vater allein hierher gekommen wäre?

Mein Vater blieb ruhig. »Sie scheinen ein vernünftiger Mann zu sein. Bei Einbruch der Dunkelheit müssen Sie das Land verlassen haben.« Romany Jake nickte.

»Reiten Sie, reiten Sie jetzt«, sagte er leise.

»Komm, Jessica«, forderte mich mein Vater auf.

Wir wendeten unsere Pferde und ritten im Schritt vom Zigeunerlager fort.

Als wir den Wald hinter uns gelassen hatten, hielt mein Vater sein Pferd an und wandte sich mir zu. Die Röte war aus seinem Gesicht gewichen; er war blaß, und auf seiner Stirn standen Schweißperlen.

»Das war knapp«, gab er zu.

»Ich habe schreckliche Angst gehabt.«

»Mit gutem Grund. Wenn ich dir wieder einmal etwas befehle, wirst du widerspruchslos gehorchen.«

»Was glaubst du denn, was geschehen wäre, wenn ich nicht dabeigewesen wäre?«

»Das kannst du noch fragen? Ich wäre mit diesen Schurken anders umgesprungen.«

»Du mußt zugeben, daß Romany Jake unsere Rettung war.«

»Er ist genauso ein Tunichtgut wie die anderen. Wenn sie morgen bei Sonnenaufgang noch da sind, können sie sich auf etwas gefaßt machen.«

»Der Mann mit dem Messer...«

»Er hätte es bestimmt benützt.«

»Du hattest keine Waffe bei dir, Vater.«

»Ich bedaure, daß ich kein Gewehr mitgenommen habe.«

»Ich bin froh, daß du keines dabei hattest. Statt dessen hattest du mich, und das war besser als ein Gewehr.«

Er lachte. Er war bestimmt sehr gerührt, weil ich darauf bestanden hatte, ihn zu begleiten.

»Es steht zweifelsfrei fest, wessen Tochter du bist«, meinte er. »Ich bin stolz auf dich, Jessica.«

«Ich bin so froh, daß ich bei dir geblieben bin.«

»Du glaubst wohl, daß es um mich geschehen gewesen wäre, wenn ich dich nicht mitgenommen hätte? Das redest du dir nur ein. Ich habe mich schon in gefährlicheren Situationen befunden. Ich verstehe nur eines nicht: daß auf meinem Grund und Boden am hellichten Tag so etwas geschehen kann. Und noch etwas: deiner Mutter darfst du kein Wort davon erzählen.«

Ich nickte.

Auf dem Heimweg schwiegen wir, weil wir das Erlebte verarbeiten mußten.

Am nächsten Morgen zogen die Zigeuner weiter, und in der Küche herrschte Jammer und Wehklagen, weil Romany Jake fort war.

II

Das Urteil

Nachdem die Zigeuner abgezogen waren, kam mir das Leben langweilig vor. Mit großer Bestürzung erfuhren wir im Dezember von Napoleons Sieg bei Austerlitz. Er war offenbar noch nicht geschlagen. Trafalgar hatte ihn nur seine Flotte gekostet, und jetzt wollte er beweisen, daß seine Armee allen anderen überlegen war.

Bei uns trat der Alltag wieder in seine Rechte: Unterricht, Ausritte, Spaziergänge, Krankenbesuche auf unserem Besitz. Wir holten den Weihnachtsbaum, suchten Mistel- und Stechpalmenzweige, und in der Küche wurde eifrig gebacken. Wir kauften ein, fertigten kleine Geschenke an und versuchten zu erraten, was wir bekommen würden. Es waren ganz normale Weihnachten.

Dann waren die Feiertage vorüber, der Januar zog ins Land; es war nun schon drei Monate her, daß die Zigeuner unseren Wald verlassen hatten. Ich hatte Romany Jake nicht vergessen; ich war davon überzeugt, daß ich ihn nie vergessen würde. Er hatte mich tief beeindruckt und kam mir bei den ungewöhnlichsten Gelegenheiten in den Sinn. Bestimmt hatte auch er sich zu mir hingezogen gefühlt. Er hatte mir das Gefühl vermittelt, daß ich kein Kind mehr war und daß es vieles gab, das er mich lehren konnte. Ich war enttäuscht, weil er nicht lange genug geblieben war, daß ich herausfinden konnte, was uns verband.

Der Nordwind wehte und brachte Schnee. In allen Kaminen im Haus brannte Feuer. Wenn ich abends im Bett lag, beobachtete ich gern die Flammen im Kamin. Wenn wir nach einem Sturm am Strand salzdurchtränktes Holz für das Kaminfeuer gesammelt hatten, brannte es mit bläulicher

Flamme. Es machte mir Spaß, mir mein Brennholz selbst zu holen, und ich sah in den blauen Flammen die schönsten Bilder der Welt. Draußen tobte der Wind um das Haus; drinnen war es warm und gemütlich; wir brieten im Kaminfeuer Edelkastanien und erzählten uns dabei Gruselgeschichten – es waren jedes Jahr die gleichen.

Es war Mitte Januar, während einer besonders kalten Periode, als Dolly Mather vollkommen aufgelöst nach Eversleigh herübergelaufen kam und mit der jungen Mrs. Frenshaw sprechen wollte – sie vertraute Claudine mehr als allen anderen. Zufällig betrat ich gleichzeitig mit Claudine die Halle und wurde so Zeuge des Gesprächs:

»Meine Großmutter... sie hat uns verlassen, Mrs. Frenshaw.«

»Verlassen!« Einen Augenblick lang glaubte ich, daß sie gestorben war, weil die Menschen eine gewisse Scheu vor dem Wort »Tod« haben und es umschreiben, als wäre das Sterben weniger tragisch, wenn man es mit einem anderen Wort bezeichnet.

Dolly fuhr fort: »Sie ist fort. Ich bin in ihr Zimmer gekommen, und sie war nicht da. Sie ist einfach fort...«

»Fort«, wiederholte Claudine, »das ist doch nicht möglich! Das Gehen ist ihr ja auch so schon sehr schwer gefallen. Wohin kann sie an einem so kalten Tag gegangen sein? Erzählen Sie mir genau...«

»Ich vermute, daß sie das Haus schon gestern abend verlassen hat.«

»Du meine Güte! Sind Sie sicher, Dolly?«

»Ich habe das ganze Haus durchsucht und sie nirgends gefunden.«

»Es ist einfach unvorstellbar. Ich begleite Sie hinüber.«

»Ich komme mit«, sagte ich.

Claudine ging in ihr Zimmer, um Mantel und Stiefel anzuziehen. Dolly starrte mich inzwischen unglücklich an.

»Ich kann mir nicht vorstellen, wohin sie verschwunden ist«, sagte sie.

»Sie kann nicht weit gekommen sein, sie konnte ja kaum noch das Bett verlassen.«

»Wo sie wohl sein mag?« murmelte Dolly.

Claudine kam herunter, und wir eilten nach Grasslands hinüber. Dort gab es nur zwei Bedienstete; der Mann, der die kleine Landwirtschaft betreute, lebte eine halbe Meile vom Haus entfernt in einer kleinen Hütte, und seine Frau half im Haus aus. Dolly führte uns in den ersten Stock in Mrs. Trents Schlafzimmer.

»Das Bett ist unberührt«, stellte ich fest.

»Ja. Sie ist offenbar gar nicht schlafen gegangen.«

»Sie muß irgendwo im Haus sein.«

Dolly schüttelte den Kopf. »Das ist leider nicht der Fall. Wir haben überall gesucht.«

Claudine ging zum Schrank und öffnete die Tür. »Hat sie einen Mantel mitgenommen?«

Dolly nickte.

»Dann ist sie doch ausgegangen.«

»In einer so kalten Nacht?« fragte Dolly. »Das wäre ihr Tod gewesen.«

»Wir müssen sie finden«, meinte Claudine. »Vielleicht ist sie unterwegs zusammengebrochen. Haben Sie keine Ahnung, wohin sie gegangen sein könnte?«

Dolly schüttelte den Kopf.

»Ich gehe nach Eversleigh zurück«, beschloß Claudine. »Wir werden Männer losschicken, die sie suchen sollen. Es wird heute sicherlich noch schneien. Wenn wir nur den geringsten Anhaltspunkt hätten... Aber machen Sie sich keine Sorgen, Dolly, wir werden sie bestimmt finden. Sie bleiben hier und sorgen dafür, daß in ihrem Zimmer ein ordentliches Feuer brennt. Wenn sie nach Hause kommt, wird sie die Wärme brauchen.«

»Wo kann sie nur sein?« jammerte Dolly.

»Das müssen wir eben herausfinden. Komm, Jessica.«

Unterwegs meinte Claudine: »Das Ganze ist seltsam. Es ist der alten Frau schon sehr schwergefallen, über die Treppe hinauf- oder hinunterzugehen. Ich kann mir nicht vorstellen, wohin sie verschwunden ist. Hoffentlich ist ihr nichts zugestoßen. Was soll aus Dolly werden, wenn sie Mrs. Trent nicht mehr hat?«

»Eigentlich war es ja Dolly, die Mrs. Trent betreut hat.«

»Doch was wird Dolly tun, wenn sie ganz allein dasteht?«

»Mrs. Trent kann nicht weit gekommen sein«, überlegte ich.

»Ja. Die Männer werden sie bald finden. Doch wenn sie die ganze Nacht bei diesem Wetter im Freien verbracht hat...«

»Vielleicht hat sie irgendwo einen Unterschlupf gefunden.«

Sobald wir in Eversleigh berichtet hatten, was geschehen war, wurden Suchtrupps ausgeschickt. Wie erwartet, begann es wieder zu schneien, und der Sturm erreichte eine solche Stärke, daß man beinahe von einem Blizzard sprechen konnte. Wir suchten den ganzen Tag, doch wir fanden Mrs. Trent erst am späten Nachmittag, und zwar war es kein Suchtrupp, der sie entdeckte, sondern Polly Crypton. Polly war trotz des schlechten Wetters ausgegangen, um der alten Mrs. Grimes, die in einem der Gesindehäuschen lebte und an Rheumatismus litt, eine spezielle Tinktur zu bringen. Auf dem Rückweg war Polly in der Nähe ihres Gartentors über etwas gestolpert. Entsetzt hatte sie festgestellt, daß es eine Frau war, hatte sich über sie gebeugt und Mrs. Trent erkannt.

Polly war sofort klar, daß Mrs. Trent bereits seit einiger Zeit tot war. Sie verständigte uns, wir beorderten die Suchtrupps zurück, und die Tote wurde nach Grasslands gebracht.

Meine Mutter, Claudine, David, Amaryllis und ich gingen ebenfalls hinüber, nachdem wir den Arzt hatten kommen lassen. Er war der Meinung, daß der weite Weg Mrs. Trent überanstrengt hatte und daß die Hauptursache für ihren Tod Erschöpfung war. Sie wäre aber auf jeden Fall erfroren.

»Wie ist sie nur auf den Gedanken verfallen, bei einem solchen Wetter auszugehen?« fragte Claudine.

»Sie muß verwirrt gewesen sein«, meinte meine Mutter.

»Ich mache mir Dollys wegen Sorgen«, fügte Claudine hinzu.

»Wir müssen uns um sie kümmern.«

Die arme Dolly wirkte wie eine Schlafwandlerin. Sie hielt sich häufig in Enderby auf, wo Tante Sophie sie herzlich aufnahm. Da sie selbst in ihrem Leben viel Leid erlebt hatte, war sie immer bereit, unglücklichen Menschen beizustehen.

Einige Tage später fand das Begräbnis statt. Claudine hatte alles geregelt. Dolly war völlig teilnahmslos gewesen und hatte ihre Hilfe widerspruchslos akzeptiert. Wir nahmen am Trauergottesdienst teil und geleiteten dann den Sarg zum Grab. Dolly, die Hauptleidtragende, war totenblaß und wirkte gebrechlich; wenn sie aufgeregt war, wurde ihr Geburtsfehler noch deutlicher sichtbar. Selbst Tante Sophie nahm am Begräbnis teil; sie war ganz in Schwarz gekleidet und eine schwarze Chiffonhaube verdeckte eine Gesichtshälfte. Sie sah wie ein großer schwarzer Vogel aus, wie ein Unheilsbote. Doch Dolly hielt sich in ihrer Nähe und suchte bei ihr Trost und nicht bei Claudine, die soviel für sie getan hatte.

Nach dem Begräbnis lud Claudine alle Trauergäste nach Eversleigh ein. Wir saßen beisammen und sprachen darüber, wie liebevoll Mrs. Trent sich um Dolly gekümmert und wie gut sie Grasslands bewirtschaftet hatte, was keine leichte Aufgabe für eine Frau war, auch wenn ihr ein guter Verwalter zur Seite stand. Kurz, wir sagten nur Gutes über die Tote, wie es bei Begräbnissen üblich ist. Zu ihren Lebzeiten hatte es oft geheißen, sie sei eine alte Hexe. Wenn sie nicht so hart gewesen wäre, hätte ihre Enkelin Evie nie Selbstmord begangen, als sie schwanger war. Die arme Dolly hatte in den Jahren, in denen sie sie betreute, kein leichtes Leben gehabt. Doch jetzt war Mrs. Trent dahingegangen; der Tod löscht die Fehler eines Menschen aus und setzt Tugenden an ihre Stelle.

Doch das Gespräch drehte sich weniger um Mrs. Trents Tugenden als um die Frage, warum sie Grasslands so grundlos verlassen hatte und in die bitterkalte Winternacht hinausgegangen war.

Claudine lud Dolly ein, ein paar Tage in Eversleigh zu verbringen, aber Tante Sophie bestand darauf, daß sie nach Enderby zog, und dieser Vorschlag sagte Dolly mehr zu. Also blieb Dolly nach dem Begräbnis eine Woche bei Tante Sophie und kehrte dann nach Grasslands zurück. Claudine ermahnte uns alle, uns ihrer anzunehmen und ihr über diese schreckliche Tragödie hinwegzuhelfen.

Dann kam Claudine eines Tages mit sehr ernstem Gesicht von einem Besuch bei Tante Sophie zurück, und ich hatte sofort das Gefühl, daß irgend etwas geschehen war. Sie ging direkt zu meiner Mutter, und die beiden unterhielten sich lange unter vier Augen in Mutters Zimmer.

»Etwas muß geschehen sein«, sagte ich zu Amaryllis, und sie pflichtete mir bei.

»Ich werde es herausfinden«, fügte ich hinzu. »Es hängt mit Tante Sophie zusammen, denn es hat damit angefangen, daß deine Mutter von einem Besuch bei ihr zurückkam.«

Ich stellte in der Küche vorsichtige Erkundigungen an, konnte jedoch nichts erfahren. Deshalb entschloß ich mich, meine Mutter zu fragen.

Meine Mutter und ich hatten schon immer ein ganz besonderes Verhältnis zueinander. Vielleicht kam es daher, daß sie nicht mehr die Jüngste war, als ich zur Welt kam – jedenfalls behandelte sie mich beinahe wie eine Erwachsene, während Claudine und David in Amaryllis noch immer das Kind sahen. Vielleicht war ich auch besonders bestrebt, als Erwachsene zu gelten – die Dienstboten bezeichneten meine Art allerdings als »aufdringlich«. Deshalb fragte ich meine Mutter, als sie wieder einmal in träumerischer Stimmung war, geradeheraus, ob etwas geschehen war, ob es ein Problem gäbe, das nicht für die Ohren Jugendlicher bestimmt war.

Sie sah mich lächelnd an. »Du hast es also bemerkt. Du meine Güte, Jessica, du bist beinahe ein Konstabler. Dir entgeht nichts.«

»In diesem Fall war es nicht schwierig. Claudine hat Tante Sophie besucht, und als sie zurückkam, benahm sie sich . . . na ja, verschlossen, besorgt und überhaupt recht seltsam.«

»Ja, es ist etwas geschehen, aber es handelt sich nicht um Tante

Sophie. Du wirst es ohnehin demnächst erfahren, warum soll ich es dir also nicht gleich verraten?«

»Du hast recht, erzähl es mir lieber sofort«, stimmte ich eifrig zu.

»Es geht um Dolly. Sie bekommt ein Kind.«

»Aber sie ist doch nicht verheiratet!«

»Es kommt gelegentlich vor, daß eine Frau ein Kind bekommt, ohne verheiratet zu sein.«

»Soll das heißen . . .«

»Deshalb sind wir ja so besorgt. Dolly ist glücklich, beinahe verzückt. Einerseits macht dies das Problem leichter, andererseits ist es eine höchst unglückselige Geschichte. Deine Tante Sophie wird Dolly helfen, soweit es ihr möglich ist. Wir müssen uns Dolly gegenüber sehr rücksichtsvoll verhalten, sie hat ein schweres Leben hinter sich. Sie hat ihre Schwester angebetet, die merkwürdigerweise ebenfalls schwanger geworden ist. Daraufhin ist sie ins Wasser gegangen. Das Ganze war sehr traurig, und deshalb machen wir uns jetzt um Dolly Sorgen.«

»Du glaubst doch nicht, daß Dolly Selbstmord begehen wird?«

»Im Gegenteil. Sie freut sich auf das Kind. Aber vielleicht sollte ich dich mit diesen Dingen nicht belasten. Manchmal vergesse ich tatsächlich, Jessica, wie jung du noch bist.«

»Ich verstehe mehr davon, als du glaubst. Man erfährt solche Dinge irgendwie. Ich habe von Jane Abbeys Kind gewußt, noch bevor es zur Welt kam.«

»Dein Vater findet, daß du über deine Jahre hinaus reif bist. Aber vermutlich sehen die meisten Eltern in ihren Kindern etwas Besonderes.«

»Mein Vater ist da eine Ausnahme. Wenn er so etwas von mir annimmt, dann stimmt es.«

Sie fuhr mir lachend durchs Haar. »Sprich nicht zuviel über Dolly, ja? Noch nicht. Natürlich wird sie es bald nicht mehr verheimlichen können, und dann wird der Klatsch blühen. Aber fange nicht du damit an.«

»Natürlich nicht. Ich werde es nur Amaryllis erzählen; wenn man sie bittet, über etwas zu schweigen, hält sie sich daran.«

In der nächsten Zeit dachte ich viel über Dolly nach, und dann kam es merkwürdigerweise eines Tages zu einem Gespräch mit ihr.

Ich besuchte Tante Sophie. Jeanne teilte mir mit, daß sie noch schlafe, deshalb ging ich in den Garten, um eine Weile zu warten – und wen traf ich dort? Dolly.

Sie sah anders aus. Sie war noch nicht dicker geworden, doch ihr Gesicht hatte sich verändert. Das halbgeschlossene Auge fiel weniger auf. Ihre Wangen waren leicht gerötet, und das gesunde Auge leuchtete glücklich, ja herausfordernd.

Sie war überraschend gesprächig.

Ich schnitt das Thema natürlich nicht an, doch sie kam von selbst darauf zu reden.

»Sie wissen vermutlich über meinen Zustand Bescheid?«

Ich nickte.

»Das ist gut. Eigentlich sind Sie schuld daran.«

»Ich? Wieso denn?«

»Als Sie noch ein kleines Kind waren, habe ich Sie einmal entführt. Wußten Sie das?«

»Ja.«

»Ich habe Sie für Amaryllis gehalten. Ich wollte sie töten.«

»Warum denn, um Himmels willen?«

»Weil sie am Leben war und... ach, es ist eine alte Geschichte. Meine Schwester hatte ihren Geliebten verloren und Selbstmord begangen. Die Familie in Eversleigh war in die Affäre verwickelt, und sie waren schuld daran, daß es zur Katastrophe gekommen ist. Evie wollte mit ihrem Geliebten England verlassen, und ich sollte mitkommen und ihr Kind betreuen.«

»Heißt das, daß Sie sich durch Amaryllis rächen wollten?«

»So ungefähr.«

»Aber Amaryllis ist der friedfertigste Mensch, den ich kenne. Sie würde nie jemandem ein Leid zufügen.«

»Ich bin nur deshalb darauf verfallen, weil Amaryllis noch ein

Baby war und ich Evies Kind verloren hatte. Doch statt dessen habe ich Sie entführt – das falsche Kind. Ich versteckte Sie in meinem Zimmer und lebte die ganze Zeit in der Angst, Sie würden schreien. Sie waren das süßeste Kind der Welt. Ich begann mir einzureden, daß Sie Evies Kind seien. Immer wenn ich mit Ihnen sprach, lächelten Sie mich an. Ich habe Sie damals richtig lieb gehabt. Das war die Zeit, in der ich mir mehr als alles andere ein eigenes Kind wünschte. Sie haben diesen Wunsch in mir geweckt.«

»Ich bekenne mich schuldig. Es war mein unwiderstehlicher kindlicher Charme.«

»Und jetzt bekomme ich selbst ein Kind.«

»Sie scheinen sehr glücklich darüber zu sein.«

»Ich wollte schon immer ein Kind haben – seit der Entführung. Zuerst hatte ich ja geglaubt, daß ich Evies Kind aufziehen würde. Was die Leute sagen, ist mir gleichgültig. Hauptsache, ich werde ein Kind haben. Sie möchten mehr darüber wissen, nicht wahr?«

Einen Augenblick lang schwieg ich, sah sie an und dachte daran, wie sie in der Trafalgar-Nacht um das Freudenfeuer getanzt hatte.

»Wer ist der Vater Ihres Kindes?« fragte ich.

Sie lächelte gedankenverloren.

»War es Romany Jake?«

Sie leugnete es nicht. »Er hat mir immer so schöne Lieder vorgesungen. Mich hatte noch nie jemand geliebt. Romany Jake war der Ansicht, daß man das Leben genießen muß, daß es von Lachen und Freude erfüllt sein soll. ›Lebe dem Heute und überlaß das Morgen der Zukunft‹, das war sein Wahlspruch. Die Zigeuner führen ein freies Leben, das ist für sie das Wichtigste auf der Welt. Ich war damals zum ersten Mal in meinem Leben wirklich glücklich. Und jetzt werde ich ein Kind bekommen – Jakes und mein Kind.«

Ich war enttäuscht und hatte das Gefühl, betrogen worden zu sein. Ich sah ihn deutlich vor mir, wie er im Schein des Freudenfeuers gestanden und mich angeblickt hatte. Er hatte mich gerufen – mich, nicht Dolly. Er wollte, daß ich mit ihm tanzte, und ich hatte es ebenfalls gewollt. Erst jetzt wurde mir klar, wie sehr ich mich danach gesehnt hatte.

»Dolly, hat er Sie gebeten, mit ihm und den Zigeunern fortzuziehen?« fragte ich. Sie schüttelte den Kopf.

»Es war eine so seltsame Nacht... Die Menschen haben getanzt und gesungen, und alles hat beinahe unwirklich gewirkt. Ich habe noch nie jemanden so geliebt wie ihn.«

»Sie werden das Kind sehr lieb haben, Dolly.«

Ihr Lächeln war verzückt. »Ich habe mir ein Kind mehr als alles auf der Welt gewünscht... ein eigenes Kind«, wiederholte sie.

Was für ein merkwürdiges Mädchen sie doch war. Sie hatte sich verändert, war plötzlich erwachsen geworden. Obwohl ihre erste Jugend schon vorbei war, hatte sie immer etwas Kindliches an sich gehabt, vielleicht weil sie so verletzlich wirkte. Plötzlich war ich auf Romany Jake böse. Er hatte ihre Unerfahrenheit ausgenützt. Seine Blicke, seine Anwesenheit hatten mir gegolten... aber ich war zu jung... meine Familie behütete mich, also hatte er sich Dolly zugewandt. Es war unrecht; es war verwerflich; aber Dolly würde dadurch das Kind haben, was sie sich über alles wünschte. »Ich habe Alpträume wegen Großmutter«, gestand sie mir. »Sie wissen, wie einem zumute ist, wenn man weiß, daß man daran schuld ist... sozusagen. Ich habe sie auf dem Gewissen.«

»Sie!«

»Ich habe nicht gewußt, wohin sie gegangen war – zuerst jedenfalls nicht. Doch jetzt weiß ich es, und weiß auch den Grund, warum sie das Haus verlassen hat. An dem Abend vor ihrem Tod ist es zwischen uns zu einem entsetzlichen Streit gekommen. Ich muß es endlich jemandem erzählen, und dieser jemand sind Sie, weil Sie teilweise daran schuld sind, weil Sie ein so süßes Baby waren. Ihre Familie hat Evie in den Selbstmord getrieben. Ohne die Frenshaws auf Eversleigh hätte man nie herausgefunden, wer Evies Geliebter in Wirklichkeit war, er hätte mit Evie und mir nach Frankreich reisen und sie hätte dort ihr Kind zur Welt bringen können. Deshalb sind die Frenshaws in gewisser Hinsicht daran schuld.«

»Erzählen Sie mir, was sich an dem Abend ereignet hat, an dem Ihre Großmutter in die Kälte hinausging.«

»Sie hatte gemerkt, daß mit mir etwas nicht stimmte, und fragte mich aus. Als ich ihr schließlich gestand, daß ich ein Kind erwarte, geriet sie vor Wut außer sich. Sie wiederholte immerzu: ›Beide. Es ist euch beiden zugestoßen. Was ist denn bloß mit euch los?‹ Sie war so aufgeregt wie damals, als Evie starb. Sie hatte sich nachher Vorwürfe gemacht, denn wenn sie mit uns weniger streng gewesen wäre, hätte sich Evie ihr vielleicht anvertraut, und sie hätte ihr helfen können. Sie wollte unbedingt wissen, wer der Vater war, und als ich es ihr verriet, rief sie: ›Der Zigeuner! Mein Gott, das ist zuviel für mich. Du ... und dieser Zigeuner ...‹ Ich erklärte ihr, daß er ein wunderbarer Mensch und der beste Vater für mein Kind sei, den ich mir vorstellen konnte, aber je länger ich sprach, desto zorniger wurde sie. Sie murmelte ständig vor sich hin, wie sehr wir sie enttäuscht hätten. Sie hatte Pläne für uns geschmiedet; sie hatte soviel für uns erreichen wollen ... und jetzt ging ich den gleichen Weg wie Evie. Sie redete immerzu von Evie, und ich glaubte schließlich, sie hätte endgültig den Verstand verloren. Ich wußte nicht, daß sie das Haus verlassen hatte. Sie hatte mir befohlen, sie in Ruhe zu lassen, und ich hatte gehorcht. ›Geh auf dein Zimmer‹, hatte sie mich angefahren. ›Ich muß etwas erledigen. Geh auf dein Zimmer und laß mich in Ruhe.‹ Sie war so aufgeregt, daß ich ihr gehorchte, und am Morgen war sie fort. Jetzt weiß ich, wohin sie wollte ... zu Polly Crypton. Polly weiß, wie man ungewollte Kinder loswird. Sie hat schon öfter Mädchen geholfen, die in Schwierigkeiten geraten waren. Meine Großmutter war in dieser Nacht zu Polly Crypton unterwegs, damit diese mein Kind tötet.«

»Das alles ist so fürchterlich, Dolly. Die arme Mrs. Trent hat so an dir gehangen.«

»Es war die falsche Art von Liebe ... Evie und mir gegenüber.

Evie hatte Angst, es ihr zu gestehen. Ich werde nie den Tag vergessen, an dem sie erfuhr, daß ihr Geliebter tot war und daß wir nie mit ihm ins Ausland gehen würden. Immer wieder fragte sie mich: ›Was soll ich bloß tun?‹ Ich war der Meinung, daß sie es Großmutter erzählen sollte; ich würde zu ihr halten, und gemeinsam würden wir es irgendwie schaffen. Aber sie brachte es nicht über sich, es Großmutter zu erzählen. Statt dessen ging sie ins Wasser. Großmutter hat sich seither Vorwürfe gemacht, und als ich ihr gestand, daß ich schwanger bin, stand die Vergangenheit wieder vor ihren Augen. Sie wollte mir helfen. Deshalb hat sie in dieser Nacht Polly Crypton aufgesucht.«

»Es tut mir so leid, Dolly. Sie wissen, daß wir alles tun werden... alles, was in unseren Kräften steht.«

»Ja. Madame Sophie will mir helfen, genau wie die beiden Damen Frenshaw. Ich werde es schon schaffen!«

Jeanne rief, Tante Sophie sei nun bereit, mich zu empfangen. Ich berührte Dollys Hand liebevoll und lief ins Haus. Ich sah immer noch Romany Jake im Schein des Freudenfeuers vor mir und fragte mich, was geschehen wäre, wenn ich statt Dolly mit ihm getanzt hätte.

Im Frühjahr verstummte das Gerede über Dolly und ihr Kind beinahe ganz. Niemand verurteilte sie wirklich. Vermutlich genießen die Menschen das Unglück des anderen nur dann, wenn sie ihn vorher beneidet haben. Niemand hatte Dolly jemals beneidet. »Die arme Dolly«, hieß es nur. Wenn sie eine Stunde der Leidenschaft erlebt hatte und dies die Folge war – über die sie sich freute –, wer konnte es ihr neiden?

Sie hielt sich oft in Enderby auf. Tante Sophie geriet beinahe aus dem Häuschen, wenn sie an das Kind dachte. Jeanne Fougère bereitete nahrhafte Mahlzeiten zu, und Dolly ließ es sich gern gefallen, daß sie verwöhnt wurde. Tante Sophie bestand auch darauf, daß Dolly ihr Kind in Enderby entbinden müsse. Sie würde die Hebamme rechtzeitig kommen lassen, und Jeanne konnte dann die Wöchnerin betreuen. Meine Mutter bemerkte, sie hätte Sophie noch nie so glücklich erlebt.

Der Sommer kam, der Krieg mit Frankreich ging weiter. Wir hatten uns an ihn gewöhnt, und er langweilte uns beinahe. So weit wir zurückdenken konnten, hatte Kriegszustand mit Frankreich geherrscht, und daran würde sich nie etwas ändern.

Es war Ende Juni, und Dollys Kind sollte im Juli zur Welt kommen. Tante Sophie hatte darauf bestanden, daß Dolly von Grasslands nach Enderby übersiedelte, und Dolly war darüber sehr glücklich. Sie dachte nur noch an das Kind, und es war herzerwärmend, sie so zufrieden zu sehen. Früher hatte sie immer nur um ihre Schwester Evie getrauert und war beinahe die Gefangene ihrer Großmutter gewesen. Jetzt fühlte sie sich frei, und ihr größter Wunsch – ein Kind zu haben – sollte nun in Erfüllung gehen.

»Es ist eine seltsame Situation«, meinte meine Mutter. »Das Mädchen mit dem unehelichen Kind ... dem Kind eines umherziehenden Zigeuners ... und sie ist zum ersten Mal in ihrem Leben wirklich glücklich.«

»Ja«, fügte Claudine hinzu, »denn zu Evies Lebzeiten hat sie immer im Schatten ihrer Schwester gestanden. Jetzt ist sie zum ersten Mal selbständig und wird sogar Mutter.»

»Hoffentlich geht bei der Geburt alles gut«, sagte meine Mutter inbrünstig.

Jeanne hatte eine der Wiegen aus dem Kinderzimmer von Eversleigh nach Enderby geholt und Rüschen aus austernfarbener Seide angebracht. Als die Wiege fertig war, sah sie großartig aus. In Enderby wurde ein Zimmer als das »Kinderzimmer« bezeichnet, und Tante Sophie redete fast nur noch von dem Baby. Jeanne nähte schöne Kinderkleidchen, und Tante Sophie bestickte sie.

In Grasslands hatte es nie viele Bedienstete gegeben, und die wenigen waren jetzt hauptsächlich in Enderby beschäftigt. Sie gingen nur noch gelegentlich nach Grasslands hinüber, um nach dem Rechten zu sehen.

Grasslands wirkte zur Zeit wie ausgestorben. Es würde bald in den gleichen Ruf geraten wie Enderby. David meinte, ein

Haus gelte dann als Gespensterhaus, wenn die Büsche, die es umgeben, verwildern. Von einem solchen Haus heißt es dann sehr bald, daß es darin spukt. Alles, was sich in und um ein solches Haus abspielt, wird übernatürlichen Mächten zugeschrieben.

Im Juli wurde das Wetter heiß und drückend. Eines Nachmittags brachte ich Tante Sophie einen besonders guten Kuchen, den unsere Köchin gebacken hatte, und erkundigte mich dabei, wie es Dolly gehe. Als ich mich auf den Heimweg machte, war der Himmel von schwarzen Wolken bedeckt.

Einer der Diener rief mir zu: »Sie sollten lieber warten, Miss Jessica. Es wird jeden Augenblick zu schütten beginnen. Sieht nach einem schweren Gewitter aus.«

»Bis dahin bin ich längst zu Hause«, antwortete ich und schritt rascher aus.

Die Luft war vollkommen unbewegt. Die Ruhe vor dem Sturm erregte mich beinahe. Kein Windhauch säuselte in den Blättern... weit und breit herrschte gespenstische, beinahe drohende Stille, die irgendwie unheilschwanger wirkte.

Ich ging schnell, erreichte bald Grasslands, warf einen Blick auf das verlassene Haus, blieb ein paar Sekunden stehen und schaute zu den Fenstern hinauf. Es gibt Häuser, die eine ganz eigene Aura haben. Das galt auf jeden Fall für Enderby und jetzt auch für Grasslands. Eversleigh war etwas anderes, dort wohnten immer viele Menschen. Enderby war schon verrufen gewesen, ehe Tante Sophie es gekauft hatte. Eine Frau, die eine Hälfte ihres Gesichts verhüllt, trägt kaum dazu bei, daß der Ruf des Hauses besser wird. Grasslands? Die Leute hatten behauptet, Mrs. Trent sei eine Hexe gewesen; eine ihrer Enkelinnen hatte Selbstmord begangen, die zweite bekam ein uneheliches Kind. Angesichts solcher Ereignisse galt ein Haus bald als sonderbar, und dies wirkte sich wiederum auf die Menschen aus, die in ihm lebten.

Ein Blitz zuckte über den Himmel, und der Donner grollte. Ein paar Regentropfen fielen mir ins Gesicht. Die schwarzen Wolken über mir würden jeden Augenblick bersten.

Ich trug nur ein leichtes Kleid und mußte mich irgendwo unterstellen. Der Regen würde sofort herunterprasseln, aber es würde wahrscheinlich bald vorbei sein. Ich blickte mich um. »Such bei einem Gewitter nie Zuflucht unter Bäumen«, hatte meine Mutter mich oft ermahnt.

Ich ging durch das Gartentor zum Gebäude. Das überdachte Portal würde mir ausreichenden Schutz bieten.

In diesem Augenblick wurde der Regen stärker, und ich begann zu laufen. Zufällig schaute ich auf und blieb erschrocken stehen, denn an einem der oberen Fenster erblickte ich ein Gesicht – oder glaubte es zu erblicken.

Wer konnte sich hier aufhalten? Dolly sowie die Dienerschaft befanden sich in Enderby.

Ein dunkles Gesicht... ich hatte es nur flüchtig wahrgenommen, denn es war schnell wieder verschwunden. Hatte mich das Spiel von Licht und Schatten getäuscht? Hatte ich es mir nur eingebildet? Doch die Vorhänge bewegten sich.

Inzwischen hatte ich das Portal erreicht und blieb stehen. Ich war bereits durchnäßt. Wer sich wohl in dem Haus herumtrieb?

Kurz entschlossen zog ich an der leicht verrosteten Kette, und die Türglocke hallte durch das Haus.

»Ist da jemand?« rief ich durch das Schlüsselloch.

Keine Antwort – nur ein lauter Donnerschlag.

Ich klopfte an die Tür, doch dahinter rührte sich nichts. Es war eine schwere Eichentür, und ich lehnte mich dagegen. Ich habe keine Angst vor Gewittern, vor allem wenn ich nicht allein bin. Doch hier blendeten mich die Blitze, der Donner dröhnte mir in den Ohren, und der Regen prasselte vor mir herab. Das Haus hinter mir sollte eigentlich leer stehen... Allmählich erfaßte mich Angst, und mich überlief eine Gänsehaut.

Eine Zeitlang blickte ich in das Gewitter hinaus, das immer heftiger wütete. Ich hatte das Bedürfnis davonzulaufen, denn plötzlich wußte ich, daß auf der anderen Seite der Tür jemand stand.

»Wer ist da?« rief ich.

Keine Antwort. Vernahm ich da nicht schwere Atemzüge? Das war eigentlich unmöglich. Das Gewitter machte zuviel Lärm, die Tür war zu dick.

Was nahm ich dann wahr? Daß jemand da war?

Ich beschloß, in das Gewitter hinauszugehen, auch wenn sie mich deshalb tadeln würden. »Wie unvernünftig, durch ein Gewitter zu laufen«, würde Miss Rennie feststellen. »Sie hätten in Enderby bleiben sollen, bis das Ärgste vorbei war.«

Mich fröstelte. Mein dünnes, feuchtes Kleid klebte an meinem Körper, doch mir war eigentlich nicht kalt. Es war nur der Gedanke, daß sich jemand in dem Haus aufhielt, der von meiner Anwesenheit wußte ... und daß es hier sehr einsam war.

Ich drehte mich zu der Tür um und drückte mit beiden Händen dagegen. Zu meiner Überraschung gab sie nach.

Das war doch nicht möglich! Sie war versperrt gewesen. Ich hatte mich an sie gelehnt. Ich hatte an sie geklopft ... und jetzt war sie offen.

Ich trat in die Halle.

Infolge des Gewitters war es drinnen dunkel. Ich blickte zur gewölbten Decke empor, die an Eversleigh erinnerte, obwohl sie etwas kleiner war.

»Ist da jemand?« rief ich.

Niemand antwortete, und doch hatte ich das Gefühl, daß ich beobachtet wurde.

Ich ging vorsichtig durch die Halle zur Treppe, dann hörte ich ein Geräusch und drehte mich schnell um. Die Halle war leer. Die Tür fiel krachend ins Schloß, und ich rannte zu ihr zurück. Jemand hielt sich im Haus auf, und ich mußte so rasch wie möglich ins Freie. Ich würde trotz des Gewitters nach Hause laufen.

Am oberen Ende der Treppe tauchte eine Gestalt auf.

»Sind Sie allein?« fragte eine Stimme.

»Sie sind doch ... Sie sind doch ...« stammelte ich.

»Sie haben recht. Sie erinnern sich also an mich.«

»Romany Jake«, murmelte ich.

»Und Lady Jessica.«

»Was tun Sie hier?«

»Ich erzähle es Ihnen gleich. Aber zuerst muß ich wissen, ob Sie alleine gekommen sind. Hat Sie jemand begleitet? Folgt Ihnen jemand?«

Ich schüttelte den Kopf. Ich hatte keine Angst mehr, sondern war zutiefst erleichtert. Romany Jake flößte mir nicht Angst ein, sondern nur eine merkwürdige Erregung.

Er kam langsam die Treppe herunter.

»Sie haben mich also vom Fenster aus gesehen und sind dann zur Tür gegangen. Als Sie mich erkannt haben, haben Sie die Tür geöffnet, damit ich herein kann. Was tun Sie hier?«

»Ich verstecke mich.«

»Vor wem?«

»Vor den Konstablern.«

»Was haben Sie denn getan?«

»Einen Mann getötet.«

Ich starrte ihn entsetzt an.

»Sie werden es verstehen, wenn ich Ihnen alles erzählt habe. Ich weiß, daß Sie mich nicht verraten werden.«

»Warum sind Sie hierher gekommen?«

»Ich dachte, Dolly würde mir vielleicht helfen. Weil niemand im Haus war, bin ich durch ein offenstehendes Fenster eingestiegen. Ich wollte warten, bis sie nach Hause kommt.«

»Sie lebt jetzt in Enderby.«

»Wo sind die Diener?«

»Ebenfalls in Enderby. Sie kommen nur gelegentlich herüber und sehen nach dem Rechten.«

»Was hat das zu bedeuten?«

»Tante Sophie kümmert sich um Dolly, bis das Kind zur Welt kommt.«

»Was für ein Kind?«

»Ihr Kind.« Bei diesen Worten beobachtete ich ihn scharf. Er starrte mich ungläubig an. »Was meinen Sie damit?«

»Dolly bekommt ein Kind von Ihnen. Sie freut sich schon sehr darauf, genau wie Tante Sophie und Jeanne; und meine Mutter findet auch, daß ein uneheliches Kind kein so fürchterliches Unglück ist.«

Er fuhr sich schweigend mit den Fingern durch das dichte, dunkle Haar. Dann murmelte er: »Dolly!«

»Sie haben vorhin behauptet, daß Sie jemanden getötet haben«, erinnerte ich ihn.

»Ich wollte es Ihnen erklären, aber zuerst möchte ich wissen, wie es Dolly geht.«

»Sie lebt bei meiner Tante Sophie.«

»Und sie hat es Ihnen erzählt?«

»Daß es Ihr Kind ist, ja.«

»O mein Gott«, flüsterte er. »Was für ein Durcheinander.«

»Sie möchte das Kind unbedingt zur Welt bringen. Bestimmt wird alles in Ordnung kommen. Wir werden uns ihrer und des Kindes annehmen, und meine Mutter behauptet, daß Dolly noch nie in ihrem Leben so glücklich gewesen ist. Erzählen Sie mir, was Sie getan haben.«

Ein lauter Donnerschlag erschütterte das Haus.

»Während eines solchen Gewitters wird niemand hierher kommen«, meinte er. »Setzen wir uns und sprechen wir in Ruhe miteinander.«

Ich setzte mich neben ihn auf die Treppe.

»Sie müssen sich darüber klarwerden, ob Sie von hier geradewegs zu Ihrem Vater gehen und ihm erzählen werden, daß ich mich hier verstecke, oder ob Sie schweigen und mir helfen wollen.«

»Zuerst möchte ich genau wissen, was geschehen ist. Wahrscheinlich werde ich meinem Vater nichts erzählen, sondern Ihnen helfen.«

Er lachte plötzlich und war wieder der fröhliche Mann, als den ich ihn kannte. Ich war glücklich, weil ich neben ihm saß.

Er begann: »Zuerst muß ich über Dolly sprechen. Es ist einfach geschehen. So etwas kommt vor, aber das werden Sie noch nicht verstehen.«

»Vielleicht doch.«

Er faßte mich am Kinn und blickte mir ins Gesicht. »Ich halte Sie für sehr klug. Von dem Augenblick an, als wir einander kennenlernten, habe ich bedauert, daß Sie nicht ein wenig älter sind ... nicht viel, nur ein wenig.«

»Warum?«

»Dann hätte ich mit Ihnen sprechen können, und Sie hätten mich verstanden.«

Er küßte mich lächelnd auf die Wange. »Jetzt werde ich Ihnen erzählen, was geschehen ist. Wir haben in einem Wald in der Nähe von Nottingham gelagert. Bei dem Gutsherrn, dem der Wald gehörte, wohnte dessen junger Neffe. Den habe ich getötet.«

»Warum?«

»Weil er ein Zigeunermädchen vergewaltigen wollte. Er war der Meinung, daß Zigeunerinnen Freiwild sind. Leah ist vierzehn. Ihr Vater vergöttert sie. Er ist ein rechtschaffener Mann. Sie wären erstaunt, wie streng die Sitten bei den Zigeunern sind. Leah ist sehr hübsch, und der Neffe des Gutsherrn hatte ihr aufgelauert. Er wußte jedoch nicht, daß ich in der Nähe war. Ich hörte Leah schreien und lief hin. Er hatte ihr die Bluse heruntergerissen und sie zu Boden geworfen. Ich stürzte mich auf ihn, und wir rollten kämpfend durch das Gras. Ich war von blinder Wut gegen ihn und alle Menschen erfüllt, die sich als Edelleute bezeichnen und der Meinung sind, daß ihnen deshalb jedes Mädchen zu Willen sein muß, vorausgesetzt, daß es nicht ihrem Stand angehört. Als ich mit ihm fertig war, hätte ihm niemand mehr helfen können. Ich brachte Leah ins Lager zurück. Ihr Vater war dafür, sofort weiterzuziehen, und wir sahen ein, daß uns kein anderer Ausweg blieb. Doch es war zu spät. Die Konstabler holten uns ein, und ich wurde wegen Mordes verhaftet.«

»Es war doch kein Mord! Sie haben es getan, um Leah zu retten. Das muß das Gericht berücksichtigen.«

»Glauben Sie das ernstlich? Der Gutsherr genießt in der Gegend größtes Ansehen. Ich hatte seinen Neffen getötet.«

»Vergewaltigung gilt als Verbrechen.«

»Gilt das auch für Gutsherren und Zigeunermädchen?«

»Das sollte für alle Menschen gelten. Der eigentliche Verbrecher ist der Neffe des Gutsherrn.«

»Nehmen Sie wirklich an, daß das Gericht mir das glauben wird?«

»Leah kann es bezeugen.«

»Ihre Aussage wäre ohne Bedeutung. Nein, ich habe sofort gewußt, daß mich der Strick des Henkers erwartet.« Er berührte seinen Hals, als spüre er ihn bereits. »Aber ich möchte eigentlich ganz gerne noch eine Weile am Leben bleiben.«

»Und was ist dann geschehen?«

»Bevor sie mich wegbrachten, schwor Penfold, Leahs Vater, die Zigeuner würden nie zulassen, daß man mich hängt. Sie wußten, wo man mich eingesperrt hatte, und warteten mit einem Pferd in der Nähe, falls mir die Flucht gelänge. Uns allen war klar, daß es für mich keine Rettung gab, wenn es zu einer Verhandlung kam. Dann ergab sich eine Chance... ein Wächter war betrunken, ein anderer bestochen, das Pferd wartete auf mich... und ich war frei. Ich muß das Land verlassen, denn hier werde ich nie sicher sein. Ich bin unterwegs zur Küste und nur deshalb hier vorbeigekommen, weil ich geglaubt habe, daß Dolly mir helfen würde. Doch ich fand ein leeres Haus vor.«

Ich überlegte kurz. »Heute nacht sind Sie hier sicher. Morgen kommen allerdings die Diener hierher. Auf welchem Weg wollen Sie England verlassen? In unserem alten Bootshaus befindet sich zwar ein Boot, aber mit dem können Sie nie den Kanal überqueren. Wie wollen Sie nach Frankreich gelangen?«

»Ich würde es einfach versuchen.«

»Die Franzosen bewachen bestimmt die Küste. Sie wissen ja, daß wir uns im Krieg mit ihnen befinden.«

»Dieses Risiko müßte ich auf mich nehmen.«

»Sie könnten auch nach Belgien fliehen... doch die Strecke ist länger.«

»Wichtig ist zunächst nur, daß ich zu einem Boot komme.«

»Ein Boot ist da. Sie müßten über den Kanal rudern.«

«Mir bleibt keine andere Wahl. Alles ist besser, als in die Hand von Leuten zu fallen, die mich bereits vor der Verhandlung verurteilt haben.« Er ergriff meine Hände und blickte mir in die Augen. »Sie werden mich doch nicht verraten, kleine Jessica?«

»Das würde ich niemals tun«, rief ich erregt. »Ich werde Ihnen immer helfen.«

Er küßte mich zärtlich.

»Sie sind ein wunderbares Mädchen. Ich habe noch nie ein Mädchen wie Sie gekannt.«

Er beeindruckte mich tief. Ich vergaß Dolly und daß er sie verführt hatte. Ich vergaß, daß er einen Menschen getötet hatte. In der Schlacht bringen die Soldaten einander um, obwohl sie ihren Feind nicht einmal kennen. Romany Jake hatte einen Mann getötet, der ein junges Mädchen überfallen hatte. Er hatte die Unschuld vor dem Lüstling beschützt. Er hatte das Recht gehabt, das Mädchen mit jedem ihm zur Verfügung stehenden Mittel zu verteidigen. Ich stand auf seiner Seite, denn ich hatte das Gefühl, daß mein Platz bei ihm war.

»Sie müssen das Haus vor dem Morgengrauen verlassen.«

»Nach Einbruch der Dunkelheit werde ich zum Strand hinuntergehen und das Bootshaus suchen. Vielleicht kann ich mit dem Boot die Küste entlangrudern, bis ich auf ein Schiff treffe, das den Kanal überquert.«

»Sie müssen versuchen, Ramsgate oder Harwich zu erreichen. Von dort aus können Sie nach Holland gelangen. Haben Sie Geld?«

»Penfold hat mir mit dem Pferd auch Geld gebracht.«

»Es wäre besser gewesen, wenn Sie zur Ostküste geflohen wären.«

»Ich konnte es mir nicht aussuchen, sie waren mir auf den Fersen.«

»Wenn Sie außer Landes gehen, bedeutet es, daß Sie nie mehr zurückkommen können.«

»Nach einigen Jahren wird Gras über die Geschichte gewachsen sein. Sagen Sie mir, wann soll das Kind zur Welt kommen?«

»Sehr bald.«

»Und wie geht es Dolly?«

»Sie ist sehr glücklich und freut sich sehr auf das Kind. Wenn Sie zurückkämen, wäre ihr Glück vollkommen.«

»Das wäre doch ein netter Abschluß für ein kleines Mitternachtsvergnügen auf einem Fest.«

»Mehr hat es Ihnen nicht bedeutet?«

Nach einer kurzen Pause antwortete er: »Bitte denken Sie nicht zu schlecht von mir. Sie waren doch auch auf dem Fest. Erinnern Sie sich?«

»Natürlich erinnere ich mich.«

»Sie haben mit Ihren Eltern in der Kutsche gesessen. Ich habe die ganze Zeit nur an Sie gedacht.«

Wir schwiegen beide eine Weile. Ich stellte mir vor, wie er auf dem Schinderkarren zum Galgen gebracht und gehängt wurde. Ich hatte noch nie eine öffentliche Hinrichtung miterlebt, doch eines unserer Dienstmädchen war bei einer gewesen. Sie stammte aus London, hatte einmal in Tyburn zugesehen und mir den Ablauf sehr anschaulich geschildert.

Romany Jake durfte dieses Schicksal niemals erleiden.

Ich wandte mich impulsiv zu ihm. »Sobald es dunkel ist, müssen Sie von hier fort. Ich werde Ihnen Lebensmittel bringen. Fliehen Sie zur Ostküste.«

»In der Speisekammer von Grasslands gibt es genügend Lebensmittel. Dolly wird bestimmt nichts dagegen haben, daß ich mir etwas davon nehme. Wo ist eigentlich Mrs. Trent? Hat sie Dolly begleitet?«

»Sie ist tot. Sie war entsetzt, weil Dolly ein Kind erwartete, und wollte sich an eine weise Frau um Hilfe wenden. Sie hat sich während eines Schneesturms auf den Weg gemacht und ist dabei umgekommen.«

»Also habe ich auch sie auf meinem Gewissen.«

»Jeder von uns hat die unterschiedlichsten Dinge auf seinem Gewissen.«

»Wie klug Sie sind und was für ein Glück es für mich ist, daß Sie mir Ihre Freundschaft schenken. Es ist eine sehr ungewöhnliche Geschichte – die Lady aus dem Gutshaus schließt Freundschaft mit einem armen Zigeuner, der sich auf der Flucht vor den Häschern befindet.«

»Es gibt seltsamere Geschichten. Sie haben ein Lied von einer Lady gesungen, die ihr Zuhause verlassen und sich den Zigeunern angeschlossen hat.«

»Sie sind nicht soweit gegangen.«

Ein greller Blitz erhellte die Halle und sofort hinterher krachte der Donner.

»Das war knapp«, stellte er fest.

»Sobald das Gewitter sich verzogen hat, muß ich nach Hause. Meine Leute werden sich schon fragen, wo ich bleibe.«

»Sie werden doch nicht erwarten, daß Sie während eines solchen Gewitters den Heimweg antreten.«

»Das allerdings nicht.«

»Wir befinden uns also noch eine Zeitlang in Sicherheit.«

»Erzählen Sie mir von den Zigeunern«, bat ich. »Für einen Mann wie Sie ist es doch ein recht ungewöhnliches Leben.«

»Ich werde Ihnen ein Geheimnis verraten. Ich bin kein echter Zigeuner. Ich habe mich ihnen vor zwei Jahren angeschlossen, weil ich ein freies Leben führen wollte. Ich habe mich in meinem eingeengten Dasein nie wohlgefühlt. Ich hätte ein sorgloses Leben wählen, unter Daunendecken schlafen, mich an den gedeckten Tisch setzen und ein fürstliches Mahl zu mir nehmen können. Es ist dieselbe Geschichte, aber mit umgekehrten Vorzeichen. Diesmal hat nicht die Lady ihr Zuhause verlassen und sich den Zigeunern angeschlossen, sondern es war der Mann.«

»Und warum haben Sie sich dazu entschlossen?«

»Ich habe mich mit meinem Bruder zerstritten. Er ist fünfzehn Jahre älter als ich. Als unsere Eltern starben, wurde er gewissermaßen mein Vormund – und ich bin ein Rebell. Ich bin aus der Schule davongerannt und habe mich mit dem Gesinde herumgetrieben. Ich habe mich für die Dienerschaft eingesetzt; nach einer ernstlichen Auseinandersetzung in der Familie wurde mir klar, daß ich nicht einfach so weitermachen wollte, wie es Generationen vor mir jahrhundertelang getan hatten. Ich wollte mein eigener Herr sein. Ich wollte mich nicht gesellschaftlichen Zwängen unterwerfen, die ich für absurd halte, deshalb schloß ich mich den Zigeunern an. Sie haben mich akzeptiert, und unter ihnen sind die besten Freunde, die ich je hatte. Mit meinem alten Leben habe ich vollkommen gebrochen, und das hat keine der beiden Seiten bedauert. Mein Bruder war erleichtert, weil er einen Verwandten los war, der ihm nur Schwierigkeiten bereitet hatte. Ich vertrage es einfach nicht, eingesperrt zu sein – sei es durch Konventionen, sei es durch Gitterstäbe.«

»Ich verstehe.«

»Allerdings könnte ich jetzt am unrühmlichen Ende eines sinnlosen Lebens angelangt sein.«

»Das dürfen Sie nicht sagen. Schon allein um Leahs willen war Ihr Leben nicht sinnlos. Vergessen Sie nicht, daß Sie sie gerettet haben. Und Ihre jetzige schwierige Lage muß noch lange nicht das Ende bedeuten. Sie können das Land verlassen. Sehen Sie zu, daß Sie nach Harwich gelangen, dort finden Sie bestimmt ein Schiff nach Holland. Sie haben ja auch noch das Pferd.«

»Ich habe mir erlaubt, es im Stall von Grasslands einzustellen. Ich habe es gefüttert und getränkt. Jetzt ruht es sich aus, damit es den langen Ritt weiß Gott wohin durchsteht.«

»Harwich könnte Ihre Rettung bedeuten. Benützen Sie die Nebenstraßen. Niemand wird Sie an der Ostküste vermuten. Dort sind Ihre Aussichten besser.«

»Sobald es dunkel ist, breche ich auf. Kann ich mich darauf verlassen, daß Sie niemandem verraten, daß ich hier war?«

»Selbstverständlich.«

»Ich werde mich eine Weile versteckt halten, bis sich die erste Aufregung gelegt hat.«

»Ich werde an Sie denken.«

»Auch ich werde an Sie denken und um so fester entschlossen

sein, durchzukommen. Wenn wir uns wiedersehen, werden Sie älter sein, und dann müssen wir über vielerlei sprechen.«

»Sprechen wir jetzt schon darüber, ich warte nicht gern.«

»Auch ich schiebe nicht gern etwas auf, aber bei diesem Gespräch geht es nicht anders.«

Wir saßen eine Zeitlang schweigend nebeneinander. Dann fiel mir auf, daß es nicht mehr donnerte und daß der heftige Regen aufgehört hatte.

»Ich muß gehen«, erklärte ich widerstrebend. »Niemand darf erfahren, daß ich hier war. Leben Sie wohl und viel Glück. Für den Rest des Tages befinden Sie sich hier in Sicherheit.«

»Ich werde wachsam sein und das Haus erst verlassen, wenn es dunkel ist. Ich danke Ihnen, mein liebes kleines Mädchen. Ich werde immer an Sie denken, meine schöne junge Wohltäterin.«

Er umschloß mein Gesicht mit den Händen und küßte mich zärtlich auf die Stirn. Ich war sehr gerührt. Ich hätte so gern noch viel mehr für ihn getan; doch das einzige, womit ich ihm helfen konnte, war Schweigen. Ich durchquerte die Halle, blieb an der Tür kurz stehen und lächelte ihm zu.

Plötzlich hatte ich Angst. War es womöglich das letzte Mal, daß ich mit Romany Jake zusammen war?

Als ich heimkam, herrschte im Haus helle Aufregung. Wo war ich denn gewesen? Meine Mutter hatte den Wagen nach Enderby geschickt, um mich abholen zu lassen.

»Ich bin doch nicht aus Zucker«, wehrte ich ab.

»Ja, aber wir haben erfahren, daß du schon aufgebrochen warst.«

»Ich habe mich untergestellt.«

Sie betastete den Ärmel meines Kleides. »Es ist feucht«, stellte sie fest. »Zieh es sofort aus. Wo steckt Miss Rennie? Ach, Miss Rennie, sorgen Sie dafür, daß Jessica die Füße gleich in ein heißes Senfbad steckt.«

»Selbstverständlich, Mrs. Frenshaw.«

»Das ist doch übertrieben«, protestierte ich. »Ich bin kaum

naß geworden.« Dabei überlegte ich: Sie haben also den Wagen nach Enderby geschickt. Hat womöglich jemand gesehen, daß ich Grasslands betreten habe? Vielleicht haben sie nachgeschaut und ihn gefunden.

Der Gedanke machte mich ganz krank.

Ich mußte ihn beschützen. Ich zog ein trockenes Kleid an und steckte die Füße in das heiße Senfbad. Sobald Miss Rennie annahm, daß das Wasser ausgekühlt war, füllte sie heißes nach. »Sie hätten in Enderby bleiben und mit dem Wagen nach Hause kommen sollen.«

»Sie haben sich alle viel zuviel Sorgen um mich gemacht.«

Wie es ihm wohl ging? Heute würde bestimmt niemand mehr in dem Haus nachsehen, und morgen war er bereits über alle Berge.

Ich mußte immer wieder daran denken, daß sie ihn aufknüpfen wollten. Das durfte nie und nimmer geschehen.

Meine Mutter kam ins Zimmer, um nachzusehen, ob ihre Anweisungen befolgt wurden. Sie rieb mir selbst die Füße trocken, und noch während sie das tat, ertönten vor dem Haus Stimmen. Sie schaute zum Fenster hinaus.

»Es ist ein Fremder«, sagte sie. »Dein Vater steht draußen und spricht mit ihm. Anscheinend kommt ein Gast zum Abendessen. Ich werde einmal nachsehen. Du ziehst jetzt schnell Strümpfe an, denn deine Füße sind durch das Bad bestimmt warm. Du willst dich doch nicht erkälten.«

»Also weißt du, Mutter«, protestierte ich. »All das wegen dem bißchen Regen.«

»Ich will nicht, daß du mit einer Erkältung das Bett hüten mußt.«

Es war angenehm, wenn man so umsorgt und verwöhnt wurde.

Dann schweiften meine Gedanken wieder zu Romany Jake.

Ich blieb noch eine Weile im Bett liegen, dann ging ich hinunter, um nachzusehen, wer gekommen war. Die ganze Familie – meine Eltern, Claudine, David und Amaryllis – hatten sich versammelt und diskutierten aufgeregt.

Mein Vater stellte mich vor: »Das ist meine Tochter Jessica, das ist Mr. Frederick Forby.«

Mr. Forby verbeugte sich, und mein Vater fuhr fort: »Erinnerst du dich an den Zigeuner namens Romany Jake?«

Mir schwindelte. Ich hoffte nur, daß niemand merkte, wie erschrocken ich war.

»Mr. Forby sucht ihn. Wir müssen die Augen offenhalten.«

»Romany Jake?« wiederholte ich.

»Ich halte es durchaus für möglich, daß er sich hierher wendet«, erklärte Mr. Forby meinem Vater. »Wir sehen an allen Plätzen nach, wo sie längere Zeit gelagert haben; soviel ich weiß, haben sie sich vergangenes Jahr eine Zeitlang in Ihrem Wald aufgehalten.«

»Ja«, bestätigte meine Mutter. »Es war im Oktober; ich erinnere mich genau, weil sie an den Freudenfeuern für Trafalgar teilgenommen haben.«

»Oktober«, wiederholte Mr. Forby. »Und seither sind sie nicht mehr hier aufgetaucht?«

»Nein. Wir hätten es bemerkt, wenn sie durch unseren Besitz gezogen wären.«

»Sie haben damals beinahe meinen Wald in Brand gesteckt«, erklärte mein Vater. »Daraufhin habe ich sie fortgejagt.«

»Mr. Forby berichtet, daß Romany Jake wegen Mordes gesucht wird«, warf David ein.

»Das stimmt«, bestätigte Mr. Forby.

»Er ist also wirklich ein übler Bursche«, bemerkte mein Vater. »Man muß sich vor den Zigeunern hüten, auch wenn sie für gewöhnlich nur kleine Diebstähle begehen. Ein Mord kommt bei ihnen eigentlich nur selten vor. Aber wir sind fest entschlossen, seiner habhaft zu werden.«

»Wen hat er denn ermordet?« erkundigte sich Claudine.

»Den Neffen des Gutsherrn. Sie hatten in der Nähe von Nottingham gelagert.«

»Das ist wirklich schlimm«, entsetzte sich meine Mutter. »Ich hatte angenommen, daß es sich um einen Streit im Lager handelte.«

»O nein. Der Zigeuner hat den jungen Mann angegriffen und getötet.«

»Hoffentlich bekommen Sie ihn zu fassen.«

»Warum hat er eigentlich den Neffen des Gutsherrn getötet?« fragte ich.

»Es ging um ein Mädchen. Die Zigeuner sind heißblütig.«

Ich mußte mich mit aller Gewalt beherrschen. Am liebsten hätte ich geschrien: Ein Streit um ein Mädchen! Der Neffe des Gutsherrn hat versucht, es zu vergewaltigen! Romany Jake hat vollkommen richtig gehandelt. Jeder ritterliche Mann hätte das gleiche getan.

Ich mußte vorsichtig sein. Sie durften nie erfahren, daß ich mit ihm gesprochen hatte. Ich mußte ihm irgendwie mitteilen, daß dieser Forby ihn suchte. Er hätte nie herkommen dürfen.

Die anderen sprachen weiter über ihn. »Er war eine auffallende Persönlichkeit«, sagte mein Vater gerade.

»Er ist gar kein richtiger Zigeuner.«

»Was macht er dann bei ihnen?«

»Das Ganze ist sehr merkwürdig. Wir haben Erkundigungen angestellt. Er stammt aus einer recht angesehenen Familie irgendwo in Cornwall und gilt als Exzentriker.«

»Der sich herumtreibt und Menschen umbringt«, warf meine Mutter ein.

»Es war nie von mehreren Morden die Rede«, mischte ich mich ein. »Und es war eigentlich kein Mord, wenn es um ein Mädchen ging.«

»Mord bleibt Mord, meine junge Dame«, dozierte Forby. »Ich bin dazu da, um die Schuldigen vor Gericht zu bringen.«

»Aber Sie haben doch gesagt, daß es um ein Mädchen ging. Vielleicht...«

Mein Vater zog die Augenbrauen in die Höhe, sah mich an, und ich verstummte.

Mr. Forby fuhr fort: »Wir werden mit den Zigeunern Schwierigkeiten bekommen. Obwohl er keiner von ihnen ist, betrachten sie ihn als eine Art Anführer. Sein richtiger Name lautet Jake Cadorson. Romany Jake ist nur ein Spitzname.«

»Ich fand den Kerl eigentlich sympathisch«, meinte mein Vater, »weil er sich zu benehmen wußte. Er reagierte recht vernünftig, als ich ihnen befahl, meinen Grund und Boden zu verlassen.«

»Sie sind alle heißblütig«, wiederholte Mr. Forby.

»Wo suchen Sie ihn?« erkundigte ich mich.

»Entlang der Küste. Ich habe überall meine Leute postiert, denn wir sind entschlossen, ihn zu fassen. Er wird versuchen, außer Landes zu gehen. Vermutlich wird er es an der Ostküste probieren, am ehesten in Harwich. Wenn der Krieg nicht wäre, hätte ich auf die Südküste getippt. Aber im Augenblick kann er kaum nach Frankreich gelangen. Nein, ich bin beinahe sicher, daß er sich für Harwich entscheiden wird.«

Ich begann zu zittern und dachte: Er wird ihnen geradewegs in die Arme laufen.

Ich mußte ihn unbedingt warnen!

»Ich schaue bei allen Häusern in der Gegend vorbei«, fuhr Mr. Forby fort. »Falls jemand diesen Mann zu Gesicht bekommt, muß er uns sofort verständigen.«

Ich begab mich unter einem Vorwand auf mein Zimmer, zog mein Reitkleid an, schlich mich in den Stall, sattelte mein Pferd und ritt fort.

Von den Bäumen tropfte es noch immer und der Boden war feucht. Die Büsche sahen reichlich mitgenommen aus. Warum fallen einem ausgerechnet solche Einzelheiten auf, wenn man mit seinen Gedanken ganz woanders ist?

Ich erreichte Grasslands, saß ab und band mein Pferd fest. Dann ging ich zur Tür, läutete und rief durch das Schlüsselloch: »Ich bin es, Jessica.« Seine Schritte näherten sich, und er öffnete die Tür.

In diesem Augenblick hörte ich hinter mir jemanden rufen. Mein Vater und Mr. Forby galoppierten auf das Haus zu.

»Nein, nein!« rief ich. Romany Jake starrte mich an, und der Schmerz in seinen Augen erschütterte mich zutiefst.

Die beiden Männer sprangen von den Pferden, und Mr. Forby zog eine Pistole.

»Es ist aus!« rief er.

Ich hatte das Gefühl, daß ich im nächsten Augenblick ohnmächtig zu Boden sinken würde. Mein Vater legte mir den Arm um die Schultern. »Es ist schon gut, ich bin bei dir.«

Aus dem Nichts tauchten zwei Männer auf. Ich hatte sie noch nie gesehen, doch mir war klar, daß es sich um Mr. Forbys Helfer handelte.

Ich konnte es nicht ertragen. Mein Vater wandte sich an Mr. Forby. »Ich bringe meine Tochter nach Hause.«

Ich drehte mich zu Romany Jake um. Weil ich nicht sprechen konnte, schüttelte ich nur stumm den Kopf. Ich konnte ihn kaum sehen, denn meine Augen standen voller Tränen... Tränen des Entsetzens, der Gewissensbisse, der Enttäuschung und des tiefen Kummers. Ich wollte nur eines: mit ihm sprechen, ihm alles erklären. Der Gedanke, daß er annehmen würde, ich hätte ihn verraten, war mir unerträglich.

Niedergeschlagen ritt ich zusammen mit meinem Vater nach Hause zurück. Wir lenkten unsere Pferde zum Stall. Mein Vater hob mich aus dem Sattel und drückte mich an sich, obwohl er von Natur aus eher zurückhaltend war. Die Reitknechte übernahmen unsere Pferde, und wir gingen ins Haus.

»Es wäre am besten, wenn du mir jetzt alles erzählst«, schlug mein Vater vor. »Was hast du mit dieser Angelegenheit zu schaffen?«

»Wir müssen ihn retten«, antwortete ich.

Ich wollte ihm alles erzählen. Mein ganzes Leben lang war er für mich der mächtigste Mensch der Welt gewesen. Wir wußten alle, wie er Mutter aus Frankreich herausgeholt hatte; er war so sehr von seiner Überlegenheit überzeugt, daß wir ihn wirklich für jemand Besonderen hielten.

Jetzt dachte ich: er kann Romany Jake retten. Das war meine einzige Hoffnung. Was hatte er wohl gedacht, als er die Tür öffnete und mich und die Männer hinter mir erblickte? Es konnte für ihn nur eine Schlußfolgerung geben: daß ich ihn verraten hatte.

»Komm mit in mein Arbeitszimmer«, forderte mich mein Vater auf. »Dort können wir ungestört miteinander sprechen.«

Wir traten ein, er schloß die Tür und sah mich erwartungsvoll an.

»Es war kein Mord. Der Neffe des Gutsherrn wollte ein Zigeunermädchen vergewaltigen, und Jake ist dazugekommen. Sie haben miteinander gekämpft, und dabei kam der Neffe ums Leben.«

»Wer hat dir das erzählt?«

»Er selbst.«

»Du meinst den Zigeuner?«

»Er ist kein wirklicher Zigeuner. Er hat sich ihnen angeschlossen, weil er frei leben wollte.«

»Du weißt offenbar sehr viel über ihn.«

»Warum seid ihr mir gefolgt?«

»Ich habe Forby begleitet. Wir sahen, wie du durch das Tor von Grasslands galoppiert bist. Daraufhin haben wir beschlossen, nachzusehen, was du dort machst.«

»Warum habt ihr das getan... warum nur?«

»Wir wären ohnehin nach Grasslands geritten, um uns zu erkundigen, ob jemand den Zigeuner gesehen hat.«

»In Grasslands wohnt doch niemand. Dolly und die Diener sind nach Enderby übersiedelt.«

»Ich hielt es für möglich, daß ein paar Diener zurückgeblieben waren. Sie kennen ihn von seinen früheren Aufenthalten hier.«

Ich vergrub verzweifelt das Gesicht in meinen Händen.

»Komm schon, schütt mir dein Herz aus.«

»Ich habe in Grasslands Zuflucht vor dem Gewitter gesucht. Ich wollte unter dem Portal stehenbleiben, bis es vorbei war, da habe ich ihn zufällig am Fenster erblickt, und er hat mich auch bemerkt. Er hat mir vertraut.«

»Soll das heißen, daß du mit ihm gesprochen hast?«

»Ja. Ich bin ihm ins Haus gefolgt, und er hat mir geschildert, wie sich alles abgespielt hat und warum er diesen Mann getötet hat. Er wußte, daß niemand ihm Glauben schenken würde. Er, der Zigeuner, hatte den Neffen des Gutsherrn getötet. Ich wollte ihn jetzt warnen, ihm mitteilen, daß Forby in der Gegend ist und daß seine Männer die Küste überwachen. Jake wollte nämlich nach Einbruch der Dunkelheit nach Harwich reiten. Er wäre ihnen direkt in die Arme gelaufen. Und genau das ist jetzt geschehen. Er wird glauben, daß ich . . .«

»Du darfst dich nicht aufregen. Du wolltest ihn ja nicht verraten.«

»Aber ich habe es getan.«

»Das war ein Zufall.«

»Was werden sie mit ihm tun?«

»Sie bringen ihn nach Nottingham und machen ihm den Prozeß.«

»Und sie werden ihn schuldig sprechen.«

»Er hat einen Menschen getötet. Er leugnet es nicht.«

»Aber es war kein Mord.«

»Für gewöhnlich bezeichnet man eine solche Tat mit diesem Wort.«

»Verstehst du denn nicht? Er hat doch nur das Mädchen verteidigt. Was werden sie mit ihm tun?«

»Vermutlich werden sie ihn hängen.«

»Das darf nicht geschehen.«

»Dieser Mann hat nichts mit dir zu schaffen, Jessica. Er ist ein herumziehender Zigeuner. Ich gebe zu, daß er eine eigenwillige Persönlichkeit ist, über einen gewissen Charme verfügt und gut aussieht. Trotzdem wirst du in einem Jahr kaum noch wissen, wer er war.«

»Ich werde nie vergessen, daß er annehmen muß, ich hätte ihn verraten. Er hat mir vertraut.«

»Du bist unvernünftig. Du hast ihn nicht verraten. Du wolltest ihn warnen, und zufällig kamen wir hinter dir her.«

»Aber er wird es glauben.«

»Er wird sehr bald gar nichts mehr glauben.«

»Sprich nicht so, Vater. Du mußt ihm helfen.«

»Woher sollte ich die Macht haben, ihn zu retten?«

»Als ich klein war, habe ich geglaubt, daß dir nichts unmöglich ist, daß du es sogar regnen lassen kannst.«

»Inzwischen bist du groß und vernünftig geworden, mein kleines Mädchen.«

»Ich weiß jetzt, daß du den Elementen nicht gebieten kannst, aber ich weiß, daß du sonst beinahe alles erreichen kannst, wenn du nur willst.«

»Es ist schön, daß meine Tochter eine so hohe Meinung von mir hat. Sie ist ein kluges Kind und hat beinahe recht. Aber ich kann das Gesetz genauso wenig ändern wie das Wetter.«

»Da bin ich anderer Meinung.«

»Wieso?«

»Weil die Gesetze von Menschen gemacht werden.«

»Du findest also, daß ich nur gegen die Götter nichts ausrichten kann und daß ich mit allem anderen fertig werde?«

»Mein geliebter, wunderbarer, kluger Vater, du kannst bestimmt etwas unternehmen.«

»Deine Schmeicheleien nützen dir nichts, mein Kind, weil niemand einen Menschen retten kann, der gestanden hat, daß er ein Mörder ist.«

»Infolge der besonderen Umstände war es kein wirklicher Mord. Er mußte das Mädchen retten. Er hat sich nur ritterlich verhalten. Weißt du noch, wie die Zigeuner dich und mich bedrohten und er sich für uns eingesetzt hat? Er hat uns damals vielleicht das Leben gerettet.«

»Glaubst du wirklich, daß die Zigeuner mich umgebracht hätten, wenn du nicht dabei gewesen wärst?«

»Es wäre immerhin möglich gewesen.« Er schwieg eine Weile.

»Man kann das Gericht beeinflussen«, drängte ich.

»Bestechung? Korruption? Das gibt es. Erwartest du, daß ich mich für derlei hergebe?«

»Du könntest ja auf andere Weise versuchen, ihn zu retten. Wenn der Richter wüßte, daß er getötet hat, um ein Mädchen vor einer Vergewaltigung zu bewahren ... zählt das nicht?«

Er räusperte sich. »Ein Zigeuner und der Neffe eines Gutsherrn ...«

»Das ist der springende Punkt«, rief ich empört. »Wenn der Neffe eines Gutsherrn einen Zigeuner getötet hätte, der seine Frau vergewaltigen wollte...«

»Das ist ein gutes Argument.«

»Wenn dieser Mann gehängt wird, werde ich nie mehr glücklich sein.«

»Du redest Unsinn. Du bist noch ein Kind, obwohl du es mich manchmal vergessen läßt. Wie alt bist du jetzt? Elf?«

»Beinahe zwölf.«

»Der Himmel sei uns gnädig. Wie wirst du erst mit achtzehn sein?«

»Bitte, Vater, willst du mir einen Wunsch erfüllen... an dem mir mehr liegt als an allen Reichtümern dieser Welt? Wirst du mir helfen, diesen Mann zu retten?«

»Ich kann nicht sehr viel für ihn tun.«

»Also kannst du doch etwas tun.«

»Wir könnten das Mädchen aufsuchen und als Zeugin vor Gericht bringen.«

»Das wäre großartig.«

»Dann werde ich jetzt nach Nottingham fahren.«

Ich legte ihm die Arme um den Hals. »Ich habe gewußt, daß du ihm helfen wirst.«

»Ich weiß nicht, ob ich Erfolg haben werde. Du bringst mich gegen meinen Willen dazu, etwas zu unternehmen, das ich für aussichtslos halte, und das kommt daher, daß ich mich von meiner Tochter tyrannisieren lasse.«

»Wenn du nach Nottingham fährst, Vater, komme ich mit.«

»Nein.«

»O ja, bitte, bitte. Ich möchte dich begleiten. Verstehst du denn nicht, daß ich dabei sein muß? Er muß erfahren, daß ich ihn nicht verraten habe. Wenn er das von mir glaubt, kann ich nie wieder glücklich sein. Deshalb fahre ich mit dir nach Nottingham.«

Er hielt mich mit ausgestreckten Armen vor sich, sah mir ins Gesicht, und um seinen Mund zuckte es verräterisch.

»Ich habe früher immer angenommen«, lächelte er, »daß ich

der Herr in meinem Haus bin. Das hat sich grundlegend geändert, seit ich so unvorsichtig war, eine Tochter zu zeugen.«

Ich umarmte ihn stürmisch und küßte ihn auf die Wange.

Er drückte mich fest an sich. Es war ein gutes Gefühl, so geliebt zu werden.

Am nächsten Tag brachen wir nach Nottingham auf. Mein Vater hatte meiner Mutter alles erzählt, und sie hatte darauf bestanden, uns zu begleiten. Als ich ihr dann genau schilderte, wie der Mord sich zugetragen hatte, war sie ebenso fest entschlossen wie ich, Romany Jake zu retten.

Wir fuhren mit der Kutsche, und die Reise dauerte einige Tage. Mein Vater war der Meinung, daß die Verhandlung in etwa einer Woche stattfinden würde, und wir brauchten Zeit, um uns einen Plan zurechtzulegen.

In der Abenddämmerung befanden wir uns ungefähr acht Meilen vor Nottingham, und unsere Pferde trabten munter dahin, als der Kutscher plötzlich die Zügel anzog.

»Was ist los?« rief mein Vater.

»Ein Mann steht auf der Straße, Sir. Er scheint einen Unfall gehabt zu haben.«

»Halt an!« befahl mein Vater.

Meine Mutter legte ihm die Hand auf den Arm.

»Es ist schon in Ordnung.« Er zog eine Pistole unter seinem Sitz hervor.

»Es wäre besser, wenn wir weiterfahren«, meinte meine Mutter.

»Es könnte sein, daß der Mann wirklich Hilfe braucht«, widersprach mein Vater.

»Es könnte auch eine Falle sein. Auf der Landstraße muß man Fremden gegenüber mißtrauisch sein.«

»Ich werde mich bestimmt vorsehen.«

Ich schaute hinaus und erblickte einen Mann, der auf die Kutsche zuhinkte.

»Ich bin überfallen worden«, erklärte er, »und man hat mir mein Geld und mein Pferd gestohlen.«

Mein Vater stieg aus und musterte den Mann von Kopf bis Fuß. Dann forderte er ihn auf: »Steigen Sie ein.«

Meine Mutter und ich rückten enger zusammen, um dem Fremden Platz zu machen.

Als der Mann eingestiegen war, befahl mein Vater dem Kutscher: »Gib den Pferden die Peitsche«, und wir fuhren weiter. Der Mann war sehr gut gekleidet, rang nach Luft und wirkte völlig verwirrt. Er führte bestimmt nichts Böses im Schild. Er war sichtlich erschöpft, und es dauerte eine Weile, bis er imstande war zu sprechen.

»Ich ritt die Straße entlang«, erzählte er schließlich, »als ein Mann auf mich zukam und mich nach dem Weg nach Nottingham fragte. Ich gab ihm Bescheid, und während wir sprachen, traten seine drei Gefährten aus den Büschen und umzingelten mich. Sie hatten Pistolen und befahlen mir, abzusteigen und ihnen meine Geldbörse zu geben. Mir blieb keine andere Wahl, deshalb gehorchte ich. Daraufhin verschwanden sie mit ihrer Beute im Wald. Ich bin Ihnen sehr dankbar, daß Sie stehengeblieben sind. Ich habe bereits versucht, eine Kutsche anzuhalten, doch sie fuhr weiter.«

»Sie haben wahrscheinlich Angst vor einer Falle gehabt«, erklärte mein Vater. »Die Straßenräuber sind eine wahre Landplage. Es wird zuwenig für den Schutz der gesetzestreuen Bürger getan.«

Der Mann nickte zustimmend.

»Wohin sollen wir Sie fahren, Sir?«

»Mein Haus liegt etwas außerhalb von Nottingham. Wenn Sie mich in der Stadt aussteigen lassen, kann ich bestimmt jemanden auftreiben, der mich nach Hause bringt.«

»Wir bringen Sie selbst nach Hause«, entschied mein Vater. »Ist es weit?«

»Etwa eine Meile außerhalb der Stadt.«

»Geben Sie meinem Kutscher Anweisungen, wie er fahren soll.«

»Sie sind überaus entgegenkommend. Meine Familie und ich werden ihre Freundlichkeit nie vergessen.«

»Solche Gefälligkeiten sind Reisende einander schuldig. Die Straßen müßten strenger überwacht werden.«

Unser Reisegefährte erholte sich allmählich. Er erzählte uns, daß er Joseph Barrington hieß und in Nottingham ein Unternehmen besaß. »Spitzen«, fügte er hinzu. »Wie Sie wissen, ist Nottingham eines der Zentren der Spitzenerzeugung in unserem Land.«

»Trotzdem liegt ihr Haus außerhalb der Stadt?«

»Ja. Ich wohne nicht gern in der Nähe der Fabrik. Wir können sie leicht erreichen, und es ist angenehmer, auf dem Land zu leben. Darf ich fragen, aus welchem Teil Englands Sie kommen?«

»Aus Kent.«

»Das liegt aber ziemlich weit im Süden. Waren Sie schon einmal in Nottingham?«

»Nein. Ich reise in Geschäften hierher, und meine Frau und meine Tochter begleiten mich.«

»Auf diese Art vergeht die Reise angenehmer. Würden Sie Ihrem Kutscher befehlen, hier abzubiegen? Geradeaus geht es weiter nach Nottingham, und diese Straße führt zu meinem Haus.«

Nach kurzer Zeit wies er auf ein großes, imposantes Haus, das auf einer kleinen Anhöhe lag; vermutlich hatte man von dort aus eine wunderbare Aussicht über die Umgebung.

Wir bogen in die Auffahrt ein. Jetzt sahen wir das Haus deutlicher. Es war offensichtlich vor etwa hundert Jahren erbaut worden und wies die charakteristischen Merkmale des damaligen Baustils auf: im Erdgeschoß waren die Fenster niedrig, im ersten Stock sehr hoch, im nächsten Stockwerk wieder etwas niedriger und im Dachgeschoß quadratisch. Die Tür zierte ein fächerförmiges Fenster, und ich fand, daß das Gebäude eine Würde ausstrahlte, die unserem im Tudor-Stil erbauten Haus fehlte. Es machte den Eindruck von Einfachheit, gutem Geschmack und Eleganz.

Die Tür öffnete sich, und eine Frau trat heraus. Als Mr. Barrington ausstieg, starrte sie ihn erstaunt an.

»Was ist geschehen, Joseph? Wo bist du so lange gewesen? Wir haben uns solche Sorgen gemacht, denn du hättest schon vor Stunden da sein sollen.«

»Beruhige dich, meine Liebe, ich erkläre dir alles. Ich bin auf der Straße ausgeraubt worden... meine Geldbörse und mein Pferd sind fort. Ich möchte dir diese hilfsbereiten Herrschaften vorstellen, die mich gerettet und nach Hause gebracht haben.«

Mein Vater war aus der Kutsche gestiegen, und meine Mutter und ich folgten ihm.

Mrs. Barrington war eine rundliche Dame mittleren Alters. Sie war bestimmt ein angenehmer Mensch, doch jetzt war sie besorgt und beunruhigt.

»O mein Gott, Joseph... bist du verletzt? Bitte doch diese netten Leute, hereinzukommen.«

Jetzt trat ein hochgewachsener, etwa fünfundzwanzig Jahre alter Mann aus dem Haus.

»Was, um Himmels willen...?« begann er.

»O Edward, dein Vater ist unterwegs überfallen worden. Diese gütigen Menschen...«

Edward erfaßte die Situation sofort. »Bist du verletzt, Vater?«

»Nein, nein. Sie wollten nur den armen alten Honeypot und meine Geldbörse. Doch ich habe vollkommen hilflos gute sieben Meilen von unserem Haus entfernt auf der Straße gestanden.«

Der junge Mann wandte sich zu uns. »Wir sind Ihnen für die Hilfe, die Sie meinem Vater zuteil werden ließen, zutiefst dankbar.«

»Sie müssen hereinkommen«, wiederholte Mrs. Barrington. »Was wäre aus meinem Mann geworden, wenn ihn niemand mitgenommen hätte?«

»Keine Kutsche hat angehalten«, erklärte Mr. Barrington, »erst diese guten Menschen haben sich meiner erbarmt.«

»Die Reisenden haben heutzutage alle Angst«, erklärte mein Vater. »Die Straßenräuber arbeiten mit allen möglichen Tricks.«

»Sie haben jedenfalls angehalten«, stellte Mrs. Barrington fest.
»Wenn Sie es nicht getan hätten, wäre mein Mann gezwungen
gewesen, zu Fuß nach Hause zu gehen, und in Anbetracht
seiner angegriffenen Gesundheit wäre diese Anstrengung zuviel für ihn gewesen. Ich weiß nicht, wie wir Ihnen danken
sollen.«

»Sie müssen hereinkommen und mit uns speisen.« Edward
war es offensichtlich gewohnt, Befehle zu erteilen.

»Wir müssen uns rechtzeitig nach einem Gasthof umsehen,
um gute Zimmer zu bekommen«, wandte mein Vater ein.

»Dann müssen Sie morgen abend unsere Gäste sein.«

»Mit Vergnügen.«

»Bis morgen also. Unser Haus heißt Lime Grove. Jeder kann
Ihnen den Weg zu uns weisen. In Nottingham kennen alle die
Barringtons.«

Wir verabschiedeten uns, und als wir weiterfuhren, meinte
meine Mutter: »Ich bin froh, daß wir ihn mitgenommen haben.«

»Wolltest du mich nicht daran hindern, anzuhalten?« neckte
sie mein Vater.

»Man hört so schreckliche Geschichten über die Straßenräuber . . .«

»Ich hatte entsetzliche Angst, als du ausstiegst«, fügte ich
hinzu.

Er warf mir einen leicht spöttischen Blick zu, und seine Lippen zuckten schon wieder verdächtig.

»Ich habe mich vollkommen sicher gefühlt, weil ich gewußt
habe, daß meine Tochter mich beschützt.«

Ich zahlte es ihm mit gleicher Münze heim. »Du neigst zu
unbesonnenen Handlungen. Aber heute bin ich froh, daß du
die Gefahr nicht gescheut hast.«

»Ich freue mich auf das Wiedersehen mit den Barringtons«,
erklärte meine Mutter. »Es scheinen sehr angenehme Menschen zu sein.«

Wir bogen in die Straße nach Nottingham ein.

Wir fanden einen guten Gasthof, und der Wirt benahm sich meinem Vater gegenüber äußerst respektvoll. Offenbar war er hier bekannt, was mich überraschte. Allerdings hatte ich immer gewußt, daß er nicht nur seine Bank- und sonstigen Geschäfte in London betrieb sowie unseren Besitz verwaltete, sondern daneben noch geheimen Tätigkeiten nachging. Diese geheime Seite seines Lebens hatte ihn in der Vergangenheit nach Frankreich geführt; er und sein Sohn Jonathan hatten sich nämlich auch politisch betätigt. Jonathans Tod war eine direkte Folge dieser Betätigung gewesen, und Dolly hatte auch etwas damit zu tun – der französische Spion Alberic war der Geliebte ihrer Schwester Evie gewesen. Ich habe ja schon erwähnt, daß unsere Familienverhältnisse sehr kompliziert waren.

Doch diese Betätigungen brachten auch Vorteile mit sich, wie ich gerade feststellen konnte. Zudem war mein Vater ein Mensch, der es schaffte, das Unmögliche möglich zu machen. Meine Stimmung hob sich. Er würde bestimmt seinen ganzen Einfluß geltend machen, um Romany Jake zu befreien.

Im Gasthaus begleitete mich meine Mutter in mein Zimmer, das neben dem meiner Eltern lag, und flüsterte mir zu: »Wenn jemand Romany Jake retten kann, dann ist es dein Vater.«

»Glaubst du, daß er es tun wird?« fragte ich.

»Er weiß, wie dir zumute ist; für dich tut er alles, was in seiner Macht steht.«

Ihre Worte waren mir ein großer Trost, und zum ersten Mal seit jenem schrecklichen Augenblick, als Romany Jake ahnungslos aus der Tür von Grasslands getreten war, fühlte ich mich ruhiger.

Am nächsten Morgen war mein Vater sehr beschäftigt. Er hatte erfahren, daß die Gerichtsverhandlung erst in einer Woche stattfinden würde.

»Dadurch haben wir mehr Zeit zur Verfügung«, stellte er befriedigt fest.

Er suchte mehrere einflußreiche Persönlichkeiten auf, und als wir uns zum Mittagessen trafen, berichtete er uns, daß die

Freunde des Toten ihn als Mann ohne Fehl und Tadel schilderten.

»Wir müssen beweisen, daß das Gegenteil zutrifft«, fügte er hinzu.

»Können wir Romany Jake damit retten?« fragte ich.

»Nein. Aber es wäre ein Schritt in die richtige Richtung. Sie werden das Mädchen wahrscheinlich als liederliche Person hinstellen.«

»Wie wollen sie das beweisen?«

»Das ist nicht weiter schwierig. Die Freunde des Toten werden es beschwören. Ich habe folgendes vor: Die Zigeuner lagern außerhalb der Stadt und warten auf die Gerichtsverhandlung. Ich werde sie morgen aufsuchen. Wenn wir beweisen können, daß das Mädchen noch Jungfrau ist, besitzen wir ein gewichtiges Argument zugunsten von Romany Jake.«

»Warum suchst du sie nicht sofort auf?«

»Du bist sehr ungeduldig, mein liebes Kind. Zuerst muß ich Erkundigungen einziehen. Und hast du vergessen, daß wir heute zum Abendessen eingeladen sind?«

»Zu den reizenden Barringtons«, bestätigte meine Mutter. »Ich freue mich darauf, sie näher kennenzulernen.«

»Wir sind hier, um Romany Jake zu retten«, rief ich ihr ins Gedächtnis.

»Wir tun ohnehin das Menschenmögliche«, beruhigte mich mein Vater. »Die Barringtons leben in der Gegend und gehören offensichtlich zum Landadel. Vielleicht kennen sie den Gutsherrn und haben unter Umständen auch seinen Neffen gekannt. In solchen Angelegenheiten muß man sehr überlegt vorgehen und jede Möglichkeit ins Auge fassen. Eine kleine Ablenkung heute abend wird uns nicht schaden.«

Wir fuhren also am Abend zu den Barringtons hinaus, die uns überaus herzlich begrüßten. Mr. und Mrs. Barrington sowie ihr Sohn Edward empfingen uns an der Tür und führten uns in einen sehr eleganten Salon im ersten Stock. Durch die hohen Fenster erblickte man gepflegte Rasenflächen und kunstvoll angelegte Blumenbeete.

Ein Diener brachte Wein, und die Barringtons bedankten sich noch einmal überschwenglich bei uns.

»Wir möchten, daß Sie auch den Rest der Familie kennenlernen«, sagte Mrs. Barrington. »Sie können es nicht erwarten, Ihnen ihren Dank abzustatten.«

»Sie machen viel zuviel Aufhebens wegen einer kleinen Gefälligkeit, die wir Ihrem Mann erweisen durften«, wehrte mein Vater ab. »Wir werden es Ihnen nie vergessen«, beteuerte Mr. Barrington nochmals.

»Das ist meine Tochter Irene«, stellte Mrs. Barrington vor. »Begrüße die liebenswürdigen Leute, die deinen Vater gestern nach Hause gebracht haben.«

Irene war eine junge, etwa zwanzigjährige Frau mit frischem Gesicht. Sie schüttelte uns herzlich die Hände und beteuerte, daß sie uns aufrichtig dankbar war.

»Und das ist Clare. Begrüße Mr. und Mrs. Frenshaw, Clare, und bedanke dich ebenfalls. Clare Carson ist unser Mündel. Wir sind miteinander verwandt, wenn auch nur um fünf Ekken. Clare hat beinahe ihr ganzes Leben bei uns verbracht.«

»Ich bin seit meinem siebenten Lebensjahr hier«, bestätigte Clare. »Ich danke Ihnen für alles, was Sie getan haben.«

»Wenn es Ihnen recht ist, begeben wir uns jetzt ins Speisezimmer«, schlug Mrs. Barrington vor.

Das Speisezimmer war genauso elegant wie der Salon. Draußen wurde es dunkel, und die Diener zündeten Kerzen an.

»Dieser Abend ist für uns ein völlig unerwartetes Vergnügen«, stellte meine Mutter fest. »Wir konnten nicht ahnen, daß wir in Nottingham eingeladen werden.«

»Wie lange bleiben Sie hier?« erkundigte sich Edward.

»Etwa eine Woche. Wir wissen es noch nicht genau.«

»Es hängt vermutlich davon ab, wie lange Ihre Geschäfte Sie in Anspruch nehmen.«

»Das stimmt.«

»Bei Geschäften kann man nie sicher sein, wie wir oft genug erfahren mußten, nicht wahr, Edward?« fragte Mr. Barrington. »Das ist nur allzu wahr«, bestätigte Edward.

»Sie beschäftigen sich mit der Erzeugung von Spitzen«, lenkte meine Mutter ab. »Das stelle ich mir faszinierend vor.«

»Meine Familie ist seit Generationen in der Branche tätig«, erzählte Mr. Barrington. »Die Väter haben das Unternehmen immer an ihre Söhne weitergegeben, und das ist auch bei mir und Edward der Fall. Eigentlich hat Edward das Unternehmen bereits übernommen – ich habe nicht mehr sehr viel mitzureden.«

»Mein Mann möchte Nottingham verlassen«, erwähnte Mrs. Barrington. »Er sehnt sich nach einem Haus auf dem Land, das aber nicht so weit entfernt ist, daß er nicht hin und wieder in der Fabrik vorbeischauen kann. In letzter Zeit läßt seine Gesundheit zu wünschen übrig, und Erlebnisse wie das gestrige schaden ihm.«

»Das hätte doch überall geschehen können«, wandte ich ein.

»Selbstverständlich. Nur fühlt er sich leider seit einiger Zeit nicht besonders wohl.«

»Mir geht es ausgezeichnet«, widersprach Mr. Barrington.

»Das stimmt nicht, wir haben ja schon darüber gesprochen.« Mrs. Barrington wandte sich an meine Mutter. »Wie ich gehört habe, kommen Sie aus Kent.«

»Ja. Eversleigh befindet sich seit Generationen im Besitz unserer Familie. Es ist ein elisabethanisches, ziemlich verschachteltes Gebäude, aber wir lieben es. Es liegt in der Nähe des Meeres.«

»Das klingt herrlich«, meinte Mr. Barrington.

»Gibt es in Ihrer Nachbarschaft vielleicht ein nettes Haus, das zum Verkauf angeboten wird?« erkundigte sich seine Frau.

»Nicht daß ich wüßte.«

»Würden Sie es uns mitteilen, wenn Sie von einem hören?«

»Gern«, versprach meine Mutter.

Clare meldete sich zum ersten Mal an diesem Abend zu Wort.

»Kent ist ziemlich weit von Nottingham entfernt.«

Ich betrachtete sie genauer. Mit ihrem blassen Teint, den braunen Haaren und den haselnußbraunen Augen wirkte sie etwas unscheinbar.

»Das stimmt«, bestätigte Mrs. Barrington. »Und das fände ich sogar gut, sonst würde mein Mann jeden Tag in die Fabrik rennen. Man kann ihn nur daran hindern, indem man eine möglichst große Entfernung zwischen ihn und die Fabrik legt. Außerdem gibt es hier keine Häuser, die zum Verkauf stehen. Vielleicht sehen wir uns noch in Sussex oder Surrey um; diese Gegenden gefallen mir auch.«

»Diese Grafschaften sind sehr schön«, bestätigte mein Vater; in dieser Art ging das Gespräch noch eine Zeitlang weiter. Schließlich bemerkte Edward: »Das Geschworenengericht kommt morgen nach Nottingham. Einem Zigeuner, der einen jungen Mann ermordet hat, wird der Prozeß gemacht. Den Vorsitz wird Richter Merrivale führen.«

»Den Namen habe ich schon einmal gehört«, erinnerte sich mein Vater. »Soviel ich weiß, ist er ein humaner Richter.«

»Das stimmt, er ist kein Richter, der gern die Todesstrafe verhängt.«

»Es sollte überhaupt keine Richter geben, die gern ein Todesurteil aussprechen«, mischte ich mich hitzig ein. »Sie sollten alle human sein.«

»Das sollten alle Menschen sein«, pflichtete mir Edward bei, »und doch sind wir es leider nicht.«

»Aber wenn es um ein Menschenleben geht . . .«

»Meine Tochter hat recht«, unterstützte mich mein Vater. »Das Gesetz sollte für alle gleich sein. Glauben Sie, daß der Zigeuner eine Chance hat?«

»Überhaupt keine. Es steht zweifelsfrei fest, daß man ihn hängen wird.«

»Das wäre überaus ungerecht«, rief ich.

Meine Augen funkelten, und die Anwesenden sahen mich erstaunt an.

»Vielleicht sollte ich doch erklären, weshalb wir hier sind«, griff mein Vater ein. »Ich möchte für diesen Zigeuner alles tun, was in meiner Macht steht. Er hat nämlich einen Mann getötet, der eines der Mädchen aus dem Zigeunerlager vergewaltigen wollte. Unglücklicherweise handelt es sich bei dem

Getöteten um den Neffen des Gutsherrn Hassett, der hier großen Einfluß besitzt.«

Die Barringtons warfen einander vielsagende Blicke zu.

»Er ist nicht sehr beliebt«, widersprach Edward. »Er trinkt übermäßig, vernachlässigt seinen Besitz und führt ein liederliches Leben.«

»Und wie war der Neffe, der getötet wurde?« fragte mein Vater.

»Der war vom gleichen Schlag.«

»Er war also leichtlebig, ein Trinker und ein häufiger Gast in Freudenhäusern?« fragte mein Vater.

»Diese Beschreibung trifft den Nagel auf den Kopf.«

Mein Vater nickte. »Die Zigeuner haben auf meinem Besitz gelagert, und ich habe dabei den Angeklagten kennengelernt. Er hat einen guten Eindruck auf mich gemacht. Und jetzt behauptet er, daß der Neffe versucht hat, das Mädchen zu vergewaltigen.«

»Das würde ich ihm durchaus zutrauen«, warf Mr. Barrington ein.

»Könnte ich vielleicht weitere Informationen über ihn erhalten? Vielleicht von Leuten, denen er Schaden zugefügt hat?«

»Das ginge. In der Martin's Lane lebt eine Familie, die wegen einer ihrer Töchter sehr verzweifelt war.«

»Der reizende junge Mann hat sie vermutlich verführt«, bemerkte mein Vater.

»Zweifellos. Und es gab noch andere.«

»Wären Sie bereit, mir die Namen dieser Leute zu nennen?«

»Ich werde Ihnen mit Freude helfen.«

Meine Aufregung nahm zu. Ich hatte das Gefühl, daß uns das Schicksal mit den Barringtons zusammengeführt hatte, deren Hilfe für uns von unschätzbarem Wert sein konnte.

Ich befand mich beinahe in einem euphorischen Zustand, als wir uns verabschiedeten und zum Gasthof zurückfuhren.

»Was für eine reizende Familie«, bemerkte meine Mutter. »Es wäre schön, wenn sie ein Haus in unserer Nähe finden könnten. Ich würde gern öfter mit ihnen zusammenkommen. Mr.

und Mrs. Barrington sind sehr umgängliche Menschen, und das gilt auch für Edward und Irene. Clare war etwas zu still. Edward würde ich als sehr energischen jungen Mann bezeichnen.«

»Das muß er auch sein, wenn er eine Fabrik leitet«, meinte mein Vater.

»Clare hat sich wie die typische arme Verwandte benommen«, warf ich ein.

»Arme Verwandte können manchmal sehr anstrengend sein, weil sie diese Tatsache nie vergessen. Außer ihnen denkt kein Mensch mehr daran, doch sie finden eine gewisse Befriedigung in dieser Rolle.«

Wir setzten unser Gespräch fort, bis wir beim Gasthof anlangten. Mr. Barringtons Mißgeschick hatte sich für uns als Segen erwiesen.

Am nächsten Tag suchten meine Eltern und ich das Zigeunerlager auf. Wir rochen die Feuer bereits, bevor wir das Lager sahen, und dann erblickten wir eine Frau, die in einem Kessel rührte, dem würziger Duft entstieg. Andere Frauen spalteten weißliche Stöcke, aus denen sie Wäscheklammern anfertigten. Die Wagen waren im Kreis aufgestellt und die Pferde an die Büsche gebunden.

»Gibt es hier einen Mann namens Penfold Smith?« rief mein Vater.

Aus einem der Wagen kletterte ein Mann und kam auf uns zu. Er war mittleren Alters, dunkelhäutig und bewegte sich mit der pantherartigen Geschmeidigkeit der Zigeuner.

»Ich bin Penfold Smith.«

»Sie kennen mich«, antwortete mein Vater. »Sie haben auf meinem Land gelagert. Ich habe gehört, daß sich einer der Ihren in Schwierigkeiten befindet, und möchte ihm helfen.«

»Er wurde in der Nähe Ihres Besitzes verraten.«

»Nein!« rief ich. »Er wurde nicht verraten. Ich habe nicht gewußt...«

»Meine Tochter wollte ihm helfen und hat nicht gewußt, daß

man ihr folgte. Ich bin hier, um für diesen Mann alles zu tun, was ich kann. Wenn Sie mir helfen, können wir vielleicht etwas erreichen.«

»Was könnten wir gegen den Gutsherrn und seinesgleichen ausrichten? Ihm gehört das Land hier. Er ist ein mächtiger Herr, und wir sind nur arme Zigeuner.«

»Ich verfüge über Beweismaterial, das sich als nützlich erweisen kann. Ich kann beweisen, daß das Opfer ein liederlicher Mensch war. Er hat ja Ihre Tochter überfallen, nicht wahr?«

»Ja.«

»Kann ich mit ihr sprechen?« Penfold Smith zögerte.

»Der Vorfall hat sie sehr mitgenommen.«

»Sie will doch Romany Jake retten?«

»Seine Rettung liegt ihr sehr am Herzen.«

»Dann muß sie uns helfen.«

»Sie wird verleumdet.«

»Wir müssen beweisen, daß es sich um Verleumdung handelt.«

»Wer würde schon auf sie hören?«

»Man kann die Leute zwingen, auf sie zu hören.«

»Wie?«

»Darf ich mit ihr sprechen?«

Penfold Smith zögerte wieder, dann rief er: »Leah. Komm her, Leah.«

Sie stieg aus dem Wagen. Sie war sehr schön, etwa ein Jahr älter als ich, sehr schlank und hatte schwarze Haare und dunkle Augen. Es überraschte mich nicht, daß sie die Begierde eines jungen Wüstlings geweckt hatte.

Mein Vater wandte sich an meine Mutter. »Sprich du mit ihr. Sag ihr, daß wir ihr glauben. Sag ihr, daß wir alles Menschenmögliche unternehmen werden, um Romany Jake zu helfen. Erkläre es ihr.«

Meine Mutter legte dem Mädchen die Hand auf die Schulter. »Du mußt mir glauben, Leah, daß wir gekommen sind, um zu helfen. Wir besitzen bereits Beweise dafür, daß der Mann, der dich überfallen hat, ein Wüstling war!«

»Jake hat mich gerettet«, flüsterte sie. »Wenn er nicht gewesen wäre...« Sie erschauderte.

»Und jetzt müssen wir Jake retten«, fuhr meine Mutter fort. »Wir werden alles Menschenmögliche unternehmen. Willst du uns dabei helfen?«

»Ja, ich bin zu allem bereit.«

»Wir müssen beweisen, daß du Jungfrau bist. Bist du auch dazu bereit?«

»Man wird mir nicht glauben.«

»Man kann dich untersuchen. Das ist nicht sehr angenehm, aber notwendig. Wenn der Beweis erbracht wird, muß man dir glauben.«

»Was ist das für eine Untersuchung?«

»Wenn das Gericht feststellt, daß du Jungfrau bist, dann haben wir den Beweis erbracht, daß die böswilligen Geschichten, die über dich verbreitet werden, erfunden sind. Wir wissen, daß der Tote ein Wüstling... ein Verführer, ein Frauenschänder war. Wenn wir also dem Gericht beweisen können, daß du Jungfrau bist... du verstehst doch?«

Sie nickte.

»Geben Sie Ihre Einwilligung dazu?« fragte mein Vater Penfold Smith.

»Ist es unbedingt notwendig?«

»Unsere Verteidigung steht und fällt damit.«

»Ich bin zu allem bereit, um ihn zu retten«, wiederholte Leah.

Penfold Smith führte uns in den Wagen, und wir setzten unser Gespräch dort fort. Leah erzählte uns, daß Hassett sie angesprochen hatte und daß sie davongelaufen war. Er hatte ihr den Weg abgeschnitten und sich auf sie gestürzt.

»Das bringt uns ein gutes Stück weiter«, bemerkte mein Vater. Penfold Smith, der zuerst mißtrauisch gewesen war, glaubte uns allmählich, daß wir ihm tatsächlich helfen wollten. Das verdankten wir hauptsächlich dem Verhandlungsgeschick meiner Mutter.

Wir kehrten in den Gasthof zurück, wo wir weiter darüber berieten, wie wir Romany Jake retten konnten.

Unsere Glückssträhne hielt an. Eine Gruppe von angesehenen älteren Frauen erklärte sich bereit, Leah zu untersuchen, und stellte fest, daß sie eine *virgo intacta* war.

Edward Barrington suchte uns im Gasthof auf und bot uns seine Hilfe an. Er kannte einflußreiche Leute in Nottingham, die wollten, daß der Gerechtigkeit Genüge getan wurde. Sie würden auch dafür sorgen, daß alles, was für Romany Jake sprach, vor Gericht vorgebracht wurde.

»Es könnte nicht besser gehen«, strahlte mein Vater.

Ich wünschte mir nichts sehnlicher, als mit Romany Jake zu sprechen. Ich wollte ihm begreiflich machen, daß mich keine Schuld an seiner Gefangennahme traf. Ich wollte ihm erklären, daß ich nach Grasslands geritten war, um ihn zu warnen, und nicht gewußt hatte, daß mir jemand folgte.

Dann kam der Tag der Gerichtsverhandlung.

Mein Vater wohnte ihr bei, während meine Mutter und ich im Gasthof blieben. Falls sich meinem Vater die Möglichkeit dazu bot, wollte er für den Zigeuner aussagen. Er wollte dem Gericht erklären, daß er den Angeklagten kenne, weil die Zigeuner auf seinem Besitz gelagert hatten, und daß er davon überzeugt war, daß Romany Jake nie einen Streit vom Zaun brechen würde.

Wir waren sicher, daß das Gericht meinem Vater Gehör schenken würde. Wenn er die Beweise für Ralph Hassetts liederlichen Lebenswandel vorlegte und die angesehenen Frauen bestätigten, daß Leah Jungfrau war, konnte das Gericht Romany Jake nicht hängen lassen.

Meine Mutter und ich warteten im Gasthof darauf, daß mein Vater zurückkehrte. Die Spannung war unerträglich. Und wenn sie ihn trotz all unserer Bemühungen zum Tod verurteilten? Ich konnte den Gedanken nicht ertragen.

Wir saßen am Fenster und ließen die Straße nicht aus den Augen.

Edward Barrington hatte meinen Vater zum Gericht begleitet, und ich rechnete ihm sein Verhalten hoch an. Als sie dann endlich auftauchten, versuchte ich, den Ausgang der Verhandlung von ihren Gesichtern abzulesen, doch es gelang mir nicht.

Ich lief zur Tür, aber meine Mutter hielt mich zurück. »Bleib hier, es dauert nicht mehr lang.«

Sie betraten das Zimmer, und ich starrte meinen Vater an; sein Gesicht war ernst, und er schwieg. Ich befürchtete das Schlimmste und rief: »Wie ist es ausgegangen?«

»Sie haben ihn verurteilt.«

»O nein, das ist ungerecht! Ich bin schuld, daß er gefangengenommen wurde.«

Mein Vater faßte mich an den Schultern. »Es hätte schlimmer kommen können. Immerhin ist ein Mensch getötet worden. Aber wir haben verhindert, daß er gehängt wird. Er ist zu sieben Jahren Deportation verurteilt worden.«

Wir wollten Nottingham am nächsten Tag verlassen. Ich war enttäuscht, obwohl ich mir immer wieder vor Augen hielt, daß er wenigstens am Leben blieb. Aber ihn für sieben Jahre wegschicken ... auf die andere Seite der Erde ... sieben Jahre waren eine Ewigkeit. Ich würde ihn nie mehr wiedersehen.

Er hatte einen so tiefen Eindruck auf mich gemacht, daß ich ihn nie vergessen konnte. Die Barringtons überredeten uns dazu, am letzten Abend bei ihnen zu essen, und das Gespräch drehte sich natürlich nur um die Gerichtsverhandlung.

»Er hat Glück gehabt«, meinte Edward Barrington. »Dafür, daß er einen Menschen getötet hat, ist es ein relativ mildes Urteil.«

»Unter diesen Umständen ...« begann ich hitzig.

»Er hat den Mann getötet, und deshalb ist es ein mildes Urteil. Das Mädchen hat einen guten Eindruck gemacht, es war so jung und unschuldig ... und schön.«

»Daß uns der Beweis gelungen ist, daß sie Jungfrau ist, hat ihnen den Wind aus den Segeln genommen«, erwähnte mein Vater befriedigt lächelnd.

»Der Staatsanwalt wollte beweisen, daß sie ein liederliches Weibsstück ist. Zum Glück konnten wir aufzeigen, daß es sich dabei um eine Lüge handelt und daß Ralph Hassett einen äußerst schlechten Ruf hatte.«

»Dank Ihrer Hilfe«, sagte mein Vater.

»Sie waren wunderbar«, fügte meine Mutter hinzu.

»Es war das mindeste, was wir tun konnten«, wehrte Mrs. Barrington ab.

»Außerdem ist es ein gutes Gefühl, wenn man der Gerechtigkeit zum Sieg verhelfen kann«, betonte ihr Mann.

»Der Zigeuner wird schon durchhalten«, bemerkte mein Vater. »Er ist zäh und wird die Deportation überleben.«

»Doch er ist verbannt worden und muß sein Heimatland verlassen«, wandte ich ein. »Dabei hätte er eigentlich belohnt, nicht bestraft werden sollen.«

»Der Gutsherr war ganz schön wütend«, berichtete Edward. »Er wollte unbedingt, daß der Zigeuner gehängt wird.«

»Der alte Schuft«, murmelte Mrs. Barrington.

»Sie hätten ihn freilassen müssen«, wiederholte ich.

»Man kann nicht zulassen, daß die Menschen einander einfach umbringen«, wies mich mein Vater zurecht.

Meine Mutter lächelte ihn an. »Wir haben ihn vor dem Galgen gerettet, und darüber sollten wir uns freuen.«

»Glaubst du, daß er weiß, daß wir seine Retter sind?« fragte ich meinen Vater.

»Er hat mich bei Gericht gesehen«, antwortete dieser, »und er hat meine Aussage gehört. Er weiß, daß ich die Beweise für die Unberührtheit des Mädchens und für den liederlichen Lebenswandel des Toten vorgelegt habe. Er hat sich bestimmt gefragt, warum ich mich für ihn einsetze, und er wird zu dem Schluß gelangt sein, daß ich mich so verhalte, weil ich eine Tochter habe, die mir vorschreibt, was ich tun und lassen soll.« Er wandte sich an die Gesellschaft. »Meine Tochter ist eine Tyrannin, und ich gehorche ihr bedingungslos.«

Die anderen lächelten darüber – nur Clare Carson blieb ernst. Ich hatte den Eindruck, daß sie mich nicht mochte. Doch ich schob den Gedanken sofort wieder beiseite, weil es unerheblich war.

»Mein Mann und meine Tochter sind ein wildes Paar«, stellte meine Mutter fest. »Jessica gerät ihrem Vater nach; merkwürdigerweise möchte ich aber keinen von den beiden ändern, selbst wenn ich könnte.«

»Erinnere mich daran, daß ich dir gelegentlich diese Äußerung ins Gedächtnis rufe«, scherzte mein Vater.

»Eigentlich sollten wir jetzt auf unsere Bekanntschaft anstoßen«, schlug Mr. Barrington vor. »Sie hat mit einem unangenehmen Anlaß begonnen und sich zu etwas sehr Angenehmen entwickelt. Ich hoffe, daß dies der Beginn einer Freundschaft ist.«

Wir prosteten ihm zu, und ich bemerkte, daß Edward mich beobachtete. Er lächelte herzlich, und obwohl ich noch immer wegen Romany Jake traurig war, freute ich mich darüber. Dann sah ich, daß Clare Carson mich ebenfalls beobachtete. Daraufhin leerte ich mein Glas.

Am nächsten Tag traten wir die Rückreise an. Wir verließen den Gasthof früh am Morgen, weil die Barringtons darauf bestanden hatten, daß wir noch einmal bei ihnen vorbeikamen. Sie setzten uns Wein und Kuchen vor, und wir einigten uns darauf, daß wir einander gegenseitig besuchen würden.

Sie begleiteten uns zum Wagen, wünschten uns eine gute Heimfahrt und winkten uns nach.

Meine melancholische Stimmung hielt auf der Heimreise an. Ich hatte alles getan, um ihn zu retten, und er war wenigstens nicht tot, mußte jedoch sieben Jahre auf der anderen Seite der Welt leben.

Eine merkwürdige Beziehung hatte uns verbunden, und selbst wenn ich ihn nicht wiedersehen sollte, ich würde ihn niemals vergessen.

»Er ist zäh und wird überleben«, hatte mein Vater gesagt.
Diese Worte trösteten mich.

Es war bei uns zur Gewohnheit geworden, daß täglich jemand Tante Sophie besuchte. Seit Dolly bei ihr lebte, hatte sich das Leben in ihrem Haus grundlegend verändert. Tante Sophie verstand es ausgezeichnet, unglückliche Menschen zu trösten, und Dolly war immer ihr Liebling gewesen. Jetzt erwartete sie noch dazu ein Kind und hatte keinen Mann, der für sie sorgte – Tante Sophie war in ihrem Element. Da ich dazu neige, über das Verhalten der Menschen nachzudenken, befaßte ich mich im Geist öfter mit Tante Sophie. Es ist bestimmt kein schöner Zug, wenn man sich darüber freut, daß der andere unglücklich ist, doch Tante Sophie half den Unglücklichen auch. Wahrscheinlich ist auf dieser Welt nichts vollkommen gut und nichts vollkommen böse. Wenn wir Gutes tun, verschafft uns unsere Handlungsweise eine gewisse Befriedigung, und je mehr wir anderen helfen, desto größer wird diese Befriedigung. Daher bringen gute Werke demjenigen, der sie tut, die größte Freude.

Meine Gedanken gingen manchmal wirklich verschlungene Pfade. Wenn ich mich weiter in ihnen verstrickte, würde es mir bald schwerfallen, zwischen Gut und Böse zu unterscheiden. Romany Jake hatte einen Mord begangen, um ein Mädchen vor einem schrecklichen Erlebnis zu bewahren, das ihr Leben hätte zerstören können. So nahe liegen gut und böse beieinander.

Und jetzt freute sich Dolly auf ein uneheliches Kind. Die Tatsache an sich war beklagenswert. Aber andererseits verlieh sie ihrem trüben Dasein plötzlich einen Sinn, und sie war zum ersten Mal glücklich.

Ich sprach oft mit Amaryllis über dieses Problem. Sie fand, daß ich eine an sich sehr einfache Angelegenheit viel zu kompliziert sah. Amaryllis glaubte an das Gute im Menschen, und eine solche Einstellung erleichtert einem das Leben.

Hätte ich doch an diesem Tag Tante Sophie nicht besucht! Hätte ich doch nicht das Gespräch mit Dolly geführt.

Wir hatten beschlossen, ihr zu verschweigen, daß Romany Jake verurteilt worden war. Natürlich wußten alle, daß er der Vater ihres Kindes war. Es war allgemein bekannt, daß er ein häufiger Gast in Grasslands gewesen war und daß sie beim Trafalgar-Fest miteinander verschwunden waren. Romany

Jake war ein attraktiver Mann, und in den Küchen von Enderby und Grasslands sowie in den Häuschen der Pächter war die Geschichte mit ihm und Dolly ein beliebtes Gesprächsthema gewesen.

»Wenn sie es erfährt, würde sie sich fürchterlich darüber aufregen, und das wollen wir ihr ersparen«, meinte meine Mutter. »Es genügt, wenn sie es erfährt, nachdem das Baby auf der Welt ist.«

Ich betrat das Zimmer, das Tante Sophie ihr zur Verfügung gestellt hatte. Es war das Zimmer, von dem aus das Sprechrohr in die Küche führte. Jeanne fand, daß es gut war, wenn Dolly jemanden verständigen konnte, falls sie plötzlich Hilfe brauchte. Eigentlich war es Tante Sophies Zimmer, aber sie hatte es gern an Dolly abgetreten. Die Hebamme schlief im angrenzenden Raum, wenn der Geburtstermin jedoch näher kam, wollte man ihr Bett in Dollys Zimmer stellen.

Dolly lag in dem Bett mit den blauen Samtvorhängen, und mir fiel sofort auf, daß sie nicht so heiter aussah wie bei meinem letzten Besuch. Ich nahm an, daß sie allmählich Angst vor der Entbindung bekam.

»Ich freue mich, daß Sie gekommen sind, Jessica«, begrüßte sie mich.

»Wir alle möchten wissen, wie es Ihnen geht. Meine Mutter läßt fragen, ob Sie noch einen Schal brauchen können.«

»Nein, danke, Mademoiselle d'Aubigné hat mir bereits zwei Schals geschenkt.« Nach einer kurzen Pause fuhr sie fort: »Ich muß sehr viel an ihn denken.«

»An wen?« fragte ich, obwohl ich genau wußte, wen sie meinte.

»An den Vater meines Kindes. Ich werde das Gefühl nicht los, daß mit ihm etwas nicht stimmt.«

Ich schwieg.

Sie sprach weiter: »Wenn das Kind ein Junge wird, soll er nach seinem Vater Jake heißen. Sollte es ein Mädchen werden, möchte ich es Tamarisk nennen. Jake hat mir von den Tamariskenbäumen in Cornwall erzählt, die er sehr liebte. Ich habe noch nie einen gesehen. Jake behauptet, daß hier der Ostwind zu scharf für sie ist. Ihm gefallen die gefiederten rosa und weißen Blüten auf den zarten Stengeln. Er findet, daß sie so zierlich wie junge Mädchen aussehen. Deshalb möchte ich meine Tochter Tamarisk nennen. Der Name wird ihm gefallen, wenn er kommt... falls er kommt.«

Ich schwieg noch immer, und sie faßte meine Hand. »Ich spüre, daß etwas nicht stimmt«, wiederholte sie.

»Sie dürfen nicht so reden«, wies ich sie zurecht. »Sie müssen an Ihr Kind denken.«

»Ich weiß, aber ich spüre es. Ich habe immer schon... ich kann es nicht erklären, aber ich habe es immer gewußt, wenn etwas Schreckliches bevorstand. Vielleicht kommt es daher, daß ich anders bin als die meisten Menschen, irgendwie mißgestaltet. Halten Sie es für möglich, daß die Natur einem Menschen, der nicht ganz gesund ist, als Ersatz dafür andere Fähigkeiten verleiht?«

»Das ist sehr gut möglich.«

»Ich habe in meinem Leben sehr böse Dinge getan.«

»Niemand von uns hat ein ganz reines Gewissen.«

»Ich war einige Male ganz besonders schlecht, aber immer nur aus Liebe. Heute bereue ich es. Zum Beispiel, daß ich Sie entführt habe, als Sie noch in der Wiege lagen. Ich weiß erst jetzt, was ich Ihren Eltern damit angetan habe. Damals dachte ich nur daran, daß ich ihnen Kummer zufügen wollte.«

»Denken Sie nicht mehr daran. Es hat mir offenbar nicht geschadet.«

»Ich habe noch viel Schlimmeres auf dem Gewissen. Ich wollte mich rächen, und das ist immer schlecht.«

»Das stimmt vermutlich.«

»Doch Sie sind mir in den Tagen, in denen ich Sie in meinem Zimmer versteckt hielt, ans Herz gewachsen. Ich sehe Sie noch vor mir, Ihre großen, dunklen Augen, mit denen Sie mich so unverwandt anstarrten... und dann begannen Sie plötzlich zu lächeln, als hätten Sie etwas Komisches an mir entdeckt. Damals wurde mir klar, daß ich Ihnen nie ein Leid zufügen könnte. Und jetzt möchte ich, daß Sie mir von ihm erzählen.«

»Was soll ich Ihnen erzählen?«

»Die Dienstmädchen tuscheln miteinander. Ich weiß, daß Sie nach Nottingham gefahren sind und daß diese Fahrt mit ihm zu tun hatte. Ich sorge mir das Herz aus dem Leib. Bitte erzählen Sie es mir, ich muß es wissen. Wenn ich Jeanne frage, stellt sie sich, als würde sie mich nicht verstehen. Sie behauptet, ihr Englisch sei nicht gut genug, dabei versteht sie jedes Wort. Und Mademoiselle d'Aubigné verrät mir auch nichts, sondern versichert mir immer nur, daß sich alles zum Guten wenden wird. Ich weiß, daß etwas ganz und gar nicht in Ordnung ist, und glaube, daß es mit ihm zusammenhängt.«

Ich erhob mich. »Ich muß jetzt nach Hause.«

Sie sah mich vorwurfsvoll an.

»Ich habe geglaubt, daß wenigstens Sie den Mut haben würden, mir reinen Wein einzuschenken. Ich mache mir seinetwegen solche Sorgen, und ich bin doch die erste, die es erfahren sollte. Gegen Ende des Sommers ziehen sie immer nach Süden. Es ist bald Sommer. Ihm ist etwas zugestoßen, nicht wahr? Die Hausmädchen flüstern: ›Sie darf es nicht erfahren, wir müssen warten, bis das Kind auf der Welt ist.‹« Sie warf sich unruhig herum, und in ihre Wangen stieg fiebrige Röte.

»Sie dürfen sich nicht aufregen«, begann ich.

»Ich rege mich aber auf und werde mich erst beruhigen, wenn ich die Wahrheit weiß. Ganz gleich, wie schlimm sie ist, ich muß sie erfahren. Er hat einen Mann getötet, ist gefangengenommen worden und wird vor Gericht gestellt. Ich weiß, was das bedeutet. Die Mädchen glauben, daß ich sie nicht verstehe, wenn sie miteinander flüstern, aber ich habe gute Ohren.«

»Er hat einen Mann getötet, der versucht hat, ein Zigeunermädchen zu vergewaltigen«, platzte ich heraus.

»Dann ist es also wahr. Man wird ihn hängen.«

»Nein«, widersprach ich heftig. Ich war jetzt davon überzeugt, daß es besser war, wenn ich ihr die Wahrheit gestand.

»Es ist alles in Ordnung, man wird ihn nicht hängen. Mein Vater hat ihn vor dem Galgen gerettet. Natürlich konnte er keinen Freispruch erreichen.«

»Dann ist er jetzt im Gefängnis.«

»Er ist zur Deportation verurteilt worden.«

Sie schloß die Augen und sank auf die Kissen zurück. Ich erschrak, denn die Röte war aus ihren Wangen gewichen; sie war so weiß wie das Kissen, auf dem sie lag.

»Nur auf sieben Jahre«, fügte ich hinzu.

Darauf antwortete sie nicht, und in meiner Angst holte ich Jeanne.

Damit begann es. Ich weiß nicht, ob der Schock die Frühgeburt auslöste, aber zwei Tage später kam das Kind auf die Welt.

Ich beichtete meiner Mutter, was ich getan hatte, und sie versicherte mir, daß ich unter diesen Umständen keine andere Wahl gehabt hatte. Dennoch bedauerte ich, daß ich diejenige gewesen war, die es ihr hatte sagen müssen.

Das Kind war ein kräftiges, gesundes Mädchen. Doch der armen Dolly ging es schlecht. Die Hebamme behauptete, daß es eine der schwierigsten Entbindungen gewesen war, die sie je erlebt hatte. Tante Sophie ließ den Arzt kommen. Er stellte fest, daß Dolly eigentlich nie hätte ein Kind bekommen dürfen, ihr Becken war viel zu eng dazu.

Sie siechte eine Woche lang dahin, war beinahe die ganze Zeit nicht bei Bewußtsein, und wir konnten ihr das Kind nur in den wenigen lichten Augenblicken in den Arm legen, in denen sie zu sich kam.

Nach einer Woche starb sie, und der Kummer in Enderby wie in Eversleigh war groß.

»Sie war so glücklich über das Kind«, jammerte Jeanne. »Sie war bis dahin in ihrem Leben nie so glücklich gewesen. Und kaum ist das Kind auf der Welt, geht sie für immer von uns. Das Leben ist oft sehr grausam.«

Claudine und meine Mutter berieten eingehend, was mit dem Kind geschehen solle.

»Wir werden es zu uns nehmen«, beschloß meine Mutter. »Die Mädchen werden glücklich sein, wenn ein Baby ins Kinderzimmer kommt. Auch ich freue mich darauf. Ein kleines Kind bringt Leben ins Haus.«

Dolly hatte nicht nur mir, sondern auch Tante Sophie gesagt, daß sie ihre Tochter Tamarisk nennen wollte, deshalb wurde das Kind auf diesen Namen getauft.

Als meine Mutter erwähnte, daß sie Tamarisk nach Eversleigh nehmen wolle, geriet Tante Sophie außer sich.

Sie hatte beschlossen, Dollys Kind zu adoptieren, und hielt hartnäckig an diesem Entschluß fest. Sie hatte immer vorgehabt, für Dolly und ihr Kind zu sorgen, und jetzt war ihr nur Tamarisk geblieben.

Wie üblich nahm Jeanne alles in die Hand und richtete ein schönes Kinderzimmer ein. Tante Sophie blühte geradezu auf.

»Sie hat jetzt einen Lebensinhalt«, bemerkte meine Mutter. Tamarisk blieb also in Enderby und gedieh prächtig.

III

Tamarisk

Nach Dollys Tod stellte sich die Frage, was mit Grasslands geschehen sollte. Tamarisk war Dollys Erbin, und da sie das Haus nie brauchen würde, weil jetzt Enderby ihr Zuhause war, beschlossen wir, es zu vermieten oder zu verkaufen.

Es war schwer, Mieter zu finden, und deshalb hielten wir es für vernünftiger, es zu verkaufen.

»Ob die Barringtons wohl daran interessiert wären?« überlegte meine Mutter laut.

Wir starrten sie verblüfft an, denn keiner von uns hatte mehr daran gedacht, daß die Barringtons auf der Suche nach einem Haus gewesen waren.

»Es wäre eine Möglichkeit«, fügte meine Mutter hinzu. »Stellt Euch nur vor, was für nette Nachbarn sie wären. Es wäre viel angenehmer, sie hier zu haben und nicht irgendwelche Fremden.«

»Es ist bestimmt nicht schlecht, wenn wir sie davon benachrichtigen«, stimmte mein Vater zu.

Tante Sophie nahm gern zur Kenntnis, daß wir vielleicht einen Käufer für das Haus hatten, aber ihr Interesse konzentrierte sich so sehr auf das Baby, daß sie sich kaum mit etwas anderem befaßte.

Meine Mutter berichtete den Barringtons in einem Brief von dem Haus und lud sie zu uns ein. Die ganze Familie, auch Clare Carson, folgte der Einladung. Sie waren von Grasslands entzückt und freuten sich besonders, daß sie in unserer Nähe leben würden. Nur Clare war in ihren Bemerkungen zurückhaltend. Schließlich kauften die Barringtons Grasslands, richteten sich dort häuslich ein und nahmen Clare zu sich. Irene sollte demnächst einen Schotten heiraten und in sein Haus ziehen; Edward blieb in Nottingham und kümmerte sich um die Fabrik; doch er besuchte seine Eltern oft.

Ich dachte häufig an Romany Jake und fragte mich, wie es ihm wohl in der Verbannung ging.

Mein Gewissen hatte sich etwas beruhigt, weil wir ihm das Leben gerettet hatten, doch ich würde erst dann wirklich Ruhe finden, wenn ich mit ihm sprechen und alles erklären konnte.

Das Leben in Eversleigh ging unberührt von den Ereignissen in der großen Welt friedlich weiter.

Es war April – für mich die schönste Zeit im Jahr, weil der Frühling vor der Tür stand.

Seit Dollys Tod war in England allmählich die Angst vor Napoleon geschwunden. Die Niederlage bei Trafalgar hatte seinen Ehrgeiz nicht gebremst; er hatte diesen Mißerfolg durch weitere Siege auf dem Festland wettgemacht und seine Verwandten auf die Throne von halb Europa gesetzt. Er wollte unbedingt eine Herrscherdynastie gründen, hatte sich von seiner Frau Josephine scheiden lassen, weil sie unfruchtbar war, und Marie Louise von Österreich geheiratet. Er hoffte, daß sie ihm den ersehnten Sohn und Thronfolger schenken würde. Der Krieg dauerte weiter an. Siege und Niederlagen wechselten einander ab, und man fragte sich, ob er jemals ein Ende finden würde.

Doch der Krieg berührte uns nicht unmittelbar; wir finanzierten ihn nur mit immer höheren Steuern. Nach den Siegen von Oporto und Talavera vor zwei Jahren hatte Arthur Wellesley den Titel Baron Douro und Vicomte Wellington erhalten, und wir besaßen nun einen neuen Helden als Nachfolger des berühmten Admiral Nelson. Wellington hatte auf dem Kontinent aufsehenerregende militärische Erfolge zu verzeichnen. Unser armer alter König war blind und geistesgestört. Im Januar des vorhergehenden Jahres war der Prinz von Wales durch einen Gesetzesbeschluß zum Regenten ernannt worden und führte jetzt die Regierungsgeschäfte.

Mein Vater liebte es, beim Abendessen über Politik zu sprechen. Eines Abends erwähnte er den Konflikt zwischen dem Premierminister und Wellington. Wellington beschwerte sich darüber, daß für die Armee zuwenig Geld zur Verfügung stand, aber Premierminister Spencer Perceval weigerte sich, zusätzliche Mittel flüssig zu machen.

Meine Mutter unterbrach diese Diskussion mit einer völlig unerwarteten Bemerkung. »Es ist bald Zeit für die Geburtstagsparty; diesmal müssen wir uns etwas ganz Besonderes einfallen lassen. Die Mädchen werden achtzehn.« Sie sah Amaryllis und mich an, als wäre es unser ureigenstes Verdienst, daß wir dieses Alter erreicht hatten.

»Achtzehn?« wiederholte David erstaunt. »Wie die Zeit doch vergeht.«

»Aus den kleinen Mädchen sind junge Damen geworden«, stellte Claudine fest. Mein Vater blieb bei seinem Thema: »Perceval hat nicht ganz unrecht. Aber jetzt führen wir auch noch Krieg mit Amerika, und da müßte er vorsichtig sein.«

»Immerzu diese Kriege«, empörte sich meine Mutter. »Sie sind alle so sinnlos. Ich weiß nicht einmal, worum es in diesem geht.«

»Es handelt sich immer um handelspolitische Probleme«, erklärte David.

Meine Mutter seufzte. »Ich hätte angenommen, daß sie durch die Erfahrungen mit den Kolonien klüger geworden sind.«

»Die Geschichte wiederholt sich oft«, dozierte mein Vater, »aber es steht fest, daß die Menschen durch Erfahrung kaum jemals klüger werden.«

»Der Krieg mit Frankreich hätte den Kampflustigen im Land eigentlich genügen müssen«, fuhr meine Mutter unbeirrt fort.

»Der Krieg mit Frankreich kommt nie zu einem Ende«, bemerkte Claudine. »Perceval ist ein tüchtiger Premierminister, aber ich würde ihn nicht gerade als genial bezeichnen.«

Ich erwähnte, daß seltsamerweise gute Menschen keineswegs immer gute Führer waren, und daß gute Führer in ihrem Privatleben oft sehr skrupellos handelten.

David, der solche Diskussionen liebte, kam auf die beiden Charles zu sprechen. Charles I. war ein guter Ehemann und Vater und einer der unfähigsten Könige gewesen, die England je gehabt hatte; er hatte das Land sogar in den Krieg gestürzt. Charles II. hatte durch sein Privatleben für zahlreiche Skandale gesorgt, doch unter seiner Herrschaft war das Land aufgeblüht.

Doch auch meine Mutter konnte hartnäckig sein. »Welche Farbe möchtest du auf der Party tragen, Amaryllis?«

»Blau wäre nicht schlecht.«

»Was sagst du zu Weiß, mein Liebling?« mischte sich Claudine ein. »In einem weißen Kleid würdest du aussehen wie ein Engel.«

»Bleibst du bei deiner Lieblingsfarbe Scharlachrot, Jessica?« fragte meine Mutter. »Oder ist dir Smaragdgrün lieber?«

»Das muß ich mir noch überlegen.«

»Befaßt euch nur mit so schwerwiegenden Problemen«, meinte mein Vater ironisch, »während das Land einen Zweifrontenkrieg führen muß.«

»Wir kämen nie zu ein bißchen Vergnügen, wenn wir warten, bis all diese Kriege zu Ende sind«, entgegnete meine Mutter. »Kaum ist Frieden geschlossen, beginnt schon der nächste Krieg. Wir werden nach London fahren, um die Stoffe auszusuchen, und dafür sollten wir uns genügend Zeit nehmen. Wir könnten im Mai fahren, dann werden die Kleider bestimmt rechtzeitig fertig. Das Datum für die Party können wir auch gleich festlegen. Ich würde vorschlagen, daß wir sie im August, genau zwischen den beiden Geburtstagen veranstalten. Damit können dann beide Mädchen zufrieden sein.«

Unsere Geburtstage waren immer mit einer einzigen Party gefeiert worden, weil sie zeitlich so nahe beisammen lagen – meiner im August, der von Amaryllis im September. Die Party wurde meist Ende August veranstaltet. Unsere Mütter hatten sich bereits in unseren ersten Lebensjahren auf diese Lösung geeinigt und waren seither dabei geblieben.

Deshalb reisten wir im Mai des Jahres 1812 nach London.

Unsere Reisegesellschaft bestand aus Claudine und Amaryllis, meinem Vater, meiner Mutter und mir. Wir fuhren in unserer Kutsche und erreichten unser Haus in der Albermarle Street ohne Zwischenfall.

Jedesmal, wenn ich nach London kam, erfaßte mich die gleiche Erregung. Die große Stadt pulsierte vor Leben. Alle Menschen hatten es fürchterlich eilig und steckten mich mit ihrer Hektik an. Außerdem hoffte ich, daß wir auch ein Theater besuchen würden.

Gleich am ersten Tag suchten wir vier Frauen die Stoffgeschäfte auf, und nach langen Debatten wurde weiße Seide für Amaryllis' Kleid gekauft. Etwas schwieriger war es, rote Seide zu finden, die zu meinen dunklen Haaren paßte, und meine Mutter war entschlossen, nichts zu überstürzen.

Mein Vater hatte in London immer etwas zu erledigen – teils ging es um seine Bankgeschäfte, teils um andere, geheimnisvolle Unternehmungen, und ich hatte gelernt, ihm darüber keine Fragen zu stellen. Wir wußten, daß er diese Tätigkeit eingeschränkt hatte und daß sein Sohn Jonathan gestorben war, weil er sich an der Spionagetätigkeit seines Vaters beteiligt hatte. Claudine war sehr froh darüber, daß David nichts damit zu tun hatte.

Ich hätte gern gewußt, ob Jonathans Sohn Jonathan, der mit seiner Mutter bei seinen Großeltern, den Pettigrews, lebte, auch darin verwickelt war.

Doch die Geschäfte meines Vaters nahmen ihn nicht so ausschließlich in Anspruch, daß er keine Zeit gefunden hätte, mit uns ins Theater zu gehen. Wir sahen eines der in letzter Zeit so beliebten Melodramen. In ihm kam ein Bösewicht vor, und die Zuschauer taten, als hätten sie wirklich Angst, wenn er auftrat. Wir lachten darüber, ließen uns aber wider Willen mitreißen, vor allem weil das Stück von Musik begleitet war, die drohend anschwoll, wenn der Bösewicht auf der Bühne stand, und zu lieblichen Weisen wechselte, wenn die makellose Heldin auftrat.

Nach dem Theater fuhren wir nach Hause, tranken heiße

Schokolade, sprachen über die unwahrscheinlichen Wendungen der Handlung und lachten noch einmal über die abgrundtiefe Bosheit des Schurken und die naive Ahnungslosigkeit der Heldin. Trotzdem mußten wir zugeben, daß es ein ungetrübtes Vergnügen gewesen war.

Der darauffolgende Tag war ein Sonntag. Wir waren zur Kirche gegangen und schlenderten anschließend durch den Park. Meine Mutter erwähnte, daß wir am nächsten Tag unbedingt zu einem Entschluß wegen des Stoffes gelangen mußten. Am Vormittag erhielten wir Besuch sowie die Einladung zu einem Dinner, das in ein paar Tagen stattfinden sollte.

»Und dann«, erklärte meine Mutter, »müssen wir allmählich an die Heimreise denken.«

»Es ist doch seltsam«, bemerkte ich, »daß wir uns in Eversleigh immer danach sehnen, endlich wieder nach London zu fahren, und daß wir uns nach einiger Zeit in London darauf freuen, daß es endlich wieder nach Hause geht.«

»Die Vorfreude ist eben schöner als die Wirklichkeit«, warf Amaryllis ein.

»Damit hast du sicherlich recht«, stimmte ich zu.

»Deshalb sollen wir die kleinen Freuden, die uns jeder Tag bringt, voll auskosten.«

»Du bist mit deinen achtzehn schon so klug, Amaryllis, daß du mit dreißig zu den Weisen in unserem Land gehören wirst.«

Infolge der Besuche verzögerte sich unser Einkaufsbummel, aber Mutter ließ nicht locker, und am Nachmittag um vier Uhr machten wir uns auf den Weg.

Wir ließen uns einen Stoffballen nach dem anderen vorlegen, sowohl in Smaragdgrün als auch in Scharlachrot, weil meine Mutter behauptete, daß beide Farben mir zu Gesicht stünden. Ich habe die gleichen dunklen Haare wie meine Mutter, aber zu meinem Leidwesen nicht ihre leuchtend blauen Augen. Meine Augen sind dunkelbraun und meine Wimpern schwarz, und daher bestand meine Mutter darauf, daß ich kräftige Farben trug.

Sie wollte meine Vorzüge möglichst gut zur Geltung bringen, und deshalb verlor sie nie die Geduld, wenn wir Stoffe aussuchten.

Als wir wieder in einem Geschäft über die richtigen Farbnuancen berieten, stürzte ein junger Mann atemlos herein. Er war so aufgeregt, daß er stotterte.

»Der Premierminister ist erschossen worden ... drüben, im Unterhaus.«

Auf dem Heimweg bemerkten wir, daß sich die Nachricht wie ein Lauffeuer verbreitet hatte. Die Menschen standen in kleinen Gruppen beisammen und tuschelten aufgeregt. Der Premierminister war erschossen worden! Das war doch nicht möglich! So etwas kam vielleicht im Ausland vor, aber doch niemals in England!

Spencer Perceval, der Premierminister, war zwar nicht gerade beliebt, aber andererseits kein übermäßig bedeutender Mensch gewesen, so daß der Mord noch unerklärlicher war.

Als wir nach Hause zurückkehrten, war mein Vater ausgegangen. Er würde vermutlich in den nächsten Tagen sehr beschäftigt sein, und dadurch würde sich wahrscheinlich auch unsere Heimreise verzögern.

Allmählich wurden Einzelheiten bekannt. Der Mörder war gefangengenommen worden, was nicht weiter schwierig gewesen war, weil er gar nicht erst den Versuch unternommen hatte, zu fliehen.

Es hieß, er sei wahnsinnig, ein Fanatiker. Angeblich war es nur ein Zufall gewesen, daß ihm der Premierminister zum Opfer gefallen war, es hätte ebensogut jeder andere Politiker sein können. Der Irre haßte die gesamte Regierung, nicht eine bestimmte Persönlichkeit. Der Premierminister hatte sich zufällig in einem bestimmten Augenblick an einem bestimmten Ort befunden.

Die Gerichtsverhandlung fand unmittelbar nach dem Attentat statt.

Der Mörder war ein gewisser John Bellingham, ein Makler aus

Liverpool, der, wie er behauptete, infolge der verfehlten Politik der Regierung in den Bankrott getrieben worden war. Er hatte vor kurzem Rußland besucht und war in St. Petersburg aufgrund einer bedeutungslosen Anschuldigung verhaftet worden. Als er sich an den britischen Botschafter in St. Petersburg um Hilfe gewandt hatte, war ihm diese verweigert worden. Er hatte seine Freiheit wiedererlangt und bei seiner Rückkehr nach England für das ihm zugefügte Unrecht eine Wiedergutmachung gefordert. Als ihm auch dies verweigert wurde, war er verrückt geworden und hatte Rache geschworen.

Jetzt plädierte er aufgrund seiner Geistesgestörtheit auf nicht zurechnungsfähig. Mein Vater war der Meinung, daß er damit nicht durchkommen würde. Die gesamte Bevölkerung war gegen ihn aufgebracht. Es ging nicht an, daß jemand eine Person des öffentlichen Lebens tötete und sich dann darauf berief, daß er sich nicht im Vollbesitz seiner geistigen Kräfte befunden hätte. Ein Exempel mußte statuiert werden.

Mein Vater behielt recht. John Bellingham wurde zum Tode verurteilt und eine Woche nach dem Mord gehängt. Wir befanden uns an diesem Tag noch in London, doch wir gingen nicht aus.

Mein Vater bemerkte dazu: »Das Urteil war weise und gerecht. Er hatte vielleicht den Verstand verloren, aber wir können nicht zulassen, daß jeder, der etwas gegen die Regierung hat, unsere Minister erschießt und dann wegen Unzurechnungsfähigkeit freigesprochen wird.«

Dennoch beschäftigte mich die Affäre weiterhin. Die Vorstellung, daß jemand vor Kummer den Verstand verlieren und einen Menschen erschießen kann, erschütterte mich. Ich sah immer wieder seinen am Galgen baumelnden Körper vor mir. Sein Motiv war Rache gewesen, und sie hatte vollkommen sinnlos zwei Menschenleben gefordert.

Meine Mutter versuchte, mich auf andere Gedanken zu bringen, indem sie mit mir über andere Dinge, vor allem natürlich die Geburtstagsparty, sprach. Ich ging darauf ein, dennoch beschäftigte ich mich immer wieder mit dem armen Irren und vor allem mit seiner Familie, die einen braven Ehemann und Vater verloren hatte. Er hatte eine Frau, sechs Söhne und sechs Töchter hinterlassen. Die Leute, die ihn gekannt hatten, behaupteten, daß er ein guter Mensch gewesen war; und selbst wenn man berücksichtigte, daß über Tote immer nur Gutes gesagt wird, war an dieser Behauptung bestimmt etwas Wahres dran.

Einen Groll hegen, der mit der Zeit so überhandnimmt, daß er einen zu einem Mord treibt! Ich konnte es nicht begreifen.

Als wir endlich nach Eversleigh zurückkehrten, begannen wir sofort mit den Vorbereitungen für die Geburtstagsparty. Mit achtzehn wurden wir mündig, und unsere Eltern hofften wahrscheinlich, daß sich bald passende Bewerber um unsere Hand einstellen würden. Sie unterschieden sich darin nicht von allen anderen Eltern mit heiratsfähigen Töchtern.

Die Party sollte Ende August stattfinden.

»Das ist der beste Zeitpunkt dafür«, fand Claudine, »denn bei gutem Wetter können sich die Gäste im Garten aufhalten.«

Wir machten uns daran, die Gästeliste zusammenzustellen.

»Es ist nicht notwendig, daß wir den Barringtons eine Einladung senden«, entschied meine Mutter. »Die beiden Mädchen können hinüberreiten und sie persönlich einladen.«

Ein paar Tage später machten Amaryllis und ich uns auf den Weg. Unterwegs kamen wir am Wald vorbei, und ich bemerkte, daß zwischen den Bäumen Rauch aufstieg.

»Schau doch«, machte ich Amaryllis aufmerksam.

»Vermutlich Zigeuner«, antwortete sie.

»Es ist lange her, daß Zigeuner hier gelagert haben. Sie waren zum letzten Mal hier, als...«

»Der arme Mann.«

»Sechs Jahre«, sagte ich.

Ich erlebte noch einmal den entsetzlichen Augenblick, wie Romany Jake aus dem Haus trat und gefangengenommen wurde. Es war ein Alptraum, der mich noch immer nachts gelegentlich heimsuchte. Amaryllis war sehr verständnisvoll und erinnerte mich jedesmal daran, daß ich ihm das Leben gerettet hatte.

Damit hatte sie recht, denn mein Vater hatte sich nur infolge meiner Bitten dazu entschlossen, sich für ihn einzusetzen.

»Sehen wir einmal nach«, schlug Amaryllis vor und gab ihrem Pferd die Sporen.

Ich folgte ihr.

Auf einer Lichtung standen die Wagen. Eine Frau zündete ein Feuer an, und die Kinder liefen fröhlich schreiend herum.

Als sie uns erblickten, verstummten sie.

Einer der Männer schlenderte zu uns herüber. »Wir suchen gerade um die Erlaubnis an, hier lagern zu dürfen.«

»Wollen Sie damit sagen, daß jemand von Ihnen zum Haus gegangen ist?«

Der Mann nickte.

Aus einem Wagen kletterte ein Mädchen, betrachtete uns neugierig und kam zu uns herüber. Sie war eine ausgesprochene Schönheit; ihre Augen waren dunkel, groß und leuchtend und ihre Wimpern lang und dunkel. Sie hatte ihr Haar zu einem dicken Zopf geflochten, den ein rotes Band zusammenhielt. Noch bevor sie den Mund öffnete, wußte ich, wer sie war. Auch sie erkannte mich.

»Guten Tag«, begrüßte sie mich. »Sie sind doch Miss Frenshaw?«

»Und Sie sind Leah«, antwortete ich.

Sie nickte lächelnd. »Ihr seid also wiedergekommen.«

»Mein Vater ist zum Haus gegangen, damit man uns erlaubt, hier zu lagern.«

»Das ist Miss Amaryllis Frenshaw«, stellte ich vor.

Leah deutete eine Verbeugung an, und Amaryllis lächelte ihr zu. Sie hatte natürlich von Leah gehört und wußte, welche Rolle sie in Romany Jakes Tragödie gespielt hatte.

»Wollen Sie lange bleiben?« erkundigte ich mich.

Sie schüttelte den Kopf. »Wir bleiben nur sehr kurz hier. Wir sind in die westlichen Provinzen unterwegs.«

»Haben Sie etwas erfahren…«

Sie schüttelte den Kopf.

»Es ist so lange her.«

»Sechs Jahre«, bestätigte ich.

»In einem Jahr ist er frei.«

»Ja. Ich bin übrigens sicher, daß mein Vater Sie auf seinem Grund und Boden lagern läßt.«

»Das glaube ich auch.« Sie trat zur Seite, um uns vorbeizulassen. Wir ritten weiter.

»Sie ist wirklich eine Schönheit«, stellte Amaryllis fest.

»Ja. Trotzdem wirkt sie traurig. Wenn man ein solches Erlebnis gehabt hat, wenn ein Mann beinahe sein Leben lassen mußte, weil er einen verteidigt hat, dann neigt man wahrscheinlich dazu, sich schuldig zu fühlen.«

»Sie kann ja nichts dafür, sie hat keinen Grund, sich schuldig zu fühlen.«

»Nein, aber das ändert nichts daran, daß Romany Jake ihretwegen vor Gericht gestellt wurde.«

»Aber es ändert auch nichts daran, daß sie ein entzückendes Geschöpf ist.«

Inzwischen hatten wir Grasslands erreicht. Mrs. Barrington hatte uns gehört und kam heraus, um uns zu begrüßen, während ein Stallknecht unsere Pferde in Empfang nahm.

»Edward ist gerade da«, bemerkte sie. »Er wird sich freuen, Sie zu sehen.«

»Hoffentlich nicht nur er.«

»Das ist doch selbstverständlich!«

»Geht es allen gut?«

»Ausgezeichnet, obwohl uns Irene immer noch sehr fehlt. Sie erwartet wieder ein Kind, und es wäre schön, wenn wir nicht so weit voneinander entfernt lebten.«

Inzwischen war auch Edward herausgekommen. »Welche Freude, Sie zu sehen«, begrüßte er uns.

Seit ich Edward vor sechs Jahren kennengelernt hatte, war er wesentlich reifer und männlicher geworden. Er wirkte jetzt sehr selbstsicher. Sein Vater war davon überzeugt, daß er eines

Tages zu den einflußreichsten Geschäftsleuten des Landes gehören würde. »Er hat das richtige Fingerspitzengefühl dafür«, pflegte er zu sagen. »Er ist ein viel tüchtigerer Geschäftsmann als ich. Manchmal erinnert er mich an meinen Großvater, der die Firma gegründet hat.«

Das glaubte ich ihm gern. Edward kam unweigerlich binnen kürzester Zeit auf die Fabrik zu sprechen; wahrscheinlich empfand er eine normale Konversation als langweilig.

Ich mochte ihn trotzdem, denn wenn er mit Amaryllis und mir zusammentraf, benahm er sich zwar uns beiden gegenüber mit ausgesuchter Höflichkeit, doch seine Blicke wanderten immer wieder zu mir, und das war angenehm. Ich war ein wenig eifersüchtig auf Amaryllis. Sie war so liebreizend und besaß ein so sanftes Wesen; sie gehörte zu den guten Frauen von Eversleigh. Ich gehörte zu der anderen Sorte – ich war nicht gerade böse, aber rebellisch, eigensinnig, vielleicht selbstsüchtig und ganz bestimmt eitel. Deshalb begriff ich nicht, warum so viele junge – und auch ältere – Männer sich mehr für mich als für die schöne Amaryllis interessierten. Es war verblüffend. Amaryllis war die ideale Ehefrau. Sie war wohlerzogen, nachgiebig und überaus schön – alles Eigenschaften, über die ich nicht verfügte. Dennoch merkte ich an den Blicken der Männer, daß sie mich für begehrenswerter hielten.

Eines der Dienstmädchen hatte einmal bemerkt: »Sie haben das gewisse Etwas, Miss Jessica. Miss Amaryllis ist schön wie ein Engel ... aber Sie besitzen etwas, das die Männer anzieht. Man kann es nicht mit Worten ausdrücken, es ist einfach da. Miss Amaryllis ist einfach zu hübsch, zu damenhaft, zu gut, zu lieb. Die Männer achten Frauen wie Amaryllis, fliegen aber auf Frauen Ihres Schlages.« Ihre nächste Bemerkung war allerdings weniger schmeichelhaft. »Die Männer sind ja solche Dummköpfe ... sie wissen nie, was für sie gut ist. Immer suchen sie sich die Frauen aus, mit denen sie Schwierigkeiten haben werden, und übersehen die guten.«

Amaryllis gehörte zweifellos zu den guten.

»Kommen Sie herein«, forderte uns Mrs. Barrington auf. »Ach, da ist ja auch Clare.«

Clare Carson war ebenfalls an die Tür gekommen. Sie lächelte freundlich, aber ich hatte wie immer den Eindruck, daß sie ihre wahren Gefühle nicht zeigte.

»Sie müssen unseren Holunderwein probieren«, fand Mrs. Barrington. »Sag den Dienern, sie sollen uns welchen bringen, Clare. Er läßt sich natürlich nicht mit Miss Frenshaws Holunderwein vergleichen, aber Sie sollten ihn dennoch kosten.«

»Wir sind aus einem bestimmten Grund gekommen, nicht wahr, Amaryllis?«

»Allerdings. Wir möchten Sie zu unserer Geburtstagsparty einladen.«

»Ist es denn schon wieder soweit? Wie die Zeit vergeht! Mir kommt es so vor, als hätten Sie erst gestern Ihren siebzehnten Geburtstag gefeiert.«

Mr. Barrington hatte das Zimmer betreten und die letzte Bemerkung gehört. »Die Zeit vergeht um so rascher, je älter man wird«, meinte er. »Guten Morgen, meine Lieben.«

»Ich nehme an, daß Sie die Party im August geben werden«, sagte Clare.

»Ja«, antwortete ich, »genau zwischen unseren beiden Geburtstagen. So haben wir es immer gehalten.«

»Wir werden ganz bestimmt kommen«, lächelte Mrs. Barrington. »Die ganze Familie, ausgenommen Irene. Sie würde bestimmt gern teilnehmen, wenn sie könnte, aber ihre Schwangerschaft ist schon weit fortgeschritten... und die Kinder sind ja auch noch da.«

»Ich werde dafür sorgen, daß ich an dem Tag hier bin.« Edward lächelte mich an.

»Es wird dir guttun, ein wenig auszuspannen«, fügte sein Vater hinzu.

»Er würde die Party um keinen Preis versäumen wollen«, meinte seine Mutter.

Ein Diener brachte den Wein, und Mrs. Barrington schenkte ein. Wir tranken ihn und fanden ihn ausgezeichnet.

Edward trat zu mir. »Ich freue mich, Sie wieder einmal begrüßen zu können. Sie sehen blühend aus.«

»Ich strotze vor Kraft und Gesundheit«, lachte ich. »Doch Sie
sehen ein wenig besorgt aus.« Er schob seinen Stuhl näher an
den meinen heran. Amaryllis unterhielt sich mit den anderen.

»Wir haben Ärger in der Fabrik. Es geht um die neuen Maschinen. Die Leute mögen sie nicht.«

»Aber sie erleichtern ihnen doch die Arbeit.«

»Sie haben Angst, daß die Maschinen an ihre Stelle treten und
sie dann ihren Arbeitsplatz verlieren werden.«

»Haben sie mit dieser Annahme recht?«

Er zuckte die Schultern. »Eine Zeitlang wird es vielleicht so
sein. Aber wenn wir die Maschinen nicht verwenden, sind wir
der Konkurrenz, die solche Maschinen besitzt, nicht gewachsen, die Firma geht zugrunde, und die Leute verlieren erst
recht ihre Arbeit.«

»Das ist bestimmt ein schwieriges Problem.«

»Wir werden damit fertig werden, aber die Arbeiter drohen
uns. In manchen Fabriken haben sie die Maschinen zerstört.«

»Ich habe davon gehört. Sind das die sogenannten Ludditen?«

»Ja. Diesen Namen haben sie nach einem gewissen Ned Ludd
erhalten. Er lebte in Leicestershire und war einfach verrückt.
Einmal hänselte ihn jemand in der Fabrik, in der er arbeitete.
Weil er nicht fähig war, seinen Zorn in Worte zu fassen,
begann er, die Wirkmaschine zu zerschlagen. Wie gesagt, er
war verrückt. Er sah in den Maschinen etwas Böses und ließ
seinen Zorn an ihnen aus.«

»Doch die heutigen Ludditen sind nicht verrückt. Sie haben
Angst.«

»Man könnte auch sagen, daß sie kurzsichtig sind. Sie begreifen nicht, daß wir den Fortschritt mitmachen müssen, wenn
wir unseren Wohlstand erhalten wollen; denn wenn wir es
nicht tun, gibt es bald überhaupt keine Arbeit mehr.«

Mrs. Barrington trat zu uns. »Langweilt Edward Sie mit seinen Sorgen wegen der Arbeiter, die die Maschinen zerstören
wollen?«

Amaryllis war aufmerksam geworden, wollte wissen, wovon die Rede war, und Edward erklärte es ihr.

»Die armen Menschen«, meinte sie mitleidig. »Es muß schrecklich sein, wenn man Angst vor Armut hat.«

»Wir müssen mit der Zeit gehen«, wiederholte Edward.

»Was wird jetzt geschehen?« fragte sie.

»Man muß abwarten. Eines steht fest: wir brauchen die Maschinen. Wenn die Arbeiter uns bedrohen, müssen wir das Militär zu Hilfe holen oder ähnliche Maßnahmen treffen.«

Mrs. Barrington wechselte das Thema. Schwierigkeiten empfand sie als unangenehm, und sie vertrat den Standpunkt, daß man sie aus der Welt schaffen konnte, indem man nicht an sie dachte. Ich allerdings fühlte mit den Männern, die Angst davor hatten, daß die Maschinen sie um ihren Lebensunterhalt bringen würden.

»Clare hat uns erzählt, daß sich in der Gegend Zigeuner herumtreiben«, erwähnte Mrs. Barrington.

»Ich habe sie heute früh gesehen«, bestätigte Clare. »Ihre Wagen sind über die Straße gerumpelt.«

»Sie wollen nur kurze Zeit bleiben«, erwähnte Amaryllis.

»Wir haben sie unterwegs getroffen und ein paar Worte mit ihnen gewechselt.«

»Wir haben auch mit Leah gesprochen«, ergänzte ich. »Erinnern Sie sich noch an Leah?«

Die Barringtons sahen mich verständnislos an.

»Vor sechs Jahren«, half ich ihrem Gedächtnis nach. »Als wir einander kennenlernten. Sie muß damals ungefähr zwölf gewesen sein. Ich habe sie sofort wiedererkannt. Wir sind damals nach Nottingham gereist, um dem Zigeuner zu helfen. Leah war das Mädchen, um das es ging.«

»Ich kann mich gut daran erinnern«, warf Edward ein.

»Sie haben sich gerade von meinem Vater die Erlaubnis geholt, in unserem Wald zu lagern.«

»Er wird es ihnen natürlich erlauben und sie wie üblich ermahnen, mit dem Feuer vorsichtig umzugehen«, erklärte Amaryllis.

Die Zigeuner interessierten die Barringtons nicht übermäßig, und Mrs. Barrington kam auf die Geburtstagsparty im vergangenen Jahr zu sprechen, als es geregnet hatte und wir nicht in den Garten gehen konnten.

Schließlich verabschiedeten wir uns wieder.

Als wir an Enderby vorbeikamen, schlug ich vor: »Schauen wir hinein. Wir haben noch genügend Zeit.«

Amaryllis war einverstanden.

Wir näherten uns dem Haus und erblickten Tamarisk auf ihrem Pony – sie hatte es vergangene Weihnachten bekommen. Einer der Stallknechte führte das Pferd an der Longe, und sie wollte sich von ihm losreißen.

Jedesmal, wenn ich Tamarisk sah, mußte ich an Romany Jake denken. Sie war ein sehr schönes Kind, wenn auch nicht im herkömmlichen Sinn des Wortes. Sie hatte riesige, ausdrucksvolle schwarze Augen, dichtes schwarzes Haar und dunkle Wimpern. Ihre Gesichtszüge waren ebenmäßig. Ihre Haare waren glatt und so dicht, daß sie sich nicht bändigen ließen. Jeanne hatte es immer wieder versucht und schließlich kapituliert. Sie schnitt Tamarisk selbst die Haare und zwar zu der einzig möglichen Frisur, wie sie behauptete. Die Haare waren kurz geschnitten, und Tamarisk fielen Ponyfransen in die Stirn, so daß sie wie ein hübscher Junge aussah. Sie war für ihr Alter groß, hatte lange Beine und bewegte sich sehr graziös. Sie war ein sehr aufsässiges Kind; meine Mutter und Claudine waren der Ansicht, daß Tante Sophie daran schuld war, weil sie Tamarisk so verwöhnte. Tante Sophie hing abgöttisch an dem Kind, das ihrem Leben einen Sinn gegeben hatte.

Tamarisk war intelligent und hatte ohne fremde Hilfe lesen gelernt. Sanftmut war ein Fremdwort für sie, denn wenn man ihr etwas verbot, bekam sie regelrechte Wutanfälle. Wenn jemand sie ärgerte, blickte sie ihn mit ihren riesigen, dunklen Augen unverwandt an und murmelte: »Das wird dir noch leid tun.«

Obwohl Jeanne das Kind liebte, brachte Tamarisk sie oft zur Verzweiflung.

»Ich weiß nicht, was aus ihr werden soll, wenn sie erst einmal groß ist«, bemerkte Jeanne gelegentlich. »Sie ist schon jetzt kaum zu bändigen.«

Die Gouvernante bezeichnete sie als Nervensäge. Sie war erst vier Wochen im Haus. Ihre Vorgängerin hatte es sechs Wochen ausgehalten. Einige Dienstmädchen behaupteten: »Tamarisk ist ein richtiges Zigeunerkind. Sie könnte eine Hexe sein.«

Leider hatte Tamarisk diese Bemerkungen gehört und statt sich darüber zu ärgern, daß man sie für eine Hexe hielt, war sie begeistert.

»Ich bin eine Hexe«, erklärte sie jedem, der es hören wollte. »Ich kann Menschen verzaubern.«

Sie hatte das Leben in Enderby von Grund auf verändert. Enderby war nicht mehr der Zufluchtsort einer einsamen Frau und ihrer Zofe, sondern es wurde von Tamarisk beherrscht.

»Ich will nicht, daß du mich festhältst«, beschwerte sie sich gerade. »Ich will richtig allein reiten.«

»Hallo, Tamarisk«, begrüßte ich sie.

Die großen, leuchtenden Augen musterten mich. »Du hast ein richtiges Pferd. Warum kann ich keines haben?«

»Du wirst eines bekommen, wenn du etwas älter bist«, erklärte ihr Amaryllis sanft.

»Ich brauche dazu nicht älter zu werden, ich will es jetzt.«

»Wenn du sieben bist, bekommst du vielleicht eines.«

»Ich will es jetzt.«

»Das geht leider nicht.« Der unglückliche Stallknecht tat mir leid. Tamarisk funkelte mich an.

»Wir wollen Tante Sophie besuchen«, versuchte ich sie abzulenken. »Geht es ihr gut?«

»Ich will kein kleines Pferd wie ein Baby. Ich bin kein kleines Kind.«

»Babys reiten überhaupt nicht«, stellte Amaryllis fest.

»Manche Babys können es, so wie ich.«

»Reiten wir weiter, Amaryllis.« Ich wendete mein Pferd. »Das Kind ist unmöglich.«

»Die arme Kleine. Es ist bestimmt nicht leicht für sie.«

»Nicht leicht! Tante Sophie ist in sie vernarrt, und Jeanne bedient sie wie eine Prinzessin.«

»Trotzdem...«

»Du würdest noch für den Teufel eine Entschuldigung finden.« Ich gab meinem Pferd die Sporen.

Tante Sophie saß in ihrem Wohnzimmer. Früher, bevor Tamarisk in ihr Leben getreten war, hatte sie ihr Zimmer kaum jemals verlassen. Dabei wirkte sie vollkommen oder jedenfalls beinahe normal; nur die Kapuze störte etwas, die den von Narben entstellten Teil ihres Gesichts verhüllte. An diesem Vormittag trug sie eine hellblaue Kapuze, die zu ihrem Kleid paßte. Jeanne war bei ihr.

»Wir haben das Datum für die Geburtstagsparty festgesetzt«, erzählte ich, »und haben gerade den Barringtons die Einladung überbracht.«

Wir luden Tante Sophie nicht ein, weil wir wußten, daß sie nicht teilnehmen wollte. Und falls sie sich durch ein Wunder doch entschließen sollte zu kommen, brauchte sie keine Einladung.

Sie erkundigte sich nach meiner Mutter und Claudine; es war eine reine Formalität, denn die beiden hatten sie am vorhergehenden Tag besucht.

»Edward Barrington hat Schwierigkeiten in seiner Fabrik«, erwähnte ich. »Die Arbeiter drohen, daß sie die Maschinen zerstören werden.«

Jeanne warf mir einen warnenden Blick zu. In Anwesenheit von Tante Sophie wurde über solche Themen nicht geredet, weil sie das an ihre schrecklichen Erlebnisse während der Französischen Revolution erinnerte.

Amaryllis schaltete sich ein. »Wir haben gerade mit Tamarisk gesprochen.« Damit konnte man Tante Sophie am besten ablenken.

»Sie sitzt gut zu Pferd«, bemerkte ich.

»Ein erstaunliches Kind«, murmelte Tante Sophie zärtlich.

»Nur etwas eigensinnig«, fügte Jeanne hinzu.

»Sie hat Temperament«, widersprach Tante Sophie. »Das ist mir lieber, als wenn sie schüchtern wäre.«

»Sie hat sich bitter darüber beschwert, daß sie an der Longe reiten mußte«, erzählte ich.

»Sie möchte laufen, bevor sie gehen kann«, bestätigte Jeanne.

»Sie steckt eben voll Leben«, nahm Sophie sie wieder in Schutz.

Wir unterhielten uns noch eine Weile über das Wetter und die Party, wurden aber durch laute Stimmen vor der Tür unterbrochen.

»Ich *will* hinein! Ich will zu Amaryllis und Jessica! Sie besuchen gerade Tante Sophie. Ich will! Ich will! Laß mich los. Ich hasse dich. Ich werde dich verzaubern. Ich bin eine Hexe.«

Etwas schlug polternd gegen die Tür.

»Lassen Sie sie hereinkommen, Miss Allen«, rief Tante Sophie. »Es ist schon in Ordnung.«

Die Tür wurde aufgerissen, und Tamarisk stand vor uns. Sie sah in ihrem Reitkleid entzückend aus, ihre Augen funkelten, ihr Haar lag wie eine ebenholzschwarze Kappe um ihren Kopf. »Hallo, *mon petit chou*«, begrüßte Tante Sophie den Wildfang.

Tamarisk wandte sich uns zu. »*Petit chou* bedeutet kleiner Kohlkopf, und auf französisch heißt das Liebling und auch Süßes. Ihr habt geglaubt, daß sie mit mir schimpfen wird, nicht wahr?«

»Das habe ich bestimmt nicht geglaubt«, widersprach ich.

»Doch, du hast es gedacht.«

»Woher willst du wissen, was ich denke?«

»Ich weiß es, weil ich eine Hexe bin.«

»Tamarisk«, murmelte Jeanne vorwurfsvoll, aber Tante Sophie lächelte und war auf ihren vorlauten Liebling sichtlich stolz.

»Und was hast du getan?« Sie konzentrierte sich nun ausschließlich auf Tamarisk.

»Ich bin geritten. Ich kann jetzt reiten. Ich will nicht, daß Jennings mein Pferd am Zügel hält. Ich will alleine reiten.«

»Wenn du groß bist...«

»Ich will jetzt.«

»Mein Kleines, wir haben Angst, daß du herunterfällst.«

»Ich falle nicht hinunter.«

»Wahrscheinlich nicht, *mon chou*, aber du willst doch nicht, daß die arme Tante Sophie sich deinetwegen Sorgen macht, nicht wahr?«

»Das wäre mir gleich«, gab Tamarisk mit schöner Offenheit zu.

Tante Sophie lachte. Ich blickte zu Jeanne hinüber, die die Schultern zuckte.

Tante Sophie hatte offenbar vergessen, daß wir uns im Zimmer befanden, deshalb sagte ich »Auf Wiedersehen«, und Jeanne begleitete uns zur Tür. Tamarisk setzte Tante Sophie immer noch auseinander, wie gut sie ritt und daß sie allein reiten wolle.

Ich bemerkte zu Jeanne: »Man kann das Kind beinahe nicht mehr bändigen.«

»Man hat es nie bändigen können«, stellte Jeanne richtig.

»Tante Sophie verwöhnt sie.«

»Sie liebt Tamarisk über alles. Das Kind hat ihrem Leben Sinn gegeben.«

»Aber das ist für das Kind nicht gut.«

»Tamarisk tut Tante Sophie sehr leid«, mischte sich Amaryllis ein. »Die arme Tamarisk... es ist schrecklich, wenn man keine Eltern hat.«

»Kein Kind könnte es besser haben«, rief ich ihr ins Gedächtnis.

»Ja... aber eine Fremde kann nie die Eltern ersetzen... ich kann Tante Sophie verstehen.«

»Es ist gut, daß wir nach England fliehen mußten«, dachte Jeanne laut. »Wir mußten zwar unser Zuhause und allen Besitz aufgeben, aber es war gut für sie, daß sie sich mit diesem Haus beschäftigen mußte. Und jetzt muß sie sich um das Kind kümmern. Sie hat noch nie ein so normales Leben geführt, und das verdankt sie nur dem Kind.«

»Das Kind wird sich selbst und Tante Sophie sehr bald erhebliche Schwierigkeiten bereiten«, warnte ich.

»Du warst selbst ein kleiner Rebell, als du jung warst, Jessica«, erinnerte mich Amaryllis. »Ich weiß noch, wie du auf dem Fußboden gelegen und um dich geschlagen hast, weil du nicht deinen Willen bekamst. Und sieh dich jetzt an.«

»Ich habe mich also gebessert?«

»Ein wenig.«

»Miss Allen und ich bemühen uns sehr«, versicherte Jeanne. »Es ist nicht einfach, denn Tamarisk ist wirklich ein schwieriges Kind. Manchmal bedauere ich, daß sie so intelligent ist. Sie hört zu und versteht alles. Miss Allen behauptet, daß sie sehr schnell begreift. Ich wünschte, sie wäre etwas ausgeglichenener.«

»Solange Tante Sophie sie so verwöhnt, wird dieser Wunsch nie in Erfüllung gehen.«

Wir verabschiedeten uns von Jeanne und ritten nach Hause.

»Kommen die Barringtons?« erkundigte sich meine Mutter.

»Die ganze Familie, außer Irene, die in ihrem Zustand keine Einladungen mehr annehmen kann.«

»Ich war sicher, daß sie zusagen.« Meine Mutter lächelte mich an.

Als ich einige Tage danach am Waldrand entlangritt, sah ich mich plötzlich Penfold Smith gegenüber. Ich erkannte ihn sofort und rief: »Guten Tag.« Er zögerte einen Augenblick, dann zog er den Hut und verbeugte sich.

»Sie sind Miss Frenshaw.«

»Das stimmt. Wir haben einander das letzte Mal in Nottingham gesehen.«

»Vor sechs Jahren.«

Er war gealtert. Ich bemerkte in seinem schwarzen Haar weiße Strähnen, und sein Gesicht war von Falten durchzogen.

»Ich werde nie vergessen, was Sie für uns getan haben«, sagte er.

»Es war das Verdienst meines Vaters.«

»Aber Sie sind die treibende Kraft gewesen.«

»Sie wissen sehr gut über meine Familie Bescheid.«

»Zigeuner sind Menschenkenner. Das kommt daher, daß wir auf unseren Wanderungen mit so vielen Menschen zusammentreffen.«

»Ich hätte angenommen, daß Ihre Aufenthalte für solche Kontakte zu kurz sind. Übrigens habe ich vor ein paar Tagen mit Ihrer Tochter gesprochen.«

»Sie ist ein braves Mädchen.«

»Ich nehme an, daß sie inzwischen geheiratet hat.«

Er schüttelte den Kopf. »Nein, sie weigert sich.«

»Sie ist sehr schön.«

»Das weiß ich, und es bereitet mir manchmal Sorgen. Aber jetzt kann sie sich ihrer Haut wehren.«

»Sie haben nie von Jake gehört?«

»Nein, das wäre auch nicht gut möglich. Aber es geht ihm gut.«

»Woher wollen Sie das wissen?«

»Leah weiß es. Sie besitzt das zweite Gesicht. Sie hat auch damals gewußt, daß uns eine Katastrophe droht. Doch das arme Kind konnte nicht erkennen, aus welcher Richtung das Unheil auf uns zukam. Inzwischen haben ihre Fähigkeiten zugenommen. Sie besitzt sie seit ihrer Geburt, denn sie ist mein siebentes Kind, und ihre Mutter war ebenfalls das siebente Kind ihrer Eltern. Nach unserer Überlieferung besitzt bei den Zigeunern das siebente Kind eines siebenten Kindes die Fähigkeit, in die Zukunft zu sehen.«

»Ich glaubte, daß viele Zigeuner über diese Fähigkeit verfügen. Es gibt doch unter Ihnen zahlreiche Wahrsagerinnen.«

»Leah verfügt über besondere Kräfte. Sie hat erwähnt, daß sie Ihnen gerne aus der Hand lesen würde.«

»Das hat sie gesagt?«

»Ja, nachdem sie mit Ihnen gesprochen hatte. Sie behauptet, daß um Sie mächtige Kräfte am Werk sind.«

Ich sah mich um und lächelte.

»Gewöhnliche Menschen können diese Mächte nicht sehen.

Sie interessieren Leah sehr. Sie findet auch die andere junge Dame bemerkenswert, aber nicht so sehr wie Sie.«

»Amaryllis würde sich bestimmt gern wahrsagen lassen, und das gilt auch für mich. Sagen Sie Leah, daß sie morgen nachmittag zu uns kommen soll. Wenn das Wetter gut ist, werden wir uns im Garten aufhalten. Wenn nämlich die Dienstmädchen erfahren, daß Leah wahrsagen kann, würden sie sie nicht mehr in Ruhe lassen.«

»Ich werde es ihr ausrichten.«

»Und Sie behaupten, daß sie diese schreckliche Tragödie vorhergesagt hat?«

»In gewissem Sinn. Sie hat gewußt, daß Jake sich in Gefahr befand, aber nicht, daß die Gefahr mit ihr zusammenhing. Jetzt weiß sie, daß es Jake gutgeht und daß er zurückkommen wird.«

»Sie wartete also auf ihn. Will sie deshalb nicht heiraten?«

»Vielleicht. Sie spricht nicht darüber.«

»Hoffentlich hat er begriffen, daß ich ihn nicht verraten habe.«

»Davon bin ich überzeugt. Er wußte, daß Sie in Nottingham waren und daß er sein Leben Ihrem Vater verdankt.«

»Es muß trotzdem schrecklich für ihn gewesen sein, daß er so weit weggeschickt wurde und keine Ahnung hatte, was ihn dort erwartete.«

»Vergessen Sie nicht, daß er auf den Strick gefaßt war. Im Vergleich dazu verlieren alle anderen Strafen ihren Schrecken. Er hat schon immer das Leben geliebt. Er wird überleben und Ihnen stets dankbar sein.«

»Das Leben war grausam zu ihm ... nur weil er zufällig an Ort und Stelle war ...«

»Er hat Leah gerettet. Wenn Jake nicht gewesen wäre, hätte ich den Schurken getötet.«

»Falls Jake wirklich zurückkommt, wird er Sie bestimmt finden. Bitte, sagen Sie ihm dann, daß ich an seiner Gefangennahme unschuldig bin. Ich wollte ihn im Gegenteil retten und wußte nicht, daß mir jemand folgte.«

»Ich werde es ihm ausrichten, aber er weiß es bereits.«

»Ich denke oft an ihn und bete, daß das Leben dort unten für ihn halbwegs erträglich ist.«

»Meine Tochter ist davon überzeugt.«

»Ist in Ihrem Lager alles in Ordnung?«

»O ja, danke. Ihr Vater war sehr gut zu uns.«

»Auch er hat die Gerichtsverhandlung nicht vergessen und bedauert, daß er für Jake nicht mehr tun konnte.«

»Er hat uns gestattet, einige Wochen zu bleiben, aber wir werden bald weiterziehen.«

»Nach Westen. Ihre Tochter hat es erwähnt. Bitte vergessen Sie nicht, daß wir Leah morgen nachmittag erwarten.«

Ich nickte ihm zum Abschied zu, er verbeugte sich, und ich ritt weiter.

Als ich Amaryllis erzählte, daß Leah uns aus der Hand lesen würde, wurde sie ganz aufgeregt. Es gibt niemanden, der seine Zukunft nicht erfahren möchte, auch Männer, selbst wenn sie es nie zugeben würden.

Am nächsten Tag brachte uns Jeanne eine Stickerei, die sie für meine Mutter angefertigt hatte. Zu meiner Überraschung war sie in Begleitung von Tamarisk. Sie wollte die jungen Hunde sehen, die eine unserer Labradorhündinnen geworfen hatte, und da Amaryllis und ich Leah erwarteten, erhielt ein Dienstmädchen den Auftrag, Tamarisk zum Hundezwinger zu bringen. Amaryllis und ich befanden uns bereits im Garten, als Leah kam. Sie trug einen roten Rock und eine einfache weiße Bluse; sie hatte das Haar aufgesteckt, so daß es wie eine Krone um ihren Kopf lag, und trug goldene Ohrringe. Ein breiter Ledergürtel umschloß ihre Taille. Sie sah beinahe königlich aus.

»Die Zigeunerkönigin«, flüsterte ich Amaryllis zu.

Nachdem wir einander begrüßt hatten, schlug ich vor: »Wir sollten uns an einen ruhigen Platz im Garten zurückziehen, denn wenn die Dienstmädchen herausfinden, daß Sie uns wahrsagen, werden sie Ihnen keine Ruhe lassen.«

»Ich lese nur dann aus der Hand, wenn in den Handlinien etwas Wichtiges steht«, erwiderte sie.

Wir gingen über den Rasen zum Sommerhaus.

»Gehen wir hinein«, schlug Amaryllis vor.

»Vielleicht finden Sie in unseren Handlinien gar nichts«, bemerkte ich.

»Ihre Handlinien werden bestimmt sehr aufschlußreich sein.«

»Und die meinen?« erkundigte sich Amaryllis.

»Das werden wir sehen. Ich spüre in Ihnen und um Sie herum nur heitere Gelassenheit. Das ist ein Hinweis auf ein glückliches Leben ... aber bei einem glücklichen Leben gibt es meist nicht viel vorherzusagen.«

Wir nahmen auf den Stühlen um den runden weißen Tisch Platz. Als Leah sich setzte, bemerkte ich, daß sie am Gürtel ein in einer Scheide steckendes Messer trug. Ihr Vater hatte ja erwähnt, daß sie jetzt imstande war, sich selbst zu schützen. Das Messer stand im krassen Gegensatz zu ihrer sanften Art, doch es war natürlich angebracht. Wenn ich das gleiche erlebt hätte wie sie, wäre ich auch nicht mehr ohne Messer ausgegangen.

Zuerst ergriff sie Amaryllis' Hand. Der dunkle und der blonde Kopf, die sich einander zuneigten, boten einen bezaubernden Anblick. Sie waren die beiden schönsten Frauen, die ich je gesehen hatte, und dabei waren sie so grundverschieden. Amaryllis war fröhlich und offen und in gewissem Sinn auch naiv: Leah war melancholisch und nachdenklich, ihren Augen sah man an, daß sie über geheimes Wissen verfügten – und sie hatte ein Messer im Gürtel stecken.

»Ich sehe Glück«, verkündete Leah. »Ich habe es ja sofort gespürt. Sie gehen ruhig durchs Leben, wie alle jungen Menschen. Ihr Herz wird immer jung bleiben, und das ist das schönste Los für einen Menschen. Rings um Sie drohen Gefahren, aber Sie gehen ungefährdet weiter, ohne nach links oder rechts zu blicken, und weil Sie das Böse nicht sehen, sind sie vor ihm sicher.«

»Das klingt beinahe ein bißchen langweilig«, beschwerte sich Amaryllis. »Ich möchte gern wissen, was für Gefahren das sind.«

Leah schüttelte den Kopf. »Es ist besser so. Sie sind ein glücklicher Mensch, das ist alles, was ich Ihnen sagen kann.« Amaryllis sah enttäuscht aus, aber Leah konnte ihr nicht mehr sagen.

Dann wandte sie sich mir zu und ergriff meine Hand, die ich ihr bereits entgegenstreckte.

»O ja ...« Sie berührte meine Hand leicht und sah zu mir auf. Ihre dunklen Augen schienen mir bis ins Herz zu blicken, und ich war davon überzeugt, daß sie meine geheimsten Gedanken las, daß meine kleinlichen Eifersüchteleien und Eitelkeiten, mein alles andere als edler Charakter wie ein aufgeschlagenes Buch vor ihr lagen.

»Viele Männer werden Sie begehren, und Sie werden eine Entscheidung treffen müssen«, begann sie. »Von dieser Entscheidung wird sehr viel abhängen.«

»Können Sie mir nicht raten, wie ich mich entscheiden soll?«

»Jeder Mensch kann frei entscheiden. An einem Punkt Ihres Lebens teilt sich der Pfad, und es liegt an Ihnen, welchen Weg Sie einschlagen. Wenn Sie den falschen wählen, müssen Sie sich in acht nehmen.«

»Woher soll ich wissen, welcher Weg der gefährliche ist?«

Sie biß sich auf die Lippen und dachte nach. »Sie besitzen einen sehr starken Willen. Was immer Ihnen zustößt, wird auf Ihre Entscheidung zurückgehen. Sie können mit allem fertig werden, aber Sie müssen vorsichtig sein. Rings um Sie sehe ich die Mächte des Bösen.«

»Was soll ich mir darunter vorstellen?«

Sie schüttelte den Kopf. »Ich habe diese Dinge gespürt und wollte Sie warnen. Sie müssen vorsichtig sein. Sie dürfen nicht unüberlegt handeln. Seien Sie vorsichtig.«

»Wie kann ich Ihren Rat befolgen, wenn ich nicht weiß, wovor ich mich zu hüten habe?«

»Seien Sie in allem, was Sie tun, vorsichtig. Sie können sich darauf verlassen, daß die Zeit der Entscheidung kommen wird. Wenn Sie den einen Weg einschlagen, entfernen Sie sich von dem Bösen; auf dem anderen erwartet es Sie.«

»Um welche Form des Bösen handelt es sich? Um den Tod?«
Sie antwortete nicht.

»Es ist also der Tod«, folgerte ich.

»Das sehe ich nicht deutlich. Der Tod könnte eine Rolle spielen... aber nicht Ihr Tod. Jemand anderer könnte ums Leben kommen, das ist alles, was ich sagen kann.«

»Das alles haben Sie bereits gefühlt, als Sie mich kennenlernten. Sie wollten mich warnen.«

»Ich wußte nicht, was ich finden würde. Ich weiß es nie im voraus. Aber ich hatte das deutliche Gefühl, daß ich Sie warnen muß.«

Sie ließ meine Hand los und sah mich hilflos an. In diesem Augenblick ging die Tür des Gartenhauses auf, und ich schaute erschrocken hin. Ihre Warnung hatte mich beunruhigt, und ich wollte mehr erfahren.

In der Tür stand Tamarisk. Sie trug ein rotes Kleid und einen leichten hellblauen Umhang. Die Zusammenstellung war reizvoll. Jeanne nähte beinahe alle Kleidungsstücke, die Tamarisk trug, selbst, und sie hatte einen sehr guten Geschmack.

»Was willst du, Tamarisk?« fragte ich.

»Ich wollte mit dir sprechen. Was machst du?« Sie sah Leah an. »Du bist die Zigeunerin.«

»Ja.«

»Ich habe von dir gehört. Jenny und Mab haben mir von dir erzählt.«

»Sie haben dir von Leah erzählt?« fragte ich scharf.

»Nein, nicht mir, ich habe nur zugehört. Du lebst im Wald und sagst den Leuten die Zukunft voraus.«

Tamarisk ging zu Leah hinüber, blieb vor ihr stehen und blickte sie unverwandt an.

Leah erwiderte den Blick. Offenbar war sie von der außergewöhnlichen Schönheit des Kindes beeindruckt.

»Lies mir aus der Hand«, verlangte Tamarisk.

»Wahrsagen ist nichts für Kinder«, fuhr ich sie an.

»O doch, man kann jedem Menschen wahrsagen.«

Leah hatte die kleine Hand ergriffen, die sich ihr entgegenstreckte, und erklärte sanft: »Wenn man jung ist, steht noch nichts in der Hand. Das kommt erst, wenn man älter wird.«

»In meiner Hand steht nichts?« Tamarisk ergriff meine Hand und musterte sie. »In Jessicas Hand steht auch nichts.«

»Auf die Hände wird nicht mit einer Feder geschrieben«, erklärte Leah. »Das Leben schreibt auf die Hände.«

»Wer ist das Leben?«

»Was wir sind ... was wir werden, wenn wir heranwachsen.«

»Ich will, daß das Leben etwas auf meine Hand schreibt.«

»Das wird es schon tun«, versprach Leah lächelnd. »Es wird sogar sehr viel zu schreiben haben.«

Das gefiel Tamarisk, aber es ärgerte sie, daß auf ihrer Hand noch nichts stand.

»Es sind vier junge Hunde, mir gefällt der große. Er quietscht immer so und ist gierig.«

»Wer hat dich zu den Hunden geführt?«

»Jenny.«

»Wo ist sie jetzt?«

Tamarisk zuckte die Schultern. »Haben die Zigeuner auch Hunde?«

»O ja. Wir haben Hunde, und einige von ihnen haben Junge.«

»Wo schreibt das Leben auf sie? Sie haben doch keine Hände.«

»Es wird bestimmt eine Stelle finden«, lächelte Amaryllis.

Tamarisk hatte offensichtlich Vertrauen zu Leah. Sie legte ihr die Hände auf die Knie und sah sie forschend an.

»Du hast goldene Ohrringe.«

»Ja.«

»Ich will auch goldene Ohrringe haben.«

»Tamarisk will immer alles haben, was sie bei jemand anderem sieht«, erklärte ich.

»Ich will goldene Ohrringe«, wiederholte Tamarisk.

»Vielleicht wirst du einmal ...« begann Amaryllis.

»Ich will sie jetzt haben. Die Erwachsenen sagen immer ›einmal‹«, erklärte Tamarisk Leah. »Lebst du in einem Wagen?«

»Ja.«

»Schläfst du da auch?«

»Ja. Manchmal, wenn es sehr warm ist, schlafen wir unter freiem Himmel, und wenn wir nachts aufwachen, sehen wir die Sterne über uns funkeln. Und manchmal sehen wir auch den Mond.«

»Ich will unter den Sternen schlafen.«

»Vielleicht wirst du einmal unter den Sternen schlafen.«

»Jetzt sagst du auch ›einmal‹. Ich will nicht ›einmal‹. Ich will jetzt.«

Draußen rief jemand aufgeregt: »Miss Tamarisk! Miss Tamarisk! Wo bist du?«

Tamarisk vergrub den Kopf in Leahs Schoß. Leahs lange, braune Finger strichen sanft über das schwarze Haar des Kindes.

Ich ging zur Tür. »Tamarisk ist hier, Jenny. Haben Sie sie gesucht?«

»Ich habe sie nur einen Augenblick aus den Augen gelassen, und als ich mich umdrehte, war sie fort.«

»Man sollte sie an die Leine legen, wie einen jungen Hund.«

Tamarisk hob den Kopf und zeigte mir die Zunge.

»Das müßte man wirklich tun«, fuhr ich fort. »Und man sollte sie lehren, wie man sich anständig benimmt.«

»Ich kann mich anständig benehmen.«

»Warum beweist du es uns nicht wenigstens einmal?«

»Komm jetzt, Miss Tamarisk«, forderte Jenny sie auf. »Miss Jeanne wartet auf dich.« Sie nahm Tamarisk fest an der Hand und ging mit ihr weg.

»Sie ist ein schönes Kind«, stellte Leah fest, als sich die Tür des Sommerhauses hinter ihr geschlossen hatte.

»Und sehr schwer im Zaum zu halten. Tante Sophie verwöhnt sie viel zu sehr.«

»Sie erinnert mich an ...«

»Romany Jake?« fragte ich. »Er ist ihr Vater.«

Leah nickte; ihr Gesichtsausdruck war unergründlich, und ich hatte keine Ahnung, was in ihr vorging.

»Tamarisk ist ein armes Kind, denn ihre Mutter ist tot«, erwähnte Amaryllis.

»Sie hat noch ihren Vater . . .« begann Leah.

»Einen Vater, der nicht weiß, daß er eine Tochter hat«, fügte Amaryllis hinzu.

»Sie ist sein Kind«, wiederholte Leah. »Das steht zweifelsfrei fest.«

Sie schwieg einen Augenblick, dann entschuldigte sie sich: »Es tut mir leid, daß ich Ihnen nicht mehr vorhersagen konnte. Aber so ist es nun mal. Ich will keinen Unsinn daherreden, wie es etliche von uns machen, nur um etwas zu sagen. Die Wahrheit . . . die Eingebungen kommen wie ein Blitz, und darauf muß man warten. Aber manchmal kommen sie nicht, und dann kann man nicht wahrsagen. Was sollen wir dann tun? Sollen wir erklären: ›Ich sehe nichts, die Mächte schweigen‹, oder ›Ich will nichts sagen‹? Wir können nur warten, auch wenn das Warten manchmal vergeblich ist.«

»Das verstehe ich sehr gut, du nicht, Amaryllis?«

»Natürlich. Und Sie haben mir eine so schöne Zukunft vorhergesagt. Die arme Jessica tut mir leid. All diese dunklen Mächte . . .«

»Sie umgeben uns alle. Wir müssen so sein wie Sie und uns nicht umsehen. Dann erblicken wir sie nicht . . . und vielleicht lenkt unser Schutzengel unsere Schritte in die rechte Richtung.«

Ich überreichte ihr jetzt das Geld, das ich für sie mitgebracht hatte. Sie bedankte sich dafür; wir begleiteten sie zum Tor und gingen dann ins Haus zurück.

Jeanne und Tamarisk waren bereits fort.

Die Partygäste trafen ein. Die ersten waren Lord und Lady Pettigrew mit ihrer Tochter Millicent und deren Sohn Jonathan.

Jonathan war etwas jünger als ich, und obwohl Millicent meine Schwägerin war, war sie genauso alt wie Amaryllis' Mutter Claudine. Weil meine Eltern bereits älter gewesen waren, als ich zur Welt kam, waren meine verwandtschaftlichen Beziehungen in der Tat recht verwickelt.

Ich hatte Jonathan immer gern gehabt. Er war sehr unternehmungslustig und steckte ständig in irgenwelchen Schwierigkeiten. Er war von Natur aus bezaubernd, und wenn er jemand geärgert hatte, konnte er entwaffnend reumütig sein. Seine Mutter behauptete, daß er seinem Vater wie aus dem Gesicht geschnitten war, der kurz nach meiner Geburt von einem französischen Spion erschossen worden war.

Die Pettigrews kamen oft zu Besuch nach Eversleigh, denn Jonathan würde den Besitz eines Tages erben. Mein Vater mochte ihn, obwohl Jonathan ihn manchmal schier zur Verzweiflung trieb.

Lady Pettigrew war sehr autoritär und fand, daß sie alles besser wußte als andere Leute; deshalb mischte sie sich leider überall ein. Lord Pettigrew war ein freundlicher, sanfter, resignierter alter Mann. Ihm blieb ja auch nichts anderes übrig, wenn er mit seiner Frau in Frieden leben wollte. Claudine fand, daß Lady Pettigrew allmählich alt wurde und man deshalb mit ihr Nachsicht haben müsse; Amaryllis war ihr Liebling; mich mochte sie weniger, weil ich es nicht fertigbrachte, ihr nicht zu widersprechen.

Die Pettigrews waren bereits einige Tage vor der Geburtstagsparty eingetroffen, und die Barringtons hatten uns alle zum Abendessen eingeladen. Ich saß beim Dinner neben Edward und fragte mich allmählich, ob es Absicht war, daß man uns immer nebeneinander setzte.

»Ich freue mich auf die Party«, begann er.

»Wir sind alle gespannt.«

»Der achtzehnte Geburtstag ist etwas Besonderes. Er gilt als einer der Meilensteine im Leben.«

»Die Kindheit geht damit zu Ende.«

Er nickte ernst, und mich erfaßte Unbehagen. Er hatte offensichtlich einen Hintergedanken. Dachte er womöglich an eine Heirat?

Hoffentlich nicht. Ich hatte es nie erwarten können, endlich erwachsen zu sein, doch ich wollte noch keine endgültigen Entschlüsse fassen. Ich wollte mich noch nicht binden. Natürlich war Edward Barrington sympathisch – aber mir gefielen auch andere junge Männer aus der Nachbarschaft. O ja, ich wollte erwachsen sein; aber ich wollte nicht sofort aus der Kindheit in eine Ehe springen. Ich wollte mich eine Zeitlang in der Bewunderung vieler Männer sonnen. Mir genügte die Aufmerksamkeit eines einzigen Mannes nicht, und auf diese mußte ich mich ja wohl beschränken, sobald ich verheiratet war.

Über dem Abend lag plötzlich ein Schatten. Die Zeiten ändern sich, und mit ihnen die Menschen und Dinge. Ich blickte zu meinem Vater hinüber, und mir wurde zum ersten Mal bewußt, daß er ein alter Mann war. Der große Dickon war alt! Zwischen uns hatte immer eine besondere Beziehung bestanden. Schon in frühester Kindheit hatte ich herausgefunden, daß meine Mutter und ich die einzigen Menschen waren, die ihn beeinflussen konnten. Amaryllis pflegte zu sagen: »Bitte deinen Vater. Wenn du ihn darum bittest, kann er nicht nein sagen.«

Und Miss Rennie hatte mehr als einmal festgestellt: »Miss Jessica versteht es, ihren Vater um den Finger zu wickeln.« Das Wunderbare daran war, daß ich mich dabei nicht besonders anstrengen mußte. Ich mußte mich nur so geben, wie ich war. Trotz seiner schlechten Seiten – und er mußte in seiner Jugend etliche böse Dinge getan haben – liebte ich ihn mehr als jeden anderen Menschen, mit Ausnahme meiner Mutter. Doch sie wurden alt und konnten nicht ewig leben. Mein Vater hatte rote Wangen und sah gesund aus, aber er war Mitte sechzig. Dieser Gedanke erschreckte mich. Und meine Mutter war Mitte fünfzig. Sie war noch immer schön, denn sie besaß jene Art von Schönheit, die nie vergeht. In ihren Haaren, die immer noch dicht waren, zeigten sich die ersten silbernen Fäden; und obwohl die kleinen Fältchen in ihren Augenwinkeln unübersehbar waren, blieb das leuchtende Blau ihrer Augen unverändert. Dennoch wurden sie beide alt. Diesen Gedankengang hatte Edward durch seine Bemerkung ausgelöst.

»Sie sehen ein wenig traurig aus«, riß er mich jetzt aus meinen Grübeleien.

Ich lächelte ihn an. «Traurig? Das bin ich bestimmt nicht.«

Ich unterhielt mich angeregt mit ihm, um die beunruhigenden Vorstellungen zu verdrängen.

Als wir am Abend nach Hause zurückkehrten, kam meine Mutter noch in mein Zimmer. Das tat sie öfter, wenn sie das Bedürfnis hatte, in Ruhe mit mir zu plaudern.

»Ein angenehmer Abend«, begann sie. »Die Barringtons sind sehr nette Nachbarn, und wir können von Glück sagen, daß sie Grasslands gekauft haben.«

»Sie unterscheiden sich vorteilhaft von seinen vorhergehenden Bewohnern.«

Meine Mutter runzelte die Stirn. »Ja, die alte Mrs. Trent war immer recht seltsam, dann kam die Tragödie mit Evie... und mit der armen Dolly... es ist, als wären sie vom Unglück verfolgt gewesen.«

»Edward macht sich Sorgen wegen der Arbeiter und der Maschinen.«

»Ja, ich habe davon gehört, aber Edward ist ein Mensch, der mit jeder Schwierigkeit fertig wird. Ich mag ihn; du nicht?«

Ich sah sie scharf an und begann zu lachen.

»Du kennst mich gut«, stellte sie fest. »Manchmal glaube ich, daß du Gedanken lesen kannst.«

»Habe ich es auch diesmal erraten?«

»Edward Barrington hat jedenfalls ernste Absichten; das hat mir auch Mrs. Barrington angedeutet... du mußt nicht gleich aus dem Häuschen geraten. Eltern sind nun einmal so, und auch du wirst dich nicht anders verhalten, wenn du einmal Kinder hast. Ich finde schon seit einiger Zeit, daß diese Entwicklung sehr erfreulich ist.«

»Warum sprichst du es nicht offen aus? Du willst, daß ich Edward Barrington heirate. Dazu kann ich nur sagen, daß ich derzeit weder ihn noch jemand anderen heiraten will.«

»Schau nicht gleich so wütend drein. Niemand will dich gegen deinen Willen zum Traualtar schleppen.«

»Das würde ich auch niemandem raten.«

Sie lachte. »Ich habe mich nur in Tagträume verloren. Der Gedanke ist für dich neu, aber ich freue mich darauf, daß du einmal eine glückliche Ehe führen wirst. Es ist schön, wenn man Kinder bekommt, solange man jung ist.«

»Wie alt warst du, als ich zur Welt kam?«

»Das war nicht der Normalfall.«

»Ich will noch nicht an eine Heirat denken. Ich will noch eine Zeitlang meine Jugend genießen.«

»Selbstverständlich. Aber wenn du dich für Edward Barrington entscheiden solltest, würden wir uns sehr freuen. Unter anderem würdest du dann in unserer Nähe bleiben.«

»Er hält sich meist in Nottingham auf.«

»Ja, aber Grasslands wäre dein zweites Zuhause. Ich wäre traurig, wenn du weit wegziehst.«

»Ich habe noch lange nicht vor, fortzuziehen oder eine Ehe einzugehen. Ich fühle mich hier wohl. Ich kann mir nicht vorstellen, daß ich jemals einen anderen Menschen so lieben könnte wie dich und Vater.«

Sie war tief gerührt. »Meine liebe, liebe Jessica, du warst uns immer ein großer Trost.«

»Ihr braucht keinen Trost von mir, ihr habt einander.«

»Ich habe in meinem Leben viel Glück gehabt.«

»Ich auch.«

Jetzt lachte sie. »Wir werden ja geradezu rührselig.«

»Mir war beim Abendessen etwas traurig zumute, weil mir plötzlich klar wurde, daß ihr beide – Vater und du – langsam alt werdet; das hat mir Angst gemacht. Ich könnte es nicht ertragen, wenn einer von euch von mir ginge.«

»Wir werden dich nie verlassen, es sei denn...«

»Genau das meine ich.«

»Ich kann mich über mein Leben nicht beklagen; meinem Mann und meinen Töchtern, also dir und Claudine, verdanke ich, daß ich glücklich bin. Charlot hingegen...«

»Du sprichst kaum von ihm.«

»Aber ich denke um so häufiger an ihn. Er hat uns vor Jahren verlassen, und ich habe ihn seither nicht wiedergesehen. Vielleicht kommt er einmal zurück, er ist ja trotz allem mein Sohn. Wenn ich an ihn denke, danke ich Gott für meine Töchter.«

»Und wer wird jetzt rührselig?« fragte ich. »Du wirst ewig leben und ich, deine unverheiratete Tochter, werde immer für dich sorgen.« In diesem Augenblick ging die Tür auf, und mein Vater trat ein.

»Was geht hier vor?« fragte er und sah meine Mutter an. »Ich habe mich schon gefragt, ob dir etwas zugestoßen ist.«

»Wir sind ins Plaudern geraten«, erklärte meine Mutter.

»Du siehst so ... so sonderbar drein.«

»Jessica hat mir gerade erklärt, daß sie uns bis zu unserem Tod betreuen wird.«

»Uns betreuen! Wann hätten wir das je gebraucht?«

»Sie macht sich eben Sorgen, weil wir älter werden, genau wie sie, und sie will auf keinen Fall heiraten, weil du ihr lieber bist als jeder Bräutigam.«

»Das ist selbstverständlich. Sie wird feststellen, daß es niemanden gibt, der sich mit mir vergleichen kann.«

»Das stimmt«, bestätigte ich.

Meine Mutter hängte sich bei ihm ein. »Das alles kommt daher, daß ich erwähnt... oder angedeutet... habe, daß Edward Barrington ernste Absichten haben könnte.«

»Ich hätte gegen ihn als Schwiegersohn nichts einzuwenden.«

»Wenn sich jemand für ihn oder gegen ihn entscheiden muß, dann bin das wohl ich, lieber Vater.«

»In ordentlichen Familien ist noch immer die Zustimmung der Eltern erforderlich.«

»Wir sind aber keine ordentliche Familie, wir sind wir. Bitte, schlagt euch endlich den Gedanken aus dem Kopf, daß ihr einen Mann für mich finden müßt. Wenn ich einen Ehemann haben möchte, werde ich ihn mir selbst aussuchen. Im Augenblick bin ich dafür, daß alles so bleibt, wie es ist.«

»Das hast du klar und deutlich zum Ausdruck gebracht. Und was soll der Unsinn, daß wir alt werden? Ich werde nie alt sein.«

»Damit hast du recht.«

Er umschloß mein Gesicht mit den Händen. »Hör auf, dir Sorgen zu machen. Du hast bisher immer deinen Kopf durchgesetzt, und daran wird sich auch in Zukunft nichts ändern, nur weil du das reife Alter von achtzehn Jahren erreicht hast. Hör auf, ans Alter zu denken, das ist die beste Methode, es fernzuhalten. Du bist mir nachgeraten... wir sind Glückspilze. Sieh mich an. Ich bin ein verderbter, alter Sünder und habe die beiden besten Frauen der Welt.«

Er küßte mich. »Gute Nacht«, sagte er hastig.

Auch meine Mutter küßte mich, und dann waren sie fort.

Nichts hatte sich verändert. Niemand würde versuchen, mich zu etwas zu zwingen oder auch nur zu überreden, das ich nicht wollte. Mein Schicksal lag in meinen Händen.

Der Tag der Party war gekommen. Am Vormittag ritten Amaryllis und ich nach Enderby hinüber. Wir nahmen nicht an, daß Tante Sophie kommen würde, doch wir mußten ihr noch einmal versichern, daß wir uns über ihre Anwesenheit freuen würden.

»Es tut gut, vom Haus wegzukommen«, gestand ich Amaryllis. »Die Dienerschaft läuft herum wie eine Schar aufgescheuchter Hühner. Alle sind fürchterlich beschäftigt, ohne zu wissen, was sie eigentlich tun.«

»Unsere Mütter müssen an so vielerlei denken und wären schrecklich unglücklich, wenn nicht alles wie am Schnürchen klappt.«

Als wir in Enderby anlangten, begrüßte uns Jeanne und erzählte uns, daß Tante Sophie sich nicht wohl fühlte. Wahrscheinlich hatte sie sich erkältet.

»Möchte sie vielleicht lieber nicht gestört werden?« fragte ich. »Wir wollten uns nur erkundigen, wie es ihr geht, und ihr versichern, daß wir uns freuen würden, wenn sie an unserer Party teilnimmt.«

»Sie wird bestimmt nicht zur Party kommen, aber sie wird sich freuen, Sie zu sehen.«

Wir gingen in Tante Sophies Zimmer hinauf. Tamarisk saß an einem kleinen Tischchen und malte mit leuchtend roter und grüner Farbe.

»Es tut mir leid, daß du dich nicht wohl fühlst, Tante Sophie«, sagte ich.

»Stören wir dich?« erkundigte sich Amaryllis.

»Nein, nein, kommt nur herein. Jeanne findet, daß ich im Bett bleiben soll. Es ist bestimmt nur eine leichte Erkältung. Tamarisk leistet mir Gesellschaft.«

Tamarisk blickte von ihrer Malerei auf, und ihr Gesichtsausdruck besagte deutlich, daß sie sich wie eine Märtyrerin vorkam. »Was malst du denn?« wollte Amaryllis wissen.

»Ich male Zigeuner.«

»Tamarisk war gestern bei den Zigeunern«, erklärte Tante Sophie. »Sie hat uns davon erzählt. Wir wußten gar nicht, wo sie sich herumtrieb, bis Jeanne auf die Suche ging und sie bei den Zigeunern fand.«

»Ich mag Zigeuner«, verkündete Tamarisk. »Sie haben Wagen. Da schlafen sie drin, aber manchmal auch auf dem Gras. Sie haben Hunde, Pferde und Kinder ohne Schuhe und Strümpfe. Ich will keine Schuhe und Strümpfe tragen.«

»Dann würden dir deine Füße weh tun.«

»Den Zigeunern tun ihre Füße auch nicht weh.«

»Sie sind daran gewöhnt, barfuß zu gehen. Trotzdem wären sie froh, wenn sie Schuhe hätten.«

Tamarisk dachte eine Weile nach, dann erzählte sie weiter: »Sie entzünden auf dem Erdboden Feuer und kochen darüber ihr Essen.«

»Meine Mutter würde sich freuen, wenn du heute zur Party kommen könntest«, sagte Amaryllis zu Tante Sophie.

»Es tut mir leid, aber ich fühle mich wirlich nicht wohl«, lehnte Tante Sophie ab.

»Ich will zur Party«, rief Tamarisk. »Es sollte meine Party sein.«

»Du hast auch immer eine Party an deinem Geburtstag, *mon amour*«, tröstete sie Tante Sophie.

»Aber ich will diese Party.«

»Das ist die Party von Jessica und Amaryllis.«

»Ich habe auch Geburtstag.«

»Jeder von uns hat einmal Geburtstag, und jetzt sind Amaryllis und ich dran«, mischte ich mich ein.

»Gleich zwei auf einmal. Es soll auch meine Party sein. Ich will hin.«

Tante Sophie schaltete sich ein. »Das ist keine Kinderparty, mein Liebling, sondern eine Party für Erwachsene.«

»Ich will keine Kinderparty, ich will eine Erwachsenenparty. Ich will auch kommen.«

»Erst wenn du achtzehn bist.« Ich war unerbittlich.

Tamarisk sah mich zornig an, ließ ihre Malerei im Stich, ging zu Tante Sophies Bett und sah sie beschwörend an. »Bitte, ich möchte zu der Party gehen.«

»Du wirst deine eigene Party bekommen, mein Liebes. Diese Party ist nichts für Kinder.«

Tamarisk stampfte mit dem Fuß auf. »Du hast mich nicht lieb.«

Tante Sophie sah sie unglücklich an. »Aber mein Kleines . . .«

»Du hast mich nicht lieb. Ich hasse dich, ich hasse euch alle.« Damit lief sie aus dem Zimmer.

»O mein Gott!« Tante Sophie war den Tränen nahe.

»Sie braucht eine wirklich strenge Gouvernante«, stellte ich fest, und sogar Amaryllis gab zu, daß das Kind nicht zu bändigen war.

»Es ist so schwierig für sie, weil sie keine Eltern hat«, nahm Tante Sophie sie in Schutz.

»Du hast alles für sie getan, was in deiner Macht stand, Tante Sophie. Sie hat nie gelernt, dankbar zu sein. Sie muß begreifen, daß sie nicht der einzige Mensch auf der Welt ist.«

Jeanne kam herein und berichtete, daß Tamarisk zu Miss Allen gelaufen war, die mit ihr ausreiten wollte.

Als wir das Haus verließen, kam Tamarisk gerade mit einem der Reitknechte aus dem Stall. Er führte ihr Pony am Leitzügel, und sie waren zu der Koppel unterwegs. Sie sah uns

beleidigt an, aber ich hatte das Gefühl, daß ihre Augen trium-
phierend blitzten.

Es war ein schöner Abend. Im Licht des Vollmonds wirkte der
Garten besonders romantisch, und deshalb begaben sich die
Gäste nach dem Abendessen, das in der Halle serviert worden
war, ins Freie, um Luft zu schnappen. Durch die offenen
Fenster drangen Musikklänge; auf der Galerie spielten Musi-
kanten für die Tanzlustigen. Edward wich mir nicht von der
Seite und war bestrebt, ein ruhiges Plätzchen zu finden, an
dem er ungestört mit mir sprechen konnte. Ich konnte mir
denken, was er auf dem Herzen hatte.
Schließlich setzten wir uns auf eine Holzbank. Er schwieg eine
Zeitlang, dann bemerkte er: »Was für ein wunderbarer
Abend.«
»Darum haben wir ja gebetet«, antwortete ich.
»Ich wollte schon längst mit Ihnen sprechen, doch ich hatte
immer Angst davor.«
»Sie und Angst! Ich habe geglaubt, daß Sie vor nichts Angst
haben.«
Er lachte. »Gerade jetzt habe ich Angst davor, daß Sie nein
sagen könnten. Ich möchte Sie heiraten.«
Ich schwieg, und er fuhr fort: »Ich nehme an, daß Sie meinen
Antrag erwartet haben. Alle anderen warten jedenfalls dar-
auf.«
»Natürlich weiß ich es, aber ich denke eigentlich noch nicht an
eine Heirat. Im Augenblick lockt mich der Gedanke daran
nicht.«
»Sie sind achtzehn.«
»Ich weiß, daß viele Mädchen in diesem Alter schon verheira-
tet sind, aber irgendwie bin ich noch nicht dazu bereit.«
»Wir könnten uns vorerst einmal verloben.«
»Das kommt mir zu endgültig vor.«
»Meine Eltern würden sich sehr darüber freuen.«
»Auch die meinen sind dafür. Anscheinend sind beide Fami-
lien von der Idee begeistert. Es ist nur ... ich bin mir meiner

Gefühle nicht sicher, Edward. Ich mag Sie, und wir haben uns immer gut vertragen. Es ist schön, Sie und Ihre Familie zu Nachbarn zu haben.« Während ich so redete, fiel mir ein, wie wir einander kennengelernt hatten, und dabei drängte sich die Gestalt von Romany Jake in den Vordergrund. Ohne Romany Jake hätte ich nie Edwards Bekanntschaft gemacht. Unwillkürlich überlegte ich, wie es wäre, wenn statt Edward der andere neben mir säße, der Mann, den ich nicht aus meinen Gedanken verbannen konnte, obwohl es so lange her war, seit ich ihn zum letzten Mal gesehen hatte. Mir wurde plötzlich klar, daß er der eigentliche Grund für meine Unentschlossenheit war. Doch dann schob ich diesen Gedanken energisch beiseite... es war einfach lächerlich. Auch Leah fiel mir ein, die der eigentliche Anlaß für die Tragödie gewesen war. Ich sah ihre großen, dunklen Augen vor mir, die mir bis ins Herz zu blicken schienen. Sie hatte von einer Entscheidung und von zwei Wegen gesprochen. Der eine führte zu einem ausgeglichenen Leben, auf dem anderen drohten mir Gefahren. Ich stand jetzt vor der Entscheidung; das Leben mit Edward würde ganz bestimmt friedlich verlaufen. Wie konnte es auch bei einem Mann wie Edward anders sein? Er war wohlerzogen, stammte aus einer guten Familie, war relativ wohlhabend, rücksichtsvoll und freundlich. Er vereinte alle Eigenschaften, die meine Eltern von ihrem Schwiegersohn erwarteten. Aber eigentlich sollten nicht die Eltern diese Entscheidung treffen.

Die Nacht war schön, die Luft war vom Duft der Blumen erfüllt, und aus dem Haus drang liebliche Musik. Es war so einfach, »ja« zu sagen. Warum dachte ich eigentlich an einen Zigeuner, der die kühnsten Augen besaß, die ich je gesehen hatte, der mit Dolly um das Feuer getanzt und sie geschwängert hatte? Es war kindisch von mir, überhaupt einen Gedanken an ihn zu verschwenden. Aber ich sah ihn vor mir, wie er mich damals beim Freudenfeuer angeblickt hatte, wie in seinen Augen die Aufforderung gelegen hatte, den Wagen meines Vaters zu verlassen und mit ihm ums Feuer zu tanzen. Das war blanker Unsinn. Er war ein Zigeuner, er hatte einen Menschen getötet, er befand sich auf der anderen Seite der Welt, und er würde wahrscheinlich nie mehr zurückkommen. Edward sagte gerade betrübt: »Sie wissen nicht recht, wie Sie sich entscheiden sollen, nicht wahr? Aber Sie sind ja gerade erst achtzehn geworden, Sie haben noch Zeit.«

»Ja«, stimmte ich eifrig zu, »ich brauche noch Zeit. Ich muß mich an diese Vorstellung gewöhnen, ich muß darüber nachdenken. Lassen Sie mir etwas Zeit?«

»Ich fürchte, mir bleibt nichts anderes übrig«, seufzte er. »Ich kann Sie kaum über den Sattel legen und mit Ihnen davonreiten.«

»Das ist wirklich nicht gut möglich. Sie wüßten auch gar nicht, wohin Sie reiten sollten .«

»Da würde mir schon etwas einfallen. Unsere Eltern werden leider heute abend keine Verlobung bekanntgeben können.«

»Das hatten sie also vorgehabt?«

»Meine Mutter hat es jedenfalls für möglich gehalten.«

»Du meine Güte, ich habe offenbar alle enttäuscht.«

»Das macht nichts. Ich werde schon dafür sorgen, daß Sie sich bald in meinem Sinn entscheiden.«

»Das wäre schön. Ich benehme mich vermutlich sehr dumm, aber ich bin eben noch sehr jung.«

»Ich halte Sie eher für klug. Bei solchen Entscheidungen sollte man genau wissen, was man will.«

»Ich mag Sie wirklich, Edward; Sie sind so verständnisvoll. Die Ehe ist ein sehr schwerwiegender Schritt. Man entscheidet sich damit für sein ganzes Leben, und ich habe das Gefühl, daß ich noch zuwenig vom Leben weiß, um diese Entscheidung zu treffen.«

»Ich bin davon überzeugt, daß alles sich zum Guten wenden wird.« Eine Zeitlang herrschte Schweigen zwischen uns.

Eigentlich hätte ich aufgeregt sein müssen, weil ich an meinem Geburtstag meinen ersten Heiratsantrag erhalten hatte, aber mir war nicht wohl zumute. Durch meine Weigerung hatte ich zu viele Menschen enttäuscht.

Edward legte mir den Arm um die Schultern und küßte mich zärtlich auf die Wange. »Seien Sie nicht traurig, Jessica. Ich verstehe Sie, und das war auch der Grund, warum ich bisher gezögert habe. Ich habe zu früh gesprochen.«

Wie lieb und verständnisvoll er war! Es war dumm von mir, einem solchen Mann nur wegen einer kindischen Schwärmerei für einen Zigeuner nicht mein Jawort zu geben. Edward würde mir bestimmt ein guter Ehemann sein. Aber mit achtzehn sehnt man sich weniger nach einem guten als nach einem aufregenden Ehemann. Ich mochte Edward zwar – liebte ihn sogar in gewissem Sinn –, aber wenn ich an ihn dachte, klopfte mein Herz nicht schneller, wie es bei Liebesleuten doch eigentlich der Fall sein sollte.

Ich hatte die leidenschaftliche Zuneigung meiner Eltern zueinander erlebt. Vielleicht erhoffte ich das gleiche Glück. Ich hatte auch die große, beständige, wahre Liebe zwischen Amaryllis' Eltern erlebt – doch bei meinen Eltern war es etwas anderes, und genau das wollte ich ebenfalls haben.

Vielleicht sehnte ich mich nach etwas, das es gar nicht gab. Als Achtzehnjährige möchte man kein friedliches, beschauliches Leben, sondern das Abenteuer. In meinem Inneren wußte ich ganz genau, daß es einen Mann gab, der mir die Erfüllung meiner Träume schenken würde.

Clare Carson kam über den Rasen auf uns zu, und ich rückte unwillkürlich etwas von Edward ab. Ich war davon überzeugt, daß Clare mich nicht besonders mochte und mir übelnahm, daß ich mich in ihre Familie gedrängt hatte. Vor allem nahm sie mir aber übel, daß Edward mich liebte, denn sie war mit Sicherheit in Edward verliebt.

»Jessica, Ihre Mutter bittet Sie, so rasch wie möglich zu ihr zu kommen«, wandte sie sich an mich. »Ich habe ihr gesagt, daß ich weiß, wo ich Sie finden kann, und daß ich Sie zu ihr schicken werde.«

»Ist etwas geschehen?« fragte ich erschrocken.

»Sie möchte, daß Sie unauffällig zu ihr kommen. Vermeiden Sie jedes Aufsehen, stören Sie nicht die Party.«

»Ich begleite Sie«, machte sich Edward erbötig.

»Mrs. Frenshaw hat ausdrücklich darum gebeten, daß Jessica allein kommen soll«, wandte Clare ein.

Als ich aufstand, nahm Clare meinen Platz ein, und ich ging rasch über den Rasen in das Haus und dort direkt in das Zimmer meiner Mutter. Tamarisks Gouvernante Miss Allen war bei ihr. »Ich bin so froh, daß du da bist, Jessica«, begrüßte mich meine Mutter. »Amaryllis holt gerade deinen Vater und David. Tamarisk ist verschwunden.«

»Verschwunden? Seit wann?«

»Das weiß der Himmel – sie ist jedenfalls nicht in ihrem Zimmer. Sie ist ganz normal zu Bett gegangen und beinahe sofort eingeschlafen, aber als Miss Allen vor einer halben Stunde noch einmal nach ihr sah, war das Bett leer.«

»Dieses Kind macht doch ununterbrochen irgendwelchen Unsinn.«

»Jeanne hat Miss Allen zu uns geschickt. Sophie ist vollkommen außer sich.«

»Das kann ich mir vorstellen. Es ist elf Uhr vorbei.«

»Wo kann das Kind um diese Zeit sein?« fragte meine Mutter.

»Da bist du ja, Dickon. Etwas Schreckliches ist geschehen – Tamarisk ist verschwunden, und Sophie ist halb wahnsinnig vor Angst. Was sollen wir tun?«

»Ich gehe hinüber und werde sehen, was ich machen kann. David kann mich begleiten – da kommt er ja schon.«

Meine Mutter erklärte David rasch, was geschehen war.

»Wir begleiten Miss Allen sofort nach Enderby«, beschloß mein Vater. »Die Party soll ungestört weitergehen. Tamarisk versteckt sich zweifellos irgendwo im Haus, und wir werden bestimmt bald wieder zurück sein.«

Die beiden Männer und Miss Allen verließen Eversleigh unauffällig, und wir kehrten zur Party zurück.

Gegen Mitternacht brachen die Gäste auf, und wir atmeten erleichtert auf, als der letzte fort war. Meine Mutter, Claudine, Amaryllis und ich standen ratlos in der leeren Halle. Die Männer waren noch nicht zurückgekehrt.

»Wo bleiben sie denn nur?« rief meine Mutter. »Sie müßten sie längst gefunden haben, wenn sie sich im Haus versteckt hat.«

»Offenbar befindet sie sich nicht im Haus«, vermutete ich.

»Wir sollten hinübergehen und nachsehen, was los ist«, fügte meine Mutter hinzu.

»Ich begleite dich«, machte Claudine sich erbötig.

Amaryllis schlug vor, daß sie und ich uns ebenfalls anschließen sollten.

»Das ist nicht notwendig«, widersprach meine Mutter. »Geht lieber zu Bett.«

Doch wir ließen nicht locker.

Wir trafen Tante Sophie mit Miss Allen, Jeanne und einigen Dienstmädchen in der Halle an. Sie war trotz der warmen Nacht in einen dicken Schlafrock gehüllt und sah elend aus. Jeanne ließ sie nicht aus den Augen. Die Männer waren nirgends zu sehen.

»Nichts Neues?« fragte meine Mutter.

Tante Sophie schüttelte bekümmert den Kopf.

»Wo sind die Männer?« wollte meine Mutter wissen.

»Sie suchen gemeinsam mit unseren Bediensteten«, erklärte Jeanne.

»Habt ihr im Haus und im Garten...«

»Wir haben keinen Winkel ausgelassen«, unterbrach sie Miss Allen. »Ich kann es nicht verstehen. Sie hat tief geschlafen...«

»Vielleicht hat sie nur so getan«, meinte ich.

»Ich kann es einfach nicht verstehen. Es ist entsetzlich...«

»Sie können nichts dafür, Miss Allen.«

Sie sah mich dankbar an.

»Wer weiß, was dem armen Kind zugestoßen ist«, jammerte Tante Sophie.

»Wir werden sie ganz bestimmt finden«, versuchte Jeanne sie zu beruhigen. »Ihr ist bestimmt nichts zugestoßen.«

»Sie ist mir genommen worden«, klagte Tante Sophie. »Warum werden mir alle entrissen, die ich liebe? Warum wendet sich mein Leben immer zum Schlechten?«

Niemand antwortete ihr. Meine Mutter blickte gedankenverloren vor sich hin; sie dachte bestimmt an den Tag, an dem Dolly Mather mich entführt hatte. Ich hatte die Geschichte oft zu hören bekommen. Und jetzt hatte jemand Dollys Kind entführt. Oder war Tamarisk davongelaufen? Ich schloß aus, daß jemand Tamarisk mit Gewalt entführen könnte. Sie hätte bestimmt aus Leibeskräften gebrüllt. Aber ich konnte mir vorstellen, daß sie sich eine Teufelei ausgedacht hatte, um den Erwachsenen einen Streich zu spielen. Sie war wegen der Party wütend gewesen. Vielleicht rächte sie sich jetzt dafür, daß sie nicht daran hatte teilnehmen dürfen.

Meine Mutter, die genau wie ich nicht untätig warten konnte, fragte: »Ist die Dienerschaft befragt worden? Kann uns jemand von ihnen einen Hinweis geben?«

»Sie wissen nur, daß Tamarisk nicht im Haus ist«, antwortete Miss Allen.

»Wir müssen etwas unternehmen«, beschloß meine Mutter. »Lassen wir alle Dienstmädchen kommen und erkundigen wir uns bei ihnen.«

Wir beorderten alle Bediensteten, die nicht an der Suche teilnahmen, in die Halle.

»Denkt jetzt alle mal scharf nach«, begann meine Mutter. »Hat sich in den letzten Tagen etwas Ungewöhnliches ereignet? Hat das Kind irgend etwas gesagt, das uns einen Hinweis darauf geben könnte, wo es sich jetzt aufhält?«

Zunächst herrschte Stille, dann sagte eines der Dienstmädchen: »Sie hat immer behauptet, daß sie eine Hexe ist.«

»Sie hat mir gestern gedroht, daß sie mich mit einem Zauberfluch belegen wird, wenn ich nicht tue, was sie will«, erwähnte eine andere.

»Ja«, bestätigte ich, »sie wollte immer als Hexe gelten. Könnte sie vielleicht zu Polly Crypton gegangen sein?«

»Polly hätte sie bestimmt nach Hause gebracht, denn sie ist eine weiße Hexe«, behauptete die Köchin. »Sie würde niemandem Schaden zufügen.«

»Vielleicht sollten wir doch jemanden zu ihr hinüberschicken und uns erkundigen.«

Zwei Dienstmädchen erklärten sich bereit, sofort hinüberzugehen.

Als sie fort waren, fiel einem Küchenmädchen ein: »Sie hat immer von den Zigeunern gesprochen.«

»Das stimmt.« Ich erinnerte mich daran, wie Leah uns gewahrsagt hatte. Sie und Tamarisk hatten sich offenbar zueinander hingezogen gefühlt. »Aber ich glaube nicht, daß sie zu den Zigeunern gelaufen ist.« Ich war davon überzeugt, daß die Zigeuner sie sofort zurückgebracht hätten.

»Es heißt doch, daß die Zigeuner Kinder stehlen und dann ihre Kleider verkaufen«, behauptete die Zofe. »Mademoiselle d'Aubigné hat immer darauf geachtet, daß Miss Tamarisk nur das Beste bekommt.«

Meine Mutter unterbrach sie mit einem »Unsinn!«, weil dieses Gerede Tante Sophie sichtlich aufregte – sie hatte die Hände vor das Gesicht geschlagen. Jeanne beugte sich zu ihr und flüsterte ihr auf französisch zu, daß alles gutgehen, daß Tamarisk jeden Augenblick zur Tür hereinkommen würde.

Mein Vater, David und einige Diener kamen zurück. Ein Blick auf ihre Gesichter verriet uns, daß die Suche erfolglos geblieben war.

Jeanne versuchte, Tante Sophie einzureden, daß sie sich im Bett wohler fühlen und daß sie sofort verständigt werden würde, wenn es etwas Neues gab. Sie sollte sich hinlegen, und Jeanne würde ihr etwas gegen ihre Halsschmerzen bringen.

Tante Sophie schüttelte den Kopf. »Wie soll ich Ruhe finden? Wie kann ich zu Bett gehen, bevor sie wieder hier ist?«

Ich ging zu meinem Vater und flüsterte ihm ins Ohr: »Ich möchte zum Zigeunerlager gehen.«

»Was?«

»Verrate es den anderen nicht. Es ist nur eine vage Vermutung. Würdest du mich begleiten?«

»Denkst du an etwas Bestimmtes?«

»Vielleicht, ich bin nicht sicher. Bitte, stelle keine Fragen, komm einfach mit.«

Meine Mutter sah uns fragend an.

»Jessica hat eine Idee«, flüsterte ihr mein Vater zu.

Wir verließen zusammen die Halle.

»Das Kleid eignet sich nicht zum Reiten«, stellte er fest.

»Gehen wir zu Fuß. Vielleicht stoßen wir unterwegs auf sie. Bitte...«

»Ich bin es gewöhnt, deine Befehle auszuführen, Frau General.«

»Ich habe schreckliche Angst, Vater.«

»Wovor?«

»Daß die Zigeuner etwas damit zu tun haben.«

»Du willst damit sagen, daß sie Tamarisk geraubt haben. Das würden sie nicht wagen. Darauf steht die Todesstrafe.«

»Das wäre ihnen wahrscheinlich gleichgültig. Außerdem würden sie sich auf den Standpunkt stellen, daß Tamarisk zu ihnen gehört.«

»Mein Gott!«

Wir gingen schweigend weiter.

Nach dem heißen Tag war die Nachtluft noch immer mild. Mir kam es vor, als sei es eine Ewigkeit her, seit ich mit Edward im Garten gesessen und er mir einen Heiratsantrag gemacht hatte.

Endlich erreichten wir die Lichtung im Wald. Weit und breit waren keine Wagen zu sehen. Mein Vater ging zu einem Aschenhaufen, kniete nieder und berührte ihn. »Die Asche ist noch warm, sie können noch nicht lange fort sein.«

Er stand auf und sah mich an.

»Warum?« fragte er.

»Leah. Vielleicht irre ich mich, aber ich habe mich daran erinnert, daß sie von Tamarisk sehr angetan war... und Tamarisk von ihr. Sie haben einander sofort verstanden. Ich glaube, daß Leah Tamarisks Vater liebt und sein Kind bei sich haben will.«

»Deine Phantasie geht mit dir durch.«

»Da bin ich nicht so sicher.«

»Und was sollen wir deiner Meinung nach jetzt tun?«

»Wir könnten jemanden hinter ihnen herschicken. Sie ziehen

nach Westen. Dann würden wir erfahren, ob sich Tamarisk bei ihnen aufhält.«

Wir gingen zum Haus zurück. Ich fürchtete mich vor dem Augenblick, in dem ich erfahren würde, daß niemand auf eine Spur gestoßen war.

Außerdem konnte es kein Zufall sein, daß die Zigeuner genau zu dem Zeitpunkt weitergezogen waren, als Tamarisk verschwand.

In der ganzen Gegend wurde von nichts anderem gesprochen als von der verschwundenen Tamarisk. Alle waren davon überzeugt, daß die Zigeuner sie gestohlen hatten oder vielmehr, daß sie sich freiwillig ihnen angeschlossen hatte. Eines der Dienstmädchen erinnerte sich daran, daß Tamarisk am Gartentor mit einer Zigeunerin gesprochen hatte. Miss Allen bestätigte, daß Tamarisk am vorhergehenden Tag durchgesetzt hatte, einen Spaziergang zum Zigeunerlager zu unternehmen. Dort hatte eine Zigeunerin sie in einen der Wagen mitgenommen.

Am bezeichnendsten war jedoch die Tatsache, daß der Aufbruch der Zigeuner und Tamarisks Verschwinden zeitlich zusammenfielen.

Tante Sophie war verzweifelt. Sie hatte bereits am Tage der Party unter einer Erkältung gelitten, aus der inzwischen eine Bronchitis geworden war. Sie konnte weder essen noch schlafen, sondern lag nur weinend im Bett.

Meine Mutter, Amaryllis und ich besuchten sie. Der Anblick erschütterte uns. Sie lag im Bett, und es war ihr offensichtlich gleichgültig, daß ihre Kapuze verrutscht war und man die Narben sah.

Auch zwei Tage später hatten wir noch nichts über Tamarisk in Erfahrung gebracht.

Mein Vater und David hatten sich auf die Suche nach den Zigeunern begeben, doch sie waren wie vom Erdboden verschluckt. Es konnte kein Zweifel mehr daran bestehen, daß Leah Tamarisk mitgenommen hatte.

Es fiel uns schwer, uns vorzustellen, daß die sanfte Leah einer solchen Tat fähig war, aber ich erinnerte mich an das Messer in ihrem Gürtel und an die Art, wie sie Tamarisk angesehen hatte. Ich war davon überzeugt, daß sie Romany Jake liebte. Das war vollkommen natürlich, denn er war der Mann, der ihretwillen sein Leben aufs Spiel gesetzt hatte. Sie war sicherlich tiefer und leidenschaftlicher Gefühle fähig, sei es nun Liebe oder Haß.

Und sie hatte das Kind für sich haben wollen. Deshalb hatte sie Tamarisk von uns weggelockt. Ich war aber auch davon überzeugt, daß Tamarisk nicht gegen ihren Willen entführt worden war.

Ich erinnerte mich daran, wie Jake in Dollys Küche gesessen und von der Lady gesungen hatte, die ihr schönes Haus um der Zigeuner willen verließ.

Genau das hatte Tamarisk getan.

Die Tage vergingen, und wir hatten bereits alle Hoffnung aufgegeben, Tamarisk wiederzusehen; allerdings lenkte uns auch Tante Sophies Zustand davon ab.

Wir besuchten sie täglich, und Jeanne wurde immer verzweifelter.

»So kann es nicht weitergehen«, wiederholte sie immerzu.

Tante Sophie war in Trübsinn versunken. Irgendein Familienmitglied saß den ganzen Tag an ihrem Bett, obwohl es wenig Sinn hatte, denn sie sprach kein Wort, reagierte nicht auf unser gutes Zureden und starrte nur vor sich hin.

Jeanne versuchte vergeblich, sie mit besonderen Leckerbissen zum Essen zu verführen. Dabei sah sie selbst verhärmt und gealtert aus.

Etwa vier Tage nach Tamarisks Verschwinden ging ich nach Enderby hinüber und wurde von Jeanne empfangen. Sie war blaß, und um ihre Augen lagen tiefe Schatten.

»Wie geht es ihr?« fragte ich.

Jeanne schüttelte den Kopf. »Ich habe mich immer darüber gefreut, wie gut ihr das Kind getan hat. Sie war noch nie so glücklich. Jetzt bedauere ich, daß es Tamarisk jemals gegeben hat. Ohne sie wäre noch alles beim alten.«

»Glauben Sie, daß Tamarisk jemals zurückkommen wird?«

»Sie wird bei den Zigeunern bleiben, denn sie ist das Kind ihres Vaters. Ihre Mutter war ein eigenartiger, unglücklicher Mensch, und weil Tamarisk einen Zigeuner zum Vater hat, ist es kein Wunder, daß sie so eigenwillig ist. Sie hat etwas Wildes, Ungebärdiges an sich. Aber wir haben sie geliebt, und sie war Mademoiselles ein und alles. Mademoiselle hat sich immer Kinder gewünscht. Wenn sie die Möglichkeit gehabt hätte, zu heiraten und Kinder zu bekommen, wäre ihr Leben ganz anders verlaufen. Das Leben ist grausam. Sie war ein junges, hübsches Mädchen. Dann geht sie eines Abends aus, es kommt zu der schrecklichen Katastrophe, und ihre Jugend ist vorbei. Nach diesem Unfall hat ihr Dasein aus Bitterkeit und Bedauern bestanden. Meine liebe Mademoiselle tut mir so unsagbar leid, und ich hätte ihr so gern ihr schweres Los erleichtert.«

»Sie sind stets so gut zu ihr gewesen, Jeanne. Meine Mutter behauptet immer, daß Sie ein seltener Mensch sind, denn es gibt nur wenige Menschen, die so gut sind wie Sie.«

»Mademoiselle ist mein Leben, man könnte sagen, mein Kind.«

»Wenn die schlimme Tamarisk doch zurückkäme! Wir haben oft unter ihrer Anwesenheit zu leiden gehabt, doch jetzt leiden wir unter ihrer Abwesenheit noch viel mehr.«

»Sie müßte nur zur Tür hereinkommen, das würde Mademoiselle schon genügen. Dann würde sie auch wieder essen, und das Leben wäre wieder sinnvoll für sie. Aber das Kind wird nicht kommen.«

»Soll ich mich eine Zeitlang zu Tante Sophie setzen?«

Jeanne nickte. »Sie wirkt teilnahmslos, aber vielleicht freut sie sich doch darüber, daß wir uns ihretwegen solche Sorgen machen.«

Ich begab mich also in ihr Zimmer und setzte mich an ihr Bett. Das Haus hatte wirklich etwas Bedrohliches an sich, und ich verstand, daß es als Spukhaus galt. Zu viele Tragödien hatten sich hier abgespielt. Meine Mutter hatte mir erzählt, wie überrascht sie gewesen war, als Tante Sophie beschlossen hatte, es zu kaufen. Angeblich hatte die Melancholie, die düstere Stimmung in dem Haus ihrem Gemütszustand entsprochen. Tante Sophie und das Haus waren einander in ihrem Wesen ähnlich. Doch Jeanne hatte das Haus mit ihrem französischen Geschmack verändert. Sie hatte allmählich die Möbel ausgewechselt und nach und nach die gesamte Einrichtung neu gestaltet. Tante Sophie war hier glücklicher gewesen als seinerzeit in Frankreich, wo sie ihren Verlobten verloren hatte und so grausam entstellt worden war.

Über ihr schien ein Verhängnis zu schweben. Sie behauptete, daß ihr alle Menschen entrissen würden, die sie liebte, darunter eben auch ihr Verlobter. Dabei hatte mir meine Mutter erzählt, daß Sophie sich geweigert hatte, seine Frau zu werden, obwohl er sie trotz ihrer Entstellung heiraten wollte. Sophies Verlobter hatte dann statt ihrer meine Mutter geheiratet.

Der nächste Mann in ihrem Leben war Alderic gewesen, ein französischer Spion, den sie wie einen Sohn geliebt hatte. Er war gestorben; Tante Sophie behauptete, daß man ihn ermordet hatte, während mein Vater fand, daß er nur den Lohn erhalten hatte, den er verdiente. Jonathan, der Sohn meines Vaters, hatte Alderic erschossen und war kurz danach unter ähnlichen Umständen getötet worden.

So viele Tragödien! Ja, das Haus hatte etwas Unheimliches an sich, ich spürte es.

Eine körperlose Stimme drang an mein Ohr.

»Geht es Mademoiselle gut?«

Es war Jeanne, die sich über das in die Küche führende Sprechrohr meldete. Obwohl ich wußte, wie es funktionierte, hatte ich es immer als etwas Unnatürliches empfunden, und es war mir nie ganz geheuer gewesen.

Tante Sophie bewegte sich.

»Ob es mir gut geht? Mir wird es nie mehr gut gehen. Das

Leben ist so grausam. Warum sitzt du hier, Jessica? Warum gehst du nicht fort und überläßt mich meinem Elend?«

»Wir machen uns solche Sorgen um dich, Tante Sophie. Wir möchten, daß du bald gesund wirst.«

»Ich verliere alle Menschen, die ich liebe. Meine Zuneigung hat etwas Verhängnisvolles an sich. Kaum liebe ich jemanden, wird er mir entrissen.«

»Das stimmt nicht, Tante Sophie.«

Sie richtete sich ein wenig auf. »O doch«, rief sie heftig. »Charles war ein so schöner Mann. Er hat deine Mutter geheiratet und ist vor langer Zeit gestorben. Aus dieser Ehe stammen Charlot und Claudine. Ich habe Charlot geliebt, und wo ist er jetzt?«

»Er lebt auf seinem Weingut in Burgund. Meine Mutter wartet sehnsüchtig darauf, daß der Krieg endlich zu Ende geht und sie ihn besuchen kann ... oder daß vielleicht er uns besucht.«

»Der Krieg wird eines Tages zu Ende gehen, und deine Mutter wird ihren Sohn wiedersehen. Für sie wendet sich immer alles zum Besten, während für mich ...«

»Tante Sophie, du bist mit Jeanne den Schrecken der Revolution entronnen und lebst jetzt hier in unmittelbarer Nähe deiner Familie. Niemand könnte dir treuer ergeben sein als Jeanne. Sie allein wäre es schon wert, daß du dem Schicksal dankbar bist.«

»Sie ist eine gute Frau, und ich hänge an ihr. Aber sie teilt nur mein Gefängnis mit mir. Charlot und Claudine hätten meine Kinder sein können. Aber das Leben war immer gegen mich. Es stimmt, daß ich der Revolution entkommen und nach England gelangt bin und dieses Haus gefunden habe. Damals habe ich geglaubt, daß mein Dasein sich endlich glücklicher gestalten wird. Dann ist Alderic in mein Leben getreten. Er war ein gutaussehender junger Mann und hat sich immer so sehr bemüht, mir gefällig zu sein. Dann ist er ermordet worden. Ich habe Dolly gemocht. Sie hat sich von diesem Zigeuner verführen lassen und ist gestorben, doch sie hat mir wenigstens Tamarisk geschenkt. Ich habe geglaubt, daß ich endlich ein Kind habe, das ich wie mein eigenes aufziehen kann. Und jetzt ist Tamarisk verschwunden. Du siehst, was auch immer ich unternehme, was auch immer ich anrühre, es führt zu Unglück. Es ist an der Zeit, daß ich aufhöre zu kämpfen.«

»So etwas darfst du nicht sagen. Du bist immer so tapfer gewesen.«

»Tapfer? Ich habe mich in meinem Gefängnis verkrochen, habe die Welt ausgesperrt, wollte mit niemandem reden, habe gelebt wie ein Einsiedler. Das nennst du tapfer?«

»Es ist eine Form von Tapferkeit.«

Sie lachte. »Nein, es ist Feigheit. Ich bin immer feig gewesen, ich habe Angst vor dem Leben gehabt. Ich habe mich dem Leben nie so gestellt wie deine Mutter. Vielleicht hätte ich Charles heiraten sollen. Er wäre dazu bereit gewesen; als ehrenhafter junger Gentleman mußte er es tun. Aber ich wußte, daß er mich nicht wollte. Ich hatte schon vor dem Unfall den Verdacht, daß er deine Mutter liebte. Vielleicht hätte ich ihn heiraten sollen, dann hätte ich heute wenigstens Kinder. Schließlich war er moralisch dazu verpflichtet. Alles wäre anders gekommen, wenn ich ihn zum Mann genommen hätte. Manchmal hat man im Leben die Wahl und kann sich für einen von zwei Wegen entscheiden. Die Entscheidung, welchen Weg du einschlägst, bestimmt dein weiteres Leben.«

Ich war nachdenklich geworden. Leah, die Zigeunerin, hatte das gleiche gesagt.

Ich dachte über Tante Sophies Entscheidung nach. Hätte ich mich an ihrer Stelle genauso verhalten?

Eine Zeitlang herrschte Schweigen, dann sprach Tante Sophie weiter. »Ich habe eigentlich keinen Grund mehr, weiterzuleben. Es wäre so einfach, aufzugeben.«

»Ich bin zutiefst davon überzeugt, daß Tamarisk zurückkommen wird.«

Sie schüttelte den Kopf. »Ich werde Tamarisk nie wieder sehen.«

Was konnte ich ihr noch zum Trost sagen, um sie aufzurichten? Ich küßte sie auf die Stirn und verabschiedete mich.

Die Wochen vergingen – keine Spur von Tamarisk. Mein Vater hatte alles in seiner Macht Stehende unternommen, um die Zigeuner aufzuspüren, aber sie hatten sich scheinbar in Luft aufgelöst. Er zog Erkundigungen ein und erfuhr, daß sie nicht ihre üblichen Lagerplätze aufgesucht hatten.

Es kam vor, daß Tamarisk tagelang mit keinem Wort erwähnt wurde – ein sicheres Zeichen dafür, daß wir uns mit dem Verlust allmählich abfanden. Außerdem war sie nicht einmal mit uns verwandt. Mein Vater faßte diese Gedanken in Worte: »Tamarisk ist das uneheliche Kind von Dolly Mather und einem Zigeuner. Wenn sich Tante Sophie nicht ihrer angenommen hätte, würden wir es als selbstverständlich empfinden, daß sie vom Volk ihres Vaters aufgenommen wird. Die Zigeuner haben jedenfalls einen größeren Anspruch auf Tamarisk als Tante Sophie.«

Ich versuchte ihm zu erklären, was Tamarisk für Tante Sophie bedeutet hatte, aber mein Vater hatte keine Geduld mit den Schwächen anderer. Die einzigen Menschen, an denen ihm wirklich etwas lag, waren meine Mutter und ich. Und er war stolz auf David, der ein mustergültiger Sohn und das genaue Gegenteil seines Vaters war. Meinem Vater tat es leid, daß Jonathan ums Leben gekommen war, und er mochte Claudine und Amaryllis. Sie alle waren nahe Familienmitglieder, und alle anderen Menschen waren ihm gleichgültig. Deshalb zuckte er die Schultern; Tamarisk war verschwunden, und damit war der Fall für ihn erledigt.

Meine Mutter war ganz anders als er. Sie war warmherzig und machte die Sorgen anderer Menschen zu den ihren. Ganz besonders nahm sie an Tante Sophies Geschick Anteil; sie hatte sich immer verpflichtet gefühlt, ihr beizustehen.

Tante Sophie verfiel zusehends. Sie schien zusammenzuschrumpfen und sprach nur noch von Tamarisk. Jeanne erzählte mir, daß sie einmal nachts nach ihr gesehen und sie am Fenster ihres Zimmers gefunden hatte. Tante Sophie hatte im Garten ein Geräusch gehört und geglaubt, Tamarisk sei zurückgekommen.

In Eversleigh drehten sich inzwischen die Gespräche hauptsächlich um Napoleons Rußlandfeldzug. Meine Mutter interessierte sich sehr für den Kriegsverlauf, weil sie immer hoffte, daß eines Tages Frieden geschlossen und sie dann Charlot wiedersehen würde.

Wir hatten schon lange nichts mehr von ihm gehört, doch seit wir erfahren hatten, daß er und Louis-Charles ein Weingut in Burgund besaßen, hatte meine Mutter wieder Hoffnung geschöpft. Sie gestand mir, daß es ihr das Herz gebrochen hatte, als sie annehmen mußte, daß er in Napoleons Armee kämpfte. »Das Schreckliche an dieser Vorstellung war, daß er dann gegen uns gekämpft hätte. Wenn ich jetzt an ihn denke, kann ich mir wenigstens vorstellen, wie er auf seinem Weingut arbeitet. Es ist außerdem beruhigend, Louis-Charles bei ihm zu wissen, denn die beiden waren immer schon unzertrennlich. Ich würde auch gern seine Frau kennenlernen; womöglich bin ich schon Großmutter. Es ist bedrückend, wenn man so überhaupt nichts von seinem Kind weiß. Aber ich danke Gott, daß er sich wenigstens in Sicherheit befindet.«

Sie versuchte jetzt nicht mehr wie früher, das Thema zu wechseln, wenn bei Tisch vom Krieg die Rede war. Sie hörte im Gegenteil aufmerksam zu, weil sie hoffte, daß es einmal einen Hinweis auf einen bevorstehenden Frieden geben würde.

Mein Vater verfügte natürlich über Informationen aus erster Hand. Er war besorgt, denn wenn es Napoleon gelang, Rußland zu erobern, gehörte ihm ganz Europa.

»Und dann würde er die Eroberung Englands in Angriff nehmen«, meinte er.

»Wir sind doch durch das Meer geschützt«, wandte meine Mutter ein.

»Er wird bestimmt einen Weg finden, seine Armee herüberzuschaffen.«

»Das würde unsere Flotte verhindern.«

»Wenn es ihm gelingt, Rußland zu erobern, wird er sich für unüberwindlich halten«, befürchtete David.

»Er ist bei Trafalgar geschlagen worden«, warf Claudine ein.

»Und er wird wieder geschlagen werden«, fügte mein Vater hinzu. »Aber im Augenblick befinden sich die Russen auf dem Rückzug, und Napoleons Armee marschiert auf Moskau zu. Wenn es ihm gelingt, diese Stadt zu erobern, werden die Russen demoralisiert sein.«

»Wäre damit der Krieg zu Ende?« fragte meine Mutter.

»Überlege einmal, meine liebe Lottie, was der mächtige Eroberer tun wird, wenn er die Russen schlägt. Er wird zu dem Schluß gelangen, daß er unbesiegbar ist, und sich durch nichts von einem Angriff auf unsere Insel abhalten lassen.«

Meine Mutter erschauderte. »Das ist alles so dumm, so sinnlos. Den Menschen ist es doch gleichgültig, wer König oder Kaiser ist.«

»Leider ist es dem König nicht gleichgültig und schon gar nicht diesem sogenannten Kaiser. Napoleon möchte die Welt beherrschen.«

»Er wird England nie erobern«, behauptete David entschieden.

»Das stimmt«, bestätigte mein Vater. »Doch wir werden mit ihm fertig werden müssen.«

Amaryllis und ich besuchten abwechselnd Tante Sophie. Sie sprach immer nur von Tamarisk, ihrer Schönheit, ihrem Charme.

»Wenn man ihr zuhört, könnte man Tamarisk für einen Engel halten«, bemerkte ich zu Amaryllis, die mir zustimmte.

Jeanne war überaus besorgt. »Mademoiselle ißt kaum etwas und schläft nachts nicht, sondern geht ruhelos umher. Gestern habe ich wieder nach ihr gesehen, und sie saß, wie so oft, am Fenster und schaute hinaus. Sie hat behauptet, Tamarisks Stimme gehört zu haben. Sie war ganz kalt. Ich habe sie zu Bett gebracht, und obwohl ich sie in mehrere Decken gehüllt habe, hat sie noch eine Stunde lang gezittert. So kann es nicht weitergehen.«

»Vielleicht hören wir doch einmal von Tamarisk«, meinte ich.

An einem milden Septembertag erfuhren wir, daß Napoleon in Moskau einmarschiert war. »Das ist das Ende«, stellte

David fest. »Daß Moskau sich ergeben hat, wird sich verheerend auf die russische Armee auswirken. Sie wird zusammenbrechen.«

David verfolgte die politische Entwicklung sehr genau und zog logische Schlüsse. Mein Vater hingegen hielt oft an Vorurteilen fest und reagierte gelegentlich emotionell.

Doch diesmal irrte David. Wir erfuhren, daß Moskau brannte. Zuerst wurde allgemein angenommen, daß die Franzosen es in Brand gesteckt hatten, aber das wäre Wahnsinn gewesen. Napoleon konnte keine zerstörte Stadt gebrauchen; er brauchte für seine Armee Unterkünfte und Verpflegung. Es war ein letzter Verzweiflungsschritt der Russen; sie bezeichneten es als Politik der verbrannten Erde. Sie hatten diese Taktik bereits während des gesamten Feldzugs angewandt, und Napoleons Armee, die weit von zu Hause entfernt war, traf nur auf brennende Ortschaften.

»Er muß sich jetzt entscheiden«, sagte David. »Entweder bleibt er über den Winter in der zerstörten Stadt, oder er tritt den Rückzug an. Im Augenblick zögert er noch, aber wenn er zu lange wartet, wird es zu spät sein.«

»Wir müssen jetzt darum beten, daß er sich für den Rückzug entscheidet und daß der russische Winter früh einsetzt«, fügte mein Vater hinzu. »Das wäre eine bessere Waffe als jede Armee.«

»Die armen Soldaten«, murmelte meine Mutter. Wahrscheinlich schickte sie wieder ein dankbares Stoßgebet zum Himmel, weil Charlot nicht mehr in Napoleons Armee diente.

»Diese armen Soldaten, Lottie«, erwiderte mein Vater, »wären die gleichen Männer, die dieses Land überfallen würden, um ihren Kaiser auf den englischen Thron zu setzen.«

»Ich weiß, ich weiß. Aber es ist immer traurig, wenn Menschen ihr Leben aufs Spiel setzen müssen. Hoffentlich gibt es bald Frieden.«

»Dann solltest du um einen strengen Winter beten.«

Die Russen beteten zweifellos ebenfalls darum, und diese Gebete wurden erhört. Bei dem Rückzug aus Moskau wurde

Napoleons Armee dezimiert. Obwohl die Männer gut ausgebildet und diszipliniert waren, unterlagen sie gegen den fürchterlichen General Winter.

In England herrschte eitel Freude, als Napoleon nach Paris zurückkehrte und von seiner 600 000 Mann starken Armee nur 100 000 überlebt hatten.

Wir speisten gerade bei den Barringtons, als die Nachricht eintraf.

»Vielleicht wird er jetzt Frieden schließen«, meinte meine Mutter hoffnungsvoll.

»Er doch nicht«, widersprach mein Vater.

»Man kann Napoleon nur ausschalten, indem man ihn gefangennimmt und seine Armeen vernichtet«, fügte Edward hinzu.

»Du hast recht«, pflichtete ihm sein Vater bei. »Nur eine totale Niederlage wird Napoleon dazu bringen aufzugeben.«

»Sie können sich darauf verlassen, daß es dazu kommen wird«, versprach mein Vater. »Erst dann wird dieses Damokles-Schwert, das so lange über unserem Haupt schwebte, verschwinden. Die Franzosen haben sehr viel Unheil angerichtet.«

»Ja, sie haben in ganz Europa Unruhe verbreitet«, bestätigte Mr. Barrington.

»Meinen Sie damit die Schwierigkeiten in Ihrer Fabrik?«

»Die Lage wird allmählich ernst«, gab Edward zu. »Der Pöbel wird immer aggressiver. Wir müssen nachts die Maschinen bewachen lassen.«

»Das sind doch Idioten«, schimpfte mein Vater. »Die Gesetze sind zu mild.«

»Die Regierung wird neue Gesetze erlassen müssen«, meinte auch Edward. »Ihr wird nichts anderes übrigbleiben. So kann es jedenfalls nicht weitergehen.«

Dann wandte sich das Gespräch wieder Napoleons Rückzug aus Moskau zu, und wir stellten Überlegungen darüber an, was er als nächstes unternehmen würde.

Als wir nach Hause zurückkehrten, erwartete uns ein Reitknecht aus Enderby. Er berichtete, daß Jeanne Tante Sophies wegen sehr besorgt sei und uns bitte, so rasch wie möglich hinüberzukommen.

Meine Eltern, David, Claudine, Amaryllis und ich machten uns sofort auf den Weg.

Jedesmal, wenn ich Enderby betrat, fröstelte mich. Ich konnte mir dieses Gefühl nicht erklären, und Amaryllis behauptete, daß es nur Einbildung war. Ich hingegen war der Ansicht, daß die vielen seltsamen Ereignisse, die sich hier abgespielt hatten, die Atmosphäre des Hauses beeinflußt hatten.

Als wir an diesem Abend die Halle betraten, spürte ich deutlich die Gegenwart des Todes.

Jeanne kam in die Halle herunter, um uns zu begrüßen. Sie war nicht frisiert, was ein schlechtes Zeichen war, denn sie legte normalerweise großen Wert darauf, immer adrett auszusehen. Ihr Gesicht war schneeweiß, und in ihren Augen standen Tränen.

»Ich befürchte«, sagte sie, »daß sie mir entgleitet.«

Wir gingen in Tante Sophies Schlafzimmer und traten an ihr Bett. Sie starrte zur Decke empor; ich glaube nicht, daß sie uns erkannte. »Es tut mir leid, daß ich keinen Priester holen konnte«, meinte Jeanne.

»Vielleicht erholt sie sich wieder«, tröstete sie meine Mutter.

»Nein, Madame, diesmal nicht. Das ist das Ende.«

In diesem Augenblick verwandelten sich Tante Sophies Atemzüge in ein Röcheln und setzten kurz danach vollkommen aus.

»Meine arme Jeanne.« Meine Mutter legte ihr den Arm um die Schultern.

»Ich habe es seit einigen Tagen kommen sehen«, schluchzte Jeanne. »Der letzte Schlag war zuviel für sie.«

Mein Vater sagte, daß er einen Diener nach einem Arzt schikken wolle.

»Das habe ich bereits veranlaßt. Er muß jeden Augenblick eintreffen ... da ist er ja schon, ich höre seinen Wagen. Er hat mir schon gestern gesagt, daß er Mademoiselle nicht mehr helfen kann.«

Meine Mutter führte Jeanne sanft aus dem Zimmer.

Mein Vater begleitete den Arzt zu Tante Sophie, und wir anderen gingen hinunter. Während wir in der Halle mit der gewölbten Decke und der Spukgalerie saßen, hatte ich den Eindruck, daß das Haus lauerte und lauschte. Wer wird als nächster hier leben? dachte ich.

Jeanne beteuerte gerade, daß Tante Sophie Tamarisks Verlust nie verwunden hatte. »Warum mußte dieses Kind je zur Welt kommen?« seufzte meine Mutter.

»Alles wäre gut gegangen, wenn die arme Dolly am Leben geblieben wäre«, bemerkte ich.

Claudine sagte zusammenhanglos: »Ich mag dieses Haus nicht, es bringt nur Schwierigkeiten. Es ist mir unheimlich.«

Hätte ich in diesem Augenblick meiner Phantasie die Zügel schießen lassen, so hätte ich bestimmt gehört, wie das Haus höhnisch lachte.

»Es war der Kummer um Tamarisk«, wiederholte Jeanne. »Wenn das Kind nur nicht weggelaufen wäre. Sie war Mademoiselles Lebensinhalt. Daß sie ihre Wohltäterin ohne ein Wort des Abschieds verlassen konnte, ist unverzeihlich. Sie hat ihr damit den Todesstoß versetzt.«

»Ich kann mir nicht vorstellen, was Sophie ohne Sie angefangen hätte, Jeanne«, versuchte meine Mutter sie abzulenken.

»Ich habe immer das Gefühl gehabt, daß Mademoiselle die Unglücksfälle, die sie getroffen haben, selbstquälerisch genossen hat, doch bei Tamarisk war es etwas anderes.«

»Ich wäre Ihnen für einen Schluck Brandy dankbar«, lenkte meine Mutter sie ab. »Wir alle könnten eine kleine Stärkung vertragen.«

Jeanne verließ sofort das Zimmer, um den Brandy zu holen.

»Sie braucht etwas, das sie auf andere Gedanken bringt«, erklärte meine Mutter, »die arme Seele leidet entsetzlich unter diesem Verlust.«

Beinahe gleichzeitig mit Jeanne traten die Männer ins Zimmer. Der Arzt hatte festgestellt, daß Tante Sophie an einem Lungeninfarkt gestorben war.

»Und an gebrochenem Herzen«, fügte meine Mutter hinzu.
Claudine blickte zur Galerie hinauf und erschauerte.
»Ist dir kalt, Mama?« fragte Amaryllis. »Hier, nimm meinen Schal.«
»Nein, mein Liebling, mir ist nicht kalt.« Sie sah ihre Tochter unendlich liebevoll an.
Der Arzt erläuterte gerade, daß Tante Sophie nicht mehr hatte leben wollen. Wenn Menschen sich nach dem Tod sehnen, geschieht es manchmal, daß er sie dann tatsächlich ereilt. Dann kann man sie nicht mehr retten, auch wenn man sie noch so hingebungsvoll pflegt. Sie hatte einfach genug vom Leben, genug vom ewigen Kampf gehabt.
»Sie hat den Tod gerufen, und er ist ihrem Ruf gefolgt«, schloß er.
Mein Vater wurde ungeduldig, stellte fest, daß es schon spät war und daß wir an diesem Abend ohnehin nichts mehr tun konnten.
Wir ließen Jeanne mit ihrem Kummer allein und kehrten nach Eversleigh zurück.

Tante Sophie wurde an einem trüben, regnerischen Tag zur letzten Ruhe bestattet. Tamarisks Verschwinden war unter der Dienerschaft längst kein Gesprächsthema mehr.
Am Grab standen viele Trauergäste und noch mehr Neugierige. Tante Sophie hatte in der Gegend immer als verschroben gegolten, und jetzt wollten die Nachbarn auch dem Ende ihres traurigen Lebens beiwohnen.
Nach dem Begräbnis kehrten die Leidtragenden nach Eversleigh zurück, wo das Totenmahl angerichtet war. Anschließend sollte Tante Sophies Testament verlesen werden.
Wir hatten bereits überlegt, was es enthalten mochte.
»Enderby wird uns vor Probleme stellen«, hatte mein Vater vorausgesagt. Er hielt es für das Vernünftigste, es zu verkaufen. »Mit allem Drum und Dran«, schloß er. »Hauptsache, wir werden es los. Das Problem besteht darin, einen Käufer zu finden.«

»Seit Sophie es übernommen hat, sieht das Haus viel freundlicher aus«, erwähnte meine Mutter. »Jeanne verfügt über einen ausgezeichneten Geschmack, und die Farbzusammenstellung in einigen Räumen ist wirklich vorzüglich.«

»Man findet nicht so leicht Käufer, die auf französischen Wohnstil Wert legen«, wandte mein Vater ein.

»Vielleicht hast du recht, aber ein geschmackvoll eingerichtetes Haus beeindruckt eine bestimmte Gruppe von Käufern.«

»Warten wir das Testament ab.«

Jetzt war das Warten vorbei, wir hatten uns im Arbeitszimmer meines Vaters versammelt, und das Testament wurde verlesen. Es enthielt keine Überraschungen. Tante Sophie hatte für Jeanne großzügig gesorgt. Sie erhielt genügend Geld, um sich ein eigenes Haus zu kaufen oder nach Frankreich zurückzukehren, wenn wieder ruhigere Zeiten kamen. Was Tante Sophie über ihre Beziehung zueinander schrieb, berührte uns tief. Die Dienerschaft und wir erhielten kleine Legate, und das Haus sollte Tamarisk zufallen, damit »sie immer ein Zuhause hat.«

Das Testament war ganz offensichtlich vor Tamarisks Verschwinden abgefaßt worden.

Als die Gäste gegangen waren, gab mein Vater offen zu, daß er mit dem Testament unzufrieden war. »Jetzt müssen wir das Mädchen finden, und ich frage mich, was inzwischen mit dem Haus geschehen soll. Ich bin neugierig, wie sie darauf reagieren wird, wenn sie erfährt, daß sie Herrin von Enderby ist.«

»Sie wird nicht begreifen, was es bedeutet«, vermutete meine Mutter. »Sie ist erst sechs.«

»Aber sie ist nicht dumm«, stellte ich fest.

»Einem Kind ein Haus vermachen! Ich möchte wissen, was Sophie sich dabei gedacht hat.«

»Sophie hat selbst in ihrer besten Zeit nicht sehr logisch überlegt«, behauptete mein Vater. »Jetzt müssen wir uns bemühen, das Kind zu finden. Am besten wäre es, das Haus zu verkaufen und das Geld anzulegen, bis sie mündig ist. Ich werde mit einem Anwalt sprechen und seinen Rat einholen.«

»Wer es wohl kaufen wird?« murmelte ich.

»Abwarten«, antwortete mein Vater. »Ich werde jedenfalls froh sein, wenn ich das alte Gemäuer los bin.«

»Hast du nicht auch das Gefühl, daß ein Fluch auf ihm liegt und daß es allen Unglück bringt, die in ihm leben?« fragte ich.

»Ich halte es für ein verdammt zugiges, ungemütliches Haus, das ist alles. Und ich werde aufatmen, wenn ich es vom Halse habe ... samt Gespenstern und allem übrigen Spuk.«

»Es gibt Menschen, die so etwas mögen«, erwähnte ich.

Claudine sah mich kurz an und wandte dann den Blick ab. Das Haus wirkte bedrückend auf sie, fast so, als hätte sie hier irgendwann einmal etwas Unheimliches erlebt. Enderby würde also aus dem Besitz der Familie in fremde Hände übergehen.

Wer wohl der nächste Besitzer sein würde?

IV

Das blinde Mädchen

Wir versuchten erneut, Tamarisk ausfindig zu machen, jedoch ohne Erfolg. Es stellte sich heraus, daß die Zigeuner gelegentlich nach Irland zogen, und es war denkbar, daß sie es auch diesmal getan hatten.

Mein Vater zuckte die Schultern und beriet sich mit einem Anwalt. Auf dessen Rat hin beschloß er, Enderby vorläufig so zu belassen, wie es war. Vielleicht konnten wir einen Pächter finden, bis ein endgültiger Entschluß gefaßt werden mußte.

Das Haus wurde geräumt und die Diener entlassen. Einen Teil übernahmen wir, die anderen gingen nach Grasslands. Einmal wöchentlich gingen unsere Bediensteten hinüber, um nach dem Rechten zu sehen, und mir fiel auf, daß sie immer zu zweit oder zu dritt, aber niemals allein aufbrachen. Seit Tante Sophies Tod war der Ruf des Hauses noch etwas schlechter geworden, und die alten Gerüchte lebten wieder auf.

»Wir müssen etwas gegen diesen Tratsch unternehmen«, beschloß mein Vater, »sonst finden wir nie einen Pächter.«

Jeanne war in ein Häuschen auf unserem Besitz übersiedelt, das zufällig leerstand, und besuchte Enderby oft. Sie wußte noch nicht, was sie in Zukunft tun würde, doch wir nahmen an, daß sie nach Frankreich zurückkehren würde.

Die Tage vergingen wie im Flug. Mein Vater erwähnte einmal beim Dinner, daß er auf eine Woche nach London fahren müsse.

»Du kommst doch mit, Lottie?« fragte er.

»Selbstverständlich«, antwortete meine Mutter.

Er sah mich an. »Und würde uns vielleicht meine geliebte Tochter die Ehre erweisen, uns zu begleiten?«

»Du weißt genau, daß ich nichts lieber täte.«

»Dann ist ja alles in Ordnung. Wir fahren, sobald du deine Siebensachen beisammen hast.«

»In einer Woche«, schlug ich vor.

»Zu lang. Wir fahren Donnerstag.«

»Du hast es immer so eilig«, protestierte meine Mutter.

»Was du heute kannst besorgen, das verschiebe nicht auf morgen«, dozierte mein Vater.

»Gut Ding braucht Weile«, widersprach ich.

Mein Vater wandte sich hilfesuchend an David. »Die beiden haben sich gegen mich verschworen. Ich bin der einzige Mann der Welt, der eine solche Frau und eine solche Tochter hat.«

David und Claudine lächelten mild. Meine Mutter und ich waren tatsächlich die einzigen Menschen, denen er nichts abschlagen konnte.

Ich fühlte mich bei meinen Eltern so sicher. Sie hatten keine Hemmungen, sie vergruben sich nicht in Kummer und Schmerz wie Tante Sophie. Ich war bei ihnen glücklich und wollte sie nie verlassen. Und wie sollte ich mich zu Edward Barrington stellen? Er hatte seinen Heiratsantrag zwar noch nicht wiederholt, aber bestimmt die Hoffnung nicht aufgegeben.

Ich empfand diesen Zustand als sehr angenehm. Es schmeichelte mir, daß er mich unbedingt zur Frau haben wollte, und der einzige Grund, warum ich seinen Antrag nicht annahm, war die starke Bindung an meine Eltern. Die konnte ich nur für jemanden aufgeben, zu dem ich mich wirklich hingezogen fühlte.

Wir verließen Eversleigh mit der Kutsche, weil dies die bequemste Art war, weite Reisen zurückzulegen.

»Wenn wir zeitig aufbrechen, schaffen wir die Strecke vielleicht in zwei Tagen«, meinte mein Vater.

Am ersten Tag kamen wir gut voran und schafften fünf Meilen, mehr als wir veranschlagt hatten. Eine Stunde vor Einbruch der Dunkelheit beschloß mein Vater, nach einem guten Gasthof Ausschau zu halten, und wir kehrten im »Grünen Mann« ein.

Es war ein bezaubernder Gasthof, der etwas abseits der Straße stand und auf dessen Schild ein grün gekleideter Mann zu sehen war.

»Das sieht gut aus«, befand mein Vater. »Halt an, Jackson.« Der Kutscher stieg ab und ging ins Gasthaus, während wir in der Kutsche warteten.

»Hoffentlich haben sie Zimmer für uns«, sagte meine Mutter. »Ich habe keine Lust, in der Dunkelheit weiterzufahren.« Der Kutscher kam in Begleitung des Wirts zurück, der sich ehrerbietig verbeugte. Hinter ihm erschien seine Frau, die strahlend knickste.

»Es ist uns eine Ehre«, versicherte der Wirt, »Mr. Frenshaw, seine Frau und seine Tochter bei uns begrüßen zu dürfen. Sie bekommen selbstverständlich die besten Zimmer im Gasthof, Mylord. Wenn wir es nur rechtzeitig gewußt hätten... so haben wir jetzt leider nur gutes Roastbeef und Hühnerpastete zu bieten... Wenn wir gewußt hätten, daß so hohe Herrschaften...« Mein Vater hob die Hand.

»Ihr gutes Roastbeef genügt uns vollkommen. Und wir brauchen zwei Zimmer – natürlich ihre besten.«

Ich lächelte meinen Vater liebevoll an. Offenbar kannte man ihn in jedem Gasthof zwischen Eversleigh und London. Ein Blick auf ihn genügte, um zu wissen, daß er ein bedeutender Mann war.

Als wir die Gaststube betraten, bemerkte ich an einem Tisch einen Mann, der gerade aus einem Krug trank. Er trug einen eleganten braunen Rock und eine blütenweiße Krawatte. Auf dem Tisch lag sein brauner Biberhut. Ich schätzte ihn auf Mitte zwanzig, und er betrachtete uns mit offenkundigem Interesse.

»Zuerst möchten wir die Zimmer besichtigen«, verlangte mein Vater. »Wann können wir zu Abend essen?«

»Wann immer Sie wünschen, Mylord, Sir. Sie brauchen nur zu befehlen. Meine Frau wird dafür sorgen, daß Sie gut bedient werden. Sie werden sicherlich in einem Privatzimmer speisen wollen?«

»Das wäre mir angenehm.«

Als uns der Wirt zur Treppe führte, sah ich mich um und bemerkte, daß uns der Mann immer noch beobachtete. Er sah mir in die Augen, und um seinen Mund spielte die Andeutung eines Lächelns. Ich blickte schnell weg.

Die Zimmer waren sehr hübsch – ein Doppelzimmer für meine Eltern, das nach vorne hinausging, und ein kleineres für mich, das nach hinten hinaus lag und von dem aus man einen Ausblick auf Felder und Wälder hatte.

Mein Vater war mit den Zimmern zufrieden; der Wirt zog sich zurück und versicherte uns, daß das Abendessen sofort in einem kleinen Zimmer neben der Gaststube serviert werden würde. Als wir allein waren, stellte mein Vater fest, daß wir mit dem Gasthof Glück hatten.

»Anscheinend kennen sie dich«, sagte meine Mutter.

»Ich reise seit Jahren diese Strecke und bin in vielen Gasthäusern abgestiegen. Das spricht sich herum. Jetzt wollen wir uns alle frisch machen und dann essen. Wir sollten heute zeitig zu Bett gehen, denn wir werden bei Tagesanbruch aufbrechen.«

Ein Mädchen mit frischen roten Wangen brachte uns Wasser, und bald waren wir fertig. Als uns der Wirt in das Privatzimmer führte, erblickte ich wieder den Mann aus der Gaststube. Er verbeugte sich vor mir, als wären wir alte Bekannte. Ich neigte leicht den Kopf.

»Er sieht uns an, als kenne er uns«, flüsterte meine Mutter.

Mein Vater antwortete so laut, daß es der Mann hören konnte: »Ich bin dagegen, daß man in Gasthöfen Bekanntschaften schließt. Man weiß nie, ob es sich nicht um Gesindel handelt.«

Dann schloß der Wirt die Tür hinter uns. Wir befanden uns in einem kleinen Zimmer; der Tisch war für drei Personen gedeckt, und die Wirtin schöpfte heiße Suppe in die Teller.

»Hoffentlich hat er dich nicht gehört«, sagte ich.

Mein Vater zuckte die Schultern. »Es ist nur die Wahrheit. Jetzt wollen wir sehen, wie das Essen im ›Grünen Mann‹ schmeckt.« Das Essen war gut, und nach der Mahlzeit zogen wir uns auf unsere Zimmer zurück.

»Vergeßt nicht«, erinnerte uns mein Vater, »wir brechen morgen zeitig auf. Ich habe dem Wirt eingeschärft, daß wir bei Tagesanbruch frühstücken wollen, und er hat mir versichert, daß alles bereitstehen wird.«

Trotz der Ermahnung meines Vaters und obwohl ich müde war, hatte ich noch keine Lust zu schlafen. In fremden Betten schläft es sich schlecht, und ich wollte keine endlose Nacht erleben.

Ich setzte mich ans Fenster und beobachtete, was im Stallhof vor sich ging. Unser Kutscher und der Stallknecht säuberten gerade unsere Kutsche und unterhielten sich dabei.

Ich gähnte. Es war angenehm, auf einige Zeit von Eversleigh fortzukommen. Seit Tante Sophies Tod war die Stimmung im Haus immer etwas gedrückt. Ich bedauerte allerdings, daß Amaryllis nicht mitgekommen war; aber sie hatte für London nicht soviel übrig wie ich. Mir gefielen die Geschäfte und die Theaterbesuche, außerdem war es beinahe sicher, daß einer unserer Bekannten uns während unseres Aufenthaltes zu einem Ball einladen würde.

Während ich so meinen Gedanken nachhing, schlenderte der Mann aus dem Gastraum in den Hof, blieb bei unserer Kutsche stehen, unterhielt sich mit den beiden Männern und sah sich die Kutsche und das Familienwappen auf der Tür an.

Der Kutscher redete begeistert auf ihn ein, machte ihn offensichtlich stolz auf verschiedene Einzelheiten aufmerksam, und der Fremde steckte sogar den Kopf in die Kutsche und untersuchte die Bespannung der Sitze.

Dann lehnte er sich an das Fahrzeug und unterhielt sich weiter mit den beiden Männern. Ich hätte gerne gehört, worüber sie sprachen. Schließlich drückte er den beiden Männern Geld in die Hand; weil ich nicht entdeckt werden wollte, trat ich vom Fenster zurück.

Worüber unterhielt er sich mit unseren Bediensteten? Aus welchem Grund hatte er ihnen Geld zugesteckt? Natürlich kommt es gelegentlich vor, daß Gentlemen auch den Dienern anderer Leute Geld geben. Vielleicht war er sehr großzügig und wollte sich dafür erkenntlich zeigen, daß sie ihm soviel über die Kutsche erzählt hatten.

Ich ging zu Bett und schlief trotz der ungewohnten Matratze sofort ein. Viel zu früh klopfte meine Mutter an die Tür, um mich zu wecken.

Am Nachmittag des nächsten Tages langten wir bei unserem Haus in der Albemarle Street an. Einen Tag später war mein Vater bereits in Geschäften unterwegs, und meine Mutter und ich gingen einkaufen – was uns großen Spaß bereitete. Wir kauften Stoffe, Spitzen und Bänder, und auf dem Heimweg glaubte ich den Mann zu erblicken, den wir im Gasthaus gesehen hatten.

Er ging durch unsere Straße, und ich hatte den Eindruck, daß er vor unserem Haus kurz stehenblieb und es betrachtete. Doch dann war ich meiner Sache nicht mehr sicher. Es gab viele Männer, die ebenso gekleidet und ebenso groß waren wie er.

»Hast du diesen Mann gesehen?« fragte ich meine Mutter.

Sie sah sich um. »Ja.«

»Ist das der Mann aus dem Gasthof?«

»Was für ein Mann?«

Ich ließ die Sache auf sich beruhen. Wahrscheinlich spielte mir meine Phantasie einen Streich, weil ich ihn im Hof beobachtet hatte.

Am dritten Tag besuchten meine Eltern Bekannte, nahmen mich jedoch nicht mit. Meine Mutter versprach mir, daß wir am Nachmittag gemeinsam in den Park ausfahren würden, und ich freute mich darauf. Sie waren noch keine halbe Stunde fort, als ich beschloß, alleine auszugehen. Ich hatte in einem Geschäft Bänder gesehen, die mir gut gefallen hatten, und die wollte ich mir kaufen. Meine Mutter würde bestimmt keine Lust haben, wegen einer solchen Kleinigkeit das Geschäft noch einmal aufzusuchen.

Mir würde schon nichts geschehen, wenn ich das Haus allein verließ. Meine Mutter sah es allerdings nicht gern, denn sie hielt mich noch für ein Kind und vergaß immer, daß ich schon erwachsen war.

Die Besorgung würde nicht viel Zeit in Anspruch nehmen, und ich würde lang vor der Heimkehr meiner Eltern wieder zurück sein.

Ich nahm Mantel und Hut und machte mich auf den Weg.

Die Straßen von London sind für ein junges Mädchen immer aufregend, vor allem wenn es allein unterwegs ist.

Die frostige Luft prickelte belebend wie Champagner. Ich beschloß, durch die Bond Street zu gehen, deren Eleganz mich faszinierte. Die Geschäfte stellten ihre Waren in den Schaufenstern aus, deren Scheiben in Segmente unterteilt waren. Es gab elegante Krawatten und Stiefeletten und vor allem modische Hüte.

Die Kutschen rasselten an mir vorbei, und ich erhaschte ab und zu einen Blick auf die vornehmen Insassen. Überall Farben und Lärm; ich war hingerissen.

Ich fand das Geschäft mit den Bändern und kaufte, was ich brauchte. Dann hatte ich es allerdings nicht eilig, nach Hause zurückzukehren, denn ich wollte das Leben und Treiben in der Stadt noch eine Weile genießen.

Irgendwann hatte ich das Gefühl, als folgte mir jemand. Ich blieb stehen und blickte mich um. Die Menschen um mich waren offenbar alle mit ihren eigenen Angelegenheiten beschäftigt. Bildete ich es mir nur ein, oder wandte sich ein hochgewachsener Mann mit Biberhut plötzlich einem Schaufenster zu? Nein. Der Mann mit dem Biberhut war bei mir schon zur fixen Idee geworden.

Als ich die Straße überqueren wollte, zupfte mich jemand am Ärmel. Ich drehte mich um und sah ein Mädchen, das nicht älter als zwölf oder dreizehn Jahre sein konnte. Sie wandte mir das Gesicht zu und murmelte: »Bitte, können Sie mir helfen, die Straße zu überqueren?«

An der Art, wie sie lächelte, erkannte ich, daß sie blind war. Sie war einfach, aber reinlich gekleidet und sah so hilflos aus, daß ich Mitleid mit ihr hatte. »Gern«, antwortete ich und ergriff ihren Arm.

»Das ist sehr freundlich von Ihnen«, bedankte sie sich. »Ich bin mit meiner Schwester fortgegangen, aber ich habe sie im Gedränge verloren. Es ist so verwirrend, wenn man plötzlich allein auf der Straße steht. Wenn meine Schwester oder meine Mutter bei mir sind, glaube ich immer, daß ich mich auch allein zurechtfinde, aber offenbar geht es doch nicht.«

»Das kann ich gut verstehen. Jetzt können wir übrigens gehen.« Ich führte sie über die Straße, was selbst für einen Sehenden kein leichtes Unterfangen war.

Als wir die gegenüberliegende Straßenseite erreicht hatten, fragte ich sie: »Hast du es noch weit?«

»Nein. Wenn Sie mich nur bis zur Greville Street führen könnten . . .«

»Die ist ja nicht weit von hier.«

»Ich bin Ihnen so dankbar.«

»Wohnst du in der Greville Street?«

»In der Grant Street. Das ist eine Seitengasse der Greville Street.«

»Ich führe dich gern dorthin.«

»Sie sind so freundlich; meine Mutter wird es Ihnen nie vergessen. Bitte sagen Sie ihr, daß sie Sarah nicht schelten darf. Sie kann nichts dafür, das Gedränge war zu arg. Wenn man dann ganz allein in der Finsternis und dem Lärm steht, verliert man leicht den Kopf.«

»Es war sehr vernünftig von dir, daß du mich um Hilfe gebeten hast.«

»Sie müssen ein guter Mensch sein, denn Sie sind so hilfsbereit.«

»Wir sind bei der Greville Street.«

»Macht es Ihnen wirklich nichts aus, mich bis zur Grant Street zu führen?«

»Ich tue es gern.«

»Hoffentlich halte ich Sie nicht allzusehr auf.«

»Das ist unwichtig. Wir sind ja auch schon bei der Grant Street.«

»Würden Sie die Güte haben, mich bis zur Haustür zu führen? Es ist die Nummer neunzehn.«

Es war ein dreistöckiges Haus mit Balkonen im ersten Stock und Gardinen an den Fenstern.

»Ich weiß nicht, wie ich Ihnen danken soll. Könnten Sie bitte noch für mich läuten?«

Ich läutete und wollte gerade gehen, als sie bat: »Bitte warten Sie noch einen Augenblick.«

Ein kräftiger Mann öffnete die Tür und begrüßte sie: »Da sind Sie ja, Miss Mary. Miss Sarah ist schon seit fünfzehn Minuten zu Hause, und Ihre Mutter macht sich Ihretwegen Sorgen.«

»Diese freundliche Dame hat mich nach Hause geführt.«

»Kommen Sie doch bitte einen Augenblick herein, Miss.«

»Das ist nicht nötig«, wehrte ich ab. »Miss Mary befindet sich ja jetzt in Sicherheit.«

Er sah mich flehend an. »Die Missus wird wütend auf mich sein, wenn sie sich nicht bei Ihnen bedanken kann.«

»Es hat mir durchaus keine Mühe ...«

Mary ergriff meine Hand, zog mich ins Haus, und die Tür schlug hinter uns zu. Mir fiel auf, daß sich in der Halle keine Möbel befanden.

»Wer ist da?« rief eine Stimme.

»Kommen Sie weiter«, forderte mich Mary auf. »Das ist meine Mama. Sie wird sich bestimmt bei Ihnen bedanken wollen.«

Der kräftige Mann öffnete eine Tür, und Mary zog mich in ein spärlich möbliertes Zimmer. Es gab einen Tisch mit drei Stühlen und sonst kaum Einrichtungsgegenstände. Am Tisch saß eine Frau, deren Gesicht ich nicht deutlich erkennen konnte, weil sie dem Fenster den Rücken zuwandte. Allmählich hatte ich das Gefühl, daß es sich um einen sehr seltsamen Haushalt handelte, und in mir begannen die ersten Befürchtungen aufzusteigen.

Auf dem Tisch vor der Frau stand ein Teetablett mit Tassen und Untertassen. Sie sah mich neugierig an.

»Das ist die Dame, die mich nach Hause gebracht hat, Mama«, erklärte Mary.

»Das war sehr gütig von Ihnen. Es ist nicht das erste Mal, daß eine freundliche Dame Mary hierher führt. Ich danke Ihnen von Herzen. Sie trinken doch eine Tasse Tee mit uns, nicht wahr?«

»Ich kann mich leider nicht länger aufhalten, danke. Ich hätte gar nicht hereinkommen sollen. Es war ja nicht der Rede wert.«

»Es ist sehr wohl der Rede wert, und Sie müssen mir die Freude machen, eine Tasse Tee mit mir zu trinken, sonst wäre ich gekränkt.«

»Nein, danke. Ich muß nach Hause.«

»Natürlich. Sie sind eine vornehme junge Dame. Und wir sind gerade im Begriff, unser Heim zu verlassen. Die meisten unserer Möbel sind schon fort, es sind nur noch ein paar Stücke übrig. Ich verstehe natürlich, daß wir nicht zu den Menschen gehören, mit denen Leute wie Sie Umgang haben möchten.«

Der kräftige Mann erschien mit einer Teekanne.

»Aber nein, natürlich nicht...« protestierte ich.

»Dann trinken Sie also ein Täßchen mit mir? Ich habe ja gewußt, daß ich Sie dazu überreden kann... Jakob, bringen Sie das der jungen Dame.«

Die Szene kam mir merkwürdig vor, irgend etwas stimmte hier nicht.

Der Mann drückte mir die Tasse in die Hand, und mein erster Impuls war, sie auszutrinken und dann sofort zu gehen.

Mary und ihre Mutter beobachteten mich, und mir fiel auf, daß Mary nicht mehr wie ein blindes Mädchen wirkte.

Gerade als ich die Tasse an die Lippen heben wollte, läutete jemand heftig an der Haustür. Mary und ihre Mutter erschraken sichtlich. Alle schienen angespannt zu lauschen. Ich vernahm einen Schrei und das Geräusch eines kurzen Kampfes. Die Tür flog auf, und zu meiner Verblüffung stand der Mann mit dem braunen Biberhut vor mir.

Er blickte mir in die Augen. »Was tun Sie hier?«

»Verschwinden Sie. Verlassen Sie mein Haus«, rief die Frau.

»Was suchen Sie hier?«

»Ich möchte wissen, warum Sie diese junge Dame hierherge-
lockt haben.«

»Wie können Sie es wagen!«

Der Mann ließ mich nicht aus den Augen. »Gehen wir.«

Ich stellte die Tasse ab und ging auf den Mann zu. Die Frau
kam auf uns zu, und Mary folgte ihr. Sie packten mich am
Arm, aber er stieß sie weg und zog mich in die Halle, wo der
kräftige Mann leise stöhnend auf dem Fußboden lag.

»Verschwinden wir«, forderte mich mein Retter auf.

An der Tür drehte er sich um und rief: »Sie werden noch von
mir hören.« Als wir die Straße betraten, empfand ich zunächst
nur Erleichterung, weil ich diesem Haus entronnen war.

Dann begann ich zu zittern. Bis zu diesem Augenblick war
mir nicht bewußt gewesen, wie sehr ich mich gefürchtet hatte.
Der gesamte Vorfall hatte etwas Unwirkliches an sich – das
Mädchen, das die Blinde spielte, das leere Haus, die seltsame
Atmosphäre, die etwas Theatralisches an sich hatte. Ich wußte
nicht, was ich davon halten sollte.

Jetzt betrachtete ich den Mann neben mir genauer. Es war das
erste Mal, daß ich ihn aus der Nähe sah. Er sah gut aus, hatte
ein klassisch geschnittenes Gesicht und hellbraune Augen, die
im Augenblick von Sorge um mich erfüllt waren. Er hatte
mich sofort interessiert, als ich ihn zum ersten Mal gesehen
hatte, und jetzt wollte ich unbedingt mehr über ihn erfahren.

»Das war wohl der anstößigste Ort, an dem sich eine junge
Dame Ihres Standes aufhalten kann«, stellte er fest.

»Ich habe keine Ahnung, was dahintersteckt. Ich weiß nur,
daß ich Ihnen danken muß, weil Sie mich gerettet haben.«

»Ich wollte Sie eigentlich für meine Neugierde um Vergebung
bitten, aber in diesem Fall war sie von Vorteil. Möchten Sie
irgendwo eine Erfrischung zu sich nehmen? Sie brauchen eine
Stärkung.«

»Nein, danke. Ich möchte nur nach Hause.«

»Der Vorfall hat Ihnen Angst eingejagt, das kann ich verstehen. Ich werde Sie nach Hause begleiten.«

»Danke.«

»Es ist für junge, attraktive Damen nicht ratsam, allein in den Straßen von London spazierenzugehen.«

»Ich verstehe noch immer nicht, was das zu bedeuten hatte. Das blinde Mädchen...«

»Das genausowenig blind ist wie Sie und ich.«

»Was wollte sie dann?«

»Sie war der Lockvogel. Man wollte Sie in dieses Haus locken.«

»Weshalb? Um mich zu berauben?«

»Ich glaube, daß Ihnen noch Schlimmeres gedroht hat. Ich war sehr erstaunt, als Sie das Haus betraten, Miss...«

»Frenshaw.«

»Dieses Haus, Miss Frenshaw, hat einen äußerst schlechten Ruf. Entschuldigen Sie den Ausdruck, aber es ist ein Bordell.«

»O nein!«

»O doch!«

»Ich habe geglaubt, daß es sich um ein leerstehendes Haus handelt.«

»Dennoch ist es ein Freudenhaus. Man hat Sie dorthin gelockt, derlei kommt leider vor. Für gewöhnlich haben die Leute es auf Mädchen abgesehen, die frisch vom Land nach London kommen.«

»Aber...«

»Sie konnten nicht wissen, daß Sie einer einflußreichen Familie angehören. Sie müssen mir verzeihen, aber Sie sind mir bereits im ›Grünen Mann‹ aufgefallen. Ich habe beobachtet, wie Sie aus der Familienkutsche ausgestiegen und mit welcher Ehrerbietung der Wirt Sie begrüßt hat. Menschen wie diese beiden Frauen haben es für gewöhnlich auf alleinstehende Mädchen abgesehen.«

»Ich kann es kaum glauben.«

»Diese Leute hätten Ihnen ein Betäubungsmittel eingeflößt, und Sie hätten beim Erwachen festgestellt, daß Sie sich auf hoher See befinden. Solche Menschen sind teuflisch und vollkommen skrupellos. Das einzige, was ihnen am Herzen liegt, ist ihr Profit.«

»Das ist ja entsetzlich!«

»Wie ich sehe, haben Sie den Schock noch nicht überwunden, und es fällt Ihnen offensichtlich schwer, mir Glauben zu schenken. Aber ich versichere Ihnen, daß diese Leute etwas Derartiges vorgehabt haben. Es ist ein Glück, daß ich heute in der Bond Street zu tun hatte. Ich habe Sie erblickt, Sie wiedererkannt und bin Ihnen gefolgt. Sie müssen mir verzeihen, aber ich habe einen Vorwand gesucht, um Sie anzusprechen. Dann beobachtete ich, wie das Mädchen sich an Sie wandte. Ich wurde mißtrauisch, denn einen Augenblick zuvor hatte sie sich noch vollkommen sicher durch die Menge bewegt. Ich wollte wissen, was hier gespielt wird, und folgte Ihnen in angemessenem Abstand. Als ich in die Grant Street einbog, sah ich gerade noch, wie Sie dieses Haus betraten. Jetzt war ich davon überzeugt, daß etwas Schlimmes im Gang war. Ich bedauere nur, daß ich so lange gezögert habe. Schließlich entschloß ich mich doch, zu läuten und mir, wenn nötig, den Zutritt ins Haus zu erzwingen. Den Rest kennen Sie.«

»Ich danke Ihnen«, flüsterte ich.

»Es wird mir ein Vergnügen sein, Sie zu Ihrer Familie zu begleiten. Eine bezaubernde Familie, wenn Sie mir diese Bemerkung gestatten. Ich habe Sie übrigens auch einmal in der Albermarle Street gesehen. Offenbar sorgt das Schicksal dafür, daß unsere Wege einander immer wieder kreuzen, und hat mich dazu ausersehen, Sie vor einem schrecklichen Los zu bewahren.«

Mich überlief ein Schauer. »Es war ein Wunder.«

»Das finde ich auch.«

»Ich hatte keine Ahnung, daß es so etwas überhaupt gibt.«

»Woher sollten Sie es auch wissen? Ich mache mir ohnehin Vorwürfe, weil ich einige Minuten gezögert habe. Ich fragte mich, ob ich überhaupt ein Recht besitze, mich einzumischen. Ich begriff einfach nicht, was Sie in einem solchen Haus suchten. Dann warf ich meine Bedenken über Bord, läutete und verlangte Einlaß. Der Mann, der die Tür öffnete, wollte sofort wissen, was ich hier zu suchen hätte. Ich erklärte ihm, daß ich mit der jungen Dame sprechen wolle, die das Haus soeben betreten hätte. Daraufhin befahl er mir, zu verschwinden. In diesem Augenblick hörte ich im Zimmer Stimmen. Er versuchte, mich aufzuhalten, aber ich schlug ihn nieder, denn ich war überzeugt, daß man Sie gegen Ihren Willen festhielt. Ich hatte gehört, daß solche Leute sich oft merkwürdiger Geschäftsmethoden bedienen. Jetzt kennen Sie die ganze Geschichte. Ich bin ja so froh, daß ich zufällig zur Stelle war.«

»Ich weiß nicht, wie ich Ihnen danken soll.«

»Es ist nicht der Rede wert.«

»Sie wußten nicht, was Sie in diesem Haus erwartet, ob diese Menschen nicht zu allem entschlossen waren. Schließlich handelt es sich um Verbrecher. Es war sehr tapfer von Ihnen, mir zu folgen.«

»Danke.«

»Meine Eltern werden Ihnen ebenfalls ihren Dank aussprechen wollen.«

»Mir genügt das Bewußtsein, daß ich Sie retten konnte.«

Wir hatten inzwischen die Albemarle Street erreicht, und ich bestand darauf, ihn meinen Eltern vorzustellen.

Mein Vater war nicht zu Hause, aber meine Mutter war inzwischen zurückgekehrt. Sie begrüßte den Fremden erstaunt und war entsetzt, als sie erfuhr, was sich abgespielt hatte.

»Ich weiß nicht, wie ich Ihnen danken soll, Mister ...«

»Peter Lansdon. Ich bin entzückt, Ihre Bekanntschaft zu machen.«

»Bitte nehmen Sie doch Platz, ich lasse sofort Wein bringen. Wie konntest du nur, Jessica! Ich habe dir doch so oft eingeschärft, daß du nicht allein ausgehen sollst.«

»Ich bin kein Kind mehr, Mutter.«

»Trotzdem bist du offenbar nicht imstande, auf dich achtzugeben. Sir, wir stehen tief in Ihrer Schuld, weil Sie unsere Tochter gerettet und zu uns zurückgebracht haben. Nein, widersprechen Sie nicht. Sie haben sich äußerst tapfer verhalten. Die Adresse hat doch Grant Street neunzehn gelautet? Mein Mann wird sich unverzüglich darum kümmern. Es ist etwas anderes, ob Mädchen aus freiem Willen in solche Häuser gehen, oder ob sie unter Vorspiegelung falscher Tatsachen von der Straße hineingelockt werden. Bitte schildern Sie mir den Vorfall genau.«

Peter Lansdon wiederholte seinen Bericht.

»Ich muß zugeben, daß mein ursprünglicher Beweggrund reine Neugierde war. Sie waren mir schon im ›Grünen Mann‹ aufgefallen. Heute vormittag ging ich zufällig durch die Bond Street und erkannte Ihre Tochter wieder. Außerdem verhielt sich das blinde Mädchen reichlich verdächtig.«

»Mister Lansdon ist ein sehr scharfer Beobachter«, warf ich ein.

Meine Mutter nickte.

»Ich muß gestehen, daß ich Ihrer Tochter in einiger Entfernung folgte und deshalb sah, wie sie das Haus betrat.«

»Woher wußten Sie, um was für ein Haus es sich handelt?«

»In einem Klub war einmal davon die Rede. Ich begriff nicht, warum Ihre Tochter sich von dem Mädchen hineinführen ließ, das so plötzlich erblindet war. Aus einer plötzlichen Eingebung heraus folgte ich ihr. Der Rest ist Ihnen bekannt.«

»Ich würde mich sehr freuen, wenn Sie heute zum Abendessen zu uns kommen könnten, falls Sie Zeit haben.«

»Mit dem größten Vergnügen.«

Eine halbe Stunde später verabschiedete er sich.

»Was für ein bezaubernder Mann«, bemerkte meine Mutter.

Als mein Vater heimkehrte und erfuhr, was geschehen war, war er zunächst sprachlos und dann so zornig, daß ich schon befürchtete, er würde einen Schlaganfall erleiden.

Er wandte sich mir zu. »Wie kannst du nur so dumm sein! Du hast offenbar keine Ahnung, welche Gefahren in einer Großstadt lauern. Einfach in ein fremdes Haus gehen…«

»Ich habe geglaubt, daß das Mädchen blind ist, und es hat mir leid getan.«

»Leid getan! Du hast dich wie eine Idiotin benommen.«

Ich ertrug seinen Zorn widerspruchslos, denn ich hatte ihn verdient. Außerdem fand ich jetzt, nachdem alles gutgegangen war, das Abenteuer fast aufregend. Der hochgewachsene Mann mit dem Biberhut war kein Fremder mehr, sondern eine sehr interessante Persönlichkeit. Er würde zum Dinner kommen, und ich war überzeugt davon, daß er ein anregender Gesprächspartner sein würde.

»Achte darauf, daß unsere Tochter von nun an zu Hause bleibt«, wies mein Vater meine Mutter an. »Man kann nie wissen, was ihr noch alles einfällt. Und merke dir eines, Jessica: du darfst unter gar keinen Umständen allein ausgehen. Habe ich mich klar ausgedrückt?«

»Ja.«

»Dann versprich es mir.«

Ich tat es.

Kurz danach ging mein Vater. Er wollte Nachforschungen über das Haus in der Grant Street anstellen.

Meiner Mutter mußte ich bis ins kleinste Detail erzählen, wie sich alles abgespielt hatte: wie das blinde Mädchen mich angesprochen hatte, was in dem Haus geredet worden war und so weiter. Sie wiederholte immerzu: »Ich danke Gott, daß er dir diesen jungen Mann geschickt hat. Er ist wirklich bezaubernd... und so bescheiden. Er findet tatsächlich, daß er nichts Besonderes getan hat. Dabei ist er in ein verrufenes Haus eingedrungen... Ihm hätte alles mögliche zustoßen können. Noch dazu hat er es für eine ihm vollkommen fremde junge Frau getan, mit der er noch kein einziges Wort gesprochen hatte. Er ist ein tapferer, höflicher Mensch, und ich freue mich, daß er zum Abendessen kommt.«

Ein paar Stunden später kam mein Vater zurück. Das Haus in der Grant Street war ein Bordell gewesen, das von einer gewissen Madame Delarge geführt wurde, die angeblich Französin war. Zur Zeit stand es leer, denn es sollte verkauft werden. Madame Delarge führte in Piccadilly ein sogenanntes angesehenes Haus, das von Gentlemen besucht wurde. Sie hatte es nicht nötig, Mädchen gewaltsam in ihr Etablissement zu bringen, denn es gab genügend freiwillige Bewerberinnen. Sie hatte das Haus in der Grant Street aufgegeben und vor einer

Woche geräumt und konnte sich nicht vorstellen, wer die Leute waren, die ein junges Mädchen dorthin lockten. Sie hatte jedenfalls nichts damit zu tun; vielleicht hatte sich jemand einen schlechten Scherz erlaubt.

Weitere Nachforschungen ergaben, daß Madame Delarge die Wahrheit gesprochen hatte.

Meine Mutter fand, daß die Geschichte immer geheimnisvoller wurde, und mein Vater stand vor einem Rätsel.

»Wir werden das Haus jedenfalls überwachen«, beschloß er.

Das Abenteuer wurde immer seltsamer.

Peter Lansdon speiste an diesem Abend bei uns.

Die Informationen, die mein Vater über das Haus in der Grant Street erhalten hatte, veranlaßten ihn zu noch größerer Dankbarkeit meinem Retter gegenüber. Er fand es sehr seltsam, daß das Haus von Menschen benützt worden war, die Madame Delarge nicht kannte. Die ganze Angelegenheit kam ihm immer verdächtiger und unheimlicher vor. Er war davon überzeugt, daß es Organisationen gab, die junge Frauen ins Ausland entführten und sie dort an Freudenhäuser verkauften. Die Vorstellung, daß seine Tochter beinahe das Opfer von Mädchenhändlern geworden wäre, steigerte seinen Zorn so sehr, daß meine Mutter regelrecht Angst um ihn bekam. Er ließ weitere Untersuchungen anstellen.

»Du mußt viel vorsichtiger sein, Jessica«, wiederholte meine Mutter immerzu.

Ich versprach es ihr hoch und heilig, denn ich schämte mich sehr, weil ich so leichtgläubig gewesen war.

Peter Lansdon entpuppte sich als ein angenehmer Gesellschafter.

Wir saßen nur zu viert bei Tisch, denn meine Eltern hatten es für angebracht gehalten, keine anderen Gäste einzuladen. Sie wollten nicht an die große Glocke hängen, wie knapp ich einem Unheil entronnen war, und mein Vater, der von Natur aus mißtrauisch war, wollte etwas mehr über unseren Gast erfahren, bevor er ihn unseren Freunden vorstellte.

Peter Lansdon war durchaus bereit, über sich zu sprechen – er tat es sogar gern.

Er war erst kürzlich nach England gekommen. Seine Familie besaß Ländereien in Jamaica und exportierte Zucker und Rum in großem Maßstab. Vor einem Jahr hatte er beschlossen, den Besitz zu Geld zu machen und sich in England niederzulassen.

»Die Abwicklung hat allerdings länger gedauert, als ich erwartet hatte«, schloß er.

Mein Vater stimmte ihm zu. »Was wollen Sie in England unternehmen? Wenn ich mich nicht täusche, gehören Sie nicht zu den Menschen, die ein müßiges Leben führen und sich die Zeit mit Glücksspielen in den Klubs vertreiben?«

»Sie beurteilen mich richtig, Sir, das habe ich tatsächlich nicht im Sinn. Ich habe mir vorgestellt, daß ich irgendwo im Süden des Landes ein Gut erwerbe und mich dort niederlasse. Da ich an ein warmes Klima gewöhnt bin, wird mir der Norden wahrscheinlich zu rauh sein.«

»Haben Sie sich schon umgesehen?« erkundigte sich meine Mutter.

»Ich habe bereits einige Besitzungen besichtigt, aber sie haben mir nicht zugesagt.«

»Haben Sie eine Wohnung in London gemietet?«

»Noch nicht, ich wohne im Hotel. Ich bin bis jetzt herumgereist und habe sozusagen das Land erkundet.«

»Meine Tochter hat erwähnt, daß Sie uns im ›Grünen Mann‹ gesehen haben.«

Ich lächelte ihn an. »Als wir eintraten, saßen Sie in der Gaststube.«

Er nickte.

»Und Sie haben meine Tochter wiedererkannt, als Sie ihr auf der Straße begegnet sind«, bemerkte mein Vater.

Peter Lansdon lächelte. »Sie ist eine bemerkenswerte junge Dame. Außerdem war mir bereits das Mädchen aufgefallen, das so tat, als sei es blind.«

»Das Ganze ist eine äußerst merkwürdige Geschichte«, meinte mein Vater. »Als ich wenige Stunden danach hinkam, war das Haus verlassen. Sie müssen Hals über Kopf geflüchtet sein. Madame Delarge hat keine Ahnung, um wen es sich handeln könnte.«

»Sie ist Französin?«

»Da bin ich mir nicht so sicher. Vielleicht gibt sie sich nur als Französin aus. Warum glauben die Leute eigentlich, daß die Franzosen vom Laster mehr verstehen als wir?«

»Weil es möglicherweise den Tatsachen entspricht«, meinte ich. »Laster und Mode haben einiges gemeinsam. Beide müssen über eine gewisse Eleganz verfügen, damit sie nicht vulgär wirken.«

Unser Gast lachte. »Ihre Ansicht hat einiges für sich. Ich habe übrigens ebenfalls Erkundigungen angestellt und kann nicht glauben, daß Madame Delarge, die sehr auf ihren guten Ruf bedacht ist, etwas mit dem Zwischenfall zu tun hat. Das Ganze war so primitiv und absurd.«

»Ich habe immer mehr das Gefühl, daß es besonders dumm von mir war, auf diesen Trick hereinzufallen«, sagte ich.

»Aber nicht doch. Darauf wäre jeder hereingefallen. Ein armes blindes Mädchen bittet um Hilfe. Nur ein hartherziger Mensch könnte sie abweisen.«

»Aber daß ich in das Haus gegangen bin . . .«

»Es hat sich bestimmt ganz von selbst ergeben.«

»Die Geschichte ist überaus merkwürdig«, wiederholte mein Vater, und meine Mutter fügte hinzu: »Mich schaudert, wenn ich daran denke, was geschehen wäre, wenn Sie nicht eingegriffen hätten, Mr. Lansdon.«

»Denken Sie nicht mehr daran. Ende gut, alles gut, und ich kann Ihnen versichern, daß die Geschichte für mich sehr gut ausgegangen ist. Da ich aus Übersee komme, verfüge ich hier nur über wenige Bekannte, und es ist mir ein großes Vergnügen, bei Ihnen zu speisen. Ich hoffe aufrichtig, daß dieses Abendessen nicht das Ende unserer Bekanntschaft darstellt.«

»Dafür besteht kein Grund«, versicherte ihm meine Mutter.

»Ich habe mich schon gefragt, ob Sie mir vielleicht helfen könnten. Ich weiß nämlich nur sehr wenig über dieses Land.

Zwar wurde ich hier geboren, aber gleich nach meiner Schulzeit bin ich nach Jamaica gereist und habe dort meinem Vater bei der Verwaltung der Plantagen geholfen.«

»Hält Ihr Vater sich jetzt ebenfalls in England auf?«

»Er ist vor zwei Jahren gestorben. Er wurde das Opfer eines bösartigen Fiebers, das auf Jamaica beheimatet ist. Er hatte bereits vor einigen Jahren einen Anfall erlitten, der ihn sehr geschwächt hatte.« Er schüttelte traurig den Kopf.

»Und daraufhin haben Sie beschlossen, Jamaica zu verlassen«, stellte ich fest.

»Man sehnt sich nach seiner Heimat. Man möchte unter seinen Landsleuten leben, die über die gleichen Ideale und die gleiche Denkweise verfügen wie man selbst. Sie verstehen doch, was ich meine.«

»Ich verstehe Sie sehr gut«, nickte meine Mutter. »Mir geht es genauso. Ich bin mit zwölf oder dreizehn Jahren nach Frankreich übersiedelt, und mein erster Mann war Franzose. Aber England ist immer meine Heimat geblieben.«

Peter Lansdon sah mich an.

»Nein, nein«, stellte meine Mutter hastig richtig. »Jessica ist die Tochter meines jetzigen Mannes. Aus meiner ersten Ehe habe ich eine Tochter, Claudine, die mit dem Sohn meines Mannes aus dessen erster Ehe verheiratet ist. Außerdem habe ich einen Sohn, der in Frankreich lebt. Die Verwandtschaftsverhältnisse in unserer Familie sind etwas verwirrend.«

»Ich verstehe. Sie können mir also nachfühlen, wie mir zumute war, als ich heimkehrte.«

»Natürlich. Sie müssen auch noch meine andere Tochter, Jessicas Halbschwester, kennenlernen.«

»Es wird mir ein Vergnügen sein. In welchem Teil des Landes liegt Ihr Besitz, wenn ich fragen darf?«

»Im Südosten, nur wenige Meilen vom Meer entfernt. Die nächste größere Stadt ist Dover.«

»Ist dieser Teil des Landes fruchtbar?«

»Ja. Eine große Plage ist allerdings der Südostwind, der sehr stürmisch werden kann. Doch davon abgesehen, ist das Klima im Südosten Englands eher mild. Es ist gutes Farmland, also eine recht empfehlenswerte Gegend.«

»Ich werde sie mir einmal ansehen.«

»Ich frage mich...«, begann meine Mutter, und ich wußte, daß sie an Enderby dachte.

»Ja?« fragte Peter Lansdon.

»Es gibt in der Gegend, und zwar in unserer unmittelbaren Nachbarschaft, ein Haus, das verpachtet werden soll. Es gehört jemandem, der mit unserer Familie in Verbindung steht, und wir verwalten es.«

»Tatsächlich?«

»Man könnte sich von dort aus sehr gut in der Umgebung umsehen, nicht wahr, Dickon?«

»Ich habe allerdings nicht gehört, daß in der Gegend ein Haus zum Verkauf stünde«, wandte Dickon ein.

»Und was ist mit dem Haus selbst?« fragte Peter Lansdon eifrig.

»Der dazugehörige Grundbesitz ist eher unbedeutend.«

»Könnte man Land hinzukaufen?«

»Das wäre durchaus möglich. Unser Besitz umfaßt einen großen Teil des Gebiets, und es gibt da noch ein Haus, Grasslands. Zu letzterem gehören zwei Güter.«

»Das klingt vielversprechend. Wie ist der Name des Hauses?«

»Enderby«, antwortete ich.

»Vielleicht...« lächelte er.

Nach dem Essen begaben wir uns in den Salon, und Peter Lansdon sprach mit meinem Vater über Jamaica und den Zucker- und Rumexport. Mein Vater interessierte sich immer für neue Geschäftsmöglichkeiten und war offenbar von unserem Gast recht angetan. Meine Mutter hatte ihn natürlich gleich ins Herz geschlossen, hauptsächlich, weil er mich gerettet hatte.

Natürlich war ich von ihm gefesselt. Seine Blicke verrieten deutlich, daß er mich bewunderte, und er hatte sich bestimmt nur meinetwegen so eingehend nach Enderby erkundigt.

Um halb elf verließ er uns und kehrte in sein Hotel zurück.

Meine Mutter kam in mein Zimmer, um noch eine Weile mit mir zu plaudern.

»Ein äußerst bemerkenswerter junger Mann. Ich freue mich, daß er zum Dinner gekommen ist.«

»Er ist sichtlich gern gekommen.«

»Er hat bestimmt nicht viele Bekannte, weil er erst so kurz im Lande ist. Ich danke Gott für diesen jungen Mann, mein Kind. Wenn ich mir vorstelle . . .«

»Bitte, Mutter, fang nicht schon wieder damit an. Es war dumm von mir, aber es war mir eine Lehre.«

»Wenn du dir nur merkst . . .«

»Natürlich merke ich es mir. Durch Schaden wird man klug. Auf so etwas werde ich nie wieder hereinfallen.«

»In einer großen Stadt wie London muß man die Augen offenhalten.«

»Das weiß ich jetzt.«

»Wir haben jedenfalls dadurch einen interessanten jungen Mann kennengelernt, dem dein Vater so dankbar ist. Es wäre doch nett, wenn er nach Enderby käme.«

»Nett?«

»Ich meine interessant. Wir haben die Barringtons ebenfalls durch einen Zufall kennengelernt, und sie haben dann Grass-lands gekauft.«

»Ich glaube nicht, daß er ständig in Enderby leben möchte. Es ist kein sehr anziehendes Haus.«

»Nein, aber für ihn könnten andere Gesichtspunkte entscheidend sein.«

»Was meinst du damit?«

»Du hast ihn beeindruckt.«

»Du bist unheilbar romantisch, Mutter.«

»Und du bist jung und sehr attraktiv.«

»Deine mütterliche Phantasie geht mit dir durch.«

»Ich halte ihn jedenfalls für einen interessanten Menschen und hoffe, daß wir öfter mit ihm zusammenkommen werden.«

Nachdem sie mich verlassen hatte, dachte ich noch lange nach. Es war ein ereignisreicher Tag gewesen. Ich erlebte im Geist noch einmal die schrecklichen Augenblicke in der Grant Street. Doch vor allem konnte ich Peter Lansdon nicht aus meinen Gedanken vertreiben.

Es war kein Wunder, daß mich der Schlaf floh; und als ich schließlich einschlief, träumte ich von ihm.

Als ich erwachte, war mein erster Gedanke: Ob ich ihn wohl jemals wiedersehe?

In unserer Gegend hatte sich vieles verändert, und zwar innerhalb weniger Jahre. Ein Ereignis zieht das nächste nach sich, und am Ende ist alles anders geworden. In Eversleigh war zwar so ziemlich alles beim alten geblieben, aber in Grasslands, in dem die leicht verschrobene Mrs. Trent mit ihrer Enkelin gelebt hatte, wohnten zur Zeit die eher konservativen Barringtons. Tante Sophie war gestorben, und in Enderby hauste im Augenblick Peter Lansdon.

Meine Eltern hatten nicht angenommen, daß er das Haus pachten würde. Ich war insgeheim anderer Meinung gewesen, weil ich davon überzeugt war, daß er sich auf den ersten Blick in mich verliebt hatte, was ich als angenehm und romantisch empfand. Ich hatte sein Interesse in dem Augenblick erregt, in dem er mich im ›Grünen Mann‹ gesehen hatte. Dann hatte er unseren Kutscher bestochen, war mir nach London gefolgt und dadurch zu meinem unfreiwilligen Retter geworden.

Diese Rettung führte dazu, daß sich zwischen uns sofort eine besondere Beziehung herausgebildet hatte, und ich war deshalb nicht überrascht, als er erklärte, daß er Enderby auf drei Monate mieten wolle, um sich, wie er sich ausdrückte, in der Umgebung umzusehen.

Ich empfand seine Gesellschaft als angenehm, und wir waren häufig zusammen. Meine Mutter nahm ihn unter ihre Fittiche und besorgte ihm Personal. Sie lud ihn oft zu uns ein, und er verstand sich mit der ganzen Familie gut. Sogar mein Vater unterhielt sich gern mit ihm. Amaryllis fand, daß er bezaubernd war – sie bezeichnete ihn als einen der reizendsten Menschen, die sie je kennengelernt hatte.

Die Barringtons standen ihm etwas reservierter gegenüber; doch das kam wohl hauptsächlich daher, daß sie in ihm einen Rivalen für Edward sahen.

Seit Peter Lansdon sich in Enderby niedergelassen hatte, dachte ich viel über Edward nach. Peters Gesellschaft war anregend; bei Edward fühlte ich mich geborgen und behütet, aber er regte mich bestimmt nicht auf.

Zu dieser Zeit hatte Edward in der Fabrik mit großen Schwierigkeiten zu kämpfen, die ihn sehr in Anspruch nahmen; außerdem war er immer wieder für längere Zeit abwesend. Seine Eltern machten sich seinetwegen Sorgen, und auch Clare Carson nahm an seinen Problemen Anteil. Sie hatte es sehr begrüßt, daß Peter Lansdon auf der Bildfläche erschienen war, und mich dadurch in meinem Verdacht bestärkt, daß sie Edward liebte.

Seit Peter Enderby gepachtet hatte, war das Leben viel abwechslungsreicher. Es schmeichelte mir, daß er sich so bemüht hatte, in meine Nähe zu gelangen; dadurch hatte er meine Zuneigung gewonnen. Ich wartete noch immer auf das große, schwindelerregende Gefühl – so stellte ich mir jedenfalls die Liebe vor. Ich hatte felsenfest daran geglaubt, als ich zugesehen hatte, wie Romany Jake um das Freudenfeuer tanzte. Doch es war an der Zeit, daß ich erwachsen wurde, denn meine Eltern erwarteten von mir, daß ich demnächst heiratete. Ich konnte sogar unter zwei Bewerbern wählen und bedauerte Amaryllis, um die sich kein einziger bemühte.

Ich würde mich natürlich für Peter entscheiden, weil wir einander unter so romantischen Umständen kennengelernt hatten. Dem armen Edward würde das Herz brechen. Er tat mir sehr leid, denn ich mochte ihn und wollte ihn auf keinen Fall verletzen. Vielleicht würde er Clare heiraten – dann würden alle zufriedengestellt sein.

Peter war sofort von Enderby begeistert gewesen und beschloß auf der Stelle, es zu pachten. Er hatte es in unserer Begleitung besichtigt, und meine Mutter hatte ihn aufgefordert, einige Tage bei uns zu bleiben.

Er hatte unser Haus über den grünen Klee gelobt. »Ein bemerkenswertes Beispiel elisabethanischer Architektur«, hatte er festgestellt; er konnte nicht genug von unserer Familiengeschichte erfahren.

»Das sind die Dinge, die einem fehlen, wenn man sich im Ausland niederläßt«, bemerkte er. »Sie ahnen nicht, wie sehr ich Sie beneide.«

Er betrachtete die Gemälde in der Ahnengalerie und stellte dazu viele Fragen. Er ritt mit Amaryllis und mir über unseren Besitz und war zu uns beiden gleichermaßen bezaubernd.

Als wir ihm Enderby zum ersten Mal zeigten, war ich neugierig, wie er darauf reagieren würde, denn es war ein trüber Tag, und das Haus wirkte besonders düster.

Ich beobachtete ihn scharf, als wir die große Halle betraten, denn ich wollte wissen, welchen Eindruck er von Enderby hatte.

»Das Haus besitzt Atmosphäre«, stellte er fest. »Es ist nicht so großartig wie Eversleigh, aber auf seine Art sehenswert.«

Wir stiegen die Treppe hinauf und besichtigten die Zimmer.

»Das Haus ist für einen alleinstehenden Gentleman ziemlich groß«, bemerkte meine Mutter.

»Es ist ein Familienhaus«, bestätigte er.

»Es braucht Menschen«, erklärte meine Mutter. »Meine Tante, die letzte Besitzerin, hat nur mit ihrer Zofe hier gelebt. Und davor hat es lange Zeit leergestanden.«

»Sie haben hoffentlich keine Angst vor Gespenstern«, neckte ihn Amaryllis.

»Ich glaube nicht, daß Mr. Lansdon vor irgend etwas Angst hat«, lächelte meine Mutter.

»Vielleicht bin ich doch nicht ganz so furchtlos«, widersprach er, »aber vor Gespenstern fürchte ich mich ganz bestimmt nicht.«

»Ich habe eine Vorliebe für alte Häuser«, gestand Amaryllis, »obwohl ich Enderby nie mochte.«

»Wollen Sie mich etwa abschrecken?« fragte er.

»Oh, keinesfalls, die Entscheidung liegt allein bei Ihnen. Häuser wirken ganz unterschiedlich auf die Menschen. Erwägen Sie ernstlich, es zu pachten?«

»Für meine Zwecke könnte es nicht günstiger liegen.«

»Sie haben sich also entschlossen, sich in der Umgebung nach einem Besitz umzusehen?« fragte ich.

»Ich halte die Gegend für ideal.«

»Ein solcher Schritt will genau überlegt sein«, warnte meine Mutter. »Man muß erst eine Zeitlang in einem Gebiet gelebt haben, um ein Gefühl dafür zu entwickeln.«

Wir setzten die Besichtigung der Zimmer fort.

»Es sind so viele Räume«, stellte er fest.

»Ja, und von einem der Zimmer führt ein interessantes Sprechrohr in die Küche. Ich werde es Ihnen zeigen«, versprach ich ihm.

»Das ist wirklich ein aufregendes Haus. Ich würde es gern noch einmal besichtigen, wenn ich darf.«

»Wann immer Sie wollen«, stimmte meine Mutter zu. »Die Mädchen werden Sie begleiten. Wenn Sie es aber allein besuchen wollen, müssen Sie es nur sagen. Ich selbst bin gern ungestört, wenn ich eine Entscheidung zu treffen habe.«

An diesem Tag kamen wir immer wieder auf Enderby zu sprechen.

»Sie verheimlichen mir jedenfalls keinen seiner Nachteile«, stellte er fest.

»Leider ist man mit der Aufzählung der Vorteile viel schneller fertig«, antwortete ich.

»Es gibt trotzdem einen, den Sie noch nicht erwähnt haben.«

»Und zwar?«

»Daß ich so bezaubernde Nachbarn bekomme.«

Er hatte noch am gleichen Tag beschlossen, Enderby für kurze Zeit zu pachten. Ich war davon überzeugt, daß er sich nicht dazu entschlossen hatte, weil ihm das Haus zusagte, sondern weil er in mich verliebt war und in meiner Nähe sein wollte. Er zog noch vor Weihnachten ein. Das war ohne weiteres möglich, weil die Zimmer noch genauso aussahen, wie zu Tante Sophies Lebzeiten. So ergab sich ein reges Hin und Her zwischen Eversleigh und Enderby, und er besuchte uns oft. Amaryllis und ich halfen ihm, das Haus für Weihnachten herzurichten, und wir einigten uns darauf, daß er am Weihnachtstag bei uns feiern und wir am nächsten Tag bei ihm zu Gast sein würden.

Meine Mutter wurde ganz gerührt, als sie Enderby so weihnachtlich geschmückt sah. Tante Sophie hatte nichts dafür übrig gehabt, und vorher hatte das Haus leergestanden und war vernachlässigt worden. Wir stellten den Weihnachtsbaum auf, hängten den Weihnachtsbuschen über die Tür, befestigten überall Stechpalmen- und Mistelzweige und brachten Efeu als Wandschmuck an.

Wir luden auch die Barringtons ein; Mrs. Barrington war ein wenig verstimmt, weil sie erwartet hatte, daß wir an einem der beiden Tage bei ihnen zu Gast sein würden; jetzt mußte sie ihre Weihnachtsparty am Weihnachtsabend abhalten.

Als ich in Grasslands mit Edward tanzte, bat er mich erneut, ihn zu heiraten. Ich antwortete ihm, daß ich mich noch immer nicht entschlossen hätte. Er wirkte betrübt und wegen Peter Lansdon sichtlich besorgt. Er tat mir leid, und ich hätte ihn gern getröstet, weil er jetzt mit so vielen Schwierigkeiten zu kämpfen hatte; aber den einzigen wirksamen Trost, nämlich das Versprechen, ihn zu heiraten, konnte ich ihm nicht geben.

Bei einer der Weihnachtsparties unterhielt ich mich auch mit Clare Carson. »Ihr Londoner Freund ist ein sehr attraktiver Mann«, bemerkte sie.

Ich pflichtete ihr bei.

»Ich bin neugierig, wie lange er in Enderby bleiben wird.«

»Er hat seinen Besitz in Jamaica verkauft und sucht jetzt etwas Entsprechendes in England.«

»Wie faszinierend. Werden Sie ihn heiraten?«

Ich errötete. »Wie kommen Sie denn auf die Idee?«

»Ich habe den Eindruck, daß Sie beide daran denken.«

»Dann wissen Sie mehr als ich.«

Sie lachte – was sie nur selten tat. »Ich wäre sehr erstaunt, wenn es nicht so käme.«

Ist es so offensichtlich? dachte ich. Oder war bei Clare der Wunsch der Vater des Gedankens?

Die Pettigrews verbrachten Weihnachten in Eversleigh. Mein Vater sah es gern, wenn Jonathan uns oft besuchte. Er würde den Besitz einmal erben, und mein Vater wollte ihn rechtzeitig in die Aufgaben einführen, die ihn erwarteten. Er mochte Jonathan und bewunderte ihn wider Willen. Bestimmt erinnerte ihn sein Enkel daran, wie er selbst in diesem Alter gewesen war.

Peter Lansdon kam mit den Verwandtschaftsverhältnissen in unserer Familie nicht zurecht. »Sie sind so verwirrend«, behauptete er, »daß ich mir immer wieder ins Gedächtnis rufen muß, wer wer ist. Am seltsamsten ist, daß Jessica Ihre Tante sein soll, Amaryllis.«

»Sie ist es tatsächlich«, bestätigte Amaryllis. »Sie hat diesen Vorteil im Unterricht bei unserer Gouvernante immer weidlich ausgenützt.«

»Jessica wird immer jeden Vorteil, der sich ihr bietet, ausnützen.«

Dieses Gespräch fand am Heimweg von der Kirche statt. Es war Christtag, und ich hatte noch immer die Hymnen im Ohr, die ich so sehr liebte. Ich war so glücklich, daß ich glaubte, mein Herz würde zerspringen. »Wenn Sie so von mir sprechen, bekommt man den Eindruck, daß ich besitzgierig und hinterlistig bin. Finden Sie das tatsächlich?«

Peter ergriff meine Hand. »Entschuldigen Sie. Ich habe damit nur gemeint, daß Sie vor Energie sprühen, daß Sie das Leben genießen wollen ... dazu ist es schließlich auch da.«

»Das ist richtig«, pflichtete Amaryllis ihm bei. »Jessica lebt ... wie soll ich es ausdrücken ... bewußt. Ich bin viel leichter zu beeinflussen, viel vertrauensseliger, viel dümmer als sie.«

»So dürfen Sie nicht von sich reden.« Er hatte sich zu ihr gewendet. »Sie sind genauso bezaubernd wie Jessica.«

»Obwohl ich ganz anders geartet bin?«

»Jede von Ihnen ist auf ihre Art entzückend.«

»Das klingt, als wären wir fehlerlos«, wandte ich ein. »Und das sind wir bestimmt nicht... nicht einmal Amaryllis.«

»Ich habe mir schon eine feste Meinung über Sie beide gebildet.«

»Wenn Sie uns erst näher kennen, werden Sie diese Meinung vermutlich revidieren müssen.«

»Ich kenne Sie bereits sehr gut.«

»Man kennt den anderen nie wirklich.«

»Sie denken an die Geheimnisse des Herzens. Die sind es ja gerade, die uns an den anderen faszinieren, finden Sie nicht?«

»Sie haben damit nicht ganz unrecht.«

»Ich kenne mich noch immer nicht so recht mit Ihren Verwandten aus. Wer ist eigentlich der lebhafte junge Gentleman?«

»Sie meinen Jonathan?«

»Richtig, Jonathan. Wie sind Sie mit ihm verwandt?«

»Der ersten Ehe meines Vaters entstammten Zwillinge – David und Jonathan. Jonathan hat Millicent Pettigrew geheiratet, und der junge Jonathan ist ihr Sohn. David hat Claudine, die Tochter meiner Mutter aus ihrer ersten Ehe, geheiratet. Amaryllis stammt aus dieser Verbindung.«

»Amaryllis und Jonathan sind also Cousin und Cousine.«

»Richtig – und ich bin Jonathans und Amaryllis' Tante.«

»Unserer Familie ist es wirklich gelungen, die verwandtschaftlichen Beziehungen rettungslos zu verwirren«, stellte Amaryllis fest.

»Mein Vater hat es gern, wenn Jonathan zu uns kommt«, fuhr ich fort. »Jonathan wird eines Tages Eversleigh übernehmen – natürlich erst nach Davids Tod.«

»Sprich nicht davon«, bat Amaryllis.

»Es wird erst in vielen Jahren der Fall sein, und schließlich müssen wir alle eines Tages abtreten.«

»Besitzen die Pettigrews kein Gut, das sie Jonathan hinterlassen können?« fragte Peter.

»Sie besitzen ein schönes Haus, aber man kann es nicht als Gut bezeichnen«, erklärte Amaryllis.

»Es wird wohl dabei bleiben, daß Jonathan Eversleigh erbt«, mischte ich mich ein. »Mein Vater wird darauf bestehen. Es war ein Glück, daß er zwei so grundverschiedene Söhne hatte. David hat das Gut ausgezeichnet geleitet, während sich Jonathan überhaupt nicht dafür interessiert hat. Er hatte alle möglichen geheimnisvollen Eisen im Feuer. Vermutlich ist er auch deshalb eines gewaltsamen Todes gestorben. Er hätte sich bestimmt nicht dazu bereit gefunden, das Gut zu übernehmen, und ich habe den Eindruck, daß ihm sein Sohn nachgerät.«

»Meine Mutter behauptet, daß der junge Jonathan sie sehr an seinen Vater erinnert«, bestätigte Amaryllis.

»Ihr Vater ist ein Mann, der genau weiß, was er will«, wandte sich Peter an mich. »Und er läßt nicht locker, bis er es erreicht hat.«

»Damit haben Sie ihn ausgezeichnet charakterisiert«, stimmte ich zu. »Es wird Schwierigkeiten geben, wenn Jonathan seine Erwartungen enttäuscht. Er bedauert immer, daß David nicht auch einen Sohn hat. Er mag dich sehr, Amaryllis, aber ein Junge wäre ihm lieber gewesen. Er nimmt offenbar an, daß Davids Sohn gefügiger gewesen wäre.«

»Da hören Sie's«, lachte Amaryllis. »Jeder weiß, daß man mich leicht beeinflussen kann.«

»Das stimmt nicht«, widersprach ich. »Du kannst auch sehr entschlossen sein, aber du nimmst von den Menschen immer nur das Beste an.«

»Die Tante hat ihrer Nichte damit ein reizendes Kompliment gemacht.« Peter hängte sich bei Amaryllis und mir ein.

Wir hatten das Haus erreicht.

Peter verabschiedete sich von uns und kehrte nach Enderby zurück. Er würde am Abend zur Party kommen.

Eine fröhliche Gesellschaft nahm zum Weihnachtsessen Platz. Sie bestand aus den Barringtons mit Clare Carson, Peter Lansdon, den Pettigrews und unserer Familie. Außerdem waren der Arzt mit seiner Frau und der Anwalt aus der nahegelegenen Stadt anwesend, der die geschäftlichen Angelegenheiten meines Vaters in Eversleigh betreute. Diese Tischgesellschaft war seit etlichen Jahren immer die gleiche, das einzige neue Element war Peter Lansdon. Er war ein Gewinn für die Gesellschaft, weil er ein unterhaltsamer Tischgenosse war. Clare Carson war überaus freundlich zu ihm, aber das kam vermutlich nur daher, daß sie annahm, er würde mich heiraten.

Ich war inzwischen zu der Überzeugung gelangt, daß es die beste Lösung wäre, wenn Edward Clare heiratete. Sie würde ihm eine gute Frau sein und seine Sorgen mit ihm teilen; sie wußte auch über die Fabrik Bescheid, weil sie seit ihrer Kindheit bei seiner Familie lebte.

Es ist im Leben wirklich schlecht eingerichtet, daß sich die Menschen immer in die falschen Leute verlieben.

Ich erkundigte mich beim Dinner bei Edward, wie es in seiner Fabrik in Nottingham stünde.

»Sie haben zweifellos gehört, daß die Arbeiter immer gewalttätiger werden«, antwortete er. »Die Unruhen beschränken sich nicht mehr nur auf Nottingham, sondern breiten sich über das ganze Land aus. Die verfluchte französische Revolution hat sehr viel Unheil angerichtet.«

»Auch in Frankreich.«

»Solche Ereignisse erschüttern die ganze Welt.«

»Wie steht es mit den Menschen, die die Maschinen zerstören?«

»Wir müssen drakonische Strafen verhängen, das ist die einzige Möglichkeit, Ordnung zu schaffen.«

»Meinen Sie damit Deportation?«

»Ja, und auch den Galgen. Nur Dummköpfe sehen nicht ein, daß man in der Industrie mit den Neuerungen Schritt halten muß. Stillstand bedeutet Rückschritt.«

»Auch wenn die Menschen dadurch ihre Arbeit verlieren?«

»Sie werden eine andere Arbeit finden. Mit der Zeit wird die Industrie blühen und gedeihen, und das wird für die Arbeiter mehr Sicherheit bedeuten.« Er blickte mich schuldbewußt an. »Das ist aber kaum das richtige Gespräch für ein Weihnachtsessen.«

Ich legte meine Hand auf die seine. »Armer Edward. Ich begreife, daß es Ihnen schwerfällt, nicht daran zu denken.«
Er drückte meine Hand. Peter bemerkte die Geste, und ich dachte: Jetzt wird er eifersüchtig.
Ich war jung, oberflächlich und eitel. Natürlich reizte mich der Gedanke, daß zwei Männer in mich verliebt waren. Ich hatte Edward gern, und er tat mir leid. Wenn Peter mich fragte, ob ich ihn heiraten wolle ... falls er mich fragte ... was sollte ich dann antworten? Ich konnte ihn nicht ewig hinhalten. Wir hatten einander unter so romantischen, abenteuerlichen Umständen kennengelernt. Natürlich würde ich ihn heiraten, obwohl ich nicht sicher war, ob ich ihn wirklich liebte. In Herzensangelegenheiten besaß ich so wenig Erfahrung. Eine innere Stimme flüsterte mir zu, daß Liebe etwas anderes sein mußte. Doch das, was ich für Peter empfand, konnte doch nur Liebe sein!
Mein Vater unterhielt sich über den Tisch hinweg mit Lord Pettigrew, der ihm gegenübersaß. Ich vernahm meinen Namen und begriff, daß sie über mein Abenteuer sprachen und darüber, wie Peter mich gerettet hatte.
Peter lauschte ihnen aufmerksam.
»Ich stelle noch immer Nachforschungen an«, sagte mein Vater gerade. »Ich habe nicht die Absicht, die Angelegenheit auf sich beruhen zu lassen, sondern werde ihr auf den Grund gehen.«
»Das wird sehr schwierig sein. Sie haben ja erwähnt, daß das Haus jetzt leer steht.«
»Angeblich gehört es dieser Madame Delarge. Das kann ich nicht recht glauben; ich möchte herausfinden, wer hinter ihr steht.«
Rings um uns plauderten die Gäste angeregt, bis meine Mutter die Tafel aufhob und die Halle für den Ball geräumt wurde.
Peter war ein guter Tänzer und forderte zuerst mich und dann Amaryllis auf. Dadurch konnte Edward mich zum Tanz bitten. Er tanzte sehr bemüht und korrekt, aber ohne Schwung.
»Sie sollten einmal nach Nottingham zu Besuch kommen«,

lud er mich ein. »Ihre Mutter hat mir verraten, daß sie Sie gern begleiten würde. Sie versteht sich so gut mit meiner Mutter.«

»Es wäre bestimmt interessant«, antwortete ich.

»Sie müssen unser Haus einmal richtig kennenlernen, denn obwohl es nicht so alt ist wie das Ihre, ist es sehr angenehm. Das Schöne daran ist, daß es nicht in der Stadt liegt, sondern von grünen Feldern umgeben ist.«

»Vielleicht können wir im Frühling kommen. Ich hoffe, daß Ihre Schwierigkeiten bis dahin behoben sind.«

»Das hoffe ich auch; so kann es jedenfalls nicht weitergehen. Inzwischen werden strengere Gesetze erlassen werden, und dann wird sich vieles ändern.«

»Ihre Eltern machen sich Ihretwegen Sorgen.«

»Nun ja, ich stecke in Nottingham mittendrin.«

»Sie müssen vorsichtig sein, Edward.«

Er drückte meine Hand. »Sie mögen mich also doch ein bißchen?«

»Was für eine dumme Frage. Natürlich mag ich Sie. Ich mag Ihre ganze Familie... Ihre Eltern, Sie, Clare. Clare macht sich ebenfalls große Sorgen um Sie.«

»Natürlich, sie gehört ja zur Familie.«

Mir würde ein Stein vom Herzen fallen, wenn er Clare zur Frau nähme, denn dann müßte ich seinetwegen kein schlechtes Gewissen mehr haben.

»Sind Sie schon zu einer Entscheidung gelangt?«

Am liebsten hätte ich geantwortet: O ja, ich werde Peter Lansdon heiraten. Aber wie konnte ich das sagen, wenn Peter noch nicht um meine Hand angehalten hatte? Ich wußte nur, daß es aufregend war, mit ihm zusammenzusein; es hatte den Anschein, als wäre unser erstes Zusammentreffen bestimmend für unsere weiteren Beziehungen gewesen.

Deshalb erwiderte ich zögernd: »Nein, Edward, noch nicht.«

Er seufzte. Er tat mir leid, denn ich würde ihn verletzen müssen, und dabei hatte er in der Fabrik schon so große Probleme.

Ich hätte ihn so gern glücklich gemacht. Wenn ich ihm versprach, ihn zu heiraten, würde er die Schwierigkeiten in seiner Fabrik wenigstens für einige Zeit vergessen, und seine und meine Eltern würden glücklich sein. Doch gleichzeitig ärgerte ich mich über ihn. Die menschliche Natur ist seltsam. Wenn man einem Menschen helfen könnte und es unterläßt, empfindet man allmählich nicht nur Mitleid für ihn, sondern auch Abneigung ... wahrscheinlich, weil man ein schlechtes Gewissen hat.

Ich war froh, als ich Edwards Gesellschaft endlich entrinnen konnte.

Peter hatte mit Amaryllis getanzt und kam jetzt zu mir. Er führte großartig, und ich hatte das Gefühl dahinzuschweben. »Welch ein glücklicher Zufall, daß ich im ›Grünen Mann‹ abgestiegen bin«, begann er. »Ich wäre beinahe im ›Gestiefelten Kater‹ eingekehrt. Stellen Sie sich nur vor, daß ich dann nicht durch die Albermarle Street gegangen wäre, das angeblich blinde Mädchen nicht bemerkt, Sie nicht gerettet hätte und folglich heute abend nicht mit Ihnen tanzen würde.«

»Was wäre dann aus mir geworden?«

»Denken Sie nicht daran. Ich freue mich über den glücklichen Zufall, der mich hierher geführt hat. Ihr Vater beschäftigt sich ebenfalls noch damit; er hat gerade Lord Pettigrew davon erzählt.«

»Die Sache läßt ihm keine Ruhe. Er verfügt in London über weitreichende Beziehungen. Wenn jemand herausbekommen kann, wer diese Leute sind, dann ist er es.«

»Sie befinden sich wahrscheinlich gar nicht mehr in England.«

»Glauben Sie das wirklich?«

»Man kann nie wissen, wie weit die Verbindungen solcher Verbrecher reichen.«

»Mein Vater ist ein sehr genauer Beobachter. Seit er alt geworden ist, reist er nicht mehr so oft nach London, aber er war früher in alle möglichen Angelegenheiten verstrickt, genau wie sein Sohn Jonathan. In der Familie wird heute noch darüber gesprochen. Der junge Jonathan ist offenbar seinem Vater nachgeraten und würde sich bei einer solchen Tätigkeit wahrscheinlich wohler fühlen als auf einem Gut. Manche Menschen eignen sich eben für die Landwirtschaft und andere nicht. Amaryllis wäre die perfekte Gutsherrin. Sie reitet mit ihrem Vater auf dem Gut herum, und die Leute mögen sie. David behauptet immer, daß man eine persönliche Beziehung zu den Pächtern herstellen muß. Es genügt nicht, daß man sich mit geringen Pachtzinsen begnügt und die Häuser instand hält. Es muß auch eine Art Zusammengehörigkeitsgefühl da sein. Amaryllis verfügt über diese Gabe. Ihre Eltern halten sie für beinahe vollkommen. Ich muß zugeben, daß sie recht haben. In unserer Familie gibt es sowohl sanfte und fügsame, als auch wilde und rebellische Frauen. Amaryllis und ich sind gute Beispiel für beide Typen.«

»Ich finde Sie beide bezaubernd.«

»Aber verschieden.«

»Selbstverständlich.«

»Sie tanzen gut. Wo haben Sie es gelernt?«

»Ich habe die Schule in England besucht und dann ein Jahr bei Verwandten im Norden gelebt, die meiner Erziehung den letzten Schliff verleihen sollten.«

»Das war, bevor Sie nach Jamaica übersiedelten, um Ihrem Vater bei der Verwaltung seiner Plantagen zu helfen.«

»Richtig.«

»Ihre Verwandten waren jedenfalls gute Lehrmeister.«

»Beim Tanzen oder bei den gesellschaftlichen Umgangsformen?«

»Bei beidem.«

Er drückte meine Hand. »Es ist kaum zu glauben, daß wir einander erst so kurze Zeit kennen.«

»Ja, aber seit unserem ersten Zusammentreffen haben wir einander häufig gesehen.«

»Ich bin Enderby dankbar.«

»Wie gefällt es Ihnen in dem großen, leeren Haus?«

»Mir gefällt, was es in seiner Nähe gibt.«

»Wie lange wollen Sie bleiben?«

»Das hängt von verschiedenen Umständen ab.«

»Sie meinen, ob Sie etwas Geeignetes finden? Haben Sie schon etwas entdeckt?«

»Um die Wahrheit zu gestehen, ich habe kaum Zeit gehabt, mich umzusehen ... die Weihnachtsfeiern und die großzügige Gastfreundschaft meiner Nachbarn haben mich daran gehindert. Ich mag Enderby.«

»Wirklich? Es ist erstaunlich, daß es Menschen gibt, die sich von ihm angezogen fühlen. Tante Sophie hat es von dem Augenblick an haben wollen, als sie es zum ersten Mal erblickt hat.«

»Es ist eigentlich für eine große Familie gedacht.«

»Natürlich. Für einen einzelnen Menschen ist das Haus viel zu groß.«

»Es würde ganz anders wirken, wenn viele Kinder in ihm herumtollten.«

»Sie haben recht. Wir sollten uns nach einem Ehepaar mit einer großen Kinderschar umsehen.«

»Es könnte auch eine junge Ehe sein. Das Haus müßte bestimmt nicht lange darauf warten, daß kleine Füße darin herumtrippeln.«

Ich lachte. Das Gespräch verlief aufregend. Ich erwartete, daß er als nächstes um meine Hand anhalten würde. Was sollte ich ihm dann antworten? Daß es noch zu früh, daß ich meiner Gefühle noch nicht sicher war?

Der Tanz war zu Ende, und die Diener boten erfrischende Getränke an.

Wir unterhielten uns noch eine Weile, dann verbeugte er sich:
»Entschuldigen Sie mich, ich habe diesen Tanz Ihrer Nichte versprochen.«

Ich sah zu, wie er mit Amaryllis tanzte. Sie lachte und unterhielt sich angeregt mit ihm. Ich war froh, daß sie ihn ebenfalls mochte.

Edward setzte sich zu mir.

Am zweiten Weihnachtsfeiertag waren wir Peters Gäste in Enderby, und er entledigte sich seiner Pflichten als Gastgeber sehr gut. Amaryllis und ich gratulierten uns dazu, wie schön wir das Haus geschmückt hatten. Die trübsinnige, gespenstische Atmosphäre gehörte der Vergangenheit an.

Peter hatte sich eine sehr komplizierte Schatzsuche im Haus ausgedacht, die für viel Heiterkeit sorgte, weil er die Hinweise, die zum nächsten Versteck führten, sehr humorvoll abgefaßt hatte. Wir mußten uns erst daran gewöhnen, daß das alte Haus von fröhlichem Lachen erfüllt war.

David hatte es immer schon behauptet, und Peter hatte ihm beigepflichtet: Wenn viele Menschen in Enderby lebten, würde es ein Haus wie jedes andere sein.

»Ich hätte nie geglaubt, daß wir in diesem Haus so vergnügt sein können«, meinte meine Mutter.

»Sie haben die Gespenster verjagt«, sagte mein Vater zu Peter.

Zwei Tage danach ritt Peter mit Amaryllis und mir aus und kam nachher auf ein Glas Wein nach Eversleigh. Wir saßen mit meinen Eltern, Claudine und David in der Halle, als einer der Diener hereinkam und meldete, daß der Pächter Weston mit meinem Vater sprechen wolle. Er fügte hinzu, daß Weston sehr aufgebracht wirke.

»Führ ihn herein«, befahl mein Vater. Als Weston eintrat, war nicht zu übersehen, daß er äußerst erregt war.

»Ich würde gern unter vier Augen mit Ihnen sprechen, Sir«, sagte er. »Sie können ruhig vor den anderen reden. Ist etwas auf dem Pachthof nicht in Ordnung?«

»Eigentlich nicht, Sir. Es geht um meine Lizzie und noch eine Person. Ich möchte lieber unter vier Augen mit Ihnen sprechen.«

»Schön, kommen Sie mit.« Mein Vater führte ihn in den sogenannten Wintersalon.

Nach etwa zehn Minuten kamen sie wieder heraus. Pächter Weston war krebsrot im Gesicht und mein Vater sichtlich verärgert, doch sein Zorn richtete sich nicht gegen Weston, denn mein Vater versicherte ihm: »Machen Sie sich keine Sorgen, ich werde ihn mir vorknöpfen. Vielleicht hat es keine Folgen. Junge Leute...«

Er führte Weston hinaus und kehrte dann zu uns zurück. Meine Mutter sah ihn fragend an.

»Dieser Halunke von Jonathan«, knurrte mein Vater.

»Worum handelt es sich diesmal?«

»Westons Lizzie.«

»Sie ist doch noch ein Kind. Sie kann kaum älter als vierzehn sein.«

»Deshalb ist es ja so schlimm. Jonathan ist auch nicht viel älter. Ich muß dem Jungen etliches begreiflich machen. Wenn er sich die Hörner abstoßen will, soll er es woanders tun, nicht auf meinem Grund und Boden.«

Meine Mutter ließ den Blick von meinem Vater zu Peter wandern.

»Es tut mir leid«, meinte sie.

»Die beiden sind jung und heißblütig. So etwas kann vorkommen. Es war ein schönes Stück Arbeit, Weston zu beruhigen.« Peter war es sichtlich unangenehm, daß er in etwas geraten war, das mein Vater lieber für sich behalten hätte. Er erhob sich, murmelte, daß er gehen müsse, und verabschiedete sich.

»Er verfügt über einwandfreie Manieren«, lobte ihn meine Mutter. »Mußtest du vor ihm damit herausplatzen, Dickon?«

»Du hast mich gefragt, und ich habe dir geantwortet. Außerdem ist es nichts Ungewöhnliches. Jonathan wird uns oder den Pettigrews noch mehr solche Schwierigkeiten bereiten. Ich sollte mich vielleicht mit Millicent oder ihrem Vater darüber unterhalten.«

»Du kennst doch Millicent«, wandte meine Mutter ein. »Sie würde nie zugeben, daß ihr Sohn etwas Unrechtes getan hat. Und Lord Pettigrew ist zu freundlich. Lady Pettigrew hingegen . . . nein, Dickon, du mußt ihm die Leviten lesen. Du bist der einzige, der das kann.«

»Er ist das Ebenbild seines Vaters.«

»Jonathan hat immer seine Pflicht erfüllt und ist tapfer gestorben«, verteidigte ihn Claudine.

»Es tut dem Besitz aber nicht gut, wenn der zukünftige Eigentümer hinter jeder Schürze her ist.«

»Du hättest also nichts dagegen, wenn er sich woanders aus-
tobt?« fragte ich.

»Von derlei Dingen verstehst du überhaupt nichts.«

»Weston ist ein guter Pächter«, erwähnte David. »Er hält
seine Farm vorbildlich in Schuß.«

»Und jetzt macht er sich wegen seiner Lizzie Sorgen«, bemerkte mein Vater. »Wenn sie ihn in neun Monaten mit einem
Kind beglückt, kann sich unser Jonathan auf einiges gefaßt
machen.«

David meldete sich wieder zu Wort. »Deshalb ist Weston ja
auch sofort zu dir gekommen. Er wollte klarstellen, daß Jonathan dafür verantwortlich ist.«

»Junge Leute können einem ganz schön auf die Nerven gehen«, brummte mein Vater. »Er muß sich bessern. Ich werde
Eversleigh nicht jemandem überlassen, der Schindluder mit
dem Besitz treibt. Sein Vater hat auch nicht zum Gutsherrn
getaugt.«

»Du hattest ja noch David«, bemerkte Claudine.

Mein Vater knurrte.

»Wir werden sehen, wie sich der junge Nichtsnutz entwickelt.
Ich muß mit ihm sprechen. Ich gehe jetzt in mein Arbeitszimmer; die Diener sollen ihn suchen und sofort zu mir schikken.«

Der Zwischenfall hatte die fröhliche Stimmung getrübt. Jeder
von uns war etwas bedrückt; als Jonathan das Zimmer meines
Vaters verließ, war sein Gesicht trotzig.

Mein Vater erzählte meiner Mutter die Geschichte in allen
Einzelheiten, und sie gab sie brühwarm an mich weiter.

»Pächter Weston hat das Paar in einer seiner Scheunen er-
wischt. Er war außer sich. Du weißt, was für ein gottesfürchti-
ger Mann er ist, er geht jeden Sonntag zur Kirche und seine
Kinder begleiten ihn immer. Daß er Lizzie mit Jonathan in
flagranti ertappte, hat ihn tief getroffen. Den meisten Eltern
würde es so gehen. Dein Vater hat natürlich für so etwas
Verständnis und geht daher mit dem Jungen nicht so hart ins
Gericht. Ihn ärgert vor allem, daß Jonathan sich dazu ausge-

rechnet Westons Tochter ausgesucht hat. Er hatte sich überlegt, ob er nicht Jonathan zu uns nehmen und ihm beibringen
soll, wie man einen Besitz verwaltet. Ich weiß nicht, ob er das
jetzt noch tun will. Es ist ein wahrer Jammer, daß Jonathan
der einzige Junge in der Familie ist.«

»Wieso kommen die Leute eigentlich auf die Idee, daß eine
Frau nicht fähig ist, einen Besitz zu leiten?«

»Vor allem deshalb, weil Frauen es tatsächlich nicht können.«

»Es ist ein Glück, daß Jonathan zwei Söhne hatte, denn David
ist ein ausgezeichneter Gutsherr.«

»Dickon hat immer Glück. Er wird auch dieses Problem
lösen. Wir sollten einem Dummenjungenstreich nicht so viel
Bedeutung beimessen.«

»Das nennst du einen Dummenjungenstreich? Lizzie verliert
ihre Unschuld, und du findest kein passenderes Wort dafür?«

»Dein Vater hat diesen Ausdruck verwendet und dabei an
Jonathan gedacht.«

»Ich kann jedenfalls verstehen, daß Pächter Weston außer sich
ist.«

»Das kann dein Vater ebenfalls verstehen. Sollte der Fehltritt
Folgen zeitigen, wird er sich darum kümmern.«

»Davon hat Weston auch nichts.«

»Das stimmt, aber es ist immerhin eine Hilfe. Ich möchte in
den nächsten Wochen nicht in Lizzies Haut stecken.«

»Und Jonathan kommt mit einer Ermahnung davon. Das ist
nicht fair.«

»War die Welt Frauen gegenüber jemals fair?«

»Du hast dich jedenfalls recht erfolgreich durchgesetzt.«

»Und du wirst es mir nachmachen, mein Liebling.«

»Vielleicht.« Ich dachte an Peter Lansdon.

Der Januar zog ins Land, und mit ihm der kalte Südostwind.
Der Winter war gekommen. Die kahlen Äste der Bäume
bildeten zarte Spitzenmuster vor dem grauen Himmel, und
wir warteten auf den ersten Schnee. Die Pettigrews waren in
ihr Haus zurückgekehrt.

»Ich bin froh, daß wir sie los sind«, murmelte mein Vater. »Wenn Jonathan unbedingt Unheil stiften muß, dann soll er es bei ihnen tun und nicht bei mir.«

Peter war für kurze Zeit nach London gefahren. Er hatte noch nicht vor, Enderby zu verlassen, obwohl seine Suche bis jetzt erfolglos geblieben war. Aber er mußte Geschäfte in London abwickeln und hatte uns versprochen, bald wieder zurückzukommen.

Edward Barrington war nach Nottingham zurückgekehrt; Mrs. Barrington hatte sich erkältet und mußte das Bett hüten.

»Du solltest sie besuchen«, schlug meine Mutter vor. »Du bist ihr erklärter Liebling.«

Ich besuchte sie also und setzte mich in dem gemütlichen Zimmer, in dem das Feuer im Kamin brannte, an ihr Bett.

»Es ist sehr freundlich von Ihnen, daß Sie gekommen sind, Jessica. Sie haben mir die trüben Gedanken vertrieben.«

»Wo haben Sie sich diese Erkältung geholt?«

»Ich bin wahrscheinlich zu abgespannt und mache mir zu viele Sorgen. Ich wäre so froh, wenn Edward in Nottingham nicht mit solchen Schwierigkeiten zu kämpfen hätte.«

»Diese Arbeiter stellen ja eine regelrechte Bedrohung dar.«

»Die Unruhen breiten sich aus. Sie sind an einem toten Punkt angelangt. Ohne Maschinen können sie nicht mit dem Ausland konkurrieren, und wenn die Fabrik keinen Gewinn abwirft, verlieren die Männer erst recht ihren Arbeitsplatz.«

»Und das können sie natürlich nicht begreifen«, meinte ich verständnisvoll.

»Sie sehen nur bis zu ihrer Nasenspitze. Ich bin jedenfalls froh darüber, daß mein Mann sich beinahe ganz aus dem Geschäft zurückgezogen hat. Am liebsten wäre mir, wenn Edward hierbleiben könnte, bis sich die Unruhe etwas gelegt hat.«

»Aber es ist sein Unternehmen, und er muß sich darum kümmern.«

»Das sehe ich ein, aber es bereitet mir trotzdem Sorgen.«

»Es bereitet uns allen Sorgen.« Sie ergriff meine Hand. »Es wäre so schön ... er ist ein so guter junger Mann.«

»Das stimmt«, gab ich zu.

»Es gibt nicht viele Menschen wie ihn. Er ist so verläßlich. Ich wäre sehr froh, wenn er endlich einen eigenen Hausstand gründet.«

In diesem Augenblick trat Clare Carson in das Zimmer. »Ich wollte dich fragen, ob ich noch Kohlen nachlegen soll.«

»Das ist nicht notwendig, danke, meine Liebe. Ich habe mich mit Jessica über die schrecklichen Unruhen unterhalten.«

»Du mußt dir keine Sorgen machen«, tröstete sie Clare. »Edward wird bestimmt damit fertig.«

»Das weiß ich, aber ich hasse den Gedanken daran.«

»Es kann nicht so weitergehen«, beschwichtigte ich sie. »Die Rädelsführer werden immer strenger bestraft.«

»Manchmal werden die Leute dadurch nur noch aufgebrachter. Könntest du bitte veranlassen, Clare, daß man uns Tee bringt?«

Clare verließ das Zimmer.

»Das Feuer brennt lichterloh«, bemerkte ich. »Soll ich den Wandschirm vorschieben?«

Sie seufzte. Sie hätte am liebsten über die Heirat gesprochen und merkte, daß ich diesem Thema auswich.

Dann wurde der Tee gebracht, den Clare zusammen mit uns einnahm. Wir plauderten über Belangloses – die Weihnachtsferien, das Wetter und was wir uns vom neuen Jahr erhofften.

Auf dem Heimweg traf ich Amaryllis und Peter. Ich war überrascht, denn ich hatte nicht gewußt, daß er schon wieder zurück war.

»Ich bin erst heute morgen eingetroffen«, erklärte er. »Ich habe am Nachmittag in Eversleigh vorbeigeschaut und erfahren, daß Sie nicht zu Hause sind. Daraufhin haben Amaryllis und ich beschlossen auszureiten.«

»Wir sind schon auf dem Heimweg«, bemerkte Amaryllis.

»Genau wie ich.«

Wir ritten gemeinsam nach Eversleigh zurück.

Während der nächsten Tage fiel mir auf, daß Peter verändert war. Er wirkte geistesabwesend, und wir sahen einander nie allein. Ich nahm an, daß sich während seines Aufenthaltes in London etwas ereignet hatte, und fragte mich, ob sich ihm vielleicht eine neue Möglichkeit geboten hatte und er nicht mehr an einem Landgut interessiert war.

Drei Tage nach seiner Rückkehr lud er uns zum Dinner in Enderby ein. Die Erinnerung an diesen Abend verfolgte mich noch lange. Ich hatte noch nie in meinem Leben einen derartigen Schock erlitten.

Amaryllis war den ganzen Nachmittag außer Haus gewesen. Sie war nur zurückgekommen, um sich für das Abendessen umzuziehen und war dann mit uns in der Kutsche nach Enderby gefahren.

Peter begrüßte uns sehr herzlich, beteuerte, wie froh er sei, wieder bei uns zu sein; bald danach gingen wir zu Tisch. Er erzählte von seinem Aufenthalt in London und wiederholte, daß er sich freue, uns an seinem Tisch zu sehen. Es war ein konventionelles geselliges Beisammensein.

Dann kam der Schlag.

»Ich glaube, wir müssen Sie jetzt in unser Geheimnis einweihen«, sagte er, »und ich hoffe, daß Sie unsere Freude mit uns teilen werden. Wir werden heiraten.«

Ich starrte ihn an. Er hatte nicht um meine Hand angehalten. Das konnte doch nicht wahr sein – ich träumte wahrscheinlich. Er lächelte über den Tisch hinweg Amaryllis zu, die errötete und entzückend aussah.

»Ja«, fuhr er fort, »Amaryllis hat eingewilligt, meine Frau zu werden.« Er sah jetzt David und Claudine an. »Ich bin meinen zukünftigen Schwiegereltern sehr dankbar, daß sie mich als Schwiegersohn akzeptieren. Und ich hoffe, daß auch die übrige Familie unseren Entschluß billigt.«

»Das ist wirklich eine Überraschung, Amaryllis«, rief meine Mutter.

Sie hatte angenommen, daß Peter sich für mich entscheiden würde.

»Wir wußten es von dem Augenblick an, als wir einander kennenlernten«, fügte Peter noch hinzu.

Dann sprachen alle gleichzeitig. Jemand wollte einen Trinkspruch ausbringen. Ich reagierte mechanisch, mein Hals war wie zugeschnürt, und mich beherrschte nur ein Gedanke: niemand darf etwas merken.

Ich konnte kaum glauben, daß ich richtig gehört hatte. Außerdem war ich mir meiner Gefühle nicht sicher. Ich war eigentlich nicht in ihn verliebt gewesen, sondern hatte mich nur geschmeichelt gefühlt, weil ich seine Aufmerksamkeit erregt hatte. Ich war davon überzeugt gewesen, daß er Pläne für unsere gemeinsame Zukunft machte, und war jetzt so verwirrt, daß ich nicht klar denken konnte.

Amaryllis lächelte glücklich und sah sehr schön aus. Ich hob mechanisch das Glas. Claudine vermied es, mir in die Augen zu sehen. Ich tat ihr leid ... o nein, das war mehr als ich ertragen konnte.

Hatte ich mir anmerken lassen, was ich empfand? Ließ ich es mir jetzt anmerken? Ich mußte etwas sagen, ich mußte mich normal benehmen. Wußte Peter über meine Gefühle Bescheid? Hatte er es erraten? Amaryllis war bestimmt ahnungslos, sonst hätte sie nicht so glücklich sein können.

»Schade, daß ihr nicht gewartet habt«, hörte ich mich sagen. »Edward wollte nämlich unsere Verlobung bekanntgeben, sobald er nach Grasslands zurückkommt.«

Zunächst herrschte Stille, dann folgten erfreute Ausrufe. Meine Eltern waren glücklich. Sie hatten immer gehofft, daß ich Edward Barrington heiraten würde.

»Das ist wirklich eine gute Nachricht«, jubelte meine Mutter.

»Es wird also eine Doppelhochzeit geben«, stellte mein Vater fest. »Ich hätte auch nicht angenommen, daß sich unsere Jessica den Rang ablaufen läßt.«

Es wurden wieder Trinksprüche ausgebracht; ich war wie betäubt und dachte nur: Was habe ich jetzt getan?

Es war bezeichnend für mich, daß ich aus einer plötzlichen Eingebung heraus gehandelt hatte. Ich hätte Ruhe bewahren müssen. Doch es war für mich die einzige Möglichkeit gewesen, meine wahren Gefühle zu verbergen. Ich wollte auf keinen Fall von jemandem bedauert werden; schon gar nicht von ihm, denn er hatte bestimmt gemerkt, daß ich mich für die Auserwählte hielt. Dabei hatte er es vom ersten Augenblick an auf Amaryllis abgesehen gehabt. Ich konnte es noch immer nicht fassen.

Amaryllis kam zu mir, schloß mich in die Arme und küßte mich.

»Ich freue mich so, Jessica. Edward ist ein so großartiger Mensch. Es ist wunderbar – wir verloben uns am gleichen Tag.«

Ich bestätigte, daß es wunderbar war. Ich tat auf die Trinksprüche Bescheid, und die ganze Zeit sehnte ich mich nur danach, endlich in mein Zimmer flüchten zu können.

Ich wollte allein sein, um darüber nachzudenken, was ich getan hatte.

Als wir nach Eversleigh zurückkamen, begleitete meine Mutter mich in mein Zimmer. Sie kannte mich so genau, daß ich mich fragte, ob sie vielleicht die Wahrheit erraten hatte.

Sie legte mir die Hände auf die Schultern, zog mich an sich und hielt mich einige Sekunden lang fest.

»Du bist doch glücklich, mein Liebling, nicht wahr?«

»Natürlich«, log ich.

»Edward ist ein so guter Mensch. Dein Vater und ich haben ihn schon lange in unser Herz geschlossen und gehofft...«

»Jetzt ist euer Wunsch ja in Erfüllung gegangen. Aber ich hätte nicht damit herausplatzen dürfen. Ich hätte warten müssen, bis Edward wieder da ist.«

»Ich verstehe dich. Amaryllis hat dich mit ihrer Verlobung überrumpelt.«

»Wahrscheinlich wollte ich ebenfalls etwas zum Feiern haben. Deshalb habe ich...«

»Es ist doch unwichtig, wann und warum die Verlobung verkündet wurde. Wichtig ist nur, daß du und Edward...«

»Mir wäre es lieber, wenn ihr nicht darüber sprecht, bevor Edward zurückkommt. Die Barringtons könnten beleidigt sein, weil sie es nicht zuerst erfahren haben. Mir wäre es lieber, wenn es unter uns bleibt, bis Edward wieder da ist.«

»Natürlich«, antwortete sie langsam und sah mich aufmerksam an. Wir hatten einander immer sehr nahegestanden, und das war für mich beglückend gewesen. Im Augenblick wäre es mir allerdings lieber gewesen, wenn sie mich nicht so genau gekannt hätte.

Sie küßte mich zärtlich, wünschte mir eine gute Nacht und ließ mich mit meinen Gedanken allein.

Ich war zu verwirrt, zu verletzt und zu aufgebracht, um schlafen zu können. Ich hatte das Gefühl, daß ich getäuscht worden war, wußte aber nicht genau, wer mich getäuscht hatte. Vielleicht war ich es selbst gewesen.

Ich war eitel. Obwohl ich nicht so engelhaft aussah wie Amaryllis, war ich davon überzeugt gewesen, daß ich körperlich attraktiver war als sie. Jetzt hatte man mich eines Besseren belehrt.

Doch ich war sicher, daß er zunächst an mich gedacht hatte. Warum hatte er es sich anders überlegt? Und was empfand er wirklich? Hatte es mir das Herz gebrochen, daß er mich verschmäht hatte? Mein Stolz war zutiefst verletzt. Ich liebte Peter bestimmt nicht, denn ich kannte ihn ja kaum. Ich hatte ihn in romantischem Licht gesehen, weil wir einander unter romantischen Umständen kennengelernt hatten, und dennoch hatte sich Amaryllis, die ihn noch weniger kannte als ich, in dieser kurzen Zeit in ihn verliebt.

Ich verstand mich selbst nicht mehr. Und warum, warum nur war ich so leichtfertig und unvernünftig gewesen, ihnen zu erzählen, daß Edward und ich verlobt seien? Jetzt war ich tatsächlich mit ihm verlobt. Ich hatte seine Zuneigung zu mir schamlos benützt, um mit einer peinlichen Situation fertig zu werden. Warum hatte ich nicht zuerst gedacht und dann erst geredet? Es wäre viel würdevoller, viel ehrlicher gewesen, den Schlag einzustecken, ohne mit der Wimper zu zucken, und nicht zu zeigen, daß ich getroffen war. Es war wieder typisch für mich, daß ich den Kopf verloren und mich dadurch in eine noch unangenehmere Situation gebracht hate.

In dieser Nacht schlief ich nicht viel; am nächsten Tag ritt ich nach Grasslands hinüber. Mrs. Barrington war von ihrer Erkältung genesen und war so frisch und munter wie eh und je. Ich erkundigte mich nach Edward und erfuhr, daß er am nächsten Tag zurückerwartet wurde. Ich war fest entschlossen, so bald wie möglich mit ihm zusammenzutreffen.

Amaryllis schwebte im siebenten Himmel. Sie war verliebt, und weil sie annahm, daß es mir genauso ging, war sie doppelt glücklich.

Ich tröstete mich damit, daß ein Schatten auf Amaryllis' Glück gefallen wäre, wenn ich meine Verlobung nicht bekanntgegeben hätte. Dann hätte sie nämlich angenommen, daß ich in Peter Lansdon verliebt war. So aber konnte sie ihr Glück ohne eine Spur von schlechtem Gewissen genießen.

»Ich habe natürlich immer gewußt, daß Edward dich liebt«, sagte sie, »aber ich habe geglaubt, daß du dich noch nicht entschlossen hast. Du hast dir sehr lang Zeit gelassen.«

»Ich wollte meiner Gefühle sicher sein.«

Sie kicherte glücklich. »Ist es nicht seltsam, daß du diesmal die vorsichtigere warst? Peter und ich haben uns auf den ersten Blick ineinander verliebt. Ist das Leben nicht wunderbar? Stell dir nur vor, wenn du dieses schreckliche Erlebnis nicht gehabt hättest, wäre ich jetzt nicht verlobt. Es war wirklich tapfer von Peter, dir in das Haus zu folgen.«

»Das stimmt.«

Sie drückte mich an sich. »Es ist einfach großartig. Ich bin so glücklich. Es wird herrlich sein, wenn wir am gleichen Tag vor den Traualtar treten. Wir denken an einen Termin im Juni, obwohl die Wartezeit lang ist.«

»Ich halte es für einen sehr passenden Zeitpunkt«, widersprach ich.

»Peter findet es viel zu lang.«

Amaryllis war vollkommen verändert, und ich hätte sie beinahe daran erinnert, daß sie den Mann, den sie heiraten wollte, kaum kannte. Vor ein paar Wochen hatte sie noch nicht einmal seinen Namen gewußt. Doch das wäre sinnlos gewesen. Sie war verliebt und würde den Mann ihrer Wahl heiraten. Ich würde ebenfalls heiraten, aber nicht den Mann meiner Wahl. Am nächsten Tag kam Edward zurück, und ich ritt am Nachmittag nach Grasslands hinüber. Er freute sich, mich zu sehen.

»Ich möchte möglichst bald unter vier Augen mit Ihnen sprechen«, sagte ich.

»Sofort?«

»Ja, aber nicht im Haus. Könnten wir nicht ausreiten? Das wäre mir am liebsten.«

»Selbstverständlich.«

Er sah etwas abgespannt aus. Vermutlich war der Ärger in der Fabrik daran schuld. Bei meinem Vorschlag strahlte er aber auf, und mir wurde es warm ums Herz. Er war ein sehr guter Mensch und würde bestimmt jetzt und allezeit zu mir stehen. Ich sollte eigentlich glücklich sein, weil ein solcher Mann mich liebte. Es war unverständlich, daß ich dieses tiefe Gefühl nicht erwiderte und mich statt dessen in der Gesellschaft eines Mannes wohlfühlte, den ich eigentlich gar nicht kannte. Ich fing allmählich an, Peter Lansdon als Fremden zu betrachten. Kam es daher, daß ich angenommen hatte, er interessiere sich für mich, und plötzlich erkennen mußte, daß er sich für Amaryllis entschieden hatte? Bei Edward war ich vor solchen Überraschungen sicher.

Bereits nach sehr kurzer Zeit ritten wir zum Tor hinaus.

»Ich muß Ihnen ein Geständnis machen, Edward«, begann ich.

Er erschrak. »Ein Geständnis?« Er hielt sein Pferd an und sah mich an.

»Sie haben mich oft gebeten, Sie zu heiraten«, fuhr ich fort.

»Wollen Sie es immer noch?«

»Ich werde nie eine andere Frau wollen als Sie, Jessica.«

Ich empfand unbeschreibliche Erleichterung.

»Dann kann ich Ihnen ja gestehen, was ich getan habe: ich habe der Familie mitgeteilt, daß wir heiraten werden.«

»Jessica!«

»Ich weiß, daß ich voreilig gehandelt habe. Amaryllis hat sich nämlich mit Peter Lansdon verlobt...«

»Amaryllis? Aber ich habe geglaubt...«

»Der Schein trügt oft. Er hat zwar mich zuerst in London gerettet, aber als er Amaryllis kennenlernte, war es bei den beiden Liebe auf den ersten Blick. Sie haben vorgestern beim Dinner ihre Verlobung bekanntgegeben, und ich habe mir gedacht, daß es am besten ist, wenn ich der versammelten Gemeinschaft gleichzeitig mitteile, daß Sie und ich ebenfalls heiraten werden.«

»Wollen Sie damit sagen...?«

»Ich will damit sagen, daß wir meiner Meinung nach lange genug gewartet haben.«

»Wir?«

»Ich. Ich war unvernünftig, jung und dumm, und meiner Gefühle nicht sicher. Als die beiden ihre Verlobung verkündet haben, dachte ich mir: Edward und ich kennen einander viel länger als die beiden, und es spricht so vieles dafür, daß wir heiraten, deshalb...«

Er ergriff meine Hand und küßte sie. »Du hast dir einen seltsamen Ort für dieses Geständnis ausgesucht... einen Pferderücken.«

Wir lachten. Sein Gesicht hatte sich entspannt, und die Sorgenfalten hatten sich geglättet. Er sah jung und sehr glücklich aus.

»Es mußte doch so kommen, Edward, nicht wahr?« fragte ich. »Es war unvermeidlich. Meine Eltern sind ganz aus dem Häuschen, denn sie schätzen dich sehr.«

»Die meinen werden ebenfalls hocherfreut sein.«

»Dann herrscht jetzt allgemeine Zufriedenheit.«

»Das ist wunderbar, Jessica. Reiten wir zurück und erzählen wir es meinen Eltern.« So einfach war das also.

Ich saß im Salon von Grasslands. Mr. Barrington hatte darauf bestanden, seinen besten Wein aus dem Keller zu holen. Mrs. Barrington war so aufgeregt, daß sie unaufhörlich plapperte.

»Du bist jetzt unsere Tochter, Jessica. Ich kann dir gar nicht sagen, wie glücklich wir darüber sind, nicht wahr, Vater?«

»Das haben wir uns immer schon gewünscht«, bestätigte Mr. Barrington. »Ich verstehe nur nicht, warum ihr so lange dazu gebraucht habt.«

»So gehört es sich«, nahm uns Mrs. Barrington in Schutz, obwohl sie bestimmt über mein Zaudern unglücklich gewesen war. »Bei einem so schwerwiegenden Entschluß muß man seiner Sache sicher sein, nicht wahr, Jessica? Es war ein Glückstag für uns, als ihr Vater auf der Straße aufgelesen und nach Hause gebracht habt. Was wohl aus diesem Zigeuner geworden ist? Seine Strafe muß bald abgelaufen sein.«

»Er ist auf sieben Jahre deportiert worden, von denen inzwischen sechs vergangen sind.«

»Wie schnell die Zeit doch verrinnt! Du warst damals ein so ernstes kleines Mädchen, Jessica, und hast solchen Anteil am Schicksal dieses Mannes genommen. Wir haben dich dafür sofort in unser Herz geschlossen, nicht wahr?«

Vater und Sohn Barrington nickten.

Wenn ich mit ihnen beisammen war, besserte sich meine Stimmung. Sie waren eine reizende Familie – im Vergleich zu meinen Eltern vielleicht ein wenig einfach, aber überaus liebenswert. In Zukunft würden sie meine Familie sein.

»Ich möchte, daß Jessica nach Nottingham kommt und sich das Haus ansieht«, schlug Edward vor. »Vielleicht will sie verschiedene Änderungen vornehmen.«

»Ja, jede junge Frau will sich nach ihrem Geschmack einrichten. Vor wieviel Jahren haben wir das Haus eingerichtet, Vater? Es ist schon so lange her, daß ich es nicht mehr weiß. Es wirkt jetzt bestimmt schon altmodisch.«

»Es wird jedoch nur euer zweites Zuhause sein«, meinte Mr. Barrington. »Ihr werdet vor allem in Grasslands leben. Es ist zum Heim unserer Familie geworden, obwohl wir noch gar nicht so lange hier wohnen.«

»Wir haben Grasslands vom ersten Augenblick an gemocht«, bestätigte Mrs. Barrington. »Der Hauptgrund dafür ist die Familie in Eversleigh. Und jetzt habt ihr euch auch noch verlobt. Ich habe es mir immer schon gewünscht. Übrigens, wo steckt denn Clare?«

»Sie wird sich bestimmt mit uns freuen«, meinte Mr. Barrington. »Jetzt fällt es mir ein. Sie wollte in der Stadt verschiedene Einkäufe erledigen. Sie muß jeden Augenblick zurückkommen. Wißt ihr schon, wann die Trauung stattfinden soll?«

»Meine Mutter hat den Juni vorgeschlagen.«

»Juni ist genau der richtige Monat zum Heiraten.«

»Es ist nur so lange bis dahin«, wandte Edward ein.

»Hört nur den ungeduldigen Bräutigam«, lachte Mrs. Barrington. »Wir brauchen genügend Zeit für die Vorbereitungen, nicht wahr, Jessica?«

»Wir werden gleichzeitig mit Amaryllis heiraten«, erwähnte ich.

»Sie heiratet also diesen jungen Mann«, meinte Mr. Barrington mißbilligend. »Es ist ziemlich schnell gegangen, sie kennt ihn ja kaum.«

»Ich habe ihn unter äußerst dramatischen Umständen kennengelernt«, erwähnte ich.

»Ich weiß, und ihr habt ihn nach Eversleigh eingeladen. Es ist schon merkwürdig, wie das eine zum anderen führt. Ich halte es für besser, wenn man sich für eine solche Entscheidung Zeit läßt. Man muß einen Menschen erst genauer kennenlernen, bevor man mit ihm zusammenleben will. Vater und ich waren... wie lange waren wir verlobt, Vater?«

»Zwei Jahre.«

»Außerdem hatten wir uns von Kindesbeinen an gekannt.«

»Ihr führt jedenfalls eine sehr glückliche Ehe«, warf ich ein.

»Wir wußten, was wir zu erwarten hatten.«

»Wir wußten, worauf wir gefaßt sein mußten.«

Sie hatten beinahe gleichzeitig gesprochen, und Mr. Barrington lachte herzlich. In diesem Augenblick ging die Tür auf, und Clare trat ins Zimmer.

»Da bist du ja, Clare«, begrüßte sie Mrs. Barrington. »Es gibt eine wunderbare Neuigkeit. Bring Clare auch ein Glas, Vater. Endlich ist es soweit – Jessica und Edward werden heiraten.«
Sie rührte sich nicht, und ich bemerkte, daß sie eine Hand zur Faust geballt hatte.
»Oh! Ich hatte geglaubt...«
»Wir finden alle, daß sie sich viel zu lange Zeit gelassen haben«, unterbrach sie Mrs. Barrington. »Aber Ende gut, alles gut.«
Clare wandte sich mir zu. »Meinen herzlichen Glückwunsch... und auch dir, Edward.«
»Wir trinken darauf, daß sie glücklich werden. Hier ist dein Glas, Clare.«
Clare nahm von Mr. Barrington das Glas entgegen und hob es. Sie sah mich unverwandt an, und ihre Augen glitzerten seltsam.
Wußte Edward, daß sie ihn liebte? Wußten es die Eltern Barrington?
Vermutlich nicht. Sie war als kleines Mädchen zu der Familie gekommen... eine Waise, die bei entfernten Verwandten Unterschlupf gefunden hatte. Sie war wie ein Mitglied der Familie behandelt worden, hatte sich aber doch nicht ganz zu ihnen gehörig gefühlt, obwohl die Barringtons es sie bestimmt nicht fühlen ließen. Und sie liebte Edward wirklich. Bei ihr handelte es sich nicht nur um verletzte Eitelkeit.
Sie hatte den Schlag besser eingesteckt als ich den meinen. Ich empfand Achtung vor ihr und hatte das unangenehme Gefühl, daß sie eine wichtige Rolle in meinem zukünftigen Leben spielen würde.

V

Aufruhr

In Eversleigh herrschte fieberhaftes Treiben. Obwohl die
Trauungen erst in drei Monaten stattfinden sollten, stürzten
sich Claudine und meine Mutter mit einer Hingabe in die
Vorbereitungen, wie ich es noch nie erlebt hatte.

Wir hatten zwar bis jetzt schon »Doppelgeburtstage« gefeiert,
aber was waren sie im Vergleich zu einer Doppelhochzeit! Sie
fanden es aufregend und richtig, daß Amaryllis und ich, die
wir unser ganzes Leben gemeinsam verbracht hatten, am gleichen Tag heirateten.

Hinter der Fröhlichkeit meiner Mutter spürte ich leichte Unruhe. Sie machte sich offenbar noch immer Sorgen, weil ich
die Verlobung so überstürzt bekanntgegeben hatte. Sie erriet
wahrscheinlich, daß mehr dahintersteckte als nur der
Wunsch, nicht hinter Amaryllis zurückzustehen, und benützte jede Gelegenheit, um Edwards Vorzüge herauszustrei-
chen.

»Ein so reizender junger Mann. Dein Vater hat erst heute früh
gesagt, wie froh er darüber ist, daß du dich für ihn entschieden
hast. Schließlich kennen wir die Familie schon längere Zeit.
Sie sind sehr umgängliche Menschen und passen sehr gut zu
uns, während...« Sie unterbrach sich und runzelte die Stirn.
»Ach, es spielt ja keine Rolle...« Sie wollte darauf hinweisen,
daß Peter Lansdon für uns ein unbeschriebenes Blatt war.
Bei einer anderen Gelegenheit meinte sie: »David ist im Gegensatz zu deinem Vater so vertrauensvoll. Er nimmt von
jedem Menschen an, daß er genauso offen und ehrlich ist wie
er selbst.«

»David ist klug«, widersprach ich.

»Klug, wenn man damit Buchgelehrsamkeit meint. Er kann

die Klassiker zitieren und zu beinahe jedem Thema einen literarischen Kommentar abgeben. Wenn es um die Vergangenheit geht, ist er ein Fachmann. Außerdem ist er Idealist. Ich würde aber bezweifeln, daß er über die Schattenseiten der menschlichen Natur Bescheid weiß. Claudine ist ihm im Lauf der Jahre immer ähnlicher geworden.«

»David ist ein sehr guter Mensch.«

»Ja. Ich bin froh, daß Claudine ihn und nicht seinen Bruder geheiratet hat. Ich hatte eine Zeitlang angenommen.. aber das ist lange her. Wovon hatten wir eben gesprochen? Dein Kleid. Wir müssen uns entschließen, was für Ärmel du haben willst.«

Ich hätte gern gewußt, was in ihrem Kopf vorging. Sie verglich Edward mit Peter Lansdon und war froh, daß ich mich für Edward entschieden hatte.

Sowohl meine Eltern wie meine Schwiegereltern freuten sich so sehr auf die bevorstehende Trauung, daß ich allmählich zu der Überzeugung gelangte, mich richtig entschieden zu haben. Es gab eine einzige Person, die dieser Ehe feindselig gegenüberstand – und die ließ es sich nicht anmerken. Clare konnte gar nicht anders, sie mußte in Edward verliebt sein. Edward war ihr großer Vetter, der bestimmt immer freundlich zu ihr gewesen war. Es gab Menschen, die sich in einer solchen Lage wie Außenseiter fühlen und es dem Leben übelnehmen, daß sie in dieses Abhängigkeitsverhältnis geraten sind. Tante Sophie war ein solcher Mensch gewesen, und vielleicht gehörte auch Clare zu ihnen.

Ich muß jedoch gestehen, daß ich es vermied, über Clare nachzudenken. Da sie eine Gefahr für meine mühsam aufrechterhaltene Selbstzufriedenheit darstellte, ging ich ihr tunlichst aus dem Weg.

Im März fuhren wir nach Nottingham; meine Mutter begleitete Edward und mich. Selbstverständlich konnten Edward und ich nicht allein hinfahren, und meine Mutter war der Ansicht, daß ich eventuell notwendige Änderungen im Haus gleich mit ihr besprechen konnte.

Auf der Hinfahrt verbrachten wir zwei Nächte in London, weil meine Mutter und ich verschiedene Besorgungen zu erledigen hatten, und machten uns dann auf den Weg nach dem 126 Meilen entfernten Nottingham.

Wir fuhren in der Kutsche und übernachteten in ein paar sehr gemütlichen Gasthöfen, in denen Edward, der die Strecke oft zurücklegte, ein gern gesehener Gast war.

Nottingham liegt am Ufer des Trent und ist eine freundliche Stadt. Hoch über dem Fluß sieht man auf einem steilen Felsen die Ruinen von Nottingham Castle, das Cromwells Truppen während des Bürgerkriegs geschleift hatten. Edward war sehr stolz auf Nottingham und erzählte uns verschiedene Episoden aus seiner Geschichte. Es war der Schauplatz der ersten Schlacht zwischen Charles I. und dem Parlament gewesen; aber Edward wußte auch über frühere Zeiten Bescheid, als die Dänen die Stadt erobert hatten.

Das Haus war sehr reizvoll. Es lag etwas außerhalb der Stadt auf einem recht weitläufigen Besitz und war in jenem Stil erbaut, der zu Beginn des vorhergehenden Jahrhunderts während der Herrschaft von Königin Anne weit verbreitet gewesen war. Wie alle Häuser aus jener Periode wirkte es vornehm und unaufdringlich; es wollte keinen Palast oder prächtigen Herrensitz vortäuschen. Es war das Heim vornehmer, wohlhabender Menschen, die über guten Geschmack verfügen. Es war aus in der Umgebung gebrochenen Steinen erbaut und paßte sich daher gut der Landschaft an.

Meine Mutter fand es entzückend und erklärte, daß im Vergleich dazu Häuser wie Eversleigh oder Enderby protzig wirkten.

Zu Edwards Freude schloß ich mich ihrer Ansicht an, denn es bereitete ihm sichtlich großes Vergnügen, uns im Haus herumzuführen. Was er mir jedoch vor allem zeigen wollte, war die Fabrik; angesichts der gespannten Lage hielt er es allerdings für angebracht, sie nicht während der Arbeitszeit zu besichtigen. Da wir an einem Samstag eingetroffen waren, schlug er vor, am Sonntag hinauszufahren.

Es war eine sehr interessante Erfahrung. Meine Mutter und ich waren gleichermaßen beeindruckt, und Edward sprach mit großer Sachkenntnis und Begeisterung über Spitzen, ihre Geschichte, ihre Herstellung, über die verschiedenen Arten von Spitzen und darüber, welchen Veränderungen sie im Lauf der Zeit unterlegen waren.

Er zeigte uns einige exquisite Muster von venezianischen, italienischen und englischen Klöppelspitzen und von flämischen, russischen und deutschen Kissenspitzen. Er wies auf die altmodischen Klöppelhölzer hin, die heute noch verwendet wurden, um die Arbeiter versöhnlich zu stimmen, und führte uns dann in den anschließenden Raum, in dem die neuen Maschinen standen.

Ein Mann und ein Junge versahen dort Dienst. Als wir eintraten, tippte der Mann an seinen Mützenschirm.

»Ist alles in Ordnung, Fellows?« fragte Edward.

»Ja, Sir«, antwortete der Mann.

Edward stellte ihn uns vor; sein Sohn hieß Tom und war erst seit kurzer Zeit in der Fabrik beschäftigt. Die Maschinen mußten Tag und Nacht bewacht werden; falls die Ludditen in die Fabrik eindrangen, sollte Fellows Alarm schlagen.

Mich fröstelte. Ich verstand Edwards Besorgnis um seine Maschinen. Andererseits begriff ich auch, daß die Arbeiter beunruhigt waren.

Edward erklärte uns, wie die Maschinen funktionierten.

»Das ist eine Leavers-Spitzen-Maschine«, begann er. »Die Zahl der im Arbeitsprozeß benötigten Fäden wird durch die Schablone für das jeweilige Muster bestimmt. Es gibt zwei Arten von Fäden: Schuß und Kette.«

»Sie sieht sehr kompliziert aus.«

»Die Maschinen sind leicht zu bedienen. Ein einziger Mann genügt, um sechzig verschiedene Spitzen gleichzeitig anzufertigen.«

»Die Maschine kann also die Arbeit von sechzig Männern in wesentlich kürzerer Zeit verrichten.«

»Das stimmt.«

»Dann wundert es mich nicht, daß sie fürchten, ihre Arbeit zu verlieren.«

»Der Fortschritt läßt sich trotzdem nicht aufhalten«, wandte Edward ein.

Obwohl mich die Fabrik interessierte, verspürte ich das Bedürfnis, den Maschinenraum zu verlassen.

Wir verabschiedeten uns von Fellows und seinem Sohn, gingen weiter und sahen uns noch mehr exquisite Spitzen an. An den Wänden hingen Drucke, die Spitzenklöpplerinnen im Lauf der Jahrhunderte zeigten.

Als wir zum Haus zurückkehrten, war ich nachdenklich. Edward hängte sich bei mir ein.

»Du bist traurig, nicht wahr? Du darfst es dir nicht zu Herzen nehmen. Wir werden die schwierige Zeit überstehen.«

»Es ist ein schier unlösbares Problem«, bemerkte meine Mutter. »Du kannst vermutlich nicht auf die Maschinen verzichten.«

»Auf keinen Fall, denn sonst müßten wir zusperren. Ohne sie sind wir dem Druck der Konkurrenz nicht gewachsen.«

»Aber die armen Arbeiter ...«

»Darin besteht ja die Schwierigkeit. Doch es ist im Verlauf der Geschichte der Industrialisierung immer wieder zu solchen Situationen gekommen. Wir müssen mit der Zeit gehen.«

»Und dabei werden etliche Leute auf der Strecke bleiben.«

»Das ist der Preis für den Fortschritt«, wiederholte Edward. Es war angenehm, in das schöne Haus zurückzukehren. Wir versuchten alle, das Problem der Mechanisierung zu verdrängen.

Wir verbrachten schöne Tage, und ich besprach mit meiner Mutter eingehend, wie ich das Haus einrichten wollte.

»Ich möchte eigentlich nur sehr wenig daran ändern«, erklärte ich.

»Das Haus ist sehr geschmackvoll eingerichtet«, bestätigte meine Mutter.

»Mir gefällt die Schlichtheit, hinter der sich Eleganz und Bequemlichkeit verbergen.«

»Das Haus ist ganz entzückend.«

»Schließ es nicht allzusehr ins Herz. Wir möchten, daß du sooft wie möglich nach Grasslands kommst.«

Die Tage vergingen, und wie immer bekam meine Mutter Heimweh nach Eversleigh. Sie haßte es, zu lange von zu Hause fernzubleiben, und beschloß, Mitte der folgenden Woche heimzufahren.

Edward hatte beinahe den ganzen Tag außer Haus zu tun. Ich ging oft im Stadtgarten spazieren und versuchte, mit meinen widersprüchlichen Gedanken und Gefühlen zu Rande zu kommen. Ich hatte dieses Leben gewählt, und mir blieb nichts anderes übrig, als es zu mögen.

Warum auch nicht? Edward wuchs mir immer mehr ans Herz. Er war stets freundlich und liebenswürdig und würde bestimmt einen wunderbaren Ehemann abgeben. Junge, unreife Mädchen träumen immer von aufregenden Abenteuern und von edlen Rittern, die ihretwegen Heldentaten vollbringen; doch das entsprach kaum der Wirklichkeit. Ich war über das Alter für solche Schwärmereien hinaus. Ich mußte endlich erwachsen werden und mich der Realität stellen. Ich war nicht in Peter Lansdon verliebt gewesen, sondern es hatte nur meiner Eitelkeit geschmeichelt, daß er sich in Gefahr begeben hatte, um mich zu retten. Es war ein romantisches Abenteuer gewesen, während meine Beziehung zu Edward ruhig, beständig und problemlos war.

Peter war wankelmütig, sonst hätte er seine Aufmerksamkeit nicht so rasch von mir ab- und Amaryllis zuwenden können. Was empfand ich eigentlich? War ich gekränkt? Eifersüchtig? War ich nicht schon immer ein wenig eifersüchtig auf Amaryllis gewesen? Auf ihre strahlende Schönheit, ihren Charme, ihr heiter-gelassenes Wesen, ihre Selbstlosigkeit? Sie war ein besserer Mensch als ich; ein Mann, der zwischen uns wählen konnte, wäre ein Narr gewesen, wenn er sich nicht für sie entschied. Dann war aber Edward ein Narr, weil er mich vom ersten Augenblick an geliebt hatte. Was hatte eines der Dienstmädchen einmal gesagt? Daß Männer zu Narren würden, wenn es um Frauen ging. Sie hatte in diesem Zusammenhang von Amaryllis und mir gesprochen und behauptet, daß ich diejenige war, nach der sich die Männer umdrehten... alle, bis auf Peter Lansdon.

Nein, ich liebte ihn nicht. Ich hatte mich geschmeichelt gefühlt, hatte seine Gesellschaft als anregend und ihn als etwas geheimnisumwittert empfunden. Edward hatte natürlich nichts Geheimnisvolles an sich.

Ich mußte lernen, Edward zu lieben. Ich hatte mich seiner in einem unüberlegten Augenblick bedient, und er hatte mich nicht enttäuscht. Manchmal fragte ich mich, ob er wußte, daß ich mich von einer Enttäuschung hatte hinreißen lassen... und ob meine Mutter es erraten hatte. Sie betonte immer wieder Edwards Vorzüge, als wolle sie mir deutlich machen, daß ich die bestmögliche Wahl getroffen hatte.

Ja, ich mußte Edward lieben. Ich mußte mit dem Leben zufrieden sein, das mich erwartete. Ich hatte mich dafür entschieden, und Edward hatte mir die Entscheidung leicht gemacht... wie er es immer tun würde.

Ich durfte nie vergessen, daß ich diejenige war, die Glück gehabt hatte.

Es war meine Idee, die Fabrik während der Arbeitszeit zu besuchen. Ich wollte sehen, wie Spitzen entstehen. Edward zögerte einen Augenblick, doch dann sah ich ihn bittend an und fuhr fort: »Es wäre so interessant.«

Mein Interesse freute ihn, und er gab meinem Drängen nach, wenn auch nur widerwillig. Wir vereinbarten, daß er mich begleiten würde.

Wir trafen am frühen Vormittag in der Fabrik ein, und ich war ein wenig aufgeregt, als ich den großen Saal betrat, in dem so viele Leute Spitzen herstellten.

Ihre Blicke folgten mir, während Edward mich herumführte und gelegentlich stehenblieb, um mir etwas zu erklären. Ich sprach mit ein paar Arbeitern. Sie antworteten mir einsilbig und machten einen mürrischen Eindruck. Mir wurde beklommen zumute ... oder redete ich mir das erst später ein? Rückblickend bin ich meiner Sache nicht mehr sicher. Mir war plötzlich bewußt, daß ich eine dunkelblaue, am Hals und an den Ärmeln mit Zobel besetzte Jacke, einen kleinen federgeschmückten Hut und ein rotes Kleid trug. Der Unterschied zwischen meiner Kleidung und der ihren war unübersehbar. Ich war froh, als wir den Raum verließen und einen kleineren betraten, in dem eine Frau verschiedene Arten von Spitzen sortierte und sie mit Etiketten versah.

»Das ist Mrs. Fellows«, stellte Edward sie vor. »Sie ist äußerst fachkundig und kann Fehler entdecken, die jemand anderer überhaupt nicht wahrnimmt.«

Mrs. Fellows, die Anfang vierzig war, freute sich sichtlich über dieses Lob.

»Habe ich nicht neulich Ihren Mann kennengelernt?« fragte ich.

»O ja, er macht bei den Maschinen Dienst.«

»Wir haben noch mehr als zwei Fellows in der Fabrik«, erklärte Edward.

»Mein Sohn Tom erlernt gerade das Handwerk«, bestätigte Mrs. Fellows, »und ich habe noch einen zweiten Sohn, der in ein oder zwei Jahren soweit sein wird.«

»Wir sehen es gern, wenn die ganze Familie bei uns beschäftigt ist«, erwähnte Edward.

In diesem Augenblick kam ein Mann herein und sagte etwas zu Edward, das ich nicht verstand. Edward drehte sich zu mir um. »Ich muß dich für einen Augenblick allein lassen. Bleib bei Mrs. Fellows, sie wird dir unsere schönsten Muster zeigen.«

Ich lächelte Mrs. Fellows zu. »In dieser Stadt werden ja seit Generationen Spitzen hergestellt.«

»Das stimmt.«

»Man empfindet doch sicherlich Befriedigung, wenn man etwas so Schönes erzeugt.«

»Wir fragen uns nur, wie lange wir es noch tun werden, Madam.«

Ich wurde verlegen. »Warum sollte sich denn etwas ändern?«
»Es sind diese verfluchten Maschinen«, antwortete sie mür-
risch. »Sie werden uns unseren Lebensunterhalt rauben.«
»Aber die Stadt wird dadurch aufblühen und...«
Sie sah mich so verächtlich an, daß ich nicht weitersprechen
konnte. Ihr Wollkleid war gestopft, und ich wurde mir wieder
meiner eleganten Kleidung und meiner Schuhe aus feinstem
Leder bewußt. Ich schämte mich, weil ich so leichtfertig über
etwas gesprochen hatte, das für sie so wichtig war. Ich wollte
ihr versichern, daß ich mit ihr fühlte und Verständnis für sie
hatte, wußte aber nicht, wie ich es formulieren sollte.
In diesem Augenblick hörte ich merkwürdige Geräusche. Ein
dumpfer Schlag ertönte, und dann hatte ich den Eindruck, daß
ein schwerer Gegenstand über den Boden gezogen wurde.
Jemand rief etwas, und dann brach allgemeines Geschrei aus.
Ich sah Mrs. Fellows erschrocken an. Sie war blaß geworden.
»Gott helfe uns«, murmelte sie. »Jetzt geht es los. Ich habe es
gewußt, und jetzt ist es soweit.«
Ich packte sie am Arm. »Was ist los?«
»Es sind die Männer. Es gärt seit einiger Zeit, und jetzt ist es
soweit. Der Mob ist in die Fabrik eingedrungen; Gott stehe
uns bei, die Männer werden sich ihm anschließen.«
Ich ging zur Tür.
Sie hielt mich zurück. »Tun Sie das nicht, draußen herrscht die
Gewalt. Eine Lady hat dort nichts verloren.«
»Mr. Barrington...«
»Er hat die Maschinen gekauft, nicht wahr? Das hätte er nicht
tun dürfen. Er ist selbst daran schuld, wenn er zu Schaden
kommt.«
Ich riß mich los und öffnete die Tür. Der große Raum war
leer, doch aus dem oberen Stockwerk drang Geschrei. Edward ist dort oben, dachte ich. Sie zerstören die Maschinen...
und was werden sie Edward antun?
Einige Männer stürzten die Treppe herunter; sie hatten es so
eilig fortzukommen, daß sie mich nicht beachteten. Sie wirkten bedrohlich, und ihre Augen leuchteten fanatisch. Als ich

die Treppe hinauflief, kamen weitere Männer aus dem Raum und rannten mich beinahe über den Haufen. Aber sie sahen mich nicht an und versuchten auch nicht, mich aufzuhalten. Dann befand ich mich in dem Raum, in dem mir Edward noch vor wenigen Tagen so stolz seine Maschinen vorgeführt hatte. Ich starrte entsetzt das Bild der Zerstörung an; die Maschinen waren zerschmettert worden. Einige Männer schlugen noch immer mit Hämmern und Brechstangen auf sie ein. Unter ihnen befand sich Fellows – und dann erblickte ich Edward.

»Hört auf!« schrie Edward. »Hören Sie auf, Fellows. Wie konnten Sie mit diesen Männern gemeinsame Sache machen?« Er ging auf Fellows zu, der eine Brechstange umklammerte. Ich hielt den Atem an. Edward ging entschlossen weiter, und dann schlug Fellows zu.

Edward schwankte und brach zwischen den Trümmern seiner Maschinen zusammen.

Ich lief zu ihm und kniete neben ihm nieder. Er war bewußtlos, doch ich hielt ihn für tot, und Kummer und Gewissensbisse peinigten mich. Er hatte mich nur widerstrebend in die Fabrik mitgenommen, und ich hatte darauf bestanden. Ich war schuld daran, daß er die Fabrik betreten hatte.

Ich kniete hilflos neben ihm und blickte ihn verzweifelt an. Plötzlich stand Fellows neben mir.

»Sie haben ihn getötet«, schrie ich.

»Nein, nein.«

»Holen Sie Hilfe! Holen Sie sofort Hilfe. Rufen Sie einen Arzt und bringen Sie ihn unverzüglich her.«

Fellows rannte davon. Ich wußte nicht, ob er tun würde, was ich verlangt hatte.

Jetzt herrschte Stille... entsetzliche Stille. Die Männer hatten ihr Werk der Vernichtung vollendet. Sie waren gekommen, um die Maschinen zu zerstören, und hatten Edward getötet.

Ich weiß nicht, wie lange ich mich in dem Raum mit den zerstörten Maschinen, zwischen denen Edward bleich und still lag, aufgehalten habe. Teile einer Maschine waren auf seine Beine gefallen. Ich versuchte, sie wegzuheben, aber sie waren zu schwer für mich. Es war ein Alptraum. Ich wagte nicht, Edward allein zu lassen, obwohl ich wußte, daß ich Hilfe holen sollte. Ich dachte immer wieder an Fellows. Als ich ihn kennengelernt hatte, war er höflich und respektvoll gewesen. Doch er war vollkommen verwandelt gewesen, als er die Eisenstange gehoben und zugeschlagen hatte. Seine Augen hatten fanatisch geleuchtet. Der Pöbel, dachte ich, überlegt nicht vernünftig, sondern ist nur von dem Wunsch erfüllt, alles zu zerstören, was sich ihm in den Weg stellt. Die Wut der Arbeiter schwemmte ihre Angst vor Armut und Hunger hinweg und hatte aus gesetzestreuen Bürgern Vandalen werden lassen. »Fortschritt«, hatte Edward gesagt.

»Du darfst nicht sterben, Edward«, flüsterte ich. »Ich werde dich lieben. Ich will dich lieben. Ich werde dir eine gute Frau sein. Du wirst nie erfahren, daß ich mich mit dir nur verlobt habe, weil ich Peter Lansdon und Amaryllis zeigen wollte, daß mich ihre Verlobung kaltläßt. Ich werde immer liebevoll und zärtlich zu dir sein. Du mußt am Leben bleiben, damit ich dir beweisen kann, daß ich nicht vollkommen egoistisch bin.«

Er schlug die Augen auf und flüsterte: »Jessica!«

»Ich bin bei dir und werde immer bei dir bleiben«, versprach ich ihm.

Er lächelte und schloß die Augen wieder.

Wie still es war. Wie lange wartete ich schon? Irgendwann mußte doch jemand kommen.

Es war wie ein böser Traum. Alles war so unwirklich und doch so schrecklich wahr. Ich dachte daran, wie Edward zum ersten Mal die Schwierigkeiten erwähnt hatte, die die Arbeiter wegen der neuen Maschinen machten. Es hatte mich kaum interessiert. Und jetzt hatte es zu dieser Situation geführt, und ich war zutiefst davon betroffen.

Ich überlegte gerade, ob ich Edward verlassen und Hilfe holen sollte, denn es kam mir vor, daß ich bereits seit Stunden wartete, als ich Stimmen vernahm.

Jemand kam. »Hier«, rief ich, »hier drinnen!«

Es war Fellows in Begleitung eines zweiten Mannes.

»Ich bin Doktor Lee«, stellte sich der Fremde vor, und ich weinte beinahe vor Erleichterung.

Die beiden Männer räumten die Maschinentrümmer von Edwards Beinen weg.

»Nicht wahr, er ist nicht tot?« fragte ich.

Der Arzt schüttelte den Kopf.

»Wir müssen ihn von hier fortschaffen und nach Hause bringen«, sagte er.

»Die Kutsche steht unten«, bemerkte ich. »Falls der Pöbel sie nicht ebenfalls zertrümmert hat.«

»Das glaube ich nicht«, meinte der Arzt. »Können Sie mir helfen, Fellows? Wir müssen eine Tragbahre improvisieren. Das ist die einzige Möglichkeit, ihn zu tragen. Zuerst werde ich ihm aber etwas geben, das seine Schmerzen lindert.«

Ich sah ihnen hilflos zu.

»Er wird bald in seinem weichen Bett liegen«, tröstete mich der Arzt. »Sie sind wahrscheinlich Mr. Barringtons Verlobte.«

Ich nickte.

»Er wird eine Zeitlang Pflege brauchen«, fügte der Doktor hinzu.

Nachdem wir Edward nach Hause gebracht hatten, hielt der Hausarzt ein Konsilium ab. Edward lebte, hatte aber schwere Schäden davongetragen. Sein Rückgrat war verletzt, und er konnte seine Beine nicht mehr gebrauchen.

»Wird er jemals wieder gehen können?« fragte ich.

Der Arzt zuckte die Schultern, um anzudeuten, daß er es für eher unwahrscheinlich hielt.

Mein Vater und Edwards Eltern kamen nach Nottingham. Mein Vater war außer sich; nicht nur, weil Edward gehunfähig war, sondern auch, weil Maschinen im Wert von Tausenden Pfund vernichtet worden waren.

Mr. Barrington übernahm wieder die Leitung der Fabrik und erklärte, man müsse den Leuten zeigen, daß man sich von dem

Mob nicht einschüchtern ließ. Er würde neue Maschinen anschaffen.

Unsere Hauptsorge galt natürlich Edward.

Er ertrug seine Behinderung mit großer Seelenstärke; es war ein weiterer bewundernswerter Charakterzug, den ich an ihm entdeckte. Wie würde wohl ein anderer gesunder Mensch reagieren, wenn er plötzlich zum Invaliden im Rollstuhl würde, der auf die Hilfe anderer angewiesen war?

Er war sehr still und haderte nicht mit dem Schicksal – zumindest zeigte er es nicht. Er war mir unendlich dankbar, weil ich darauf bestand, bei ihm zu bleiben. Mr. Barrington stellte einen Pfleger namens James Moore an, der Edward vorbildlich betreute und ein sehr tüchtiger, vielseitiger Mensch war. Ich verbrachte beinahe den ganzen Tag bei Edward, und seine Dankbarkeit war rührend.

»Du mußt ausgehen«, drängte er mich immer wieder. »Du darfst nicht die ganze Zeit über bei mir sitzen.«

»Verstehst du denn nicht, daß ich nichts anderes will, als bei dir zu sein?«

Er brachte vor Rührung kein Wort heraus, und mir flossen die Tränen über die Wangen.

In der Stadt herrschte große Aufregung wegen der Verhaftungen, die inzwischen erfolgt waren. Man hatte den Rädelsführer gefaßt, und er wurde zusammen mit Fellows vor Gericht gestellt.

Fellows war der Mann, der den verhängnisvollen Schlag geführt hatte, und er war ein Angestellter der Barringtons.

Es war an der Zeit, daß für die Maschinenstürmer ein Exempel statuiert wurde, sagte der Richter. Wenn Menschen bei solchen Aktionen zu Schaden kamen, handelte es sich um ein schweres Verbrechen. Bis jetzt waren die Ludditen zu mild behandelt worden. Sie schienen daher zu glauben, daß sie das Recht hatten, alles zu zerstören und die Menschen umzubringen, die ihnen im Weg standen.

Sowohl der Rädelsführer als auch Fellows wurden zum Tode durch den Strang verurteilt.

Wir erzählten es Edward vorläufig nicht; es hätte ihn bestimmt aufgeregt, weil er große Stücke auf Fellows gehalten hatte. Fellows war immer ein tüchtiger Arbeiter gewesen, und seine Frau und sein Sohn waren ebenfalls in der Fabrik beschäftigt. Keiner von uns konnte verstehen, was in Fellows gefahren war. Doch die Strafe war gerecht, und man mußte dem Treiben der Ludditen Einhalt gebieten. Es ging nicht an, daß der Mob das Land terrorisierte und entschied, was geschehen sollte und was nicht.

Es war ein schwarzer Tag, als Fellows gehängt wurde. Eine schaulustige Menge drängte sich um den Galgen. Ich saß allein in meinem Zimmer und grübelte darüber nach, was sich jetzt wohl im Haus der Fellows abspielen mochte. Ich dachte an die Frau, mit der ich mich unterhalten und die jetzt ihren Mann verloren hatte. Ich dachte an seinen Sohn Tom, der keinen Vater mehr hatte. Ja, ein schwarzer Tag für die Fellows und für Nottingham. Und auch für uns, denn vielleicht war Edwards aktives Leben für immer vorbei.

Als ich dann wieder an Edwards Bett saß, sagte er: »Ich weiß nicht, wie es mit mir weitergehen wird, Jessica. Ich werde wahrscheinlich hierbleiben, und du mußt nach Eversleigh zurückkehren.«

»Du mußt nach Grasslands übersiedeln, dort wirst du dich bestimmt wohler fühlen. Du mußt die Stadt und diese Erinnerungen hinter dir lassen.«

»Ich habe an dich gedacht. Du bist so gut und hast dich mir gegenüber so wunderbar verhalten. Du darfst dich auf keinen Fall an mich gebunden fühlen.«

»Was meinst du mit gebunden?«

»Du bist nicht mehr mit mir verlobt, damit habe ich mich abgefunden.«

»Soll das heißen, daß wir die Verlobung auflösen?«

»Die Entscheidung liegt bei dir, Jessica. Du bist ein wunderbarer, tapferer Mensch. Faß keinen übereilten Entschluß. Du darfst dich auf keinen Fall verpflichtet fühlen, dich edelmütig zu verhalten.«

»Ich habe über dieses Problem sehr gründlich nachgedacht und schlage vor, daß wir miteinander nach Grasslands zurückkehren und daß ich mich um dich, das Haus, den Besitz, kurz um alles kümmere.«

»Das geht nicht.«

»Warum nicht? Liebst du mich nicht mehr?«

»Es ist nicht der richtige Augenblick für Scherze. Ich habe dich immer geliebt, liebe dich heute und werde dich immer lieben. Aber das ist kein Grund, daß du dich für mich aufopfern sollst.«

»Wer spricht von Opfer?«

»Ich.«

»Aber ich nicht. Ich bin gewöhnt zu tun, was ich will, und ich will dich heiraten. Ich möchte die Herrin von Grasslands und die Frau von Edward Barrington sein. Klingt das nicht großartig? Du wirst unter meinem Pantoffel stehen, genau wie Lord Pettigrew unter dem Pantoffel seiner Frau steht. Ist es dir noch nicht aufgefallen? Wenn nicht, um so besser, denn sonst würdest du mich vielleicht sitzenlassen.«

»Du scherzt über eine sehr ernste Angelegenheit.«

»Ich nehme sie sehr ernst, und ich werde dich heiraten, Edward, wie wir es beschlossen hatten, bevor du diesen Unfall erlitten hast.«

»Überlege es dir, Jessica.«

»Ich habe es mir überlegt, und ich weiß, was ich will. Wenn du dich weigerst, mich zu heiraten, bin ich eine sitzengelassene Frau, und du zerstörst damit mein Leben.«

»Es kann nie eine normale Ehe sein. Du bist zu jung, du verstehst das nicht.«

»Seit meinem zehnten Lebensjahr hasse ich es, daß man mir immerfort erzählt, wie jung ich bin. Vielleicht werde ich es gern hören, wenn ich vierzig bin, aber dieses Stadium habe ich noch nicht erreicht. Bis dahin darfst du das Argument ›zu jung‹ nicht mehr verwenden. Ich weiß, was ich will, und ich werde es durchsetzen.«

»Ich bitte dich, nichts zu überstürzen.«

»Ich übereile nichts. Ich habe mir alles ganz genau überlegt und bin zu diesem Entschluß gelangt.«

Er küßte meine Hand. »Hoffentlich wirst du es nie bereuen. Ich werde mich jedenfalls bemühen, dir nicht zur Last zu fallen. Und wenn du die Situation einmal unerträglich findest...«

Ich legte ihm den Finger auf die Lippen, denn ich war tief gerührt. Ich liebte den kranken Edward weit mehr, als ich den gesunden je geliebt hatte.

Als die Barringtons erfuhren, daß ich nach wie vor entschlossen war, Edward zu heiraten, schloß mich Mrs. Barrington schluchzend in die Arme und versicherte mir, wie sehr sie mich liebe, wie glücklich ich sie mache und wie sehr sie Gott dafür danke, daß Edward eine so wunderbare Frau gefunden hatte. Ihr Gefühlsausbruch stürzte mich in tiefe Verlegenheit, aber Mr. Barrington drückte mich ebenfalls an seine Brust und nannte mich »seine tapfere kleine Tochter«.

Meine Eltern waren weniger begeistert und suchten mich in meinem Zimmer auf, um mir ins Gewissen zu reden.

»Du bist voreilig«, tadelte mich mein Vater.

»Ist dir eigentlich klar, was du auf dich nimmst?« fragte meine Mutter. »Du wirst mit einem Krüppel verheiratet sein. Edwards Verletzungen sind solcher Art...«

»Ich weiß, ich weiß«, unterbrach ich sie. »Du meinst, wir werden kein normales... du würdest es als Familienleben bezeichnen... führen. Keine Kinder.«

»Ja, mein Liebes, das meine ich.«

»Ich werde glücklich sein, weil ich Edward betreuen kann.«

»Zunächst schon, aber mit der Zeit...«

»Du hast dir in den Kopf gesetzt, daß du dich edelmütig verhalten mußt«, fügte mein Vater hinzu. »Glaube mir, das Leben sieht anders aus.«

»Das mag auf manche Menschen zutreffen, aber nicht auf mich.«

»Du bist jung und unerfahren...« begann meine Mutter wieder.

»Wenn mich noch jemand als jung und unerfahren bezeichnet, dann...«

Mein Vater grinste. »Was willst du dann tun?«

»Ich weiß genau, was ich will.«

Mein Vater faßte mich an den Schultern. »Ja, du weißt heute, morgen und vielleicht noch eine Zeitlang, was du willst. Doch dann wird der Tag kommen, an dem jemand in dein Leben tritt...«

Ich unterbrach ihn zornig. »Nicht alle Menschen sind wie du.«

»Mein liebes Kind, die Menschen sind einander sehr ähnlich. Manche von uns sind zielstrebiger als die anderen, aber im Grunde unseres Herzens sind wir alle wankelmütig.«

»Siehst du denn nicht, daß sie fest entschlossen ist?« fragte meine Mutter.

»Darin ist sie ganz wie du, mein treues Weib. Wenn sie sich einmal zu etwas entschlossen hat, ist sie nicht mehr davon abzubringen.«

»Wir werden uns damit abfinden müssen«, fuhr meine Mutter fort. »Sollten dich jemals Zweifel quälen, Jessica, oder sollten sich Schwierigkeiten ergeben, dann weißt du, daß dein Vater und ich immer Verständnis für dich haben und dir helfen werden.«

Ich sah die beiden Menschen, die ich mehr als alles auf der Welt liebte, gerührt an und umarmte sie.

»Ich weiß. Aber ich kann nicht anders. Wenn ich Edward nicht heirate, werde ich nie wieder glücklich sein.«

Sie fanden sich schließlich damit ab, aber es war ihnen nicht recht. Wir führten danach lange Gespräche darüber, wie es weitergehen solle. Mr. Barrington wollte nach Nottingham zurückkehren und die Leitung der Fabrik übernehmen. Edward sollte nach Grasslands übersiedeln.

Clare Carson, die über Edwards Unfall tief erschüttert war, sollte die Barringtons nach Nottingham begleiten. Edward und ich wollten möglichst bald heiraten. Es würde daher keine großartige Doppelhochzeit geben, und Amaryllis würde den großen Tag für sich allein haben.

Wir kehrten also nach Eversleigh zurück, und obwohl meine Eltern weiterhin versuchten, mich von meinem Entschluß abzubringen, wurde ich Anfang Mai Mrs. Barrington.

In den ersten Wochen nach unserer Trauung war ich sehr glücklich. Ich steigerte mich in die Rolle der aufopfernden Ehefrau hinein und kam mir ungeheuer edel vor. Ich hatte meine moralische Pflicht erfüllt und rief mir immer wieder ins Gedächtnis, daß ich mich verachtet hätte, wenn ich nicht Edwards Frau geworden wäre. Zunächst war er für mich nur ein Mittel zum Zweck gewesen, meine Enttäuschung nicht zu zeigen; jetzt war ich bereit, meinen Teil der Abmachung einzuhalten.

Was mir, nebenbei bemerkt, überhaupt keine Schwierigkeiten bereitete. James Moore, Edwards Pfleger, war überaus tüchtig und wurde allmählich Edwards Vertrauter. Er war immer zur Stelle, wenn es angezeigt war. Es war ein Glück, daß wir ihn gefunden hatten.

Außerdem neigte Edward überhaupt nicht dazu, sich selbst zu bemitleiden. Ich erkannte erst allmählich, was für ein großartiger Mensch er war. Er war sehr tapfer, bagatellisierte diese Eigenschaft jedoch. Gelegentlich behauptete er sogar, daß er froh war, sich nicht mehr mit den Ludditen herumschlagen zu müssen; er bedauerte nur seinen Vater, der jetzt mit ihnen fertig werden mußte.

»Ich lebe hier im Luxus, habe einen Engel zur Frau, der unablässig um mein Wohl bemüht ist, werde von James betreut, der die personifizierte Geduld ist, und habe nichts anderes zu tun, als es mir gutgehen zu lassen.«

Ich küßte ihn. Aber manchmal sah ich den Schmerz in seinen Augen, seine Niedergeschlagenheit, wenn er an die Jahre dachte, die vor ihm lagen.

Ich las ihm oft vor, und er genoß es. Wir spielten Piquet, und er lehrte mich Schach spielen. Die Tage vergingen, und meine euphorische Stimmung hielt an, weil ich davon überzeugt war, etwas sehr Edles getan zu haben. Ich dachte oft, daß

Nonnen etwas Ähnliches empfinden mußten, wenn sie ihr Gelübde ablegten. In gewissem Sinne hatte ich ein ähnliches Gelübde abgelegt.

Ich genoß den Augenblick und die Anbetung, die Edward mir entgegenbrachte. Für ihn war ich eine Heilige.

Edwards Eltern kamen nach Grasslands zu Besuch. Mrs. Barrington betonte immer wieder, daß sie nie vergessen würde, was ich für ihren geliebten Sohn tat, und daß sie Gott jeden Abend dafür danke, daß er uns zusammengeführt hatte. Meine neue Rolle befriedigte mich sehr.

Dann kam Amaryllis' Hochzeitstag – der auch der meine hätte sein sollen.

Die Trauung fand in der Kapelle von Eversleigh statt; das junge Paar wollte die Flitterwochen in London verbringen. Infolge der napoleonischen Kriege kam der Kontinent für Hochzeitsreisen nicht in Frage. Seit Napoleons Rückzug aus Moskau war sein Stern im Sinken, aber er war noch nicht untergegangen. Jetzt war Wellington in Frankreich eingefallen, und wir erfuhren von seinen Erfolgen.

Amaryllis war eine wunderschöne Braut. Weiß stand ihr, und in ihrem Kleid aus Seide und Spitzen sah sie aus wie ein Engel. Sie strahlte, und David und Claudine waren sichtlich stolz auf sie.

Meine Mutter bemerkte zwar, daß wir nicht viel über Peter Lansdon wußten, aber sie war wahrscheinlich meinetwegen neidisch. Wenn sie Amaryllis und ihren gutaussehenden Bräutigam betrachtete, mußte sie bestimmt wider Willen an ihre geliebte Tochter denken, die sich voreilig in eine Ehe gestürzt hatte, die im Grunde keine war.

In Eversleigh fand eine große Hochzeitsfeier statt, der Edward im Rollstuhl beiwohnte. Es wurden die üblichen Reden gehalten und Trinksprüche ausgebracht, und nachdem Amaryllis und Peter abgereist waren, saßen Edward und ich noch mit den Gästen beisammen.

Die Hochzeit war nicht spurlos an mir vorübergegangen. Nachdem James Edward zu Bett gebracht hatte, setzte ich

mich noch zu einem kurzen Plauderstündchen zu ihm, bevor
ich mich auf mein Zimmer zurückzog.

Ich hoffte, daß Edward nicht bemerken würde, wie niedergeschlagen ich tatsächlich war. Er war sehr einfühlsam geworden, als hätte er einen sechsten Sinn entwickelt.

»Es war eine schöne Hochzeit«, bemerkte er beinahe sehnsüchtig.

»Ja, Amaryllis war eine wunderschöne Braut.«

»Sie hat so glücklich ausgesehen.«

»Das ist sie auch.«

Er schwieg eine Weile, dann fuhr er fort: »Es hätte auch unser
Hochzeitstag sein sollen. Aber es ist alles anders gekommen.«

»Wir dürfen nicht unzufrieden sein.«

»Bist du glücklich?«

»Ganz und gar«, log ich.

»Das ist nicht möglich, Jessica.«

»Willst du damit sagen, daß ich lüge?« fragte ich scharf.

»Du hast dir deine Ehe bestimmt anders vorgestellt.«

»Man muß die Dinge nehmen, wie sie kommen, und ich bin
glücklich.«

»Jessica?«

»Ja?«

»Es kann nicht immer so bleiben. Du versäumst so viel. Du
wirst miterleben, wie glücklich, wie zufrieden Amaryllis sein
wird.«

»Ich bin ebenfalls zufrieden.«

»Du bist eine wunderbare Frau, Jessica.«

Ich lächelte selbstgefällig. Es bereitete mir Vergnügen, die
Rolle einer engelhaften jungen Frau zu spielen, die auf vieles
verzichtet und den Mann geheiratet hat, dem sie ihr Jawort
gegeben hatte, als er sich noch im Vollbesitz seiner körperlichen Kräfte befand. Ich hatte mich immer in dramatischen
Situationen gesehen, in denen ich mich glänzend bewährte.
Jetzt lebte ich in einer dieser jugendlichen Phantasiewelten.
Heute, bei Amaryllis' Trauung, war mir klar geworden, wie
leicht es mir gefallen war, meine wilden Träume aufzugeben,

wenn sie ihren Reiz für mich verloren hatten. Doch nun stand ich dem wirklichen Leben gegenüber und konnte mich ihm nicht einfach entziehen, wenn es mich nicht mehr freute.

Ich war jedoch in gewissem Sinn glücklich, wenn Edward mich anbetend und ergeben anblickte.

Ich küßte ihn.

»Beenden wir dieses Gespräch. Wollen wir noch ein wenig Piquet spielen, bevor ich dir gute Nacht sage, oder bist du zu müde?«

»Ich würde sehr gern noch ein wenig spielen, Liebste.«

Wir spielten also, aber als ich mein Zimmer aufsuchte, hatte ich meine Depression noch immer nicht überwunden.

Ein Abschnitt meines Lebens war vorbei. Als ich zugesehen hatte, wie die beiden jungen Menschen in die Flitterwochen fuhren, war ich erwacht und hatte meine Lage zum ersten Mal voll erfaßt.

Wie hätte ich mich gefühlt, wenn ich mit meinem Mann die Hochzeitsreise antrat? Erregt, erwartungsvoll, von leidenschaftlicher Liebe erfüllt?

Ich stellte es mir vor – und der Bräutigam war nicht Edward. Es war auch nicht Peter. Es war eine schemenhafte Gestalt... jemand, den ich einmal gekannt hatte, als ich ein junges Mädchen... beinahe noch ein Kind gewesen war... ein dunkler, leidenschaftlicher, lebensvoller Mann, der um ein Freudenfeuer tanzte.

Es war unvernünftig, daß ich mich in solche Phantastereien verlor. Ich war die edle Frau, die um ihrer Ehre willen das größte Opfer gebracht hat. Das war die Rolle, die ich spielte, die ich spielen wollte. Sie vermittelte mir das Gefühl, ein guter Mensch zu sein, so daß ich all die kleinen Sünden der Vergangenheit vergessen konnte... die Selbstsucht, den Eigensinn, die mich vor meiner Heirat mit Edward gekennzeichnet hatten.

In den letzten Wochen war ich zum ersten Mal in meinem Leben mit mir zufrieden gewesen.

Und jetzt überfielen mich diese beunruhigenden Gedanken.

In der Nacht träumte ich, daß ich heiratete. Ich stand vor dem Altar in Eversleigh und wartete auf den Bräutigam. Er trat aus dem Schatten hervor, und eine Welle von Gefühlen brandete in mir auf. Ich liebte... ich liebte leidenschaftlich.

Er stand neben mir. Ich wandte mich ihm zu, doch sein Gesicht lag im Schatten. Ich flehte ihn an, zu mir zu kommen. Dann erwachte ich.

VI

Die Schuld

Seit Amaryllis' Hochzeit war eine Woche vergangen. Ich hatte oft an sie und Peter gedacht und hätte gern gewußt, wie sie ihre Flitterwochen verbrachten. Sie wohnten im Haus der Familie in der Albermarle Street, deshalb konnte ich in Gedanken immer bei ihnen sein.

Ich sah sie ins Theater gehen, den Fluß hinauffahren, durch die umliegenden Bezirke reiten, in gemütlichen Landgasthäusern einkehren – all die aufregenden Vergnügungen, denen man in London nachgehen kann.

Dann stellte ich mir ihre intimen Augenblicke vor. Die schöne Amaryllis, der gutaussehende Peter Lansdon. Wie sich Amaryllis wohl verhielt? Sie war immer unsicher und zurückhaltend gewesen; aber seit ihrer Verlobung mit Peter Lansdon war sie wie eine Blume, die im Sonnenlicht aufblüht.

Ich war unruhig und mißmutig, denn mir war bewußt geworden, daß sich mein Leben nie mehr ändern würde.

Wenn mich diese Stimmung überkam, ließ ich mir ein Pferd satteln und ritt aus. Ich liebte es, über den Sand zu galoppieren und den Wind in den Haaren zu spüren, denn dann hatte ich das Gefühl, frei zu sein.

In letzter Zeit dachte ich beinahe ununterbrochen an die Freiheit, denn ich bekam allmählich den Eindruck, daß ich angekettet war. Diesen Gedanken schob ich allerdings immer hastig von mir, denn ich durfte auf keinen Fall anfangen, mich selbst zu bemitleiden.

Wenn jemand ein Recht auf Selbstmitleid hatte, dann nur Edward. Ich mußte mir an ihm ein Beispiel nehmen. Wenn er sich mit dem Unglück abfinden konnte, das ihn getroffen hatte, dann mußte es mir um so eher gelingen.

Noch etwas fiel mir ein. Ich hatte dieses Leben freiwillig auf mich genommen; ihm war es aufgezwungen worden.

Doch derlei Gedanken überkamen mich nicht allzuoft... noch nicht. Meine Rolle als aufopfernde Frau befriedigte mich noch.

Als ich an diesem Nachmittag von meinem Ausritt heimkehrte, teilte mir einer der Diener mit, daß ein Dienstmädchen aus Enderby herübergekommen war, das mich dringend sprechen wollte. Ich ließ sie zu mir kommen.

»Ist etwas geschehen? Mr. und Mrs. Lansdon...?«

Im Geist malte ich mir alles mögliche aus. Vielleicht hatte es einen Unfall gegeben. Peter? Amaryllis?

»Nein, nein, Mrs. Barrington. Es hat nichts mit dem Master und der Mistress zu tun. Es ist jemand gekommen. Sie fragt nach Mademoiselle Sophie, und ich habe nicht gewußt, was ich antworten soll.«

»Ich komme hinüber. Wer ist es?«

»Eine Frau und ein Kind.«

Ich begleitete das Mädchen nach Enderby.

In der Halle standen eine Frau und ein junges Mädchen. Ich starrte sie einen Augenblick lang ungläubig an, dann rief ich:

»Tamarisk!«

»Ich bin zurückgekommen«, sagte sie, »Leah hat mich begleitet.«

»Aber...« begann ich.

»Wo ist Mademoiselle Sophie? Das Dienstmädchen hat mir gesagt, daß sie nicht mehr da ist. Wo ist sie denn?«

»Sie ist tot.« Sie starrte mich entsetzt an. »Wo ist Jeanne?«

»Sie lebt in einem Häuschen auf dem Gut.«

»Ich verstehe das alles nicht.«

Jetzt mischte sich Leah ein. »Das Kind ist verzweifelt. Sie hat die ganze Zeit nur von Mademoiselle Sophie und Jeanne gesprochen, weil sie sich so sehr nach ihnen gesehnt hat. Sie wollte unbedingt zu ihnen zurückkehren.«

»Leider ist sie seinerzeit bei Nacht und Nebel verschwunden.«

»Aber ich bin doch zurückgekommen«, verteidigte sich Tamarisk.

Ich war böse auf sie, denn ich erinnerte mich an das Leid, das sie verursacht hatte.

»Sie war so traurig, weil du fortgelaufen bist, ohne ihr ein Wort zu sagen«, tadelte ich sie. »Sie hat sich gegrämt, ist dann krank geworden... und wollte nicht weiterleben.«

Tamarisks große, dunkle Augen blickten mich unverwandt an. »Du meinst, daß ich an ihrem Tod schuld bin?«

Ich zuckte die Schultern. »Was hat deine Anwesenheit zu bedeuten? Bist du auf einen kurzen Besuch vorbeigekommen?«

»Ich bin zurückgekommen.«

Leah legte mir die Hand auf den Arm. »Bitte, gehen Sie sanft mit ihr um. Das arme Kind hat sehr gelitten.«

»Hier hat sich alles verändert«, sagte ich.

Tamarisk schlug die Hände vors Gesicht und begann zu schluchzen.

»Ich will nicht, daß sie tot ist. Sie hat mich liebgehabt. Niemand hat mich jemals so liebgehabt wie Mademoiselle Sophie. Ich wollte gleich wieder zurückkommen, nachdem ich fortgelaufen war.«

»Das stimmt.« Leah sah mich flehend an.

»Ich weiß nicht, was jetzt geschehen soll. Das Haus ist verpachtet.« Plötzlich fiel mir ein, daß das Haus ja Tamarisks Eigentum war. Das wußte sie natürlich nicht, und es war nicht meine Aufgabe, es ihr mitzuteilen.

Ich hielt es für das beste, sie und Leah nach Eversleigh zu bringen. Meine Eltern würden wissen, was zu tun war.

Ich schlug es den beiden vor. Leah nickte, und wir gingen mit der weinenden Tamarisk das kurze Stück über die Felder.

Meine Mutter fiel aus allen Wolken. Sie bemerkte sofort, daß die beiden müde und mitgenommen aussahen und daß sie dringend heißes Wasser zum Waschen, saubere Kleidung und Essen brauchten. Sie sorgte dafür, daß sie damit versorgt wurden, und ihre umsichtige, praktische Art beruhigte Tamarisk.

Während die beiden sich erfrischten, beriet die Familie – David, Claudine, meine Eltern und ich.

»Das Mädchen hat genug von dem Nomadenleben, was mich nicht wundert«, stellte mein Vater fest. »Am liebsten würde ich sie zu den Zigeunern zurückschicken. Sophie hat sie in Enderby verwöhnt, und sie hat leichtfertig einmal ausprobiert, wie ihr das freie Leben gefällt. Als der Reiz der Neuheit verblaßt war, hat sie einfach beschlossen zurückzukommen. Man sollte ihr eine Lehre erteilen. Wir dürfen allerdings nicht vergessen, daß Enderby ihr gehört.«

»Sie weiß es noch nicht«, warf David ein.

»Vielleicht wäre es angebracht, es ihr nicht sofort mitzuteilen. Sie wäre imstande, sich dort niederzulassen und das junge Paar bei seiner Rückkehr aus dem Haus zu weisen. Sie sollte von ihrer Erbschaft erst erfahren, wenn sie etwas reifer ist.«

»Es geht jetzt um die nächste Zeit«, mischte sich meine Mutter ein. »Wo soll sie wohnen? Wir können sie natürlich bei uns aufnehmen. Sie kann ohnehin nicht in Enderby bleiben, wenn Amaryllis und Peter heimkehren.«

»Ich würde gern wissen, wohin sich die Zigeuner damals verzogen haben«, warf David ein. »Wir haben nach Tamarisks Verschwinden ausgedehnte Suchaktionen unternommen.«

»Wenn es notwendig ist, können sich die Zigeuner sozusagen in Luft auflösen«, antwortete mein Vater.

»Könntest du dir vorstellen, sie in Grasslands aufzunehmen, Jessica?« fragte Claudine.

»Jessica ist bereits mit Arbeit überhäuft«, widersprach meine Mutter schnell.

Ich zögerte. Meine Tage verliefen ziemlich eintönig, und das würde sich grundlegend ändern, wenn Tamarisk bei uns lebte. Sie interessierte mich. Ihr Vater, Romany Jake, hatte mich während seines kurzen Gastspiels in meinem Leben ebenfalls fasziniert.

»Wenn ihr wollt, kann sie nach Grasslands kommen«, erklärte ich.

»Und Edward?«

»Edward wird nichts dagegen einzuwenden haben. Er ist mit allem einverstanden, was ich tue. Vielleicht lenkt das Kind ihn sogar ein wenig ab. Ja, ich nehme sie zu mir, bis eine Entscheidung über ihre Zukunft gefallen ist.«

»Das stellt ein Problem dar«, überlegte mein Vater. »Das Haus gehört ihr. Ich bin ihr Vermögensverwalter, und sie braucht zu allem, was sie tut, meine sowie die Zustimmung des Anwalts, der gemeinsam mit mir die Verantwortung trägt. Wir müssen natürlich ihre Interessen wahren, und ich bin der Meinung, daß wir das Haus noch für einige Jahre verpachten sollten.«

»Haben Peter und Amaryllis vor, hierzubleiben?«

»Ich hoffe es jedenfalls«, sagte Claudine inbrünstig.

»Peter hat es offenbar nicht eilig, den Besitz zu kaufen, von dem er gesprochen hat.«

»Nein, seine Interessen liegen jetzt hauptsächlich in London«, erklärte mein Vater. »Der Gedanke, Gutsbesitzer zu werden, lockt ihn offenbar nicht mehr.«

»Damit ist aber das Problem Tamarisk nicht gelöst«, rief uns meine Mutter ins Gedächtnis. »Heute nacht können sie jedenfalls hierbleiben. Du kannst inzwischen mit Edward sprechen, Jessica, und wenn er sich einverstanden erklärt, kann sie ganz gut eine Weile in Grasslands wohnen. Wir sind es Dolly schuldig, uns um Tamarisk zu kümmern... aber wir würden das Kind ohnehin auf keinen Fall vor die Tür setzen.«

»Sie war wirklich verzweifelt«, erwähnte ich, »als sie von Sophies Tod erfuhr.«

»Das geschieht ihr ganz recht«, fand mein Vater. »So ein kleines Biest! Sie verschwindet seelenruhig, kommt dann zurück und erwartet, daß man das fetteste Kalb für sie schlachtet.«

»Wir müssen die weitere Entwicklung abwarten«, bestimmte meine Mutter. »Heute übernachten sie jedenfalls hier, und morgen werden wir weitersehen.«

So kehrte Tamarisk nach Eversleigh zurück.

Seit Amaryllis' Heirat und Tamarisks Rückkehr war beinahe ein Jahr vergangen.

Ich hatte Leah und das Kind zu mir genommen. Ich hatte mit Edward darüber gesprochen; da er annahm, daß es mein Wunsch war, hatte er sich sofort bereit erklärt, die beiden bei uns aufzunehmen. Insgeheim freute sich meine Mutter darüber. Man konnte Tamarisk nicht gerade als ein liebenswertes Geschöpf bezeichnen und meinen Vater bestimmt nicht als sehr geduldigen Menschen. Er war schon verärgert genug, weil Sophie Enderby Tamarisk hinterlassen und uns damit all diese Probleme aufgehalst hatte. Wenn es nach seinem Willen gegangen wäre, hätte er das Kind zu den Zigeunern zurückgeschickt. Deshalb hielt es meine Mutter, die wie immer für den goldenen Mittelweg war, für eine gute Lösung, daß Tamarisk zu uns kam.

Ich vertrug mich gar nicht einmal so schlecht mir ihr. Ich zeigte ihr nie zuviel Zuneigung, sondern nahm sie in strenge Zucht, und das verschaffte mir merkwürdigerweise Respekt bei ihr. Für sie sprach, daß sie wirklich bereute, Sophie solchen Kummer bereitet zu haben. Ich wußte allerdings nicht, ob ihre Gewissensbisse echt waren oder ob ihr nur Sophies abgöttische Bewunderung fehlte. Aber jedesmal, wenn die Rede auf Sophie kam, wurden ihre Augen vor Kummer dunkel, und sie mußte sich beherrschen, um nicht in Tränen auszubrechen. Eines Nachts hörte ich sie in ihrem Zimmer schluchzen und trat ein.

»Du denkst an Mademoiselle Sophie«, sagte ich ihr auf den Kopf zu. »Sie ist tot«, murmelte sie, »und ich habe sie auf dem Gewissen.«

»Das stimmt nicht.«

»Sie ist gestorben, weil ich fortgelaufen bin.«

»Du hast ihr großen Kummer bereitet, als du verschwunden bist. Wir haben dich überall gesucht.«

»Ich weiß. Wir sind über das Meer nach Irland gefahren. Es war schrecklich. Ich wollte zurück und wieder bei Tante Sophie leben.«

»Nach deinem schönen Schlafzimmer in Enderby muß der Wohnwagen ziemlich ungemütlich gewesen sein«, bemerkte ich.

Sie nickte.

»Erst da ist dir klar geworden, wie gut es dir gegangen ist.«

»Leah hat mich lieb.«

»Aber sie konnte dir kein warmes Federbett und kein eigenes Pony geben.«

»Ich bin auf einem Pferd geritten.«

»Seidene Kleider, köstliches Essen.«

»Darum ging es mir nicht, oder nicht nur.«

»Arme Tamarisk, du hast einen Fehler begangen. Du hast Mademoiselle Sophie, die alles für dich getan hat, voreilig verlassen.«

»Das habe ich mir erst später überlegt.«

»Ja, als es zu spät war.«

»Ich wollte wirklich zurückkommen.«

»Das kann ich mir gut vorstellen.«

»Aber ich konnte nicht nach Hause... wegen des Wassers. Und sie wollten mich nicht fortlassen.«

»Du hast es so gewollt. Du hast Mademoiselle Sophie tief verletzt, als du wegen der Zigeuner aus Enderby fort bist.«

Sie weinte still vor sich hin. Es waren harte Vorwürfe, aber ich war davon überzeugt, daß sie notwendig waren. Wenn ich versucht hätte, ihre Handlungsweise zu beschönigen, wäre es ihr auch nicht recht gewesen. Sie war im Grund ein äußerst logisch denkender Mensch. Mit der Wahrheit konnte man sie am ehesten beeindrucken. Sie hatte Sophie, von der sie nur Gutes erfahren hatte, das Herz gebrochen und hätte jeden Versuch, diese Tatsache zu leugnen, für Falschheit gehalten.

»Wenn etwas geschehen ist, kann man es nicht ungeschehen machen. Man muß sich damit abfinden und neu anfangen. Das ist das Beste, was man tun kann.«

»Aber sie ist tot.«

»Ja, doch das ist nicht mehr zu ändern. Du hast eine Lehre erhalten.«

»Was für eine Lehre?«

»Daß du nicht nur an dich, sondern auch an die anderen denken mußt.«

»Denkst du an die anderen?«

»Manchmal.«

»Nicht immer?«

»Keiner von uns ist vollkommen.«

»Du tust also auch Dinge, die nicht richtig sind?«

»Selbstverständlich.« Ihre Tränen versiegten, und sie lächelte.

»Hör zu, Tamarisk«, fuhr ich fort, »du hast etwas Böses getan. Du hast jemanden verlassen, der gut zu dir gewesen ist und dich zärtlich geliebt hat.«

»Ich habe sie getötet.«

»Das stimmt nicht. Wäre sie widerstandsfähiger gewesen, so wäre sie nicht gestorben. Sie erkältete sich und wurde krank, und zwar einige Zeit nach deinem Verschwinden. Es ist richtig, daß sie deinetwegen sehr gelitten hat, aber jeder von uns tut einmal etwas Unrechtes. Man muß daraus die Lehre ziehen, daß man nicht unüberlegt handeln darf, und versuchen, Sühne zu leisten.«

»Was heißt das?«

»Daß du in Zukunft besser sein und auch an die anderen denken mußt. Besuche Jeanne öfter, zeig ihr, daß du sie lieb hast und daß du ihr für die Liebe dankbar bist, die sie dir entgegengebracht hat. Versuche, rücksichtsvoll und freundlich zu sein; dann wird Mademoiselle Sophie vom Himmel auf dich herunterblicken und feststellen: ›Es war doch nicht vergebens.‹ Und damit ist deine erste Lektion zu Ende. Schlaf jetzt.« Ich strich ihre Bettdecke glatt und wischte ihr die Tränen von den Wangen.

»Gute Nacht«, sagte ich und verließ das Zimmer auf Zehenspitzen.

Ich würde jetzt gern behaupten, daß sie nach diesem Abend verändert war. Es war nicht der Fall. Sie trauerte ein wenig, aber sie blieb genauso eigensinnig wie eh und je.

Leah ließ sie nicht aus den Augen und war mir dadurch eine

große Hilfe. Ich engagierte eine Gouvernante für Tamarisk, weil sie jetzt acht Jahre alt war und Unterricht brauchte. Sie war eine gute Schülerin, lernte gern und holte rasch nach, was sie während ihres Aufenthaltes bei den Zigeunern versäumt hatte.

Ich traf mich oft mit Amaryllis. Jedesmal wenn ich aus Enderby zurückkehrte, focht ich einen Kampf mit mir aus, denn mir wurde immer mehr bewußt, was ich im Leben versäumte. Ich sehnte mich nach einem Kind. Dann erzählte mir Amaryllis, daß sie schwanger war; sie war im siebenten Himmel und liebte ihren Mann mehr denn je. Enderby hatte sich wieder verändert. Es konnte nicht anders sein, wenn ein Mensch wie Amaryllis in dem Haus lebte. Sie und Claudine steckten immerfort die Köpfe zusammen, fuhren nach London, um Stoffe für die Kinderkleidchen zu kaufen und richteten das Kinderzimmer ein. Es hatte seit Menschengedenken leer gestanden. David hatte sich geirrt, als er gemeint hatte, daß man nur die Büsche wegschneiden müsse, um die gespenstische Atmosphäre zu vertreiben, weil dann das Haus heller sein würde. Die Büsche waren unwichtig. Amaryllis, ihre glückliche Ehe und das Kind, das sie erwartete, genügten, um dem Haus eine freundliche Atmosphäre zu verleihen.

Ich beneidete sie. Nicht um ihren Mann, diese Episode war vorbei. Ich neidete ihr das Kind.

Inzwischen überstürzten sich die Ereignisse im Ausland, und es hatte den Anschein, als stünde ein Umschwung bevor. Napoleon gewann keine Schlachten mehr; dafür erzielte Wellington einen Erfolg nach dem anderen. Er war der überlegene Held, und als er mit seinen Verbündeten in Paris einmarschierte und Napoleon abdanken mußte, waren wir davon überzeugt, daß wir den Korsen für immer los waren. Er wurde nach Elba verbannt, und auf Frankreichs Thron saß wieder ein König – Ludwig XVIII.

Meine Mutter meinte erschrocken: »Sie hätten sich das Ganze ersparen können, denn sie stehen jetzt genau dort, wo sie vor der Erstürmung der Bastille gestanden haben.«

»Vielleicht sind sie ein bißchen klüger geworden«, hoffte mein Vater. Das Hauptgesprächsthema bei uns war jedoch Amaryllis' Kind.

Peter hielt sich oft wegen seiner Geschäfte in London auf. Er hatte den Gedanken aufgegeben, ein Gut zu erwerben, denn er fand, daß er sich nicht zum Landjunker eignete. Außerdem war er an mehreren blühenden Unternehmen beteiligt und mußte deshalb oft in London nach dem Rechten sehen. Gelegentlich besprach er seine Geschäfte mit meinem Vater und David. David tat gar nicht erst so, als verstünde er etwas davon, während mein Vater zugab, daß die Geschäfte etwas undurchsichtig waren und daß er nie mit solchen Unternehmen zu tun gehabt hatte. Peter sprach oft über seine Geschäftsverbindungen mit Jamaica, und ich entnahm seinen Ausführungen, daß er Zucker und Rum nach England importierte. Er ließ sich des langen und breiten über Jamaica aus; aber da sich nicht einmal mein Vater in seinen Geschäften auskannte, war es nur natürlich, daß wir noch weniger davon verstanden.

Es war auch nicht weiter von Bedeutung. Er war sichtlich ein vermögender Mann, Amaryllis war glücklich, und er war der Vater des Kindes, das alle so ungeduldig erwarteten.

Amaryllis' Baby kam Ende April zur Welt, und die Freude in der Familie war groß, wenngleich mein Vater murrte: »Schon wieder ein Mädchen. Wann wird diese Familie endlich einen Jungen hervorbringen?«

Meine Mutter schalt ihn und stellte fest, daß er ihres Wissens nie eine Abneigung gegen das weibliche Geschlecht gehegt hatte.

Das Kind wurde auf den Namen Helena getauft. Als sie ein paar Stunden alt war, sah sie wie ein runzliger, verärgerter alter Gentleman aus; doch die Tage vergingen, die Runzeln glätteten sich, ihre Haut wurde zart wie ein Pfirsich, und alle waren von ihren leuchtend blauen Augen entzückt. Wir wurden alle zu ihren willenlosen Sklaven; und das Verlangen in mir wuchs.

Ich besuchte Amaryllis immer häufiger. Sie beobachtete mich mit dem Kind, denn ich nahm Helena jedesmal auf den Arm, wenn die Nurse es erlaubte, und redete mir ein, daß sie mich mochte. Dann fiel mir einmal Amaryllis' mitleidiger Gesichtsausdruck auf, und ich nahm ihn ihr übel. Zum ersten Mal stellte sich mir die Frage, ob ich nicht doch auf die Warnungen meiner Eltern hätte hören sollen.

Dann ging ich nach Hause zu Edward, setzte mich an sein Bett, versuchte, ihn im Schach zu schlagen und wurde prompt besiegt. Ich habe das Richtige, das einzig Mögliche getan, dachte ich, ich wäre nie glücklich geworden, wenn ich ihn verlassen hätte. Doch selbst wenn man das Richtige tut, ist es nicht immer leicht, damit zu leben. Es ist leicht, sich aus einem augenblicklichen Gefühl heraus zu opfern; aber wenn man ein Leben lang dabei bleiben muß, sieht alles ganz anders aus.

Mir fiel auf, daß Peter immer mehr Zeit in London verbrachte, und ich fragte mich, ob Amaryllis darunter litt. Eines Tages erwähnte ich es ihr gegenüber vorsichtig.

»Peter ist sehr beschäftigt«, erklärte sie. »Er hat in London alle möglichen Verpflichtungen und geht ganz in seinen Geschäften auf.«

»Immer noch Zucker und Rum?«

»Ja, er weiß soviel darüber, weil er ja im Ursprungsland dieser Produkte aufgewachsen ist. Er hat mehrere neue Lagerhäuser erworben.«

»Er legt das Zeug also auf Lager?«

»Vermutlich, sonst würde er ja die Lagerhäuser nicht brauchen.«

»Hast du sie schon gesehen?«

»Ich? O nein. Sie liegen, glaube ich, in der Nähe des Hafens, und er hat mich nie dorthin mitgenommen. Er findet, daß es nicht der richtige Ort für mich ist. Aber er ist sehr glücklich, weil sich seine Geschäfte so gut anlassen.«

»Spricht er mit dir über seine Geschäfte?«

»Nur selten. Aber er gibt mir gelegentlich Geld und erklärt mir, daß es eine Dividende ist.«

»Heißt das, daß du Geld in seine Unternehmen investiert hast?«

»Natürlich.«

»Ich verstehe.«

Als wir heirateten, hatte jede von uns einen größeren Geldbetrag erhalten, der aus einem Legat stammte. Mein Geld war investiert, und Edward dachte nicht daran, es anzurühren. Die Zinsen gehörten mir.

»Ich muß nur gelegentlich irgendwelche Dokumente unterschreiben«, fügte Amaryllis hinzu.

»Was für Dokumente?«

»Das weiß ich nicht. Papiere über Geldangelegenheiten und so. Ich bin nämlich Aktionär. Peter kümmert sich um alles.«

»Dein Vermögen hat er also in seine Geschäfte gesteckt?«

»Es ist ein Gemeinschaftsunternehmen ... nur erledigt Peter die ganze Arbeit.«

»Und du stellst das Geld zur Verfügung?«

»Peter ist nicht erst durch die Heirat mit mir zu einem reichen Mann geworden, Jessica. Er war schon vorher viel wohlhabender als ich. Es gibt mir die Möglichkeit, an seinem Vermögen teilzuhaben. Ich muß mich um nichts kümmern – und ich verstehe auch nichts davon. Woher sollte ich auch darüber Bescheid wissen, wie man Rum und Zucker importiert und zu den Leuten bringt, die es kaufen wollen?«

»Natürlich kannst du nichts davon verstehen.«

Sie wechselte das Thema, doch ich war nachdenklich geworden. Er verwendete ihr Geld für seine Geschäfte in London. Hatte er sie deshalb geheiratet – um an ihr Geld heranzukommen?

Ich versuchte wahrscheinlich, eine Erklärung dafür zu finden, daß er sich ihr zugewandt hatte. Doch es ergab keinen Sinn. Ich war genauso vermögend wie Amaryllis. Er hatte sich ausschließlich deshalb für sie entschieden, weil sie anziehender war als ich.

Es war nur natürlich. Sie war süß, sanft und sehr hübsch. Ich war kratzbürstig, kritisch, setzte immer meinen Kopf durch und war ziemlich selbstbewußt. Es gab hundert Gründe dafür, daß er sie mir vorgezogen hatte.

Sie war natürlich auch leichter zu lenken als ich. Wenn ich an den Rum- und Zuckerimporten beteiligt gewesen wäre, hätte ich mehr darüber wissen wollen. Ich hätte die Lagerhäuser besichtigen und die Abrechnungen sehen wollen. Ich war nicht geldgierig, ich wollte nur über alles unterrichtet sein.

Warum suchte ich überhaupt nach Gründen? Es spielte keine Rolle, denn er hatte sie gewählt. Ich hatte ihn nicht geliebt; seine Aufmerksamkeiten hatten mir geschmeichelt und ich hatte eine gewisse Sinnlichkeit in ihm verspürt, die bei mir verwandte Gefühle weckte. Nein, ich hatte Peter Lansdon nicht geliebt, ich war lediglich ein wenig in ihn verliebt gewesen.

Ich mußte aufhören, mich in Gedanken mit ihm zu befassen. Worum ich Amaryllis wirklich beneidete, war das Kind. Erst durch sie war mir bewußt geworden, daß ich als Edwards Frau nie ein Kind haben würde.

Im ganzen Land herrschte Jubel, weil das Ungeheuer, das uns so lange bedroht hatte, jetzt ins Exil verbannt war. Wir konnten in Frieden unseren Geschäften nachgehen, ohne Angst vor einer Invasion haben zu müssen.

»Die Franzosen sollten nie wieder einen solchen Menschen an die Macht lassen«, bemerkte mein Vater.

»Das französische Volk hat diesen Mann vergöttert«, widersprach ihm meine Mutter. »Für die Franzosen war er eine Art Gott.«

»Dann dürfen wir nicht zulassen, daß die Franzosen jemals wieder einen solchen Mann hervorbringen.«

»Wir dürfen es auch bei keiner anderen Nation zulassen«, fügte meine Mutter hinzu. »Warum können die Menschen nicht einsehen, daß alle glücklicher wären, wenn wir mit unseren Familien in Frieden leben und nicht auf große Eroberungen aus sind?«

»Leider entscheidet nicht das Volk darüber«, bemerkte David, »sondern die sogenannten Großen dieser Erde.«

»Sie gewinnen zwar Ruhm für sich selbst, bringen aber Elend über Millionen. Worüber er wohl nachdenkt, während er zähneknirschend auf Elba sitzt?«

»Zweifellos an Flucht«, antwortete mein Vater trocken.

»Das darf nie geschehen«, sagte meine Mutter.

Alle fanden, daß das Kapitel Napoleon abgeschlossen war. Er war nicht der erste gewesen, der davon geträumt hatte, die Welt zu erobern, und er würde auch nicht der letzte sein. Doch er war endlich besiegt worden, und wir konnten nun wieder ruhig schlafen.

An einem milden Nachmittag im Mai bekamen wir Besuch. Ich befand mich in Eversleigh und saß mit meiner Mutter, Claudine und Amaryllis im Garten, als ein Dienstmädchen herauskam und uns mitteilte, daß zwei Herren meine Mutter sprechen wollten. »Ausländer«, fügte sie hinzu.

»Haben sie gesagt, wer sie sind?« fragte meine Mutter.

»Nein, Madam, sie erklärten nur, daß sie Sie gerne sprechen würden.«

»Führe sie hierher«, befahl meine Mutter.

Als sie in den Garten traten, starrte meine Mutter sie an, wurde blaß, und wir befürchteten schon, sie würde ohnmächtig werden. Claudine war ebenfalls aufgestanden und schrie leise auf.

Dann fragte meine Mutter ungläubig: »Bist du tatsächlich...?« Sie sank schluchzend dem älteren der beiden Männer in die Arme. Der jüngere beobachtete die Szene genauso verlegen wie Amaryllis und ich.

»Charlot... Charlot...« stammelte meine Mutter.

»Bist du es wirklich, Charlot?« fragte Claudine und schloß ihn ebenfalls in die Arme.

Charlot! Der Sohn meiner Mutter, mein Halbbruder, der England verlassen hatte, bevor ich auf die Welt kam.

»Mein lieber, lieber Sohn«, murmelte meine Mutter. »Nach all den Jahren...«

»Ich bin gekommen, sobald es möglich war«, antwortete er.

»Es ist so lange her... doch du hast mich sogleich erkannt.«

»Hast du etwas anderes erwartet?«

»Das ist mein Sohn Pierre.«

Meine Mutter ergriff die Hände des jüngeren, sah ihn lange an und küßte ihn dann auf beide Wangen. »So eine Überraschung, du bist also mein Enkel. Das ist deine Tante Claudine... Charlot, das ist meine Tochter Jessica, deine Halbschwester... und das ist Amaryllis, die Tochter von David und Claudine.«

»Seit ich euch verlassen habe, ist viel geschehen.«

»Ich habe lange auf dich warten müssen«, seufzte meine Mutter. »Du mußt uns so viel erzählen. Ihr werdet doch hoffentlich eine Zeitlang hier bleiben, ihr seid bestimmt nicht nur auf einen kurzen Besuch gekommen. Wir müssen über alles sprechen, was sich in all den Jahren ereignet hat.«

»Ich wäre so gern früher gekommen, aber während des Krieges war es unmöglich.«

»Zum Glück ist er nun vorbei, und der Tyrann befindet sich im Exil.«

»Auf Frankreichs Thron sitzt jetzt wieder ein König, Maman.«

Sie antwortete ihm mit Tränen in den Augen: »Du warst immer schon ein überzeugter Royalist, Charlot.« Dann riß sie sich zusammen: »Amaryllis, bitte, gib Auftrag, daß die Zimmer zurechtgemacht werden. Sieh auch in der Küche nach dem Rechten und sage ihnen, daß mein Sohn und Enkel nach Hause gekommen sind.«

Meine Mutter ließ Charlot nicht aus den Augen. Mir wurde jetzt erst klar, wie tief es sie getroffen hatte, daß er nach Frankreich zurückgekehrt war. Sie hatte ihn über zwanzig Jahre lang nicht gesehen. Kriege. Revolutionen. Sie zerstörten nicht nur Staaten, sie trugen auch Kummer und Leid in unzählige Familien. Auch wir hatten schwer darunter gelitten.

Doch jetzt herrschte eitel Freude – der verlorene Sohn war heimgekehrt.

Sobald meine Mutter den Schock einigermaßen überwunden hatte, nahmen wir alle im Garten Platz, und Charlot erzählte

uns von seinem Weingut. Louis Charles hätte ihn gern begleitet, aber sie hielten es für ungünstig, wenn beide gleichzeitig
abwesend waren.

Pierre war Charlots ältester Sohn. Er war sechzehn Jahre alt
und lernte jetzt von der Pike auf, was er über Weinbau wissen
mußte. Er hatte zwei Brüder, Jacques und Jean-Christophe,
und zwei Schwestern, Monique und Andrée.

»Du bist ja ein richtiger Familienvater geworden!«

Mein Vater gesellte sich zu uns; auch er war über den Besuch
erstaunt. Pierre gefiel ihm, und er hörte interessiert zu, als
Charlot über das Weingut berichtete; vor allem aber freute es
ihn, daß meine Mutter so glücklich war.

Ich hatte sie noch nie so vollkommen zufrieden erlebt. Wahrscheinlich hatte sie all die Jahre das bohrende Gefühl gehabt,
daß sie ihren Sohn verloren hatte. Wenn ein Angehöriger
stirbt, dann ist diese Trennung etwas Endgültiges und man
findet sich allmählich mit ihr ab; doch wenn ein geliebter
Mensch am Leben ist und man nur infolge eines verheerenden
Krieges nicht mit ihm zusammensein kann, dann zittert man
immer um ihn, sehnt sich nach ihm und fragt sich, ob man ihn
überhaupt jemals wiedersehen wird.

Nach einiger Zeit verabschiedete ich mich, ging nach Grasslands zurück und berichtete Edward in allen Einzelheiten über
das freudige Ereignis.

In Eversleigh würde man am Abend bestimmt das Wiedersehen feiern, und mir tat es leid, daß ich nicht dabeisein konnte.

Charlot blieb vierzehn Tage in Eversleigh, und als er abreiste,
versicherte er uns, daß er mit anderen Familienmitgliedern
wiederkommen würde. Auch Louis-Charles würde uns mit
seinen beiden Söhnen besuchen.

»Und du mußt zu uns nach Burgund kommen, Maman«, lud
er sie ein. »Wir besitzen ein schönes altes Haus, das wie durch
ein Wunder die Wirren überstanden hat. Louis-Charles und
ich haben es mit viel Liebe wieder instand gesetzt. Pierre hat
uns auch dabei geholfen. Und Louis-Charles' Ältester ist ein

tüchtiger Zimmermann. Wir verfügen über sehr viel Platz, und du solltest unbedingt zur *vendange* kommen.«

»Ich werde sehr gerne kommen«, versprach meine Mutter.

»Und du mußt mich begleiten, Dickon, denn die Weinlese wird auch dich interessieren.«

»Wir würden uns sehr darüber freuen, Sir«, fügte Charlot hinzu.

Mein Vater gab zu, daß er das Weingut sehr gern kennenlernen würde. Es hatte meine Mutter besonders gefreut, daß er den Besuch so herzlich willkommen geheißen hatte.

Claudine hatte einmal erwähnt, daß zwischen Dickon und Charlot gewisse Spannungen bestanden hatten, als Charlot noch in Eversleigh lebte.

Amaryllis wußte auch davon. »Damals war dein Vater erst kurze Zeit mit deiner Mutter verheiratet, und es störte ihn, daß sie bereits einmal eine Ehe eingegangen war und schon zwei Kinder hatte. Er kam mit meiner Mutter gut zurecht, aber Charlot mochte er nicht. Sie stritten immerzu. Das hat sich offenbar gegeben.«

»Es ist immer schwierig, mit anderen Menschen ständig zusammenzuleben«, bemerkte ich. »Besuche sind etwas ganz anderes.«

Charlot kehrte also nach Frankreich zurück, nachdem er versprochen hatte, bald wiederzukommen.

»Ich freue mich darauf, Frankreich wiederzusehen«, erklärte meine Mutter aufgeregt. »Gott sei Dank sind die Kriegswirren jetzt vorbei.«

Mein Vater bemerkte, daß wir uns nicht in Sicherheit wiegen konnten, solange Napoleon noch am Leben war. Doch meine Mutter ließ sich ihre Zuversicht nicht rauben. Sie hatte ihren Sohn wieder, von dem sie schon geglaubt hatte, daß sie ihn für immer verloren hätte, und war glücklich.

Mir fiel auf, daß mein Vater besorgt wirkte, und als ich ein paar Tage nach Charlots Abwesenheit mit ihm allein war, fragte ich ihn, ob ihn etwas bedrücke.

»Du bist eine scharfe Beobachterin.«

»Wenn einem jemand so nahesteht, spürt man es, wenn er etwas auf dem Herzen hat.«

Er ergriff meine Hand. Da er nicht dazu neigte, seine Gefühle offen zu zeigen, schloß ich daraus, daß er sich wirklich Sorgen machte.

»Rede es dir von der Seele«, forderte ich ihn auf. »Ich weiß, daß dich etwas bedrückt.«

»Das Alter, Tochter.«

»Du und alt? Du wirst nie alt sein.«

»Wie viele Jahre sind einem Menschen zugemessen? Siebzig? Ich nähere mich diesem Alter, Jessica. Auch wenn ich mich noch so kräftig fühle, ich kann nicht damit rechnen, daß ich noch sehr lange bei euch sein werde. Weißt du, wie alt ich bin?«

»Die Jahre haben nur wenig damit zu tun.«

»Das könnte man als Trost gelten lassen, aber es trifft nicht zu. Man wird müde.«

»Du nicht. Du warst immer anders als die anderen Menschen. Du wirst erst von uns gehen, wenn du es selbst willst, und das wird nie der Fall sein.«

»Was für eine bezaubernde Tochter ich doch habe.«

»Endlich siehst du es ein.«

»Ich bedaure nur eines im Leben: daß ich deine Mutter nicht heiraten konnte, als wir jung waren. Wir hätten zehn Kinder bekommen ... Söhne und Töchter wie meine geliebte Jessica.«

»Es hat keinen Sinn, es jetzt zu bedauern. David ist dir ein wunderbarer Sohn.«

»Ja, er ist ein guter Sohn, aber was hat er bis jetzt hervorgebracht? Eine Tochter. Und diese Tochter hat wieder eine Tochter geboren.«

»Ich verstehe; es ist der uralte männliche Wunsch nach Söhnen.«

»Ich habe die beste Tochter der Welt und würde dich nie hergeben, aber es wäre besser, wenn du als Junge zur Welt gekommen wärst.«

»Es tut mir leid, Vater, ich würde alles für dich tun, aber ich kann beim besten Willen mein Geschlecht nicht ändern.«

»Ich möchte auch nicht, daß sich meine Jessica ändert, nicht einmal in einen Sohn.«

»Ich fühle mich geschmeichelt. Ist das schon dein ganzer Kummer? Daß es keine Söhne in der Familie gibt?«

»David und Claudine werden keine Kinder mehr bekommen. Und David wird auch nicht ewig leben.«

»Ich hasse es, über den Tod zu sprechen. Das ist morbid.«

»Ich denke nur an die Zukunft. Charlot hat mich auf den Gedanken gebracht. Sein Sohn wächst in seine künftige Aufgabe hinein, und Charlot kann ihn alles lehren. Er wird auch seine anderen Söhne in diesem Sinn erziehen. Und wie steht es mit uns? Wer kommt nach David? Ich bin neunundsechzig Jahre alt, Jessica.«

»Du bist gesünder und kräftiger als manche Männer, die zwanzig Jahre jünger sind als du.«

»Aber auch ich kann den Lauf der Natur nicht aufhalten, meine Liebe. Eines Tages werde ich von euch gehen, und David wird mir einmal folgen. Und was wird dann aus Eversleigh? Ist dir klar, daß unsere Familie seit Jahrhunderten in diesem Haus lebt?«

»Ja, das weiß ich. Sie haben einmal Eversleigh geheißen; später wurde der Name geändert.«

»Ich möchte, daß die Frenshaws noch weitere hundert Jahre hier leben. Du hast dich nun einmal zu dieser Heirat entschlossen – ich hatte all meine Hoffnung in dich gesetzt. Selbst wenn du nur eine Tochter zur Welt gebracht hättest, wäre ich der Ansicht gewesen, daß Jessicas Tochter ebensoviel wert ist wie ein Sohn eines anderen Mannes. Und was ist jetzt? Amaryllis hat eine Tochter. Hätte sie einen Sohn, lägen die Dinge anders. Ich will damit nur sagen, daß mir keine andere Wahl bleibt, als Jonathan zu meinem Nachfolger zu bestimmen.«

»Ich verstehe. Du willst ihn nach Eversleigh holen.«

»Das werde ich auch unverzüglich tun. Aber ich bin besorgt, weil er seinem Vater nachgeraten ist.«

»Es war ein Glück, daß dir Zwillinge geboren wurden. Das sieht dir wieder ähnlich – du hast dich nicht mit einem Sohn begnügt, sondern mußtest gleich zwei haben.«

»Es war wirklich ein Glücksfall. Jonathan war ein großartiger Mensch, abenteuerlustig, mutig, voller Lebenskraft und Charme. Aber er hätte das Gut nie leiten können. David ist in die Bresche gesprungen, und ich muß zugeben, daß er der geborene Landedelmann ist. In dieser Beziehung habe ich Glück gehabt. Doch ich hatte gehofft, daß er Söhne bekommen würde, und er hat es nur zu einer Tochter gebracht. Damit bleibt mir nur Jonathan, und ich fürchte, daß er zu sehr nach seinem Vater gerät.«

»Er ist noch jung.«

»Man erkennt aber schon seine Veranlagung. Ich hätte seinem Vater das Gut nie überlassen. Zum Glück gab es andere Aufgaben für ihn, die er glänzend bewältigte. Unter seiner Leitung wäre das Gut zugrunde gegangen, und das wollte ich verhindern.«

»Du wirst also Jonathan zum Gutsherrn erziehen.«

»Ich habe es vor, aber ich fühle mich dabei nicht wohl in meiner Haut. Ich kenne Leute seines Schlages zur Genüge. Denk nur an die Affäre mit der Tochter des Pächters. Zum Glück hat sie keine Folgen gehabt, aber es hätte sehr gut der Fall sein können, und dann hätte er sein Leben lang ein Kind erhalten müssen, das er in ein paar Augenblicken der Leidenschaft in einem Heuschober gezeugt hat.«

»Es gibt genügend Leute, die nach einer ausschweifenden Jugend ordentliche Menschen geworden sind«, wandte ich ein. »Das möchte ich auch bei ihm erreichen. Er muß jedoch die Fähigkeit zur Leitung eines Guts mitbringen. Obwohl ich in meiner Jugend Jonathan ähnlich war, besitze ich dieses Talent. Ich geriet immer wieder in Schwierigkeiten, doch das Gut stand für mich stets an erster Stelle. Ich nahm nicht nur die Verwaltung ernst, sondern auch alle Geschäfte, die ich nebenher betrieb. Das muß ich Jonathan beibringen, und deshalb hole ich ihn in unser Haus.«

»Also ist er der Grund für die tiefen Falten auf deiner Stirn?«

»Deine Mutter ist durch Charlots Rückkehr so sehr aus dem Häuschen geraten, daß ich kein vernünftiges Wort mit ihr sprechen kann.«

»Deshalb wendest du dich an dein Kind, das so unvorsichtig war, sich das falsche Geschlecht zuzulegen.«

»Sie ist klug genug, um zu wissen, daß ein Junge mir nie so viel bedeutet hätte wie sie.«

»Er wäre nur praktischer gewesen.«

»Aber nicht halb so bezaubernd.«

»Du bist ein Schmeichler, mein lieber, neunundsechzigjähriger Vater.«

»Ich sage es nicht oft, mein Kind, aber du und deine Mutter seid das einzige, was in meinem Leben wirklich wichtig ist.«

»Das gilt umgekehrt ebenfalls, mein lieber Vater.«

Es folgte eine kurze Stille, weil wir beide zu gerührt waren, um weiterzusprechen.

Dann gab er sich einen Ruck. »Du hältst es also für eine gute Idee, Jonathan kommen zu lassen.«

»Allerdings. Doch was ist mit den Pettigrews?«

»Was soll mit ihnen sein?«

»Vielleicht wollen sie ihren Liebling nicht fortlassen.«

»Er ist ein Frenshaw und gehört zur Familie seines Vaters. Natürlich bedeutet das, daß wir auch Millicent aufnehmen müssen.«

Bevor ich ging, küßte ich ihn auf die Stirn. Ich war gerührt, weil er so viel Vertrauen zu mir hatte, aber gleichzeitig machte ich mir um ihn Sorgen. Mich beunruhigte die Erkenntnis, daß mein Vater, der meine Kindheit beherrscht hatte, den jeder auf dem Gut achtete, der mich immer innig geliebt hatte, ein alter Mann war.

Es kam zu mehreren Besprechungen zwischen den Pettigrews und den Frenshaws, und schließlich wurde beschlossen, daß Jonathan nach Eversleigh übersiedeln würde. Er sollte mit David arbeiten, gute Beziehungen zu den Pächtern herstellen, lernen, wie man ein Gut leitet – und das alles im Hinblick darauf, daß er Eversleigh einmal erben würde.

David hielt es für eine ausgezeichnete Maßnahme. Amaryllis und ich waren nach ihm zwar die natürlichen Erben, aber erstens waren wir Frauen, und zweitens wäre es nicht einfach gewesen, zu entscheiden, wer von uns Vorrang besaß. Beim Tod meines Vaters würde das Gut selbstverständlich an David fallen. Ich war zwar Dickons Tochter, aber Amaryllis war die Tochter des Mannes, der nach dem Tod meines Vaters das Gut übernehmen würde, also hatte vermutlich sie den größeren Anspruch.

Das Ganze war viel zu kompliziert, und außerdem wußte keine von uns, wie man ein Gut verwaltet. Jonathan rangierte vor uns, und zudem sprach für ihn, daß er ein Mann war.

Die einfachste Lösung war daher, ihm das Gut zu übergeben; mein Vater war nur nicht sicher, ob er der Aufgabe gewachsen war.

»Die größte Gefahr besteht darin, daß wir einen leichtsinnigen Gutsbesitzer bekommen«, erwähnte mein Vater einmal in einem Gespräch mit mir. »Das ist das Schlimmste, was einem Besitz geschehen kann. Ein kleiner Spaß im Heu spielt keine Rolle, wenn es sich nicht um jemanden vom Gut handelt.«

»Mit jemandem von außerhalb kann man es also ruhig treiben?« fragte ich.

»Selbstverständlich. Man darf nicht zu puritanisch denken oder einen jungen Mann zu streng tadeln, wenn ihm gelegentlich ein junges Mädchen gefällt. Das liegt in der männlichen Natur.«

»Und bei jungen Mädchen?«

»Ist es etwas vollkommen anderes.«

»Es ist heutzutage ein großer Vorteil, als Mann zur Welt zu kommen«, bemerkte ich leicht erbittert.

»Davon bin ich nicht überzeugt. Wenn die Frauen es verstehen, die Männer richtig zu behandeln, sind sie uns gegenüber immer im Vorteil.«

»Es ist so unfair. Diese kleinen Vergnügungen sind für einen

Mann etwas Selbstverständliches und für eine Frau eine Katastrophe.«

»Das kommt daher, meine Liebe, daß diese kleinen Episoden
Folgen haben können, die dann die Frau ausbaden muß. Es ist
nur logisch. Eine Frau soll ihrem Mann Kinder schenken. Es
ist zumindest peinlich, wenn es die Kinder eines anderen
sind.«

»Bevor die Leute eine solche Frau verurteilen, sollten sie daran
denken . . .«

»Wann tun die Menschen schon, was sie tun sollten? Außerdem sind wir vom Thema abgeschweift. Ich habe von Jonathan gesprochen. Er gehört zu jenen jungen Männern, die auf
dieses Vergnügen nicht verzichten wollen. Ich habe nichts
dagegen, solange er in fremden Revieren wildert. Was ich
jedoch auf keinen Fall dulden werde, ist das Glücksspiel. Ich
habe zu oft erlebt, wie große Güter zusammenschrumpften,
weil ihre Besitzer dem Spielteufel verfallen waren. Es gibt
natürlich auch Menschen, die Glück beim Spiel haben, aber
das kommt selten genug vor, und auf einen Gewinner kommen tausend Verlierer. Ja, ich muß Jonathan vor meinem Tod
an die Kandare nehmen. David ist zu nachsichtig; Jonathan
braucht eine festere Hand.« Kurz nach diesem Gespräch traf
Jonathan ein. Seine Mutter hatte beschlossen, bei ihrer Familie
zu bleiben. Jonathan würde sie oft besuchen, und die Pettigrews häufig zu uns herüberkommen. Die Entfernung zwischen den beiden Häusern war nicht groß.

Etwa eine Woche nach Jonathans Ankunft bemerkte ich, daß
sich eine eigenartige Beziehung zwischen ihm und Tamarisk
entwickelte. Er besuchte uns oft, und Tamarisk ging oft nach
Eversleigh hinüber, das sie genauso als ihr Zuhause betrachtete wie Grasslands und Enderby.

Diese Beziehung war durch eine gewisse Feindseligkeit charakterisiert. Jonathan neckte sie, und sie erklärte ihm, daß sie
ihn hasse. Er nannte sie »kleine Zigeunerin«, was sie in Wut
versetzte. Ich machte ihm deshalb Vorwürfe, und er erwiderte: »Sie ist doch eine Zigeunerin, oder? Sie weiß es, und ich

glaube, daß es ihr im Grund genommen nichts ausmacht. Ich nehme sogar an, daß ihr diese Bezeichnung gefällt, denn sie ist stolz auf diese Verwandtschaft.«

Sie war schlagfertig, und mir wurde allmählich klar, daß ihr seine Sticheleien Spaß machten und sie sich bemühte, es ihm mit gleicher Münze heimzuzahlen. Wenn er sich längere Zeit nicht in Grasslands blicken ließ, wurde sie mißmutig.

Leah fand, daß er die richtige Gesellschaft für Tamarisk war; sie mußte es ja am besten wissen. Miss Allen war nur zu froh, wenn sie Tamarisk wenigstens für eine Weile loswurde. Daher steckten Jonathan und Tamarisk oft zusammen.

Sie waren wirklich ein seltsames Paar, weil die Gegensätze zwischen ihnen so groß waren. Trotz all seiner Fehler war Jonathan ein sehr liebenswürdiger Mensch, was man von Tamarisk wirklich nicht behaupten konnte. Sie war aufsässig und widersprach aus Prinzip. Sie stellte die Geduld ihrer Gouvernante auf eine harte Probe, auch wenn ihr Wissensdurst einiges wiedergutmachte. Wenn Tamarisk sich für ein Thema interessierte, konnte sie beinahe sanftmütig sein, stellte viele Fragen und lauschte den Antworten aufmerksam. Wenn sie jedoch etwas nicht mochte, wehrte sie sich mit Händen und Füßen dagegen und weigerte sich zu lernen. Mathematik gehörte zu den Dingen, die sie ablehnte, und sie trieb Miss Allen damit beinahe zur Verzweiflung. Ich mußte der jungen Frau immer wieder Mut zusprechen, denn ich befürchtete, daß sie kündigen und ich keine Gouvernante mehr finden würde.

Tamarisk interessierte sich leidenschaftlich für Geographie; Geschichte gefiel ihr beinahe genauso gut; Botanik und Literatur waren ihre Lieblingsfächer. Ich schlug Miss Allen daher vor, das Hauptgewicht auf diese Themenbereiche zu legen und sich bei den anderen Fächern auf das unbedingt Notwendige zu beschränken.

Tamarisk liebte und haßte gleichermaßen leidenschaftlich. Leidenschaft war ihr hervorstechender Wesenszug. Wenn sie nicht haßte oder liebte, war sie gleichgültig – und diese Haltung nahm sie gegenüber den meisten von uns ein.

Für Jeanne, die sie oft aufsuchte, empfand sie jedoch echte Zuneigung, ebenso für Leah. Ich war froh, daß Leah mit ihr zurückgekommen war, denn sie war der einzige Mensch, der Tamarisk im Zaum halten konnte. Jonathan stand sie allerdings bestimmt nicht gleichgültig gegenüber. Man gewann den Eindruck, daß sie ihn leidenschaftlich haßte, aber ich war nicht sicher, ob dieser Eindruck nicht trog.

Sie war damals acht Jahre alt, und er war um zehn Jahre älter als sie, also war der Altersunterschied zwischen ihnen groß. Ich begriff nicht, was die beiden verband. Es hieß, daß Jonathan ganz seinem Vater nachgeriet; er sah gut aus, entsprach aber nicht dem klassischen Schönheitsideal. Er bezauberte durch sein gewinnendes Wesen, durch seine wohlklingende Stimme und durch seine unbekümmerte Einstellung zum Leben, die vor allem Frauen unwiderstehlich anzog. Er war sorglos und fröhlich, und was immer er anstellte, er tat es nie aus Bosheit. Er wirkte meist etwas unbeteiligt und nahm dadurch seinen Gesprächspartnern ihre Befangenheit. Er kritisierte nie jemanden und wurde dank seines Charmes mit jeder schwierigen Situation fertig. Daß er diese Fähigkeit im Leben oft brauchen würde, war vorauszusehen. Es überraschte mich nicht, daß mein Vater ihm mißtrauisch gegenüberstand und ein wachsames Auge auf ihn hatte.

Daß er jetzt zum engeren Familienkreis gehörte, brachte zweifellos etwas Würze in unser Leben.

Ich hielt mich oft in Eversleigh auf. Wann immer es möglich war, fuhr ich mit Edward zum Abendessen hinüber. Meiner Mutter waren wir stets willkommen. James schob ihn dann im Rollstuhl zur Kutsche, hob ihn hinein, klappte den Rollstuhl zusammen und wiederholte den Vorgang in der umgekehrten Abfolge in Eversleigh.

Obwohl ich diese Abende sehr genoß, durfte ich sie nicht zur Gewohnheit werden lassen, weil sie Edward zu sehr anstrengten. Andererseits bereitete es ihm Vergnügen, mit der Familie zusammenzukommen, und er vergaß darüber seine Schmerzen.

Es war Anfang Juni, und wir saßen bei meinen Eltern, Amaryllis, Peter, Claudine, David und Jonathan beim Abendessen. David und Jonathan hatten den Tag bei einer Versteigerung verbracht und erzählten jetzt, was sie erstanden hatten. Das bot meinem Vater Gelegenheit, sich über sein Lieblingsthema zu verbreiten.

»Überlegt es euch einmal«, begann er. »Oaklands Farm war zu Lebzeiten des alten Gabriel einer der schönsten Besitze in der Gegend. Er würde sich im Grab umdrehen, wenn er wüßte, was sich heute abgespielt hat.«

»Es ist für Tom Gabriel schrecklich, daß er sein Heim verloren hat.«

»Verschwende dein Mitleid nicht an Tom«, schnaubte mein Vater. »Er hat es sich selbst zuzuschreiben.«

»Und worin besteht seine Sünde?« erkundigte sich Peter.

»Es ist eine Sünde, die schon viele Menschen zugrunde gerichtet hat«, erwiderte mein Vater. »Tom Gabriel konnte keiner Gelegenheit zu einem Spielchen widerstehen. Schon als Junge hat er um Kastanien und Murmeln gespielt. Es liegt ihm im Blut. Der alte Gabriel war ein sehr kluger Mann, doch Tom Gabriel war von der Spielleidenschaft besessen, und das hat ihn und sein Gut zerstört. Es ist keinesfalls eine ungewöhnliche Geschichte. Es gibt Menschen, die es nie begreifen. Ich habe oft genug erlebt, wie diese Leidenschaft eine ganze Familie ins Verderben gestürzt hat.«

»Spielen Sie denn nie, Sir?« wollte Peter wissen.

»Nur wenn ich sicher bin, daß ich gewinne.«

»Dann ist es ja kein Spiel, Vater«, fand ich.

»Jedes Glücksspiel ist Unsinn.« Mein Vater schlug mit der Faust auf den Tisch. »Ich würde es in meinem Haus niemals dulden.«

»Ich glaube nicht, daß jemand von uns dazu neigt«, meinte Claudine leichthin. »Würdest du jemals spielen, David?«

Meine Mutter lachte. »David kann eine Karte nicht von der anderen unterscheiden.«

»Da irrst du dich aber, ich kenne das ganze Paket«, widersprach er. »Aber ich bin der gleichen Ansicht wie mein Vater. Etwas Wertvolles sollte man nie aufs Spiel setzen.«

»Du hast heute gesehen, Jonathan«, fuhr mein Vater fort, »wie es einem Mann ergeht, der sich auf solche Narreteien einläßt.«

Jonathan mußte ihm natürlich widersprechen. »Er hätte ja auch am Spieltisch gewinnen und mit dem Geld weitere Güter kaufen können.«

Die Faust meines Vaters fiel wieder auf den Tisch, und diesmal klirrten die Gläser.

»Beherrsche dich, Dickon«, mahnte meine Mutter.

»Ich sage dir noch einmal, daß Glücksspiele Unsinn sind. Die Chancen, daß man gewinnt, stehen eins zu einer Million. Wenn ich merke, daß hier jemand eine Spielkarte auch nur anfaßt, setze ich ihn vor die Tür, ehe er es sich versieht.«

Peter beobachtete Jonathan scharf, und seine Augen glitzerten belustigt. Jonathan schwieg. Er hatte eingesehen, daß mein Vater in diesem Punkt keinen Spaß verstand.

Wie immer in solchen Situationen wechselte meine Mutter das Thema; das erstbeste, das ihr einfiel, war Napoleons Niederlage. Es war noch immer aktuell – Wellington sollte demnächst nach London zurückkehren.

»Es wird jede Menge Galadiners und Feiern geben«, sagte mein Vater, »genau wie damals bei Nelsons Empfang. Jetzt hat Wellington seinen Platz als Nationalheld eingenommen und sogar den Titel Herzog erhalten. Das ist nur richtig; Ehre, wem Ehre gebührt.«

»Auch er wird froh sein, wenn er wieder daheim ist«, meinte meine Mutter. »Er war seit fünf Jahren nicht mehr in England.«

»Das ist eine lange Zeit«, bemerkte Peter. »Ich weiß, wie mir zumute ist, wenn ich länger in London aufgehalten werde.« Er lächelte Amaryllis zu, und sie erwiderte das Lächeln, während Claudine die beiden liebevoll beobachtete.

»Angeblich ist er in seine Herzogin nicht sehr verliebt«, fuhr meine Mutter fort.

»Doch seine Heirat war sehr romantisch«, meinte Claudine. »Allerdings hatte er sich in Lady Wellington verliebt, als er noch sehr jung war. Ihr Bruder, Lord Longford, hat Wellington als Schwager angeblich abgelehnt, weil er damals nur über sein Offiziersgehalt verfügte.«

»Heute wird er wohl seine Meinung geändert haben«, warf ich ein.

»Es kam damals jedenfalls zu keiner Heirat, Wellington ging nach Indien, und als er zurückkam, war Catherine Pakenham noch immer ledig – angeblich, weil sie ihm treu geblieben war. Daraufhin fühlte er sich verpflichtet, sie zu heiraten, obwohl inzwischen so viele Jahre vergangen waren.«

»Willst du damit andeuten, daß er sie eigentlich nicht mehr heiraten wollte?« fragte Peter.

»So sagt man. Er hat angeblich Freundinnen.«

Mein Vater schlug wieder auf den Tisch. »Er ist ein Held und hat gerade einen Feldherrn besiegt, der eine Bedrohung für die ganze Welt dargestellt hat. Er hat ein Recht darauf, sich auf die Weise zu entspannen, die ihm zusagt.«

»Mir ist ein treuer Ehemann lieber als ein Held«, stellte Amaryllis fest und blickte dabei Peter an.

»Hoffentlich bekommt jeder, was er will«, meinte mein Vater abschließend. »Ich habe vorhin erwähnt, daß in London anläßlich der Heimkehr des Herzogs glanzvolle Feste stattfinden werden. Wie wäre es, wenn einige von uns eine kleine Reise unternehmen?«

»Das wäre wunderbar«, rief ich spontan. Dann bemerkte ich Edwards Gesichtsausdruck und bedauerte, daß mein Temperament mit mir durchgegangen war.

David behauptete, daß er nicht mitkommen könne. »Ich habe verschiedenes auf dem Gut zu erledigen«, murmelte er.

Mein Vater nickte zustimmend, und Claudine sagte: »Ich werde ebenfalls zu Hause bleiben.«

»Du wirst zweifellos mit von der Partie sein«, wandte sich mein Vater lächelnd an meine Mutter, und diese nickte: »Selbstverständlich.«

»Du mußt mitfahren, Jessica«, mischte sich Edward ein.

»Ich weiß nicht recht.«

»Doch, du vergräbst dich viel zuviel im Haus. Ich bestehe darauf, daß du mitfährst.«

»Wir werden sehen«, wich ich aus.

»Wie steht es mit dir, Amaryllis?« fragte meine Mutter.

»Ich kann Helena nicht allein lassen.«

»Unsinn«, widersprach meine Mutter. »Du hast ein ausgezeichnetes Kindermädchen, und deine Mutter bleibt ohnehin zu Hause. Du kannst ruhig auf ein paar Tage wegfahren.«

»Ja, bitte, komm mit«, schloß sich Peter an.

Sie lächelte. »Ich werde es mir überlegen.«

»Damit wäre es beschlossene Sache«, stellte mein Vater fest. »Lottie und ich, Amaryllis und Peter, Jessica. Jonathan?«

»Und ob. Ich kann es kaum erwarten, in die große Stadt zu kommen.«

»Das wird eine nette Reisegesellschaft«, fand meine Mutter.

»Der Herzog wird für den 23. erwartet«, erwähnte mein Vater. »Ich würde vorschlagen, daß wir zwei Tage vorher hinfahren.«

»Damit bin ich einverstanden«, stimmte meine Mutter zu.

Als Tamarisk erfuhr, daß wir nach London reisen würden, bettelte sie darum, ebenfalls mitfahren zu dürfen. Ich hatte ursprünglich nicht vorgehabt, sie mitzunehmen. Um die Wahrheit zu sagen, empfand ich sogar ein wenig Angst vor der Verantwortung. In Grasslands unterstützten mich Leah und Miss Allen, doch in London mußte ich allein mit Tamarisk fertig werden. »Ich möchte so gern mitkommen«, bat sie.

»Warum darf ich nicht? Es macht dir doch nichts aus?«

»Wenn ich sicher sein könnte, daß du dich ordentlich aufführst...«

»Ich werde ganz brav sein, wenn du mich mitfahren läßt. Ich möchte so gern London und den großen Herzog sehen.«

»In der Kutsche ist dann aber kein Platz für Leah oder Miss Allen.«

»Es macht ihnen bestimmt nichts aus, hierzubleiben.«

Ich seufzte. »Wenn du mir hoch und heilig versprichst, folgsam zu sein...«

»Ich werde ganz bestimmt brav sein.«

Ich nahm sie also mit.

Meine Mutter hatte Bedenken. »Mit dem Kind lädst du dir eine schwere Verantwortung auf. Sie ist eigentlich gar nicht mit uns verwandt.«

»Sie ist Dollys Kind«, erinnerte Claudine sie.

»Ja, und ihr Vater ist ein Zigeuner.«

»Irgendwie gehört sie doch zu uns, weil Tante Sophie sie adoptiert hat«, mischte ich mich ein. »Außerdem ist sie die Besitzerin von Enderby. Im Grunde genommen ist sie ein Familienmitglied.«

»Nur schade, daß sie so ganz anders ist als wir.«

»Sie wird sich vielleicht noch ändern. Und sie hat mir versprochen, brav zu sein.«

Wir traten also an einem schönen Sommermorgen die Reise an. Meine Mutter, Tamarisk, Amaryllis und ich saßen in der Kutsche; mein Vater, Jonathan und Peter ritten neben uns her. Als wir London erreichten, verstummte Tamarisk und sah sich nur noch mit großen, erstaunten Augen um. Sie hatte die Hände sittsam im Schoß gefaltet und sah reizend aus. Wenn sie immer so friedlich bliebe, würde es mir nicht schwerfallen, sie ins Herz zu schließen.

Wir trafen gegen Abend im Haus ein, und am nächsten Tag zeigten Peter, Amaryllis, Jonathan und ich Tamarisk die Stadt. Wir fuhren die Themse bis Greenwich hinauf und gingen dann im Hyde Park spazieren. Tamarisk hielt ihr Versprechen und benahm sich mustergültig.

Meine Mutter, Amaryllis und ich nützten die Gelegenheit und machten Einkäufe. Peter verschwand geschäftehalber, wie er behauptete, und mein Vater ging ebenfalls seinen Geschäften nach. Jonathan unternahm mit Tamarisk noch einmal eine Fahrt auf dem Fluß und führte sie zum Abendessen in ein Gasthaus, in dem es frische Fische gab. Sie kam mit leuchtenden Augen nach Hause, und ich hatte sie noch nie so glücklich gesehen.

Der 23., der große Tag, brach an. London war festlich geschmückt. Der große Herzog kehrte als Sieger heim. Ihm verdankten wir es, daß Napoleon auf Elba saß, kein Unheil mehr anrichten konnte und uns nicht mehr den Schlaf raubte. Ganz London war fest entschlossen, ihm einen großartigen Empfang zu bereiten. Die Menschen waren schon zeitig auf den Beinen.

»Wir könnten zur Westminster Bridge gehen, wo sein Schiff anlegen wird«, schlug Jonathan vor.

»Dort werden sich die Menschenmassen drängen«, warnte Peter.

»Vielleicht, aber es ist der beste Platz.«

Meine Eltern wollten von einem Fenster aus zusehen, und mein Vater riet uns, das gleiche zu tun.

»Ach bitte, gehen wir auf die Straße«, bettelte Tamarisk. »Vom Fenster aus kann es nicht so schön sein. Ich möchte dort unten bei den vielen Menschen sein.«

»Du kommst mit mir«, schlug Jonathan vor.

»O ja!« Sie hüpfte vor Freude im Zimmer herum.

»Wenn ihr unbedingt in das Gedränge geraten wollt, dann geht nur«, gab mein Vater nach.

Schließlich begleiteten Amaryllis, Peter und ich die beiden.

»Kommt der Westminster Bridge nicht zu nahe«, warnte mein Vater.

»Ich weiß, wo der beste Platz ist«, prahlte Jonathan.

Ich mußte Tamarisk recht geben. Auf der Straße war es weit aufregender. Straßenhändler verkauften Flaggen, Bilder des großen Herzogs und Krüge mit seinem Bild. »Die Bilder sind nicht gerade schmeichelhaft«, kritisierte Jonathan.

Der Lärm war ohrenbetäubend. Eine Kapelle spielte *Rule, Britannia*. Je näher wir zur Brücke kamen, desto dichter wurde die Menge.

»Hier bleiben wir«, beschloß Jonathan.

»Es ist ziemlich nahe bei der Brücke«, wandte Peter ein.

»Wir wollen ja so nahe sein, daß wir den großen Mann deutlich sehen können«, widersprach Jonathan.

»Wenn seine Kutsche sich in Bewegung setzt, wird es zu einem wilden Gedränge kommen.«

»Wichtig ist nur, daß wir ihn sehen«, wiederholte Jonathan. »Tamarisk besteht unbedingt darauf, nicht wahr, Zigeunerin?«

»Ich will den Herzog sehen«, bestätigte sie entschieden.

»Es wird schon gutgehen«, lenkte Peter ein. »Es ist wirklich ein ausgezeichneter Platz. Ich habe nur an den Augenblick gedacht, in dem sich die Menge in Bewegung setzen wird.«

»Wir müssen unbedingt zusammenbleiben«, schärfte uns Jonathan ein. »Du darfst auf keinen Fall weglaufen, Zigeunerin, hast du mich verstanden?«

»Natürlich habe ich dich verstanden.«

»Dann vergiß es auch nicht.«

Der Tumult nahm zu, als der große Herzog an Land ging. Tamarisk rief verzweifelt: »Ich kann ihn nicht sehen, die Menschen vor mir sind zu groß.« Jonathan hob sie hoch und setzte sie sich zu ihrer Begeisterung auf die Schultern.

Der Herzog bestieg seine Kutsche und winkte den jubelnden Menschenmassen zu. Er war weder groß noch klein – er maß etwa sechs Fuß. Auf seiner Uniform glitzerten zahllose Orden, und er sah gut aus – er war schlank und muskulös, hatte ein scharf geschnittenes Gesicht und graue, durchdringende Augen.

»Gott segne den großen Herzog«, riefen die jubelnden Massen immer wieder.

Dann ergriff das Volk die Initiative. Die Menschen spannten dem Herzog die Pferde aus und stritten um die Ehre, die Kutsche zum Haus der Herzogin auf dem Hamilton Place zu ziehen. Es war ein einmaliger Anblick.

»Von einem Fenster aus wäre es nicht halb so eindrucksvoll gewesen, nicht wahr?«, fragte Jonathan.

»Aber bequemer«, bemerkte ich.

»Es ist bequem«, widersprach Tamarisk.

»Wir haben nicht den Vorzug, von einem galanten Gentleman auf den Schultern getragen zu werden«, scherzte ich.

Sie strahlte vor Glück.

Die Kutsche setzte sich langsam in Bewegung, und die Menge drängte hinterher. Das war der Augenblick, vor dem uns Peter gewarnt hatte. Die Menschen umringten unter Hochrufen den Wagen.

»Wir wollen zusehen, daß wir aus der Menge herauskommen.« Peter ergriff Amaryllis und mich am Arm. »Kommt jetzt.«

»Ich will bei der Kutsche bleiben«, protestierte Tamarisk.

Sie drängte in die entgegengesetzte Richtung.

»Tamarisk!« rief ich.

Doch sie hatte sich bereits von uns entfernt und stand allein inmitten der Menschenmasse. Ich sah im Geist, wie sie unter die Füße der Leute geriet, denn das Gedränge wurde immer schlimmer, und sie war so klein und zart. Ich war vor Entsetzen starr.

Jonathan war meinem Blick gefolgt und murmelte: »Sie wird zerquetscht werden.«

Er kämpfte sich durch die Menge und erreichte Tamarisk gerade noch rechtzeitig, bevor sie den Boden unter den Füßen verlor. Er hob sie hoch, hielt sie fest und versuchte, zu uns zurückzugelangen. Das war kein leichtes Unterfangen, denn die Leute drängten in die entgegengesetzte Richtung. Amaryllis klammerte sich an Peters Arm, und mir war schlecht vor Angst. Im Geist hatte ich bereits gesehen, wie Tamarisk zwischen den Menschen verschwand, hinfiel und zertrampelt wurde. Wenn Jonathan sie nicht gerettet hätte, wäre es zweifellos soweit gekommen. Endlich erreichte uns Jonathan. Er wirkte sichtlich mitgenommen, doch Tamarisk hatte anscheinend keine Ahnung, in welcher Gefahr sie sich befunden hatte.

Jonathan stellte sie erst auf die Füße, als wir das dichteste Gewühl hinter uns gelassen hatten.

»Jetzt brauche ich einen Drink«, stöhnte er. »Einen Schluck

gutes Ale oder Apfelwein oder auch richtigen Traubenwein. Ich bin wie ausgedörrt.«

»Ich bin auch durstig«, meldete sich Tamarisk.

»Du verdienst eine Tracht Prügel«, erklärte Jonathan. »Wir haben dir eingebläut, daß du bei uns bleiben sollst. Am liebsten würde ich dich selbst übers Knie legen.«

»Du sollst mich nicht wie ein kleines Kind behandeln!« Ihre schwarzen Augen blitzten.

»Wenn du dich wie ein kleines Kind benimmst, Zigeunerin, dann werde ich dich auch so behandeln.«

»Wir haben dir gesagt, daß du dich nicht von uns entfernen darfst«, schalt ich. »Ich war nicht weit weg.«

»Das war dein Glück«, sagte Peter.

»Ihr seid alle gegen mich. Ich hasse euch.«

»Du beweist dem Menschen, der dir gerade das Leben gerettet hat, deine Dankbarkeit auf sehr seltsame Weise«, bemerkte ich.

»Das ist die Westminster Taverne«, deutete Peter. »Es ist ein annehmbares Wirtshaus.«

»Gehen wir hinein«, schlug Jonathan vor.

Es waren etliche Gäste anwesend, die offenbar ebenfalls dem Tumult entgehen wollten.

Wir setzten uns an einen Tisch und bestellten Apfelwein.

»Hast du mir wirklich das Leben gerettet?» fragte Tamarisk.

»Das ist schwer zu sagen«, überlegte Jonathan. »Vielleicht hättest du nur für dein ganzes Leben Narben oder ein paar gebrochene Glieder davongetragen. Du wärst vielleicht nicht tot gewesen.«

Sie starrte ihn entsetzt an. »Wie bei Tante Sophie. Ich habe nicht gedacht . . .«

»Das ist ja dein Fehler«, hakte ich ein. »Du denkst weder nach noch an andere Menschen.«

»Ich habe an andere Menschen gedacht – an den Herzog.«

Jonathan drohte ihr mit dem Zeigefinger. »Wir haben dir eingeschärft, daß du nicht weglaufen darfst, und du hast es prompt getan.«

»Und wenn Jonathan dich nicht gerettet hätte...« begann ich.

»Oh!« Sie blickte ihn beeindruckt an.

»So ist es schon besser.« Er lächelte ihr zu.

»Danke, Jonathan, daß du mir das Leben gerettet hast.«

»Es war mir eine Ehre.« Er ergriff ihre Hand und küßte sie. Was für ein schönes Kind sie war, wenn sie sanft und zärtlich war. Sie sah jetzt Jonathan mit wesentlich größerer Bewunderung an als zuvor den Herzog.

Wir tranken schweigend unseren Apfelwein. Ich dachte daran, wie die Kutsche des großen Herzogs von den jubelnden Menschen, die damit ausdrücken wollten, wie hoch sie ihn schätzten, nach Hause gezogen wurde; ich hätte gern miterlebt, wie ihn die Herzogin am Hamilton Place empfing. Er stand auf der Höhe seines Ruhms, wurde mit Ehren überhäuft, und das Volk zeigte ihm seine Dankbarkeit. Er mußte ein glücklicher Mensch sein. War er es?

Amaryllis saß dicht neben Peter. Sie war glücklich. Daneben saßen Jonathan und Tamarisk, und sie sah ihn beinahe anbetend an. Hoffentlich verliebte sie sich nicht in ihn, denn ich war davon überzeugt, daß Tamarisk nur leidenschaftlich oder gar nicht lieben konnte. Jonathan scherzte unbekümmert, neckte sie, nannte sie Zigeunerin. Nichts würde ihn jemals wirklich berühren. Und doch hatte er sich vor wenigen Augenblicken in die Menge gestürzt, um Tamarisk zu retten. Ich wiederum war an einen Mann gefesselt, der mich zwar innig liebte, mir aber nie die Erfüllung schenken konnte, nach der ich mich immer mehr sehnte.

Nachdem wir uns erfrischt hatten, kehrten wir nach Hause zurück. Meine Eltern waren noch nicht da; sie trafen etwas später ein. Sie hatten einen ausgezeichneten Blick auf die von Menschen gezogene Kutsche gehabt. Meine Mutter fand, daß der Herzog großartig aussah und daß es ein unvergeßlicher Tag gewesen war.

Ich ging zeitig zu Bett; es war mir zur Gewohnheit geworden. Wir empfingen in Grasslands kaum jemals Gäste, und James bestand darauf, daß Edward nicht zu lange aufblieb.

Doch ich konnte nicht einschlafen. Ich hatte immer noch das schreckliche Bild vor Augen, als ich befürchtete, daß Tamarisk zu Tode getrampelt werden würde, und sah dann vor mir, wie Jonathan sie gerade noch rechtzeitig rettete.

Ich trat ans Fenster und schaute hinaus. Im Park wurde ein Feuerwerk abgebrannt, und ich erblickte auch Freudenfeuer. In diesem Augenblick verließen zwei Gestalten das Haus – Peter und Jonathan. Sie gingen zusammen die Straße hinunter. Es war zehn Uhr, und ich fragte mich, wohin sie wohl unterwegs waren. Doch ich war müde und vergaß sie bald. Ihre nächtlichen Eskapaden gingen mich wirklich nichts an.

Ich ging wieder zu Bett und schlief bald tief und fest.

Am nächsten Morgen hatte ich den Eindruck, daß Jonathan etwas beunruhigt wirkte. Das war bei ihm ein so ungewöhnlicher Zustand, daß es mir sofort auffiel.

Ich erkundigte mich, ob er einen angenehmen Abend verbracht hatte.

»O ja, danke, Jessica«, erwiderte er, allerdings nicht sehr überzeugend.

Wieder fragte ich mich, wohin er und Peter unterwegs gewesen waren.

Ein paar Tage später erfuhr ich es.

Wir befanden uns immer noch in der Albermarle Street, denn obwohl der Herzog sich sofort nach seinem Eintreffen in London zum Prinzregenten nach Portsmouth begeben hatte, würde er demnächst nach London zurückkehren und seinen Sitz im Oberhaus einnehmen. Inzwischen gingen die Siegesfeiern weiter.

Meine Mutter war in London immer sehr beschäftigt und hatte nichts dagegen, daß wir länger blieben als vorgesehen. Mir ging es genauso, nur Amaryllis hatte Sehnsucht nach ihrer Tochter. Doch sie war glücklich, weil sie mit Peter zusammen sein konnte, dessen Geschäfte seine Anwesenheit in London erforderlich machten.

Ich war zu Hause, als ein Mann vorsprach, der zu Mr. Jonathan Frenshaw wollte. Er wirkte eher schäbig und brutal, und ich fragte mich, was Jonathan mit einem solchen Subjekt zu schaffen hatte. Sie schlossen sich für etwa eine halbe Stunde in Jonathans Zimmer ein, und als der Mann das Haus verließ, sagte er: »Es muß bis zum 4. Juli erledigt sein, Mr. Frenshaw, keinen Tag später.«

Damit war mir klar, daß Jonathan sich in Schwierigkeiten befand.

Ich war zwar nur zwei Jahre älter als er, war jedoch eine verheiratete Frau und stellte daher für ihn in gewissem Sinn eine Autorität dar. Ich hatte ihn sehr gern – es war schwer, ihn nicht zu mögen –, aber mir war klar gewesen, daß er zu jenen jungen Männern gehörte, die leicht in Schwierigkeiten geraten. Da war die Affäre mit der Tochter des Pächters gewesen, aus der er nur durch einen glücklichen Zufall ungeschoren davongekommen war. Das Mädchen hatte seinen guten Ruf verloren, und er hatte den Beweis erbracht, daß er ein Lebemann war, mehr war nicht geschehen.

Jetzt hatte ich den Eindruck, daß er sich in finanziellen Nöten befand. Durch meine Heirat und eine Erbschaft war ich zu Geld gekommen und konnte ihm vielleicht helfen.

Ich rief ihn in mein Zimmer und fragte: »Befindest du dich in Schwierigkeiten, Jonathan?«

Er sah mich erstaunt an.

»Ich habe zufällig deinen Besucher gesehen und gehört, was er wegen des 4. Juli gesagt hat.«

»Ach das«, meinte er leichthin. »Eine kleine Schuld.«

»Noch einmal, befindest du dich in Schwierigkeiten?«

»Eigentlich nicht. Ich muß nur das nötige Kleingeld auftreiben.«

»Kann ich dir helfen?«

»Du bist ein reizendes Mädchen, Jessica, und ich liebe dich. Aber es wird nicht notwendig sein. Ich kann das Geld rechtzeitig auftreiben.«

»Wieviel?«

»Fünfhundert Pfund.«

»Fünfhundert!«

»Ja, ein ganz schöner Batzen. Deshalb kann ich es mir nicht sofort beschaffen. Ich verstehe überhaupt nicht, warum sie es so eilig haben. Sie wissen doch, daß die Leute etwas Zeit dazu brauchen.«

»Hast du ...?«

Er sah mich kleinlaut an. »Ich habe gespielt. Ich weiß nicht, was Großvater dazu sagen würde.«

»Er würde entsetzt sein.«

»Er würde mich wahrscheinlich sofort hinauswerfen und mich nach Pettigrew Hall zurückschicken.«

»Manchmal habe ich den Eindruck, daß es dir nichts ausmachen würde.«

»Es ist merkwürdig, aber mir ist der alte Kasten ans Herz gewachsen. Ich weiß, daß du mich für einen Tunichtgut hältst, aber ich glaube, daß ich einen recht guten Landedelmann abgeben würde.«

»Das nehme ich eigentlich auch an.«

»Wenn es Großvater zu Ohren kommt, ist dieser Traum allerdings ausgeträumt.«

»Wie konntest du nur soviel Geld verspielen?«

»Das ist eine gute Frage. Die Einsätze werden immer höher, man läßt sich hinreißen. Man will angeben und ist davon überzeugt, daß sich das Blatt wenden wird.«

»Du redest ja wie ein richtiger Spieler.«

»Weißt du, daß ich bis jetzt noch nie eine Karte angerührt habe? Ab und zu habe ich gewettet, aber das war nichts Ernstes.«

»Du bist wahrscheinlich in Versuchung geraten, weil Großvater sich so entschieden dagegen ausgesprochen hat.«

»Glaubst du wirklich?«

»Ich weiß, was in dir vorgeht.«

»Da bist du klüger als ich.«

»Er darf es nicht erfahren. Du mußt deine Schuld bezahlen und darfst nie wieder spielen.«

»Ich würde es auch nie mehr tun. Mir ist plötzlich klar geworden, wie schwer es mich treffen würde, wenn ich Eversleigh verlassen müßte. Und Großvater würde mich bestimmt sofort aus dem Haus weisen, wenn er von meinem Fehltritt erfährt.«

»Er kann sehr hart sein.«

»Das weiß ich aus eigener Erfahrung.«

»Hat Peter dich mitgenommen?«

»Ja, er kennt London. Er hat mich im Klub eingeführt und mich dann dort allein gelassen.«

»Hat er denn nicht gespielt?«

»Er ist kein Spieler.«

»Trotzdem hat er dich dorthin gebracht.«

»Er kennt alle Spielhöllen in London, weil er in so vielen Klubs verkehrt. Wir sind darauf zu sprechen gekommen, und er hat gemeint, daß er mich jederzeit in einen Klub einführen kann. Vermutlich ist er zu vernünftig, um selbst zu spielen. Ich habe natürlich geglaubt, daß ich ein Vermögen gewinnen würde. Peter ist der geborene Geschäftsmann. Er mischt überall mit, und dieses Mitmischen bringt Geld. Ich könnte darauf wetten, daß er auch beim Spiel Glück hätte.«

»Wir müssen jetzt überlegen, was du tun sollst. Fünfhundert Pfund ist eine stattliche Summe. Es ist ein Jammer, daß du nicht aufgehört hast, bevor deine Schulden so groß geworden sind.«

»Wie oft sind diese weisen Worte schon gesagt worden!«

»Wir müssen jetzt nur das Geld herbeischaffen, die Schuld begleichen und dafür sorgen, daß mein Vater nichts davon erfährt.«

»Zuallererst brauche ich das Geld.«

»Wenn es nur etwas weniger wäre.«

Die Tür flog auf, und Tamarisk stand mit glühenden Wangen und leuchtenden Augen im Zimmer.

»Ich verkaufe Enderby! Das kann ich, weil es mir gehört.«

»Wovon sprichst du eigentlich?« fragte ich.

»Von dem Geld.«

»Du hast an der Tür gelauscht.«

»Selbstverständlich.«

»Das gehört sich nicht, Tamarisk.«

»Aber auf diese Weise erfährt man verschiedenes.«

»Du darfst es nie wieder tun.«

»Ich tue es immer.« Sie lief zu Jonathan und faßte ihn an den Rockaufschlägen. »Mach dir keine Sorgen, du bekommst das Geld. Enderby ist mehr als fünfhundert Pfund wert, und die ganzen Möbel sind auch noch da. Sie sind auch sehr viel wert.« Er hob sie hoch. »Du bist ein Engel, Zigeunerin, und ich liebe dich.«

Sie lächelte, dann wurde sie zornig. »Du bist dumm. Weißt du nicht, daß nur dumme Leute spielen?«

»Du hast recht, kleine Zigeunerin. Ich bin dumm und ich weiß es. Aber ich lasse es mir eine Lehre sein, und es wird nie wieder vorkommen.«

»Das wird unser Geheimnis bleiben«, beschloß sie, »von dem niemand etwas erfahren soll.«

»Wie willst du denn Enderby verkaufen, ohne daß es jemand erfährt?« erkundigte ich mich.

Darauf wußte sie keine Antwort. Jonathan legte ihr den Arm um die Schultern und drückte sie an sich.

»Mach dir keine Sorgen, Zigeunerin, ich kann mir das Geld ohne weiteres besorgen.«

»Tu es nie wieder«, bat sie.

»Ich werde es bestimmt nie mehr tun, aber ich bin froh, daß ich es probiert habe, weil mir dadurch klar geworden ist, was für gute Freunde ich habe.«

»Ich wollte Enderby nur deshalb verkaufen, weil du mir das Leben gerettet hast.«

»Natürlich. Eine gute Tat ist eine andere wert.«

»Fünfhundert Pfund ist eine Menge Geld«, hielt sie ihm streng vor.

»Ein Leben ist noch mehr wert«, behauptete er. »Deshalb stehst du noch immer in meiner Schuld.«

Sie sah ihn sehr ernst an. »Es ist schon in Ordnung, Tamarisk«, beruhigte ich sie. »Sprich nicht darüber, daß du Enderby verkaufen willst. Sprich überhaupt nicht darüber.«

»Ich werde bestimmt nicht darüber sprechen, denn es ist ja ein Geheimnis.«

»Wir werden die Schuld bezahlen, und damit ist die Geschichte aus der Welt geschafft. Außer uns dreien wird niemand davon erfahren.«

Sie lächelte. Geheimnistuerei lag ihrem intriganten Wesen.

Der Zwischenfall hatte mir gezeigt, wie sie zu Jonathan stand, und ich war besorgt.

Damit hätte die Angelegenheit erledigt sein sollen. Jonathan konnte das Geld auftreiben. Die Pettigrews waren steinreich, und obwohl die Summe hoch war, hätte sie Jonathan keine Sorgen bereitet, wenn die Zahlungsfrist nicht so kurz gewesen wäre und er nicht gewußt hätte, wie sehr mein Vater jedes Glücksspiel verdammte.

Das Ganze hätte sich ohne Aufsehen in Wohlgefallen aufgelöst – und wäre noch dazu Jonathan eine gute Lehre gewesen –, doch irgend jemand hatte es offenbar darauf angelegt, böses Blut zu machen.

Als mein Vater einige Tage später beim Frühstück saß, wurde ihm ein Brief überbracht. Ich war zufällig anwesend. Er liebte beim Frühstück Gesellschaft, und da ich gewöhnt war, zeitig aufzustehen, machte ich ihm öfter die Freude.

Er griff nicht sofort nach dem Brief, sondern unterhielt sich noch eine Weile mit mir über die Feiern in London und über den endgültigen Zeitpunkt unserer Rückkehr nach Eversleigh. Dann öffnete er das Schreiben. Sein Gesicht wurde vor Zorn krebsrot.

»Was ist los?« fragte ich.

»Dieser Schuft«, schimpfte er.

Ich nahm ihm den Brief aus der Hand. Der Briefkopf lautete »Frinton's Club St. James's«, und der Text war:

»Sehr geehrter Mr. Frenshaw,

Ich halte es für meine Pflicht, Ihnen zur Kenntnis zu bringen, daß Ihr Enkel, Mr. Jonathan Frenshaw, diesen Klub am Abend des 24. Juni besucht und beim Spiel einen Betrag von fünfhundert Pfund verloren hat. Da ich Ihre Einstellung zu diesem Zeitvertreib kenne und sie teile, halte ich es für richtig, Sie von dieser Tatsache in Kenntnis zu setzen, damit Sie, wenn möglich, den jungen Mann von diesem liederlichen Zeitvertreib abbringen.

Ein Freund.«

»Was für ein gemeiner, scheinheiliger Brief!« rief ich. »Der Schreiber dieser Zeilen ist widerlich.«

»Ich nehme an, daß er die Wahrheit schreibt?«

Ich schwieg.

»Mein Gott, und wir haben diesen Dummkopf in Eversleigh aufgenommen. Er soll sofort zu mir kommen... auf der Stelle.«

»Er ist wahrscheinlich noch nicht aufgestanden.«

»Natürlich nicht. Er hat vermutlich bis in die frühen Morgenstunden am Spieltisch gesessen.«

»Du beschuldigst ihn, bevor er Stellung nehmen konnte.« Mir war sehr flau zumute.

»Ich habe es mir überlegt, ich gehe selber zu ihm.«

Er verließ mit dem Brief in der Hand das Zimmer, und ich folgte ihm die Treppe hinauf. Er riß die Tür zu Jonathans Zimmer auf. Jonathan lag friedlich schlafend im Bett.

»Wach auf!« brüllte mein Vater.

Jonathan schlug die Augen auf und starrte uns verständnislos an.

»Wieso liegst du um diese Zeit noch im Bett? Warum bist du nicht auf den Beinen und betätigst dich? Du bist erst spät nach Hause gekommen, nicht wahr? Hast die Nacht am Spieltisch verbracht? Du bist auf dem Holzweg, junger Mann. Du kannst direkt zu deiner Mutter zurückfahren. Ich werde mit deinem Großvater über dich sprechen, du fauler Taugenichts.«

In einer kritischen Situation bewährte sich Jonathan immer.

»Träume ich?« fragte er. »Seid ihr Gestalten aus einem Traum? Dazu seht ihr zu wirklich aus. Bist du es tatsächlich, Jessica?«

Ich hielt es für das Beste, wenn ich ihn sofort ins Bild setzte.
»Ja. Ein anonymer Schreiber hat Großvater einen Brief ge-
schickt und ihm von deiner Spielschuld berichtet.«
Das rüttelte ihn auf. »Wie peinlich.«
Mein Vater trat an das Bett, packte ihn an den Schultern und
schüttelte ihn. Jonathans Kopf flog vor und zurück, und die
Haare fielen ihm ins Gesicht. Er sah so komisch aus, daß ich
gelacht hätte, wenn die Situation nicht so ernst und ich nicht
so aufgeregt gewesen wäre. Ich wollte, daß er in Eversleigh
blieb.
»Du solltest mir besser nichts verschweigen«, fuhr ihn mein
Vater an.
»Das habe ich nicht vor. Ich habe in einem unüberlegten
Augenblick Schulden gemacht. Merkwürdigerweise hatte ich
es gar nicht vorgehabt.«
»Hör auf, Unsinn zu reden!«
»Es ist die reine Wahrheit, Sir. Ich habe den Klub aufgesucht,
man hat mich dazu überredet, beim Spiel mein Glück zu
versuchen, und ehe ich mich versah, hatte ich fünfhundert
Pfund verloren.«
»Du weißt doch, daß ich immer meine, was ich sage.«
»Gewiß.«
»Habe ich dir nicht gesagt, daß ich keine Spieler in meinem
Haus dulde?«
»Oft genug.«
»Und du forderst mich bewußt heraus?«
»Das lag bestimmt nicht in meiner Absicht.«
Mein Vater wollte ihn schlagen, aber Jonathan wich ihm ge-
schickt aus.
»Ich kann nur zugeben, daß die Anschuldigung der Wahrheit
entspricht«, fuhr Jonathan fort, »und versichern, daß es nie
wieder vorkommen wird.«
Die Tür ging auf, und Tamarisk kam herein.
»Was willst du hier?« rief ich.
»Schafft das Kind hinaus!« brüllte mein Vater.
»Du darfst Jonathan nicht schelten.« Tamarisk lief zu meinem

Vater und klammerte sich an seinen Arm. »Ich bin daran schuld. Ich habe gespielt und das Geld verloren. Es sind fünfhundert Pfund, und ich werde Enderby verkaufen und die Schuld damit bezahlen.«

Das war so absurd, daß der Zorn meines Vaters verrauchte.

»Das Kind ist verrückt geworden«, erklärte er.

»Ja, es war verrückt«, gab Tamarisk zu. »Es war die Spielleidenschaft. Man bekommt sie und wird verrückt. Man setzt ein, die Einsätze klettern in die Höhe, man geht mit, und dann setzt man fünfhundert Pfund.«

Sie war so liebreizend und so bezaubernd, weil sie so fest entschlossen war, Jonathan zu retten, daß ich sie in diesem Augenblick beinahe liebte. Ihre dunklen Augen leuchteten und ihre glühend roten Wangen bildeten einen entzückenden Gegensatz zu ihrem dunklen Haar. Man mußte einfach von ihr gerührt sein. Sogar mein Vater ließ sich, trotz seines Zorns, von dieser schönen, kleinen Eva beeinflussen. Sie war natürlich noch keine Frau, aber durch ihre Unschuld und ihre leidenschaftliche Aufopferung wirkte sie reifer.

Jonathan blickte sie überaus zärtlich an. Ich erriet seine Gefühle. Dieses selbstsüchtige, aufsässige Mädchen war fähig zu lieben, und wenn sie liebte, tat sie es mit einer Leidenschaft, die ihrem Temperament entsprach.

»Du redest Unsinn, Kind«, brummte mein Vater.

»Nein, es ist wahr. Ich war dort.«

»Wann?«

»Als ich das Geld verloren habe.«

Mein Vater faßte sie an den Schultern und sah ihr ins Gesicht.

»Lüge mich nicht an.«

»Es ist keine Lüge, es ist die Wahrheit. Jonathan behauptet es nur, um mich zu retten.«

»Und du behauptest es, um ihn zu retten.«

»Es wird dir leid tun, wenn du ihn fortschickst.«

Die Lippen meines Vaters zuckten verräterisch, wie es so oft während meiner Kinderzeit der Fall gewesen war, wenn ihn eine vorlaute Bemerkung von mir belustigt hatte.

»Soll das vielleicht heißen, daß es dir leid tun wird, wenn er aus Eversleigh fort muß?«

»Ja... ja... und dir wird es auch leid tun. Er arbeitet auf dem Besitz sehr tüchtig. Alle Leute mögen ihn, mehr als...«

»Mehr als mich?«

»Ja. Und die Menschen auf einem Gut sollen den Gutsherrn mögen, das gehört sich so.«

»Er verdient einen solchen Advokaten nicht.«

»Einen was?« fragte sie.

»Er verdient dein Vertrauen nicht.«

»Ich mag Enderby ohnehin nicht sehr. Ihr könnt es verkaufen.«

Jonathan war während dieses Gesprächs aufgestanden und hatte einen Schlafrock angezogen.

»Ich danke dir, Tamarisk, für deinen Rettungsversuch«, erklärte er. »Ich kann die Schuld bezahlen, und falls ich Eversleigh verlassen muß, werde ich zurückkommen und dich besuchen.«

Sie stampfte mit dem Fuß auf. »Das ist nicht das gleiche.«

Mein Vater war etwas aus der Fassung geraten.

»Ich spreche später mit dir, Jonathan.« Damit verließ er das Zimmer.

Ich setzte mich auf das Bett und sah Jonathan an.

»Er hat einen anonymen Brief bekommen, der mit ›Ein Freund‹ unterschrieben war.«

»Ich würde nur zu gerne wissen, wer dieser gute Freund ist.«

»Es ist eine Gemeinheit.«

»Allerdings. Ich hätte die ganze Geschichte im Handumdrehen aus der Welt geschafft und uns allen die Aufregung erspart.«

Tamarisk ließ uns nicht aus den Augen.

»Er ist zornig, er wird dich bestimmt fortschicken.«

»Er klingt immer zorniger, als er in Wirklichkeit ist«, bemerkte ich.

»Leider zählt er es zu den Todsünden«, stellte Jonathan fest.

»Was ist das?« wollte Tamarisk wissen.

»Das Schlimmste, das man anstellen kann, Zigeunerin.«

»Hoffentlich schickt er dich nicht fort.«

»Wenn er es tut, komme ich zu euch hinüber und besuche dich. Wir werden uns dann heimlich treffen.«

»Mir wäre es lieber, wenn du immer bei mir bist.«

Er trat zu ihr, ergriff ihre Hände und sah ihr tief in die Augen.

»Was auch geschehen mag, wird dadurch wettgemacht, daß ich erfahren habe, was für eine gute, treue Freundin ich an dir habe.«

Er küßte sie zärtlich auf die Stirn.

Ich war sehr gerührt und versprach: »Ich werde versuchen, es ihm auszureden.«

»Glaubst du, daß es dir gelingt?« fragte Jonathan.

»Wenn ihn jemand beeinflussen kann, dann nur meine Mutter oder ich. Ich werde sie bitten, mich zu unterstützen.«

Wir redeten es ihm aus, aber es war nicht leicht.

Ich wies darauf hin, daß Menschen, die anonyme Briefe schreiben, das letzte sind, und daß man ihnen Vorschub leistet, wenn man sich von ihnen beeinflussen läßt.

Ich war davon überzeugt, daß es Jonathan eine Lehre gewesen war und daß er nie wieder so unvernünftig sein würde.

Meine Mutter und ich versprachen meinem Vater, daß wir uns seiner Ansicht anschließen würden, falls Jonathan sich jemals wieder an einen Spieltisch setzte, und daß wir dann nicht versuchen würden, Jonathan noch einmal zu retten.

Schließlich gab er, wenn auch widerwillig, nach.

»Wenn Eversleigh bankrott geht, ist es auch eure Schuld, nicht nur die dieses frechen Lümmels«, knurrte er.

Wir erklärten uns kleinlaut bereit, die Schuld auf uns zu nehmen, umarmten ihn, versicherten ihm, daß er gar kein so schrecklicher alter Brummbär war, wie er uns glauben machen wollte – und selbst wenn er einer war, liebten wir ihn trotzdem.

Jonathan bezahlte die fünfhundert Pfund und kehrte mit uns nach Eversleigh zurück.

Ich hätte immer noch gern gewußt, wer den anonymen Brief verfaßt hatte. Die Wochen vergingen, und ich bemerkte, daß Tamarisks Gefühl für Jonathan immer stärker wurde.

VII

Nach Waterloo

Die Monate verflogen, und ein Tag glich dem anderen. Es kam mir vor, als wäre ich in der Eintönigkeit dieser Tage gefangen. Wenn ich morgens erwachte, fragte ich mich manchmal: Wird es mein Leben lang so weitergehen?

Mr. und Mrs. Barrington besuchten uns häufig in Grasslands. Mit den Ludditen gab es jetzt kaum noch Schwierigkeiten. Vielleicht hatte sie der schreckliche Tag ernüchtert, an dem Edward zum Krüppel geworden war, sowie die Tatsache, daß zwei von ihnen dafür gehängt worden waren.

In der Fabrik waren neue Maschinen aufgestellt worden, und die Arbeiter hatten sich offenbar mit dem notwendigen Übel abgefunden. Mr. Barrington unterhielt sich oft stundenlang mit Edward, dessen Augen bei diesen Gesprächen aufleuchteten. Doch sobald uns sein Vater verlassen hatte, lag wieder der Ausdruck von Hilflosigkeit in ihnen. Seine Behinderung bedrückte ihn sichtlich.

Gelegentlich war er gereizt, aber nur sehr selten, und jedesmal zeigte er sich nachher äußerst schuldbewußt. Ich tröstete ihn dann und versicherte ihm, daß alles in Ordnung sei und daß ich seine Selbstbeherrschung bewunderte. Er litt oft – nicht nur körperlich.

Obwohl wir uns sehr bemühten, war es kein wirklich glückliches Zuhause.

Amaryllis war wieder schwanger. Als ich davon erfuhr, war ich tief deprimiert. Dennoch beglückwünschte ich sie und tat, als freue ich mich darüber. Ich verachtete mich, aber ich konnte nicht anders, ich beneidete sie.

Ich hatte voreilig gehandelt. Ich hätte Edwards Freundin bleiben sollen. Ich hätte ihm einen Großteil meiner Zeit widmen, ihn oft besuchen und mit ihm Schach und Piquet spielen können. Warum hatte ich ihn geheiratet? Es war eine schwärmerische Geste gewesen, die nur zur Frustration führen konnte. Meine Eltern hatten versucht, es mir klarzumachen, aber wie gewöhnlich hatte ich meinen Dickkopf durchgesetzt und mir nicht raten lassen.

An manchen Tagen hatte ich das Gefühl, angekettet zu sein. Dann dachte ich an die Jahre, die noch vor mir lagen, sah vor mir, wie ich in diesem Haus alt wurde, allein ausritt und spazierenging, bei Edward saß, endlose Gesellschaftsspiele mit ihm spielte und mich abends allein in mein Zimmer zurückzog. Das war mein künftiges Leben.

Ich würde alt werden, Falten und Runzeln bekommen und irgendwann keine Kinder mehr bekommen können.

Der Wunsch nach einem Kind wurde bei mir zur fixen Idee. Seit ich wußte, daß Amaryllis ihr zweites Kind erwartete, konnte ich kaum an etwas anderes denken.

Meine Mutter erriet meine Gefühle. Ich bemerkte oft, daß ihr Blick traurig auf mir ruhte; manchmal lag auch eine Spur Angst darin. Sie kannte mich besser als jeder andere Mensch, vielleicht sogar besser als ich mich selbst. Wahrscheinlich befürchtete sie, daß irgendwann meine Standhaftigkeit ins Wanken geraten würde. Ich war so sehr Frau, daß ich nicht dazu geschaffen war, ein unerfülltes Leben zu führen.

Im Herbst hatten sie und mein Vater Frankreich besucht, und sie war sehr glücklich zurückgekommen. Sie hatten an der *vendange* teilgenommen, und es war sehr aufregend gewesen. Charlot und Louis-Charles lebten mit ihren Familien in einem kleinen Château, das zwar während der Revolution zum Teil verwüstet worden war, das sie aber wieder instand gesetzt hatten. Die beiden immer noch wachsenden Familien harmonisierten offensichtlich sehr gut miteinander.

Louis-Charles und Charlot waren immer wie Brüder gewesen. Sie waren tatsächlich Halbbrüder, denn Louis-Charles war der uneheliche Sohn des ersten Mannes meiner Mutter. Die beiden standen einander sehr nahe, und es war wirklich eine glückliche Lösung, daß sie gemeinsam ein blühendes Weingut betrieben.

Meine Mutter schilderte in allen Einzelheiten, wie die Trauben gelesen und gepreßt wurden, wie der Wein in Flaschen abgefüllt wurde, und dann die große Erntefeier, wenn die Arbeit glücklich zu Ende gebracht worden war.

Mein Vater gab widerstrebend zu, daß das Gut sehr gut geführt war und daß sie ausgezeichnete Weine produzierten.

Es war nicht zu übersehen, daß er dabei Vergleiche mit Jonathan anstellte. Er stand Jonathan immer noch mißtrauisch gegenüber. Er konnte die Episode nicht vergessen und hielt von Zeit zu Zeit immer wieder Vorträge über die Fallstricke des Glücksspiels.

Ich neckte ihn ein bißchen damit. »Offensichtlich ist das eines der wenigen Laster, denen du nie gefrönt hast.«

Er erwiderte, daß er immer bestrebt gewesen war, seinen Besitz zu vermehren, und daß er zum Glück so vernünftig gewesen war, nicht einen einzigen Morgen seines Gutes am Spieltisch zu gefährden. »Ich habe nach Sicherheit gestrebt. Ich habe meine Zukunft nicht aufs Spiel gesetzt, indem ich sie vom Glück beim Würfeln oder Kartenspielen abhängig machte.«

Er machte sich bestimmt ebenfalls meinetwegen Sorgen, und er und meine Mutter führten wahrscheinlich in ihrem Schlafzimmer lange Gespräche.

Inzwischen ging das Leben weiter wie zuvor. Jonathan führte sich gut auf ... oder vermied es zumindest, in Schwierigkeiten zu geraten. Er interessierte sich bestimmt für das Gut, aber infolge seiner lässigen Art und seines Charmes wirkte er gleichgültig, und das reizte meinen Vater.

Dieser bekam gelegentlich Wutanfälle, doch meiner Mutter gelang es immer, ihn zu besänftigen.

Tamarisk besuchte Eversleigh oft; zwischen ihr und Jonathan hatte sich eine ganz besondere Freundschaft entwickelt.

Meine Mutter bemerkte dazu einmal besorgt: »Sie ist noch sehr jung; sie wird im Sommer neun. Aber sie ist frühreif.

Wenn sie etwas älter wird, werden sich ihre Gefühle bestimmt legen.«

»Jonathan hat sie sehr gern«, bemerkte ich. »Bei ihm ist sie gut aufgehoben.«

»Ich hoffe es. Ich spreche vorsichtshalber mit deinem Vater nicht darüber. Er steht Jonathan sehr kritisch gegenüber, und ich möchte die Spannungen nicht verstärken. Er würde alle möglichen Schlußfolgerungen ziehen.«

»Du machst dir zu viele Sorgen – wegen allem.«

Womit wir wieder bei meiner Situation angelangt waren. Etwas Bedrohliches lag in der Luft – ganz vage nur, aber es war da.

Seit Peter seine Verlobung mit Amaryllis bekanntgegeben hatte, war ich ihm gegenüber nie mehr vollkommen unbefangen gewesen, und ich hatte den Eindruck, daß auch er mir aus dem Weg ging. Er wußte bestimmt, daß ich angenommen hatte, er interessiere sich für mich. Ich dachte oft daran, unter welch dramatischen Umständen wir einander kennengelernt hatten. Er hatte sich damals so aufmerksam gezeigt, war so eifrig um mich bemüht gewesen – und hatte sich dann Hals über Kopf in Amaryllis verliebt.

Es war vermutlich erklärlich, dennoch kam es mir merkwürdig vor. Bestimmt spürte er das und verhielt sich deshalb mir gegenüber so zurückhaltend.

Wenn ich zurückdachte, fiel mir auf, daß ich seit der Verlobung kaum jemals mit ihm allein gewesen war. Er war immer beschäftigt und unternahm häufig Reisen nach London. Er war ein sehr erfolgreicher Geschäftsmann und verdiente mit dem Import von Rum und Zucker gut. Er hatte Enderby immer noch gepachtet, was eine ideale Lösung darstellte. Das Geld wurde für Tamarisk angelegt, und sie würde darüber verfügen können, sobald sie mündig war. Das Haus war also eine Investition für sie, und daß es Peter und Amaryllis weiterhin als Wohnsitz diente, löste die Frage, was in der Zwischenzeit mit dem Besitz geschehen solle. Ich hätte nur zu gern gewußt, worin Peters Geschäfte bestanden, und auch seine

Lagerhäuser weckten meine Neugier. Ich wunderte mich nach wie vor darüber, daß Amaryllis das alles so gleichgültig hinnahm, noch dazu, da sie Geld in seine Unternehmungen gesteckt hatte. Ein- oder zweimal versuchte ich, mehr darüber in Erfahrung zu bringen, aber sie konnte mir nichts Bestimmtes sagen. Sie wußte nur, daß die Geschäfte gut gingen und sich so rasch ausweiteten, daß Peter immer mehr Zeit in London verbringen mußte.

Einmal geschah es, daß ich ihn allein traf. Ich war in Eversleigh gewesen, ging nach Grasslands zurück und stand ihm plötzlich gegenüber. Wir begrüßten einander, konnten aber schlecht weitergehen, ohne ein paar Worte zu wechseln.

Er bemerkte, daß es ein schöner Morgen war, und wir unterhielten uns eine Weile über das Wetter. Dann stellte er fest:

»Ich sehe dich eigentlich nur noch, Jessica, wenn gleichzeitig eine Menge anderer Leute anwesend ist.«

»Das ist unvermeidlich, weil wir eine große Familie sind.«

»Bist du glücklich?«

Ich erschrak. »Natürlich, sehr glücklich.«

Er runzelte leicht die Stirn und blickte nach Grasslands hinüber.

»Darüber bin ich froh.«

»Ich höre von Amaryllis, daß du mit deinen neuen Lagerhäusern überaus erfolgreich bist. Offenbar gehen deine Geschäfte großartig.«

»Sie hat dir von den Lagerhäusern erzählt?«

»Ja. Ich nehme an, daß du sie ihr eines Tages mit stolzgeschwellter Brust zeigen wirst.«

Etwas an seiner Haltung erregte meine Aufmerksamkeit. Er wirkte wachsam.

»Ich glaube nicht, daß sie sich dafür interessieren würde. Geschäfte sind nichts für Damen.«

»Ich würde annehmen, daß sich jedermann dafür interessiert. Ich täte es jedenfalls. Und Amaryllis ist noch dazu daran beteiligt.«

»Ach, wenn ich hier bin, vergesse ich die Geschäfte.«

»Du gehörst also nicht zu den Geschäftsleuten, die von ihrer Arbeit besessen sind?«

»Nur während ich mich damit beschäftige.«

»Dir wird in London doch auch Zeit für ein paar Vergnügungen bleiben?«

Er sah mich erschrocken an.

»Ich meine Klubs und so. Jonathan behauptet, daß du dich auf diesem Gebiet gut auskennst. Schließlich hast du ihn zu Frinton's gebracht.«

Er lachte. »Das war allerdings eine Katastrophe, nicht wahr? Ich hatte keine Ahnung, daß er sich so in die Nesseln setzen würde. Er hatte mich nach ein paar Klubs gefragt, und ich habe Frinton's erwähnt. Mir war nicht klar, daß er spielen wollte.«

»Ich glaube, daß es ihm eine Lehre gewesen ist.«

»Ich fürchte nur, daß dein Vater es nicht so bald vergessen wird.«

»Der arme Jonathan! Leider nimmt mein Vater in dieser Beziehung einen sehr entschiedenen Standpunkt ein.«

»Das kann ich verstehen.«

»Ich bin davon überzeugt, daß Jonathan seine Sache gut machen wird. Wir alle haben ihn sehr gern.«

»Er ist ein reizender Mensch, wenn er auch seine schwachen Seiten hat.«

»Er hat sich einmal zum Spielen verleiten lassen; das ist noch kein Grund, ihn zu verdammen. Wie geht es übrigens Amaryllis?«

»Sehr gut.«

»Würdest du ihr bitte ausrichten, daß ich sie morgen besuchen komme?«

»Sie wird sich freuen.«

»Jetzt muß ich aber leider nach Hause.«

Er ergriff meine Hand und hielt sie einen Augenblick lang fest. Ich wußte den Ausdruck in seinen Augen nicht zu deuten. Ich war erleichtert, als ich ihn los war, denn ich fühlte mich in seiner Gegenwart etwas unsicher. Wahrscheinlich war die

Vergangenheit daran schuld und die Tatsache, daß ich einmal geglaubt hatte, ich könnte mich in ihn verlieben. Er war attraktiv und hatte etwas Geheimnisvolles an sich, das seinen Charme verstärkte. Ich war damals jung und romantisch gewesen. Ich hätte gern gewußt, wie viele Mädchen sich nicht deshalb verlieben, weil der richtige Mann in ihr Leben tritt, sondern einfach deshalb, weil die Zeit dafür reif ist und im entscheidenden Augenblick irgendein Mann ihren Weg kreuzt. Die Leute bezeichnen das als »sich in die Liebe verlieben«; es kam offenbar tagtäglich vor. Mir wäre es beinahe mit Peter Lansdon so ergangen. Die romantischen Umstände, unter denen wir einander kennengelernt hatten, sein deutliches Interesse für mich, sein anfängliches Werben ... so begannen die meisten Liebesgeschichten, und ich hatte mich ebenfalls betören lassen.

Jetzt hatte ich Zeit zum Überlegen, und mir wurde bewußt, daß ich nie imstande gewesen wäre, Peter Lansdon wirklich zu lieben; er hatte etwas an sich, das mich abstieß, etwas Verschwiegenes. Das konnte vielleicht interessant sein, aber mir war er jetzt ein bißchen unheimlich. Wahrscheinlich verglich ich ihn mit Edward, der so offen, ehrlich und aufrichtig war, daß neben ihm alle anderen Männer verschlagen wirkten.

Am nächsten Tag besuchte ich Amaryllis, der man die Schwangerschaft bereits anmerkte. Ihr Kind sollte im August zur Welt kommen, und Helena war erst neun Monate alt.

»Wie geht es dir?« fragte ich.

Sie küßte mich und erwähnte, daß es ihr endlich besser ging.

»Die ersten drei Monate sind die schlimmsten«, fügte sie hinzu.

»Du mußt es ja wissen, bei dir wird das Kinderkriegen allmählich zur Gewohnheit.«

»Es bringt natürlich Unannehmlichkeiten mit sich, aber wenn das Kind erst einmal da ist, ist alles vergessen.«

»Ich kann es mir gut vorstellen.«

Sie sah mich mitfühlend an. »Ich denke viel an dich.«

»Du wirst bald an etwas Interessanteres denken.«

»Ich mache mir ein bißchen Sorgen.«

»Um mich?«

»Ich weiß, daß Edward ein Schatz ist, aber das Leben... meine Mutter meint...«

»Hör doch endlich damit auf. Mir geht es ausgezeichnet, und ich bin mit meinem Leben vollkommen zufrieden. Ich habe übrigens gestern Peter getroffen.«

»Tatsächlich?« Sie sah mich forschend an.

»Ja, wir haben kurz miteinander geplaudert.«

»Er hat es mir erzählt. Jessica...« Ich wußte, daß sie sich im nächsten Augenblick entschuldigen würde, weil sie Peter geheiratet hatte. Wie so viele andere hatte sie angenommen, daß er sich für mich interessierte, und war bestimmt sehr überrascht gewesen, als er ihr einen Antrag machte. Ich hatte genug davon, daß die Leute sich über meine Gefühle den Kopf zerbrachen und alle möglichen Spekulationen anstellten, weil ich einen Krüppel geheiratet hatte. »Peter freut sich sehr auf das Kind«, fiel ich ihr daher ins Wort.

»Er hofft, daß es diesmal ein Junge wird.«

»Die Männer wollen immer nur Söhne, weil sie finden, daß die wichtiger sind. Ich wundere mich, daß sie die Mädchen, die armen, unerwünschten Dinger, nicht einfach im Gebirge aussetzen.«

»Du redest wirklich Unsinn, Jessica. Er liebt Helena genauso sehr wie ich. Die Vorstellung, daß ihr etwas zustoßen könnte...« Sie erschauderte.

»Ich ärgere mich über die Männer, die solchen Wert auf Söhne legen. Mein Vater steht auf dem gleichen Standpunkt; wenn man bedenkt, daß er sich in weiblicher Gesellschaft immer viel wohler gefühlt hat als in männlicher, kann man nur darüber lachen.«

»Du hast derlei immer sehr ernst genommen. Edward ist auch ein sehr ernster Mensch, und ich glaube, daß ihr deshalb so gut zueinander paßt.«

»Wir verstehen einander. Du und Peter... ihr seid euch nicht sehr ähnlich.«

»Bei uns sind es wohl die Gegensätze, die sich anziehen.«

»Ich verstehe.« Wenn ich ihr ehrliches, offenes Gesicht betrachtete, kam mir diese Erklärung einleuchtend vor.

Später saß ich in Edwards Zimmer, und James legte noch ein paar Holzscheite ins Feuer. Der Wind hatte sich gedreht, und es war kalt geworden.

»Das war zu erwarten«, stellte Edward fest. »Wir haben erst März und müssen uns für eine Weile noch auf winterliches Wetter gefaßt machen.«

Das Feuer loderte auf, und James wandte sich mir zu.

»Soll ich Ihnen das Schachbrett bringen? Sie haben gestern das Spiel bei einer interessanten Position unterbrochen.«

»Ich glaube, daß ich dich in die Enge getrieben habe«, meinte Edward. »Du solltest in zwei Zügen matt sein, wenn nicht...«

»Wenn nicht«, unterbrach ihn James. »Darum geht es ja, Mrs. Barrington kämpft immer am besten, wenn sie mit dem Rükken zur Wand steht.«

»Damit haben Sie recht«, gab Edward zu. »Wie oft habe ich mich schon als Sieger gefühlt und wurde dann im letzten Zug geschlagen.«

»Es kommt sehr selten vor, daß jemand sein Bestes geben kann, wenn er in die Enge getrieben wird«, fand James.

»Danke, James«, sagte ich. »Ich freue mich, weil beide Gentlemen zugeben, daß ich nicht unterzukriegen bin.«

James rückte den Tisch zurecht und brachte das Schachbrett herüber.

»Alle Figuren stehen genauso wie gestern, als die Schlacht abgebrochen wurde.«

Wir konzentrierten uns auf das Spiel. James sah uns eine Weile zu und verließ dann das Zimmer.

Etwa zehn Minuten später stürzte er wieder herein; er hatte uns offenbar etwas Aufregendes mitzuteilen.

»Was ist geschehen?« fragte Edward.

»Mr. Jonathan ist gerade von Eversleigh mit der Neuigkeit herübergekommen. Napoleon ist von Elba geflohen.«

Die Euphorie der letzten Monate war mit einem Schlag verschwunden, und die Ängste der Vergangenheit kehrten wieder. Der Löwe hatte seine Fesseln gesprengt und ging neuerlich auf Beutezug.

Der Traum vom Frieden war ausgeträumt; überall wurde über Napoleons Flucht und ihre Folgen gesprochen. Fing alles wieder von vorn an? Stand uns der nächste Krieg bevor?

Meine Mutter traf es besonders schwer. Die Erinnerung an den Besuch in Burgund war noch frisch; Charlot sollte uns im Frühjahr mit seiner Familie besuchen, und wir wollten den Besuch im Sommer erwidern. Und jetzt war der grausame Schlächter entkommen, und das ganze Elend würde von vorn beginnen.

Edward und ich fuhren oft nach Eversleigh hinüber, denn es gab viel zu besprechen. Es drehte sich dabei immer um Napoleon und um unsere Zukunft. David stand den Ereignissen gelassener gegenüber als wir. Mein Vater war ein Choleriker, und sein Franzosenhaß trübte sein Urteil. Jonathan interessierte sich zuwenig für Politik. Peter machte sich hauptsächlich wegen der Auswirkungen auf seine Geschäfte Sorgen; folglich waren für mich Davids Ansichten maßgebend. Wir pflegten nach dem Abendessen noch lange beisammenzusitzen und darüber zu diskutieren.

»Napoleon ist der Abgott der Franzosen«, dozierte David, »und daran können auch seine Niederlagen nichts ändern. Sie haben nie viel für ihren König übrig gehabt und werden ihn vermutlich davonjagen, weil sie ihren Helden wiederhaben.«

»Angeblich ist er in ganz Frankreich begeistert empfangen worden«, erwähnte mein Vater. »Diese Narren! Wollen sie den Krieg? Wollen sie Eroberungen?«

»Natürlich wollen sie das«, behauptete Jonathan. »Gibt es überhaupt jemanden, der keine Eroberungen will?«

»Doch diese Eroberungen bringen dem Volk keine Vorteile«, wandte mein Vater ein.

»Das Volk liebt es, wenn seine Armee siegreich heimkehrt. Den Leuten gefällt die Vorstellung, daß Napoleon ganz Europa beherrscht.«

»Er hat ja auch seine Familienangehörigen zu Königen und Herrschern ernannt«, fügte meine Mutter hinzu, »und zwar ganz unabhängig davon, ob sie sich dafür eigneten oder nicht.«

»Das ist eine überaus menschliche Schwäche«, meinte David. »Sehen wir doch den Tatsachen ins Auge. Die Rückkehr des Bourbonen war eine unpopuläre Maßnahme. Louis hat die Armee gegen sich aufgebracht, indem er Emigranten, die noch kurze Zeit zuvor auf der Seite der Alliierten gegen Frankreich gekämpft hatten, auf hohe Posten berufen hat.«

»Sie haben für die Wiederherstellung der Monarchie gekämpft«, unterbrach ihn mein Vater erregt.

»Und damit gegen Frankreich«, beharrte David. »Jetzt ist Napoleon als der Befreier Frankreichs erschienen, und die Armee schart sich um ihn.«

»Und damit beginnt alles von vorn«, bemerkte meine Mutter müde.

»Ich habe gehört, daß er ziemlich dick geworden ist«, erzählte Peter. »Einen Teil seines Erfolges hatte er seiner körperlichen Leistungsfähigkeit zu verdanken.«

»Er ist doch Epileptiker?« fragte Claudine.

»In seiner Jugend war er es jedenfalls«, bestätigte David. »Aber das hat ihn nicht daran gehindert, einer der größten Männer Europas zu werden. Das muß man zugeben, ganz gleich, wie man sonst zu ihm steht.«

»Er wird schon auf jemanden stoßen, der ihm gewachsen ist«, prophezeite mein Vater. »Ich würde gern wissen, was der Herzog dazu sagt.«

»Es ist ein Segen, daß er in England geblieben ist«, stimmte David zu.

»Ja, dieser stupide Liverpool wollte ihn nach Amerika schicken. Zum Glück hat sich der Herzog geweigert. Vielleicht hat er so etwas vorhergesehen. Er wollte jedenfalls nicht weit vom Schuß sein, solange Napoleon am Leben ist, auch wenn er sich im Exil befand.«

»Wie wird es weitergehen?« fragte Amaryllis.

Ihr Mann lächelte sie an: »Wir müssen abwarten, mein Liebes.«

Wir mußten nicht lange warten. Wellington übernahm den Oberbefehl über das Heer und brach Anfang April nach Belgien auf. Napoleon errang inzwischen einen Sieg nach dem anderen. Er wurde als der Befreier Frankreichs gefeiert. Louis war nach Gent geflohen, und auf den Straßen von Paris tanzte das Volk.

Ihr Held und Eroberer war zu ihnen zurückgekehrt.

Wir erwachten jeden Tag erwartungsvoll und doch von Angst erfüllt. Napoleon war in der Vergangenheit so erfolgreich gewesen, daß er zur Legende geworden war, und Legenden sind schwer zu besiegen. Aber wir besaßen in Wellington einen Helden, der Napoleon gleichwertig war. Die Franzosen waren von Napoleons Unbesiegbarkeit überzeugt; wir hielten es für unmöglich, daß der Herzog geschlagen würde.

Wellington erreichte Flandern, wo Blücher und unsere preußischen Verbündeten zu ihm stoßen sollten. Wir schöpften neue Hoffnung. »Diesmal geht es Boney an den Kragen«, hofften die Menschen.

Diese Stimmung hielt den ganzen Mai über an. Napoleon war ein ausgezeichneter Feldherr und unternahm deshalb alles, was in seiner Macht stand, um eine Vereinigung von Wellingtons und Blüchers Armeen zu verhindern.

Es war Juni geworden; ein heißer und drückender Monat. Napoleon hatte die Preußen bei Ligny geschlagen, und unsere Stimmung war auf den Nullpunkt gesunken. Dann erfuhren wir, daß es der preußischen Armee geglückt war, sich der Vernichtung zu entziehen, und wir schöpften von neuem Hoffnung.

Wellington bezog bei dem Dorf Waterloo Stellung, von wo aus er Brüssel im Auge behalten konnte, während er darauf wartete, daß Blücher mit seiner Armee eintraf. Wir wußten, wie wichtig diese Schlacht war. Sie würde über das Schicksal Europas entscheiden. Von ihr hing sowohl die Zukunft von Napoleons Imperium als auch die unseres Landes ab.

Die Franzosen bauten auf Napoleon, doch wir waren sicher, daß er im Herzog von Wellington einen ebenbürtigen Gegner gefunden hatte.

Und so kam es zu der großen Schlacht, die in unserer Geschichte nie der Vergessenheit anheimfallen wird.

Mir wird ewig der Tag im Gedächtnis bleiben, an dem wir erfuhren, daß Wellington bei Waterloo gesiegt hatte. Nun hatten wir die Gewißheit, daß Napoleon für immer geschlagen war. Wir konnten wieder ruhig schlafen.

In den Tagen nach der historischen Schlacht befand sich England in einem Freudentaumel. Freudenfeuer wurden entzündet, auf den Straßen wurde getanzt... Waterloo. Dieses Wort ist mit goldenen Lettern in das Buch der Geschichte eingetragen, und der Mann, der diesen Sieg errungen hatte, war unser aller Held. Ich erinnerte mich daran, wie die Menschen seine Kutsche von der Westminster Bridge zum Hamilton Place gezogen hatten. Das war nichts im Vergleich zu dem Empfang, der ihm jetzt bereitet werden sollte.

Er war der mächtige Herzog, Albions großer Sohn, der Retter der Welt, der Europa vom Tyrannen befreit hatte. In Adelspalästen und Hütten erklang sein Lob; nach dem Abendessen wurde auf unzähligen Tischen die Schlacht noch einmal ausgetragen, und unsere Familie bildete da keine Ausnahme. Immer wieder wurde mit Pfeffer- und Salzstreuern und dem Besteck Waterloo nachgestellt. »Hier steht Napoleon... hier Wellington. Napoleon wollte die Engländer vernichten, bevor Blücher eintraf. Wellington mußte standhalten, bis die Preußen zu seinen Truppen stießen. Er hat es trotz der wütenden französischen Angriffe geschafft. Das bedeutet Napoleons Ende. Er weiß es, und Ney weiß es ebenfalls. Sie sind geschlagen. Napoleon flieht nach Paris. Das Ende eines Traums...« Napoleon durfte nie wieder zurückkommen, es mußte sein endgültiger Fall sein. Es war vorbei mit den Kriegen, die er vom Zaun gebrochen hatte. »Ewiger Friede!« hieß es überall. »Lang lebe der Sieger! Gottes Segen über den tapferen Herzog!«

Im ganzen Land wurde gefeiert. Überall fanden Bälle statt – auch in Eversleigh; wir hatten alle Freunde aus der näheren und ferneren Umgebung dazu eingeladen.

Napoleon hatte versucht, aus Frankreich zu fliehen; als er einsah, daß dies unmöglich war, hatte er sich einen Monat nach Waterloo in Rochefort auf der *Bellerophon* Captain Maitland ergeben. Damit er nicht wieder entkommen konnte, wurde er nach St. Helena verbannt.

Die Feiern gingen weiter. Später wurden dann den Menschen die ungeheuren Kosten des Krieges bewußt, und sie jammerten über die hohen Steuern, die zur Deckung dieser Kosten erhoben wurden. Während des Krieges waren die Leute zu jedem Opfer bereit gewesen; erst als er vorüber war, erhoben sie Einspruch gegen die finanziellen Belastungen.

Doch vorläufig herrschte noch überall die Euphorie des Sieges, und alle waren entschlossen, den Triumph auszukosten. Wir fuhren nach London und erhielten dort unter anderem eine Einladung zum Ball der Inskips.

Die Inskips waren Freunde meines Vaters, und Lord Inskip war ein sehr bedeutender und einflußreicher Gentleman. Es würde einer der glanzvollsten Bälle der Saison werden.

Für diese Gelegenheit brauchten wir besonders elegante Ballkleider, und meine Mutter fand, daß die Fähigkeiten unserer Näherin dafür nicht ausreichten. Wir mußten eine Hofschneiderin aufsuchen, und zwar rechtzeitig, denn unsere Kleidung sollte dem Anlaß entsprechen.

Amaryllis war nicht mit nach London gekommen, weil sie sich keine Reisen mehr zumuten durfte, und Claudine war bei ihr geblieben. Es war selbstverständlich, daß David ebenfalls daheimgeblieben war, denn er hatte nie mit den Londoner Geschäften meines Vaters zu tun gehabt. Daher besuchten nur Jonathan, meine Eltern und ich diesen Ball.

Meine Mutter und ich waren damit beschäftigt, einzukaufen und immer wieder die Schneiderin zu Anproben aufzusuchen. Ich hatte noch nie ein solch prachtvolles Kleid besessen. Es war aus feuerrotem Chiffon, lag um den Oberkörper eng an, und der bauschige Rock bestand aus unzähligen Volants. Es ließ meine Schultern frei, und meine Mutter riet mir, die Haare aufzustecken und mit einer Goldspange festzuhalten. Dazu sollte ich eine goldene Halskette und goldene Ohrringe tragen. Die Zofe meiner Mutter benötigte Stunden für unsere Frisuren und vergewisserte sich immer wieder, daß unsere Kleider richtig saßen und die Accessoires stimmten.

Meine Mutter trug ihre Lieblingsfarbe Pfauenblau und sah darin wunderschön aus. Jonathan war wie immer lässig und flott gekleidet, und mein Vater wirkte vornehm und elegant. Mir fiel jedoch auf, wie weiß seine Haare geworden waren, und ich erschrak, denn mir wurde wieder einmal bewußt, daß er nicht ewig leben würde.

Doch diese Gedanken paßten nicht zu so einem Tag.

Wir fuhren mit der Kutsche zum Haus der Inskips, das in der Nähe des Hyde Park lag. Lord und Lady Inskip empfingen uns überaus freundlich; als wir uns unter die glitzernde Menge mischten, wirkten unsere großartigen Roben plötzlich beinahe alltäglich.

Im Ballraum wurde bereits getanzt, und Jonathan forderte mich auf, während meine Eltern miteinander tanzten. Als die Musik verstummte, stand plötzlich ein junger Mann, ein Bekannter von Jonathan, vor uns. Jonathan stellte uns einander vor, und der junge Mann bat mich um den nächsten Tanz.

Der Cotillon und die Quadrille folgten. Wie immer bei solchen Anlässen plauderten wir über belanglose Dinge, denn ein Ballsaal eignet sich wohl kaum für philosophische Gespräche. Als die Quadrille zu Ende war, erblickte ich einen Mann, der auf mich zukam. Er wirkte irgendwie vertraut. Er war sehr groß und sehr schlank; seine Haare waren dunkel, seine Augen braun, und seinem Gesichtsausdruck konnte man entnehmen, daß er das Leben amüsant fand – es als Spaß betrachtete. Wieso fiel mir eigentlich an ihm in so kurzer Zeit soviel auf? War ich ihm vielleicht schon früher einmal begegnet?

Er verbeugte sich vor mir. »Ich glaube, daß wir einander kennen. Aber Sie erinnern sich offensichtlich nicht an mich.«

»Ich bin mir nicht sicher.«

»Es ist sehr lange her. Möchten Sie tanzen?«

Er ergriff meine Hände, und in mir wallte Erregung auf. Er erinnerte mich an . . . aber das war natürlich unmöglich.

»Als ich Sie erblickte«, begann er, »fühlte ich mich viele Jahre zurückversetzt. Ich kenne Sie von irgendwoher.«

»Mir geht es ebenso. Leben Sie in London?«

»Ich besitze hier ein kleines Haus. Ich bin in Cornwall zu Hause.«

»Ich kann mir nicht vorstellen, wo wir einander kennengelernt haben könnten. Aber Sie sehen jemandem ähnlich, den ich einmal gekannt habe . . . als ich ein Kind war. Es war ein Zigeuner.«

Um seinen Mund zuckte es. »Sie können es mir ruhig erzählen. Er war bestimmt ein übler Geselle, den eine wohlerzogene junge Dame eigentlich nicht kennen sollte. Und ich sehe ihm ähnlich?«

»Irgendwie schon.«

»Wie lange ist das her?«

»Neun Jahre.«

»Sie wissen es noch ganz genau.«

»Allerdings.«

»Können Sie mir verraten, worin der Unterschied zwischen uns besteht?«

»Ihre Haut ist dunkler.«

»Das macht die australische Sonne.«

Mein Herz schlug schneller. »Sie sind in Australien gewesen?«

»Ich bin erst vor kurzer Zeit zurückgekehrt. Ich halte mich erst seit sechs Monaten wieder in England auf. Sie haben sich weit mehr verändert als ich. Schließlich waren Sie damals erst ein kleines Mädchen, und ich war ein erwachsener Mann. Aber neun Jahre können einen Menschen verändern, vor allem solche neun Jahre, wie ich sie hinter mir habe.«

»Sie sind doch nicht . . .«

»Doch, ich bin es.«

»Was für ein unglaublicher Zufall!«

»Wir hätten einander ohnehin früher oder später getroffen. Ich wollte zu Ihnen hinunterkommen und nachsehen, was in all den Jahren geschehen ist.«

»Sind Sie tatsächlich Romany Jake?«

»Allerdings.«

»Sie sind deportiert worden ...«

»Auf sieben Jahre.«

»Und jetzt sind Sie ein freier Mann.«

Er nickte. »In all den Jahren habe ich eines nicht vergessen, und zwar, daß ich nicht hier wäre, wenn es nicht eine gewisse junge Dame gäbe.«

»Sie wissen also, daß ich Sie damals nicht verraten habe?«

»Das habe ich niemals angenommen, außer vielleicht im ersten Augenblick, als ich aus dem Haus trat und die Männer vor mir standen.«

»Ich habe Höllenqualen gelitten. Dann habe ich meinen Vater dazu gebracht, Ihnen zu helfen.«

»Wenn Sie sich nicht für mich eingesetzt hätten, wäre es mein Ende gewesen.«

»Ich kann Ihnen gar nicht sagen, wie froh ich war, als ich hörte, Sie wären mit dem Leben davongekommen. Ich möchte noch so vieles von Ihnen erfahren, aber in einem Ballsaal kann man sich kaum unterhalten.«

»Wir könnten in den Garten gehen, uns dort in eine ruhige Ecke setzen und miteinander plaudern.«

Er nahm mich bei der Hand und führte mich die Treppe hinunter in den Garten. Dieser grenzte an den Hyde Park, der sich jenseits der Mauer vor uns erstreckte. Die Bäume ragten zum mitternachtsblauen Himmel empor, die Sterne leuchteten, und das Licht des zunehmenden Mondes verwandelte die Serpentine in glitzerndes Silber. Es war eine herrliche Nacht, aber ich bemerkte es kaum. Ich bemerkte überhaupt kaum etwas anderes als den Mann an meiner Seite.

Außer uns hatten noch einige wenige Paare den Frieden des Parks aufgesucht, aber sie waren weit von uns entfernt.

Wir nahmen auf einer Bank Platz.

»Ich kann noch immer nicht glauben, daß Sie Romany Jake sind.«

»Romany Jake gehört der Vergangenheit an.«

»Erzählen Sie mir...«

»Ich will Ihnen erzählen, wieso Romany Jake eine Einladung zu einem so exklusiven Ball erhalten hat. Ich bin jetzt ein wohlhabender Mann, Sir Jake Cadorson. Meine Freunde nennen mich Jake. Das Romany stimmt nicht mehr.«

»Als ich das letzte Mal von Ihnen hörte, befanden Sie sich auf einem Schiff, das Sträflinge nach Australien brachte.«

»Ich war zu sieben Jahren Deportation verurteilt worden. Diese sieben Jahre waren vor zwei Jahren abgelaufen, und jetzt bin ich ein freier Mann.«

»Und Sie sind nach England zurückgekommen.«

»Zuerst hatte ich es eigentlich nicht vor. Ich wurde einem Schafzüchter in Neu-Südwales einige Meilen nördlich von Sidney zugeteilt. Er war kein schlechter Kerl; wer seine Arbeit ordentlich verrichtete, wurde fair und gerecht behandelt. Ich arbeitete gern, denn ich hatte viel zu vergessen. Deshalb war ich bald gut angeschrieben bei ihm. Als meine Strafzeit abgelaufen war, schenkte er mir ein Stück Land. Ich wandte mich ebenfalls der Schafzucht zu, und zwar ein Jahr lang. Ich schnitt gar nicht so schlecht ab, denn in einem neuen Land fällt einem der Anfang leichter. Man muß zwar mit dem Wetter und allen möglichen anderen Schwierigkeiten fertig werden, die einem ganz schön zu schaffen machen können, aber für mich war es eine Herausforderung, die mich reizte.«

»Wieso haben Sie sich dann doch entschlossen, nicht in Australien zu bleiben?«

»Das Leben steckt voller Überraschungen. Sie wissen, daß ich mein Zuhause verlassen hatte, weil ich mit den Zigeunern herumziehen wollte. Ich habe mich mit meinem Bruder nie vertragen. Er war wesentlich älter als ich, sehr ernst und vollkommen phantasielos. Wir waren beide froh, als wir uns trennten. Der Familienbesitz liegt in Süd-Cornwall. Dann starb mein Bruder, und ich habe den gesamten Besitz sowie den Titel geerbt. Wie Sie sehen, bin ich jetzt ein ganz anderer Mensch als der Zigeuner und Tunichtgut, den Sie kennengelernt haben.«

»Ich bin so froh darüber. Damit hat sich für Sie alles zum Guten gewendet.«

»Und was haben Sie inzwischen erlebt?«

»Ich habe geheiratet.«

Er schwieg einen Augenblick, dann meinte er: »Das war wohl unvermeidlich. Ist Ihr Mann heute abend ebenfalls anwesend?« »Nein, ich bin in Begleitung meiner Eltern hier.«

Er schwieg wieder.

»Mein Mann ist Invalide«, erklärte ich. »Er wurde während der Ludditenunruhen schwer verletzt.«

»Das tut mir leid.« Sein Ton hatte sich verändert.

»Ich sollte Ihnen wohl mitteilen, daß Sie eine Tochter haben«, bemerkte ich kühl.

Er starrte mich an.

»Natürlich, die arme Dolly«, sagte er schließlich.

»›Arme Dolly‹ stimmt tatsächlich. Sie ist im Kindbett gestorben.«

»Was?«

»Sie erinnern sich wahrscheinlich kaum mehr an sie. Für Sie war es wohl nur ein flüchtiges Abenteuer. Wissen Sie noch – die Freudenfeuer am Trafalgartag?«

»Es liegt so lange zurück.«

»Neun Jahre.«

»Das darf nicht wahr sein.«

»Es ist aber wahr. Ihre Tochter lebt jetzt sogar bei mir.«

»Das klingt unglaublich.«

»Sie hatten es tatsächlich vergessen, nicht wahr? Es ist überraschend, wie trivial solche Dinge einem der Beteiligten vorkommen können. Aber sie zeitigen oft verheerende Folgen, mit denen der andere Partner fertig werden muß.«

»Eine Tochter, sagten Sie?«

»Sie heißt Tamarisk und ist ein wildes, schwer zu bändigendes Kind . . . wie beinahe zu erwarten war.«

»Sie sprechen plötzlich so feindselig. Noch vor wenigen Augenblicken...«

»Feindselig? Das bin ich bestimmt nicht. Ich habe Sie nur über die Tatsachen unterrichtet. Als Dolly feststellte, daß sie ein Kind erwartete, geriet ihre Großmutter darüber so außer sich, daß sie starb. Manche Leute nehmen sich derlei Dinge sehr zu Herzen, und ihre ältere Enkelin hatte in der gleichen Situation Selbstmord begangen. Mrs. Trent wollte in einer eiskalten Winternacht eine weise Frau aufsuchen und starb an Erschöpfung und an den Folgen der Kälte. Meine Tante Sophie nahm Dolly unter ihre Fittiche; als Dolly nach der Geburt des Kindes starb, zog meine Tante das Kind auf. Tamarisk bewies ihre Dankbarkeit, indem sie mit den Zigeunern fortlief. Sie erinnern sich doch noch an Leah.«

»Selbstverständlich erinnere ich mich an Leah.«

»Leah hat Sie beinahe das Leben gekostet.«

»So etwas kann man kaum vergessen. Mir tun Dolly und ihr Kind leid.«

»Tamarisk ist zu uns zurückgekehrt, weil sie von den Zigeunern genug hatte. Sie hatte Sehnsucht nach ihrem warmen Bett und dem angenehmen Leben. Doch meine Tante war inzwischen an gebrochenem Herzen gestorben. Sie sehen, was für schreckliche Folgen ein flüchtiges Abenteuer an einem Freudenfeuer nach sich ziehen kann.«

Er schloß die Augen; plötzlich tat er mir leid. Er hatte bestimmt sehr gelitten. Deshalb fuhr ich sanfter fort:

»Jetzt lebt Tamarisk jedenfalls bei uns, und ich glaube nicht, daß sie noch einmal davonlaufen würde.«

»Ich muß das Kind sehen.«

»Wir wohnen in Grasslands. Erinnern Sie sich an Grasslands? Dolly war dort zu Hause.«

»Das Haus, in dem ich mich versteckt hatte, als ich gefangengenommen wurde?«

»Ja.« Ich sah alles wieder vor mir, als ob es gestern gewesen wäre – wie er die Tür geöffnet und ich entdeckt hatte, daß ich nicht allein war.

»Jetzt lebe ich in Grasslands«, fuhr ich fort. »Es ist mein Zuhause. Die Familie meines Mannes hat es gekauft, bevor er verwundet wurde.«

»Im Lauf der Jahre ereignet sich soviel«, bemerkte er. »Ich muß mein Kind kennenlernen. Ich bin neugierig, wie sie sich zu mir stellen wird. Vielleicht nehme ich sie nach Cornwall mit.«

»Sie wird sehr aufgeregt sein, wenn sie erfährt, daß sie einen Vater hat.«

Er schwieg eine Weile, dann sagte er: »Sie müssen entschuldigen, aber ich bin überwältigt. Während ich hier mit Ihnen gesessen habe, ist mir klar geworden, wieviel Zeit seit unserem letzten Zusammentreffen vergangen ist. Ich habe seit meiner Rückkehr nach England vorgehabt, Sie aufzusuchen. Wie dumm man sein kann! Ich war im Grunde noch immer auf das junge Mädchen von vor neun Jahren gefaßt, als hätte sich in der Zwischenzeit nichts verändert.«

»Sind Sie eigentlich verheiratet?«

Er schüttelte den Kopf. »Das habe ich mir für England aufgehoben.«

Im Haus läutete eine Glocke.

»Drinnen wird das Souper serviert«, machte ich ihn aufmerksam.

Die anderen Gäste verließen den Garten, und wir blieben allein zurück.

»Ist das nicht wunderbar?« fragte er. »Ich kann Ihnen gar nicht sagen, wie oft ich in Australien davon geträumt habe, daß ich wieder hierher zurückkomme.«

Er stand auf, ergriff meine Hand und zog mich in die Höhe.

»Ich habe mir immer wieder vorgestellt, wie ich heimkehre, wie ich durch das Land reite und die Orte aufsuche, durch die wir mit unseren Zigeunerwagen gezogen sind. Natürlich wollte ich Eversleigh besuchen, an das ich mich gut erinnern kann. Wird dieser Teil des Landes nicht der ›Garten Englands‹ genannt?«

»Ja, weil das Obst hier besser gedeiht als im ganzen übrigen Land.«

»Eversleigh und das junge Mädchen mit den dunklen, ausdrucksvollen Augen, das genauso freiheitsliebend und unabhängig war wie ich. Sie waren das bezauberndste kleine Mädchen, das ich je kennengelernt hatte.«

»Und Dolly?« Die Frage entschlüpfte mir wider Willen.

»Sie war ein armes kleines Ding. Das Leben hat es mit ihr nicht besonders gut gemeint.«

»Meinen Sie damit vielleicht die Menschen?«

»Ich habe gedankenlos und leichtsinnig gehandelt.«

»Sie haben sie getäuscht.«

»Ich habe mich selbst getäuscht.«

»Was soll das heißen?«

»Daß ich einfach nicht überlegt habe. Wir tanzten um das Feuer, und Dolly sehnte sich danach, geliebt zu werden, auch wenn es nur für wenige Stunden war.«

»Ich verstehe. Sie hat Ihre Aufmerksamkeit nur für kurze Zeit auf sich ziehen können.«

»So war es auch wieder nicht.«

»Aber Sie haben ihr für kurze Zeit Ihre Aufmerksamkeit geschenkt.«

»Sie sind plötzlich verärgert.«

»Ich hasse diese Einstellung Frauen gegenüber, als wären sie nur auf der Welt, um eine Zeitlang zum Vergnügen der Männer zu dienen, wie ein Spielzeug, das man dann vergißt.«

»Sie verwenden sehr abgenützte Klischees.«

»Klischees dienen dazu, einen Tatbestand zu umreißen.«

»Es entspricht jedenfalls nicht meiner Einstellung zu den Frauen, und ich wiederhole, daß es auch auf Dolly nicht zutrifft. Ich mußte sie zu nichts zwingen.«

»Wir sollten zum Souper gehen.«

Er ergriff meinen Arm und drückte ihn leicht.

»Es war ein überaus anregender Abend. Daß ich Sie ausgerechnet hier getroffen habe . . . in ein paar Tagen hätte ich Sie in Eversleigh besucht. Ich halte mich heute das erste Mal seit meiner Rückkehr in London auf. Mein Bruder war mit Lord Inskip befreundet, deshalb wurde ich zu dem Ball eingeladen.«

»Weiß er, daß Sie sieben Jahre als Sträfling in Australien verbracht haben?«

»Ja, aber das spielt keine Rolle. Eine Deportation nach Australien gilt nicht als ehrenrührig, weil viele Verurteilte aus politischen Gründen dorthin geschickt werden. Ich werde meine Vergangenheit bestimmt nicht verheimlichen, die Menschen müssen mich so nehmen, wie ich bin.«

Wir begaben uns in das Haus.

Ich war zutiefst aufgewühlt, denn das Wiedersehen war zu überraschend gekommen. Es hatte einige Zeit gedauert, bis ich begriff, daß es Romany Jake war, der da vor mir stand.

Ich weiß nicht warum, aber ich wollte ihn nicht wiedersehen. Er beunruhigte mich. Mir wurde jetzt erst bewußt, wie oft ich in den letzten neun Jahren an ihn gedacht hatte. Er war ständig in meinem Unterbewußtsein dagewesen, und deshalb irritierte mich seine reale Anwesenheit um so mehr.

Ich erblickte meine Eltern, die an einem Tisch saßen, verabschiedete mich von Jake und ging zu ihnen.

»Du bist mit einem sehr eleganten Mann hereingekommen«, bemerkte meine Mutter. »Ihr seid im Garten gewesen?«

»Ja, im Ballsaal war es sehr heiß.«

»Wie heißt er?«

»Sir Jake irgendwer.«

»Dein Vater glaubt, daß er ihn kennt, weiß aber nicht, woher.« Das überraschte mich nicht.

Der Lachs war köstlich, ebenso die Pastetchen, und der Champagner floß in Strömen. Ich aß und trank mechanisch, denn meine Gedanken waren weit weg.

Er saß am anderen Ende des Speisesaals am Tisch der Inskips, unterhielt sich lebhaft, und die Runde war sichtlich in fröhlicher Stimmung.

Er bemerkte, daß ich zu ihm hinüberblickte, und lächelte mir zu.

»Er ist sehr attraktiv«, stellte meine Mutter fest, die meinem Blick gefolgt war. »Er scheint ein Auge auf dich geworfen zu haben.«

»Er dürfte auf sehr viele Damen ein Auge geworfen haben.«

»Hat er mit dir geflirtet? Er hat etwas von einem Abenteurer an sich.«

»Das kann man kaum von ihm behaupten.«

»Er ist jedenfalls ein interessanter Mann.«

»O ja, sehr sogar.«

Sie seufzte und bedauerte offensichtlich wieder einmal, daß ich mich so unüberlegt in eine Ehe gestürzt hatte.

Nach dem Abendessen forderte er mich wieder zum Tanz auf. Ich erhob mich scheinbar zögernd.

»Ich danke Ihnen, daß Sie mir die Ehre erweisen.« Er verbeugte sich.

Wir mischten uns unter die Tänzer.

»Ich muß meine Tochter sehen.«

»Vielleicht wäre es besser, wenn man sie zu Ihnen nach London bringt?«

»Würden Sie sie herbringen?«

»Das könnten meine Mutter oder Tamarisks Gouvernante übernehmen. Leah lebt auch bei uns.«

»Leah!«

»Leah hat Tamarisk zu uns zurückgebracht, als diese von den Zigeunern fortwollte, und ist bei uns geblieben.«

»Leah ...« wiederholte er leise, und ich wurde lächerlicherweise eifersüchtig. Das hätte mir eine Warnung sein sollen. Ich war eine gesetzte, verheiratete Frau, und er ein ehemaliger Zigeuner, ein Sträfling; er hatte ein unschuldiges Mädchen verführt und einen Mann getötet. Warum sollte ich auf Leah eifersüchtig sein? Warum erfaßte mich ein so seltsames Gefühl, wenn ich in seiner Nähe weilte? Warum war dies der aufregendste Ball meines Lebens?

Seinetwegen? O ja, ich hätte die Zeichen an der Wand erkennen müssen.

»Es wäre mir lieber, wenn Sie sie nach London bringen«, sagte er.

»Ich muß es mir überlegen. Ich lasse meinen Mann nicht gern zu oft allein.«

»Ist er zu krank, um zu reisen?«

»Ja.«

Ich stellte mir Jake in Grasslands als Gast in unserem Haus vor. Es würde sehr beunruhigend sein, weil es eine außergewöhnliche Situation war. Ich hörte beinahe, wie ich Tamarisk erklärte: »Du hast einen Vater, der eben erst aufgetaucht ist. Da steht er.«

Und was würde Edward von diesem Mann halten? Er war äußerst sensibel, vor allem wenn es um mich ging. Ihm war stets bewußt, was für ein Opfer ich gebracht hatte, indem ich ihn heiratete. Er wiederholte immerzu, daß ich es nie hätte tun dürfen, und ich führte immerzu hundert Gründe an, warum ich mich dazu entschlossen hatte. Ich liebte Edward. Ich liebte ihn mehr als an dem Tag, an dem wir getraut worden waren; meine Achtung und meine Bewunderung für ihn hatten zugenommen. Ich hatte mich mit dem Leben an seiner Seite abgefunden und erst heute begriffen, auf wieviel ich durch die Heirat mit ihm verzichtet hatte. Einen Augenblick lang stellte ich mir vor, frei zu sein. Wenn ich Edward nicht geheiratet und Jake heute wiedergesehen hätte... dann wären wir nach all den Jahren endlich vereint gewesen.

Ich haderte mit dem Schicksal, mit mir, mit diesem Mann, der beinahe zufällig wieder in mein Leben getreten war und so unbekümmert über seine Beziehung zu der armen Dolly gesprochen hatte. Doch ich zwang mich natürlich, ihn in einem bestimmten Licht zu sehen. Ich erinnerte mich daran, wie Dolly an dem Abend bei dem Freudenfeuer ausgesehen, wie sie ihn am Küchentisch in Grasslands nicht aus den Augen gelassen hatte. Dolly hatte ihn angebetet, ihn geliebt, den Augenblick der Leidenschaft herbeigesehnt. Es war das einzige Mal in ihrem Leben gewesen, daß sie das Gefühl hatte, geliebt oder zumindest begehrt zu werden. Und das Ergebnis war Tamarisk gewesen. Dolly hatte das Kind gewollt; ich erinnerte mich jetzt daran, wie sie sich vor der Entbindung darauf gefreut hatte. Dolly hatte nichts bedauert... warum sollte er sich dann Vorwürfe machen?

Er hatte wenigstens Freude in ihr Leben gebracht, eine Freude, die sie nie zuvor erlebt hatte, und wenn es ihm nicht soviel bedeutet hatte wie ihr, war es nicht seine Schuld.

»Wie lange sind Sie schon verheiratet?« erkundigte er sich.

»Beinahe zwei Jahre.«

»Wenn ich also zurückgekommen wäre...«

Er unterbrach sich; ich wußte, was er meinte. Wenn er früher gekommen wäre, hätte er vielleicht meine Heirat verhindern können.

Es war ein Geständnis. Er fühlte sich genauso zu mir hingezogen wie ich zu ihm. Einen Augenblick lang erfüllte mich dieser Gedanke mit Seligkeit. Dann wurde mir klar, daß es absurd war. Ich hatte angenommen, daß ich diesen Mann nie wiedersehen würde. Als ich ihn kennengelernt hatte, war ich noch ein Kind gewesen und hatte gefühlt wie ein Kind. Warum war ich jetzt einen Augenblick lang himmelhoch jauchzend und im nächsten zu Tode betrübt... nur, weil er wieder in mein Leben getreten war?

»Als wir noch verlobt waren, ist mein Mann in seiner Fabrik schwer verwundet worden«, erklärte ich. »Ich konnte mein Eheversprechen nicht zurücknehmen.« Ich zögerte. »Ich wollte es auch nicht«, fügte ich beinahe herausfordernd hinzu. »Er ist ein guter... ein sehr guter Mensch.«

»Ich begreife. Darf ich nach Grasslands kommen, um meine Tochter kennenzulernen?«

»Selbstverständlich.«

»Sie haben sich nicht sehr verändert. Sie würden sich auch heute noch für mich einsetzen, wie Sie es damals getan haben.«

»Sie haben mir leid getan. Sie hatten kein Verbrechen begangen, nur Leah gerettet.«

»Vielleicht werden Sie wieder Mitleid mit mir haben.«

Ich lachte. »Ich glaube kaum, daß Sie mein Mitleid brauchen werden, Sir Jake.«

»Es könnte gut möglich sein. Und dann würden Sie sich wieder so verhalten wie vor so vielen Jahren.«

Der Tanz war zu Ende. Meine Mutter saß bei Lady Inskip;

Jake brachte mich zu den beiden Damen, verbeugte sich, und Lady Inskip stellte ihn meiner Mutter vor. Die beiden wechselten ein paar höfliche Worte, und dann verließ er uns.

»Ein bezaubernder Mensch«, stellte Lady Inskip fest. »Sein Bruder war ein guter Freund unserer Familie, und ich hoffe, er besucht uns oft, falls er sich von Cornwall losreißen kann. Er besitzt dort unten große Ländereien und außerdem in London ein entzückendes kleines Haus in der Nähe der Park Lane. John Cadorson hat es kaum benützt.«

»Ich habe den Eindruck, daß ich ihn von irgendwoher kenne«, sagte meine Mutter.

»Er ist sehr attraktiv, und ich werde ihn unter meine Fittiche nehmen, sonst stürzen sich alle Mütter in London auf ihn«, meinte Lady Inskip. »Noch dazu hat er eine sehr romantische Vergangenheit, aus der er kein Geheimnis macht. Warum sollte er auch, sie macht ihm eher Ehre. Er hat einen Mann getötet, der ein junges Mädchen vergewaltigen wollte. Die Verwandten dieses Mannes wollten ihn wegen Mordes hängen lassen, was natürlich absurd war. Er wurde auf sieben Jahre nach Australien verbannt.«

»Ach so«, meinte meine Mutter nachdenklich. »Ich beginne zu verstehen.«

»Die Angelegenheit hat seinerzeit in Nottingham oder irgendwo in dieser Gegend Aufsehen erregt. Jake wurde deportiert, hat seine sieben Jahre abgedient und ist jetzt wieder da... einer der begehrtesten Junggesellen der Stadt.«

Meine Mutter warf mir einen besorgten Blick zu – vielleicht fielen ihr meine strahlenden Augen auf.

Als wir nach Hause zurückkehrten, kam sie auf eines der Plauderstündchen in mein Zimmer, die sie so liebte.

Sie kam sofort zur Sache.

»Ist dir klar, wer dieser Mann ist?«

»Ja, Romany Jake.«

»Richtig, mir ist sein Name nicht gleich eingefallen. Du hast viel mit ihm getanzt.«

»O ja.«

»Hat er über die Vergangenheit gesprochen?«

»Ja, und zwar vollkommen unbefangen. Ich habe ihm auch von Tamarisk erzählt.«

»Du meine Güte, natürlich, er ist ja ihr Vater... falls Dolly die Wahrheit gesprochen hat.«

»Dolly hat nicht gelogen, er ist Tamarisks Vater. Sie sieht ihm sogar ähnlich.«

»Was für eine verzwickte Situation. Wer hätte so etwas gedacht?«

»Er macht kein Geheimnis aus seiner Vergangenheit, Lady Inskip hat es ja auch erwähnt.«

»Er wird dadurch noch attraktiver. Der Mann, der bei den Zigeunern gelebt und einen Mann getötet hat, um die Ehre einer Frau zu verteidigen, und deshalb sieben Jahre lang als Strafgefangener leben mußte. Lady Inskip hat recht, es ist überaus romantisch – noch dazu, wenn damit ein Vermögen und ein Titel verbunden sind.«

»Ja, er wird sehr umworben werden und unter einer großen Zahl von Mädchen wählen können.«

»Er ist ein angenehmer Gesellschafter. Vom Zigeuner merkt man nicht mehr viel.«

»Ich fand, daß er sich nicht allzusehr verändert hat.«

»Du hast dich natürlich länger mit ihm unterhalten. Da kommt ja dein Vater – er hat offenbar erraten, wo ich stecke. Du hast recht, Dickon, wir schwatzen wieder einmal.«

»Ich bin immer froh, wenn solche Veranstaltungen zu Ende sind.« Er ließ sich in meinen Lehnstuhl fallen. »Ihr beide wart die schönsten Frauen auf dem Ball.«

»Ist er nicht ein lieber, treuer, alter Ehemann und Vater?« fragte meine Mutter. »Es hat wesentlich glänzendere Erscheinungen als uns gegeben.«

»Ich habe nicht von Glanz, sondern von Schönheit gesprochen.«

»Hast du gesehen, wer da war, Dickon?«

»Ich nehme an, die gesamte High Society von London.«

»Ist dir niemand aufgefallen?«

»Ich hatte nur Augen für meine schöne Frau und meine schöne Tochter.«

»Für solche Schmeicheleien bist du zu alt, Dickon.«

»Du undankbares Geschöpf.«

»Hast du den jungen Mann bemerkt, der so oft mit Jessica getanzt hat?«

»Der Kerl mit den dunklen Haaren?«

»Richtig. Ist dir etwas an ihm aufgefallen?«

»Er sieht gut aus und dürfte ziemlich wohlhabend sein.«

»Du bemerkst auch gar nichts, Dickon. Du kennst ihn. Erinnerst du dich an Romany Jake?«

»Großer Gott, natürlich . . . ich kann es kaum glauben.«

»Es stimmt«, mischte ich mich ein. »Er hat es mir gegenüber zugegeben.«

»Außerdem hat es uns Lady Inskip bestätigt«, ergänzte meine Mutter. »Er macht kein Geheimnis daraus.«

»Was wollte er denn auf diesem Ball?«

»Er war eingeladen«, antwortete ich. »Als einer der Ehrengäste.«

»Lady Inskip hat ihn mir persönlich vorgestellt«, fügte meine Mutter hinzu.

»Er hat ein Vermögen und einen Titel geerbt, deshalb ist er aus Australien zurückgekommen. Sein Besitz liegt in Cornwall, aber ihm gehört auch ein Haus in London«, berichtete ich.

»Du bist ja sehr gut informiert.«

»Ist es nicht eine romantische Geschichte?« fragte meine Mutter. »Er ist ein romantischer Mensch.«

»Er kommt übrigens nach Grasslands«, bemerkte ich.

Sie sahen mich erschrocken an.

»Er hat doch das Recht, seine Tochter kennenzulernen.«

»Du weißt ja, Tamarisk«, rief meine Mutter meinem Vater ins Gedächtnis.

»Es wäre am besten, wenn man darüber Stillschweigen bewahrt«, fand mein Vater.

»Er hat offensichtlich keine Lust, Stillschweigen zu bewahren, sondern will seine Tochter kennenlernen.«

»Er wird also nach Grasslands kommen?« fragte meine Mutter. »Wäre es dir vielleicht lieber, wenn wir ihn in Eversleigh unterbringen?«

»Warum?« wollte ich wissen.

»Ich habe nur angenommen, daß du es möglicherweise vorziehen würdest«, antwortete meine Mutter schnell.

»Tamarisk wohnt in Grasslands, und er will bestimmt in ihrer Nähe sein.«

»Das sehe ich ein«, stimmte mein Vater zu.

»Hoffentlich werden die Leute sich nicht den Mund darüber zerreißen, daß er Strafgefangener in Australien war« meinte ich.

»Das spielt doch keine Rolle, er hat seine Strafe abgebüßt, und damit ist die Angelegenheit für mich erledigt.«

»Aber er hat eine Tochter«, rief meine Mutter meinem Vater ins Gedächtnis.

»Es gibt sehr viele Männer, die Töchter haben.«

»Auch uneheliche?« wollte meine Mutter wissen.

»Dutzende«, antwortete er ungehalten. »Er soll nur kommen. Vielleicht wirst du auf diese Weise Tamarisk los, Jessica, das wäre gar nicht so schlecht.« Er gähnte. »Komm jetzt, es fällt mir schwerer als früher, so lange aufzubleiben. Gute Nacht, Tochter, schlaf gut.«

Meine Mutter küßte mich zärtlich. Offenbar hatte sie bemerkt, welche Wirkung Romany Jake auf mich ausgeübt hatte.

Am nächsten Morgen besuchte er uns und wollte mich sprechen. Ich empfing ihn im Salon; ich freute mich, daß er gekommen war, fühlte mich aber befangen.

Er ergriff meine Hände und lächelte mich an. »Guten Morgen. Ich hoffe, daß Sie mir die frühe Morgenstunde verzeihen. Wir sind gestern nicht mehr dazu gekommen, die Einzelheiten zu besprechen.«

»Einzelheiten?« wiederholte ich.

»Sie haben mir freundlicherweise gestattet, Sie in Grasslands zu besuchen, damit ich meine Tochter kennenlerne.«

»Ja, natürlich, aber ich muß mit meiner Mutter darüber reden. Wann würde es Ihnen passen?«

»So bald wie möglich. Nachdem ich so überraschend mit der Tatsache konfrontiert wurde, daß ich eine Tochter habe, möchte ich sie so bald wie möglich kennenlernen. Außerdem wollte ich Sie fragen, ob Sie den Lunch mit mir einnehmen würden. Ich kenne einige recht gute Lokale.«

Als ich zögerte, fuhr er fort: »Ich möchte soviel wie möglich über meine Tochter erfahren.«

»Das verstehe ich natürlich.«

Ich kam mir töricht und unbeholfen vor ... ich wäre so gern mit ihm ausgegangen und hatte gleichzeitig das Gefühl, daß meine Begeisterung ungehörig war. Aber warum eigentlich? Ich war kein junges Mädchen mehr, sondern eine verheiratete Frau, und besaß als solche gewisse Privilegien und Freiheiten. Wenn ich mich weigerte, allein mit ihm auszugehen, deutete ich damit an, daß ich einen Annäherungsversuch seinerseits befürchtete. Er spürte, daß ich unschlüssig war, und nützte diesen Vorteil aus.

»Wie wäre es mit einer Bootsfahrt auf dem Fluß? Am Flußufer stehen einige der besten Gasthäuser. Wir könnten im Garten sitzen und zusehen, wie die Welt an uns vorübersegelt – das ist ein sehr angenehmer Zeitvertreib.«

Ich versprach ihm, in zehn Minuten fertig zu sein, und lief in das Zimmer meiner Mutter. Ihre Zofe teilte mir mit, daß sie vor zehn Minuten mit meinem Vater ausgegangen war. Das war mir nur recht; ich wollte nicht, daß sie sich meinetwegen Gedanken machte.

Ich zog meinen Mantel an und ging hinunter.

Er trug einen dunkelblauen Rock, eine hellblaue Weste und Schaftstiefel und sah sehr elegant aus. In meinen Träumen hatte ich ihn immer in seiner braunen Hose und dem orange-farbenen Hemd gesehen. Selbst darin hatte er vornehm ge-wirkt – für einen Zigeuner –, doch er würde immer eine auffallende Persönlichkeit bleiben.

Leises Glücksgefühl überkam mich, und der einzige Grund

dafür war, daß ich mich in seiner Gesellschaft befand. Er reichte mir den Arm, während wir durch die Straßen zum Fluß schlenderten. Es war ein schöner Morgen, die Sonne stand am wolkenlosen Himmel, und der Siegestaumel schien noch in der Luft zu schweben. Sogar die Menschen auf der Straße sahen glücklich aus.

»Ich bin so froh, daß ich Sie gefunden habe.« Er drückte meinen Arm. »Natürlich wäre es mir früher oder später geglückt, weil ich auf jeden Fall nach Eversleigh gekommen wäre. Doch so war es viel romantischer. Als ich mich auf den Weg zu den Inskips machte, ahnte ich noch nicht, wie sehr ich diesen Ball genießen würde.«

»Angenehme Überraschungen sind immer willkommen.«

»Wissen Sie, daß ich mir oft vorgestellt habe, daß ich in Begleitung einer schönen jungen Dame durch die Straßen Londons schlendere? Seltsamerweise hat es sich dabei immer um eine ganz bestimmte junge Dame gehandelt... und jetzt ist dieser Traum in Erfüllung gegangen. Würden Sie daraus schließen, daß ich hellseherische Fähigkeiten besitze?«

»Keineswegs. Sobald Sie in London waren, konnte es Ihnen gar nicht mehr schwerfallen, eine junge Dame zu finden, die mit Ihnen durch die Straßen schlendert. Sie haben in Australien bestimmt Heimweh gehabt.«

»Heimweh nach einem Morgen wie dem heutigen.«

»Es ist ein sehr schöner Morgen. Und man kann sein Heimatland nie vergessen.«

»Man sehnt sich immer danach, zurückzukehren – und ich hatte noch dazu einen ganz besonderen Grund.« Er blickte mich an.

»Weil sie Strafgefangener waren und wußten, daß Sie erst als freier Mann in den Straßen Londons spazierengehen können.«

»Es steckte mehr dahinter.«

Wir hatten den Fluß erreicht; er mietete ein Boot, half mir beim Einsteigen und griff nach den Rudern. Wir glitten an den Türmen Londons und an den Schiffen auf dem Fluß vorbei. Es waren noch andere Boote auf dem Wasser, in denen fröhliche

Menschen saßen, die sangen oder musizierten; laute Rufe schallten von Boot zu Boot.

»Bei Greenwich wird es ruhiger werden«, meinte Sir Jake. »Ich möchte mit Ihnen in den ›Weißen Hirsch‹ gehen. Ich war vor langer Zeit einmal dort und habe das Gasthaus in guter Erinnerung. Damals war ich allerdings noch jung. Halten Sie es für klug, die Stätten seiner Jugend wieder aufzusuchen?«

»Kaum. Nur die Erinnerung läßt sie schöner erscheinen. Wenn man sie wiedersieht, ist man beinahe immer enttäuscht, weil sie sich nicht verändert haben.«

»Ich habe das Gefühl, daß der ›Weiße Hirsch‹ heute schöner sein wird als je zuvor.«

»Machen Sie sich keine allzu großen Hoffnungen, ich möchte nicht, daß Sie enttäuscht werden.«

»Das wird bestimmt nicht der Fall sein.«

»Sie fordern das Schicksal heraus.«

»Das war schon immer meine Art. Ich werde den Eindruck nicht los, daß das Schicksal diejenigen liebt, die es herausfordern.«

»Diese Ansicht ist allerdingst nicht weit verbreitet.«

»Ich habe mich nie der allgemeinen Meinung angeschlossen; ich war immer ein Individualist.«

»Das mußten Sie auch sein, wenn Sie Ihr Zuhause verlassen haben und mit den Zigeunern herumgezogen sind. Wie lang haben Sie bei Ihnen gelebt?«

»Etwa zwei Jahre.«

»Das ist eine ziemlich lange Zeit.«

»Es war eine Art Trotzreaktion. Sie lagerten auf unserem Grund und Boden, und mein Bruder und ich trugen wieder einmal einen Streit aus, wie es beinahe die ganze Zeit über der Fall war. Diese Streitigkeiten gehörten zu unserem täglichen Brot. Er behauptete: ›Du bist nicht besser als diese Zigeuner. Es würde zu dir passen, wenn du herumstreifst, kein Ziel hast, ins Blaue hinein lebst.‹ – ›Vielleicht hast du recht‹, antwortete ich ihm. ›Sie führen wenigstens ein natürliches Leben.‹ Damit war mein Entschluß gefaßt – ich ging zu den Zigeunern, was natürlich eine Riesendummheit war. Aber ich war damals achtzehn, und in diesem Alter neigt man zu Dummheiten.«

»Ja«, bestätigte ich. »Sie wissen gar nicht, wie recht Sie haben.«

»Sie doch nicht. Sie würden nie eine Dummheit begehen.«

»Sie kennen mich nicht.«

Jake hatte mit dem Boot an einer Treppe angelegt; wir stiegen aus, und er band es fest. »Da ist das Gasthaus, am Flußufer. Dort oben liegt der Garten, von dem wir während des Essens die Schiffe beobachten können. Es ist genauso, wie ich es in Erinnerung habe.«

Wir stiegen den Hang zu dem Gasthaus hinauf und nahmen Platz. Ein dralles Mädchen mit Häubchen und tiefausgeschnittenem Mieder kam heraus, um nach unseren Wünschen zu fragen. Es gab frische Fische, kaltes Rindfleisch, Taubenpastete und zum Trinken Ale, selbstgemachten Apfelwein und echten französischen Wein.

»Vielleicht stammt er von Charlots Weingut«, lächelte ich.

»Charlot ist mein Halbbruder und lebt in Frankreich.«

»Dann bestellen wir zu Ehren Ihres Bruders den französischen Wein.«

»Ich muß Ihnen von ihm erzählen.«

Wir entschieden uns für das kalte Rindfleisch, das mit heißen Pellkartoffeln serviert wurde. Das Essen war einfach, aber ausgezeichnet. Ich erzählte ihm kurz von Charlots Weingut und daß wir jetzt, nachdem Napoleon endgültig verbannt war, hofften, einander öfter zu sehen.

Er hörte mir aufmerksam zu, dann meinte er: »Es ist ein wunderbares Gefühl, mit Ihnen hier zu sitzen.«

Ich wurde rot und beschäftigte mich eingehend mit meinem Rindfleisch.

»Ich möchte Ihnen von meinen Erlebnissen erzählen. Ich habe bis jetzt kaum darüber gesprochen.«

»Werden dadurch nicht Ereignisse lebendig, die Sie eigentlich lieber vergessen möchten?«

»Sobald ich es mir von der Seele geredet habe, werde ich zu

vergessen beginnen. Können Sie sich meine Gefühle im Gerichtssaal vorstellen?«

»Man kann sich nur schwer etwas vorstellen, das man nicht am eigenen Leib erfahren hat, aber es muß entsetzlich gewesen sein.«

»Ich hoffe nur, daß Sie dem Tod nie so nahe kommen wie ich damals.«

»Jeder von uns wird eines Tages mit ihm konfrontiert.«

»Wenn wir alt sind, ist es unvermeidlich, aber es ist etwas anderes, wenn ein Gericht beschließt, daß man diese Welt verlassen muß. Am schlimmsten war die Ungewißheit, während ich in meiner Zelle lag und Zeit zum Nachdenken hatte. Manchmal fragte ich mich, wo ich mich wohl in einem Jahr um die gleiche Zeit befinden würde – ob auf dieser Erde oder im Jenseits.«

»Sprechen Sie nicht davon.«

»Ich erzähle es Ihnen ein einziges Mal und werde dann nie wieder darauf zurückkommen. Als ich zur Verhandlung geführt wurde, war ich davon überzeugt, daß man mich zum Tod verurteilen würde. Gehängt werden ist so ehr- und würdelos. Kein Mensch sollte so gedemütigt werden. Das bedrückte mich ... die Erniedrigung ... nicht die Tatsache, daß ich mein Leben verlieren würde. Ich hatte es oft genug aufs Spiel gesetzt.«

»Sie müssen diese Zeit aus Ihrem Gedächtnis löschen.«

»Das werde ich tun, deshalb komme ich jetzt auf den Augenblick zu sprechen, in dem ich erfuhr, daß ich weiterleben werde. Ich hatte bis dahin nicht klar erfaßt, wie süß das Leben ist. Ich würde leben ... aber als Knecht in einem fremden Land. Doch zunächst freute ich mich. Wie gesagt, das Leben ist süß.«

»Erzählen Sie mir etwas über Australien.«

»Ich werde nie den Augenblick vergessen, als ich den Hafen von Sydney erblickte. Man hatte uns während der Überfahrt im Laderaum eingesperrt, und wir wußten nie, ob es Tag oder Nacht war. Es war schrecklich, wenn das Schiff von einem

Sturm herumgeworfen wurde. Die Leute wurden krank, und einige starben. Wir bekamen das Meer nur zu Gesicht, wenn wir für eine Stunde an Deck gehen durften, um etwas Bewegung zu haben. Dabei wurden wir aneinandergekettet... Diebe, Vagabunden, Mörder, Männer, die einen Fasan gewildert oder ein Taschentuch gestohlen oder etwas veröffentlicht hatten, was das Mißfallen der Obrigkeit erregte... die Siebenjährigen, die Vierzehnjährigen und die Lebenslänglichen. Zeitweise bedauerte ich, daß Ihr Vater sich für mich verwendet hatte, denn ich hielt es manchmal für weitaus erstrebenswerter, an einem Strick zu baumeln als in dieser Hölle zu leben.«

Ich streckte die Hand aus und berührte die seine. Er ergriff sie sofort.

»Es tut mir so leid«, sagte ich. »Ich wollte Ihnen damals in Grasslands wirklich zur Flucht verhelfen.«

»Wenn ich damals geflohen wäre, hätte man mich bis an mein Lebensende gejagt. Jetzt bin ich ein freier Mann, denn ich habe meine Strafe abgebüßt. Außerdem konnte ich von Glück reden, denn ich hätte genausogut ein Kettensträfling werden können.« Mich schauderte.

»Stellen Sie sich das einmal vor. Bei der Arbeit immer von Soldaten bewacht werden, immer die Fußketten tragen, mit hundert anderen Elenden in einem Gefängnis dahinvegetieren. Aber warum erzähle ich Ihnen das alles? Ich wollte einen glücklichen Tag mit Ihnen verbringen.«

»Sie wollten es sich von der Seele reden und dann vergessen. Sie werden noch nicht oft Gelegenheit dazu gehabt haben.«

»Das ist richtig; es hat nie jemanden gegeben, mit dem ich darüber sprechen wollte. Bei Ihnen ist es etwas anderes. Mit Ihnen hat mich vom ersten Tag an so etwas wie Freundschaft verbunden.«

»Ich habe Ihre Verurteilung als fürchterlich ungerecht empfunden. Sie haben einen Mann getötet, der den Tod verdient hatte, haben ein unschuldiges Mädchen gerettet... und man bezeichnete Sie deshalb als einen Verbrecher.«

»Jetzt möchte ich Ihnen aber von angenehmeren Dingen erzählen. Wie gesagt, der wunderbare Hafen lag vor uns. Wie soll ich Ihnen das schildern ... die unzähligen kleinen Buchten ... der von Bäumen gesäumte Sandstrand. Die warme Sonne, der Blütenduft in der Luft, die fremdartigen Vögel ... Kakadus und Papageien ... und alle in den buntesten Farben. Die Bucht muß einen ganz anderen Anblick geboten haben, als Cook sie entdeckte, denn jetzt stehen dort von den Siedlern errichtete Häuser. Im Landesinneren erstrecken sich niedrige Hügel, Bäche ergießen sich ins Meer, und an manchen Stellen reicht der Busch bis an den Meeresstrand. Wenn man monatelang eingesperrt war, ist es ein unglaubliches Gefühl, diese Schönheit zu erleben, die frische Luft tief einzuatmen und plötzlich zu wissen, wie schön es ist, am Leben zu sein.

Wir blieben noch einige Tage auf dem Schiff, bis die Siedler kamen und sich Arbeitskräfte aussuchten. In der Zeitung war verlautbart worden, daß eine Schiffsladung Sträflinge eingetroffen war und besichtigt werden konnte. Wir wurden an Deck gebracht, und unsere zukünftigen Besitzer begutachteten uns. Es war einer der demütigendsten Augenblicke meines Lebens, denn sie behandelten uns, als wären wir Vieh. Aber ich wollte ja nicht mehr von solchen Dingen sprechen, sondern Ihnen von meinem Glücksfall berichten. Ich wurde von einem Schafzüchter angefordert, der eine kleine Farm in einigen Meilen Entfernung besaß. Er war kein schlechter Mensch und suchte einen tüchtigen Arbeiter. Ich war jung und kräftig und nur zu sieben Jahren Zwangsarbeit verurteilt, was ein Hinweis darauf war, daß ich kein hartgesottener Verbrecher war.

Joe Cleaver nahm mich also auf seine Farm mit, und von diesem Augenblick an fühlte ich mich wieder wie ein menschliches Wesen. Es war kein leichtes Leben, und mir wurde allmählich klar, wie gut es mir während meiner ersten zwanzig Lebensjahre gegangen war. Gegen die Arbeit hatte ich nichts einzuwenden, im Gegenteil, ich begrüßte sie. Ich bekam Decken und schlief in einer Hütte, die ich mit zwei anderen

Arbeitern teilte. Wir bereiteten uns unsere Mahlzeiten selbst zu und kochten unser Wasser in Feldkesseln. Unsere Wochenration bestand aus acht Pfund Rindfleisch und zehn Pfund Mehl sowie einem Viertelliter Milch pro Tag. Wir arbeiteten von Sonnenaufgang bis Sonnenuntergang. Es war ein schweres Leben, aber es machte mir allmählich Spaß. Joe Cleaver wurde auf mich aufmerksam, weil ich einige zeitsparende Arbeitsmethoden einführte. Nach einem Jahr schlief ich im Haus, und er holte gelegentlich meinen Rat ein.«

Ich nickte, denn das konnte ich mir gut vorstellen. Man mußte überall auf ihn aufmerksam werden.

»Die Monate vergingen ... die Jahre ... und dann war meine Zeit um, und ich war frei. Joe wollte, daß ich blieb. Er schenkte mir ein Stück Land und ein paar Schafe. Meine Herde wuchs rasch. Joe fand, daß ich das Zeug zum Schafzüchter hätte. Er prophezeite mir, daß ich binnen kürzester Zeit eine eigene Farm besitzen würde. Dann erreichte mich die Nachricht – die Anwälte hatten mich aufgespürt. Mein Bruder war gestorben, und ich erbte den Besitz und den Titel.«

»Und da haben Sie den Besitz, den Sie dort unten aufbauten, im Stich gelassen und sind wieder nach Hause zurückgekehrt.«

»Ganz richtig.«

»Werden Sie wieder nach Australien fahren?«

»Vielleicht. Würde Sie das Land interessieren?«

»Mich interessieren fremde Länder immer.«

»Das Land verändert sich ununterbrochen und entwickelt sich ständig weiter. Joe hat mich des öfteren nach Sidney mitgenommen, weil er fand, daß ich einen besseren Preis für seine Wolle aushandeln konnte als er. Ich konnte mich gewandter ausdrücken und war wahrscheinlich auch etwas schlauer als er. Joe und ich sind sehr gute Freunde geworden. Wovon habe ich gerade gesprochen? ... Ach ja, von der wachsenden Stadt. Aus Wagenspuren sind im Lauf der sieben Jahre Straßen geworden. Das Land verfügt über sehr viele natürliche Reichtümer. Ja, ich würde es gern wiedersehen.«

»Was wird aus Ihrem Besitz in Australien, während Sie hier sind?«

»Ich habe einen Verwalter angestellt, deshalb muß ich wieder einmal nach dem Rechten sehen.«

»Aber Sie wollen nicht für immer dort bleiben?«

»Nein, mein Zuhause ist Cornwall. Kennen Sie es?«

Ich schüttelte den Kopf.

»Es würde Ihnen bestimmt gefallen. Es ist anders als das übrige England, naturnäher. Außerdem sind die Einwohner abergläubisch. Sie besitzen besondere, beinahe hellseherische Fähigkeiten. Sie sind allerdings ein praktisch denkender, vernünftiger Mensch, so daß Sie vielleicht skeptisch wären.«

»Ich bin gar nicht so vernünftig, wie Sie annehmen.«

»Ich bin meiner Sache sicher.«

»Wie können Sie sicher sein? Sie kennen mich ja kaum.«

»Ich kenne Sie sehr gut.«

»Sie haben mich kennengelernt, als ich acht Jahre alt war ... und mich erst gestern abend wiedergesehen.«

»Seit unserem ersten Zusammentreffen habe ich immer wieder an Sie gedacht.«

Ich lachte. »Sie sind sehr galant. Die Männer fühlen sich verpflichtet, den Frauen solche Komplimente zu machen.«

»Es ist die reine Wahrheit. Als ich in dem Schiffsbauch eingesperrt war, konnte ich meine Wut über die Ungerechtigkeit des Schicksals nur dadurch besänftigen, daß ich an das Mädchen mit den leuchtenden Augen dachte, das so ernst und so eifrig war und mir das Leben gerettet hatte. Man kann doch einen Menschen nicht vergessen, der einem das Leben gerettet hat.«

»Sie übertreiben.«

»Ganz bestimmt nicht.«

»Nicht ich habe Ihnen das Leben gerettet, sondern mein Vater hat getan, was in seiner Macht stand.«

»Weil Sie darauf bestanden haben. Penfold ist zum Hafen gekommen, als wir eingeschifft wurden, und hat mir alles erzählt.«

»Ich habe mich für Sie verantwortlich gefühlt.«

»Weil man Ihnen heimlich zum Haus gefolgt war. Ja, der Gedanke an Sie hat mir während der Überfahrt Halt und Zuversicht gegeben. Und auch später in meiner Hütte habe ich oft an Sie gedacht. Ich habe mir gesagt, daß ich eines Tages frei sein, nach England zurückkehren und Sie wiederfinden werde. Natürlich würden Sie inzwischen erwachsen sein...«

»Haben sie jemals an Dolly gedacht?«

»Gelegentlich. Die arme Dolly.«

»Ich hätte vermutet, daß sie in Ihren Gedanken an erster Stelle stand.«

»Dolly? Das war ein kurzer Rausch der Sinne, der sofort vorbei war. Sie hat es bestimmt genauso gesehen.«

»Glauben Sie wirlich, daß ein Mädchen wie Dolly eine kurze Beziehung, die nicht länger als eine Stunde währt, eingehen und dann nicht mehr daran denken würde? Dolly hat weder vor noch nach Ihnen einen Liebhaber gehabt. Sie war kein leichtfertiges Geschöpf, das man benutzen und dann wieder wegwerfen konnte.«

»Trotzdem hat sie es dazu kommen lassen. Sie hat gewußt, daß ich nicht bleibe, daß es sich um ein flüchtiges Abenteuer handelt. Keiner von uns hat angenommen, daß das Verhältnis von Dauer sein könnte.«

»Es fällt mir schwer, diese Einstellung zu verstehen.«

»Das sehe ich ein. Wenn das Kind nicht wäre, hätten wir beide den Zwischenfall bald vergessen.«

»Ich kann nicht glauben, daß Dolly es so gesehen hat, aber sie gehört auch dem Geschlecht an, das dazu bestimmt ist, dem anderen zu dienen.«

Er lächelte. »Wie hitzig Sie die Frauen verteidigen. Sie verhalten sich genauso, wie ich es erwartet habe. Ich hätte allerdings nie angenommen, daß Sie verheiratet sein würden, wenn ich zurückkomme.«

»Warum nicht? Ich bin kein Kind mehr, ich werde demnächst einundzwanzig.«

»Sieben oder acht Jahre sind eine lange Zeitspanne in einem Leben. Erzählen Sie mir von Ihrer Ehe. Sind Sie glücklich?«

»Ja.«

»Aber nicht vollkommen glücklich.«

»Warum sagen Sie das?«

»Weil ich es spüre.«

»Ich könnte keinen besseren Mann haben.«

»Sie haben mir sehr wenig über ihn erzählt. Ich weiß nur, daß er einen Unfall erlitten hat.«

»Wir hatten uns vor diesem Unfall verlobt.«

»Waren Sie sehr verliebt in ihn?«

Ich zögerte. Ich wußte nicht warum, aber ich mußte ihm gegenüber vollkommen aufrichtig sein.

»Sie waren es also nicht. Warum haben Sie ihn dann geheiratet?«

»Amaryllis hatte sich verlobt, und ich fand, daß es auch für mich an der Zeit war, mich zu binden. Seine und meine Familie wollten, daß ich Edward heirate.«

»Er ist vermutlich reich und stammt aus einer guten Familie?«

»Er ist nicht besonders reich, sondern nur gut situiert, und besitzt eine Fabrik in Nottingham ... es sind anständige, ehrenwerte Menschen. Meine Familie hat sie auf den ersten Blick gemocht. Übrigens hätten wir die Barringtons ohne Sie nie kennengelernt.« Er sah mich erstaunt an.

»Wir haben ihre Bekanntschaft gemacht, als wir wegen Ihres Prozesses nach Nottingham fuhren. Wir haben Freundschaft geschlossen, und als Dolly starb, kauften die Barringtons Grasslands. Dadurch wurden sie unsere Nachbarn.«

»Und Sie haben sich verlobt, weil Ihnen Amaryllis mit gutem Beispiel vorangegangen ist.«

»So ungefähr. Dann kam der schreckliche Unfall, und Edward benahm sich so tapfer und so wunderbar. Er wollte mich freigeben, doch ich ließ es nicht zu. Daraufhin heirateten wir.«

»Das ist kein Leben für Sie.«

»Es ist das Leben, das ich gewählt habe.«

»Sie sind nicht zur Nonne geboren. Sie sind eine kraftvolle, lebenssprühende Persönlichkeit.«

»Waren Sie zum Knecht geboren? Wie können Sie behaupten, daß ich nicht für dieses Leben geschaffen bin? Unser Schicksal wird durch unsere Persönlichkeit bestimmt.«

»Ich habe mein Schicksal nicht freiwillig gewählt. Konnte ich einfach zusehen, wie Leah vergewaltigt wird?«

»Konnte ich mein Versprechen brechen und zusehen, wie Edward allein bleibt, weil er zum Krüppel wurde?«

»Sie sind eine idealistische Schwärmerin. Sich um einer heroischen Geste willen zu so einem Leben verurteilen!«

»Und wie steht es mit Ihnen? Sie sind beinahe gehängt worden und haben dann sieben Jahre Zwangsarbeit abgedient, und das alles nur wegen eines jungen Mädchens.«

»Wollen Sie damit andeuten, daß wir beide Narren sind?«

»Ich kann nur sagen, daß ich getan habe, was ich tun mußte. Das gleiche gilt für Sie.«

Er ergriff meine Hand. »Was für ernste Gespräche wir führen. Ich hatte mir vorgestellt, daß wir glücklich und heiter sein würden, weil wir einander nach so vielen Jahren wiedersehen. Wir sollten unser Wiedersehen feiern.« Er füllte mein Glas mit dem Burgunder und hob das seine: »Kommen Sie, lachen Sie und seien Sie fröhlich.«

Es überraschte mich, wie rasch er seine Melancholie abschütteln konnte. Jetzt glich er wieder dem lachenden Zigeuner, den ich vor so langer Zeit kennengelernt hatte.

Er erzählte mir von seinem Besitz in Cornwall, und zwar so anschaulich, daß ich das alte, aus grauen Steinen errichtete Herrenhaus mit den zinnenbewehrten Türmen und der langen Galerie im Geist vor mir sah. »Natürlich spukt es auf der Galerie. Jedes Haus in Cornwall, das auf sich hält, besitzt ein Hausgespenst. Das Meer und das Moor sind nicht fern; ich hoffe, daß Sie mich einmal besuchen werden.«

Ich redete mir ein, daß ich es tun würde. Er hatte mich in eine Scheinwelt versetzt, in der ich mich jung und unbeschwert fühlte. Ich vergaß für eine Zeitlang meine Pflichten und meine Verantwortung. Ich ging im Geist durch das Haus in Cornwall, bewunderte die lange Galerie, die sonnige Terrasse, die große Halle und den Garten, in dem Azaleen, Rhododendren und rosa, blaue und weiße Hortensien wucherten.

Er verstand es, alles anschaulich zu schildern, so daß es vor meinem geistigen Auge zum Leben erwachte; außerdem weckte er in mir den Wunsch, es selbst kennenzulernen.

Plötzlich fiel mir ein, daß die Zeit verging, daß meine Familie nicht wußte, wo ich mich befand, und daß ich nach Hause zurückkehren mußte. Die Wirklichkeit hatte mich eingeholt. Schweren Herzens kehrten wir zum Boot zurück, und ich war ein wenig traurig, als wir zurückruderten. Ich hatte mich Tagträumen hingegeben, und jetzt wurde mir erst richtig klar, wie übereilt es von mir gewesen war, Edward zu heiraten. Jake ruderte kraftvoll, lächelte mich vielsagend an, und auf seinem Gesicht lag keine Spur von Melancholie. Ich war noch nie so tief bewegt gewesen wie heute. Ich wollte bei ihm bleiben, ich wollte an seiner Lebensfreude teilhaben, die nach allem, was er mitgemacht hatte, noch erstaunlicher war.

Während der Heimfahrt im Boot sagte ich mir: Das muß die Liebe sein. Ich hatte geglaubt, daß ich mich nie verlieben würde, und jetzt stellte sich – zu spät – heraus, daß ich mich geirrt hatte.

Wir stiegen aus dem Boot und gingen nach Hause. Es war beinahe drei Uhr, und ich wurde allmählich unruhig. Weil mich unser Gespräch ganz in Anspruch genommen hatte, hatte ich vollkommen vergessen, daß sich meine Familie um mich sorgen würde.

Wir erreichten Piccadilly. Ich schritt wahrscheinlich unwillkürlich schneller aus, denn er bemerkte: »Sie haben es eilig.«

»Mir war nicht klar, daß es schon so spät ist.«

»Gehen wir durch diese Straße; es ist eine Abkürzung.«

So kam es, daß ich sie sah. Ich erkannte sie sofort – schließlich war es ein aufregendes Erlebnis gewesen. Es war das angeblich blinde Mädchen.

Sie sah jetzt ganz anders aus und war zweifelsfrei nicht blind. Sie war auffallend, aber modisch gekleidet, ihre Wangen waren sehr rot, das übrige Gesicht sehr weiß; ihre Augen waren pechschwarz umrandet. Sie überquerte die Straße und betrat ein Gebäude.

»Was für ein Lokal befindet sich dort?« fragte ich.

»Frinton's Klub.«

»Frinton's! Den Namen kenne ich. Dort hat Jonathan soviel Geld verloren. Ist es ein guter Klub?«

»Er hat einen ziemlich schlechten Ruf.«

Das war seltsam. Was hatte das Mädchen in Frinton's Klub zu suchen? Man sollte eigentlich etwas unternehmen, aber ich wußte nicht, was.

»Wissen Sie zufällig, wem der Klub gehört?«

»Einer gewissen Madame Delarge.«

»Ich habe von ihr gehört.«

»Es gibt eine ganze Kette solcher Klubs, in denen alles mögliche abläuft – nicht nur Glücksspiele. Sie werden von Prostituierten sowie von jungen – wie auch älteren – Müßiggängern aufgesucht, die mehr Geld als Verstand besitzen.«

»Ich verstehe.«

»Wie gesagt, es gibt mehrere solcher Klubs, deren Besitzerin angeblich Madame Delarge ist, aber es heißt, daß sie nur als Aushängeschild dient und eine große Organisation hinter ihr steht.«

»Warum bemühen sich die Besitzer so sehr, unbekannt zu bleiben?«

»Weil es ein anstößiges Geschäft ist. Ich wäre nicht überrascht, wenn die wahren Besitzer zu den Stützen der Gesellschaft gehören.«

Ich war erschüttert. Nach der Idylle dieses Tages hatte ich die junge Frau wiedergesehen, die mir eine Zeitlang Alpträume verursacht hatte. Ich war, gelinde ausgedrückt, etwas aus der Fassung geraten.

Als ich meinen Eltern erzählte, daß ich das angeblich blinde Mädchen gesehen und daß sie Frinton's Klub aufgesucht hatte, bemerkte mein Vater: »Sie ist vermutlich eine Prostituierte, denn die sind in solchen Klubs häufig anzutreffen. Aber wir können nichts unternehmen, auch wenn wir das Mädchen zur Rede stellen, denn der Zwischenfall liegt zu lange zurück.«

»Der Klub gehört angeblich einer gewissen Madame Delarge.«

»Ja, sie ist aber nur ein Strohmann.«

»Ich bin sehr erschrocken, als ich das Mädchen gesehen habe. Obwohl sie ganz anders gekleidet und hergerichtet war, habe ich sie sofort wiedererkannt.«

»Hoffentlich bleibt sie jetzt bei ihrem Gewerbe«, sagte mein Vater, »und versucht nicht mehr, unschuldige junge Mädchen zu entführen.«

»Eigentlich müßte man etwas unternehmen«, fand meine Mutter.

»Komm ja nicht auf die Idee, ihr nachzugehen, falls du sie wiedersiehst«, ermahnte mich mein Vater.

»Das tue ich ganz bestimmt nicht.«

Meiner Mutter bereitete es mehr Sorgen, daß ich mit Jake Cadorson zusammengewesen war.

»Ich habe mich schon gefragt, wo du wohl steckst«, meinte sie vorwurfsvoll.

»Ich wollte es euch vorher mitteilen, aber ihr wart ausgegangen. Er möchte Tamarisk kennenlernen. Ich weiß nicht, wie Tamarisk sich dazu stellen wird, daß sie plötzlich einen Vater hat.«

»Bei ihr weiß man nie im voraus, wie sie reagieren wird«, meinte meine Mutter.

»Es wird am besten sein, wenn ich es ihr vorsichtig beibringe«, überlegte ich. »Sobald sie es weiß, werde ich Mr. Cadorson einladen.«

»Er kann in Eversleigh wohnen.«

»Warum denn? Tamarisk lebt in Grasslands.«

Meine Mutter sah mich verlegen an.

»Ich habe nur gemeint...«

Sie hatte erraten, daß ich für diesen Mann mehr empfand, als wünschenswert war.

»Ich werde ihn zu gegebener Zeit einladen«, antwortete ich ruhig.

Er sprach am nächsten Tag bei uns vor, und mein Vater lud ihn zum Abendessen ein. Jake Cadorson nahm die Einladung gerne an. Es war nicht zu übersehen, daß er meinen Eltern gefiel. Er war meinem Vater noch immer dankbar, und sie sprachen offen über die Gerichtsverhandlung und über den Zustand des Landes nach dem verheerenden langen Krieg.

»Man kann ruhig sagen: zwanzig Jahre Krieg«, meinte mein Vater. »Im Augenblick sind die Menschen noch fröhlich und rühmen den großen Herzog, aber warten Sie nur, bis die Steuern erhöht werden. Dann sieht alles anders aus.«

»Erwartest du, daß es zu Unruhen kommt?« fragte Jonathan.

»Die Leute werden zumindest murren.« Er wandte sich an Jake. »Ich weiß nicht, wie die Lage in Cornwall ist.«

»Nicht viel anders als im übrigen Land«, antwortete Jake. »Und zudem sind dort die Leute ärmer.«

»Wir haben bereits erlebt, wozu der Pöbel fähig ist«, rief uns meine Mutter ins Gedächtnis. »Jessicas Mann hat es am eigenen Leib erfahren müssen.«

»Ich habe davon gehört.«

»Wir sind auf unseren Gütern besser dran«, behauptete mein Vater. »Wir werden mit den Schwierigkeiten immer noch fertig. Die Menschen in der Stadt leiden viel mehr darunter.«

»Das Volk ist nicht nur durch den Krieg verarmt, sondern es strebt weitere Verbesserungen an«, erwähnte Jake. »Es verlangt eine parlamentarische Vertretung und das allgemeine Wahlrecht.«

»Es wird noch eine gute Weile dauern, bis wir soweit sind«, wandte mein Vater ein. »Wollen wir denn, daß jeder ungebildete Lümmel, der weder lesen noch schreiben kann, die Gesetze unseres Landes mitgestaltet?«

»Sie wollen ja gar nicht Gesetze machen«, widersprach ich. »Sie wollen nur darauf Einfluß nehmen, wer sie im Parlament vertritt.«

»Unsinn«, brauste mein Vater auf. »Das Volk muß lernen, sich mit dem abzufinden, was es bekommen kann, und muß sich der Zeit anpassen.«

»Genau das tun sie doch.«

»Meine Tochter ist sehr streitsüchtig«, bemerkte mein Vater zu Jake. »Sobald man eine Feststellung trifft, behauptet sie das Gegenteil.«

»Dadurch wird das Leben interessant«, fand Jake.

Ich war froh, daß sie ihn mochten. Und ich war froh, daß er so gut zu uns paßte.

Nachdem er sich verabschiedet hatte, bemerkte mein Vater: »Ein interessanter Mensch. Du hast doch tatsächlich einen ehemaligen Sträfling an deinem Tisch bewirtet, Lottie. Ich muß sagen, du überraschst mich immer wieder.«

»Ich habe mich mit ihm besser unterhalten als mit den meisten ehrenwerten Leuten, die ich kenne.«

»Solche Erfahrungen hinterlassen Spuren. Ich bin froh, daß der Prozeß damals gut für ihn ausgegangen ist. Es wäre ein tragischer Justizirrtum gewesen, wenn man einen Mann wie ihn gehängt hätte. Er ist ja nur deswegen in diese heikle Situation geraten, weil er ein Mädchen retten wollte. So ein alberner junger Dummkopf.«

»Wieso albern?« widersprach ich. »Du hättest in deiner Jugend auch nicht anders gehandelt.«

»Du schmeichelst mir, Tochter. Ich habe in meiner Jugend beinahe nur Dinge getan, die mir Vorteile gebracht haben.«

»Warum machst du dich immer schlecher, als du bist? Du bist auch so noch schlecht genug.« Wir lächelten einander an. Ich war glücklich, weil alle Jake Cadorson mochten.

Ich hätte nicht geglaubt, daß es so bald geschehen würde. Wir sollten am Wochenende London verlassen, und es war Mittwoch. Wir hatten vereinbart, daß Jake eine Woche nach unserer Rückkehr nach Grasslands kommen würde. Dadurch stand mir genügend Zeit zur Verfügung, Tamarisk schonend darauf vorzubereiten, daß sie einen Vater hatte.

Er hatte zugegeben, daß er dieser Begegnung mit leichter Beklemmung entgegensah und daß er über Tamarisk gern mehr gewußt hätte.

Es war Nachmittag. Ich wollte ein paar Besorgungen machen, und als ich aus dem Haus trat, stand er vor mir. Wahrscheinlich hatte er auf mich gewartet.

»Es kommt mir vor, als hätten wir uns eine Ewigkeit nicht mehr gesehen«, begrüßte er mich.

Ich sah ihn erstaunt an. »Wir waren erst gestern zusammen aus.«

»Ich habe gesagt, daß es mir wie eine Ewigkeit vorkommt, nicht daß es lange her ist. Ich möchte mich mit Ihnen über so vieles unterhalten.«

»Noch immer? Wir haben doch stundenlang miteinander geredet.«

»Aber noch nicht genug. Wir brauchen einen ruhigen Platz, wo wir uns ungestört unterhalten können. Wir wäre es mit meinem Haus? Sie haben es noch nicht gesehen, und es ist nicht weit von hier.«

»Ich wollte eigentlich ein paar Besorgungen machen.«

»Die können bestimmt warten.«

»Es handelt sich in der Tat um nichts Unaufschiebbares.«

»Ich möchte Ihnen gern mein Haus zeigen, obwohl es im Vergleich zu dem Ihren klein wirkt. Mein Bruder hat es nur als Absteigquartier benützt; da er überzeugter Junggeselle war, hat es seinen Ansprüchen genügt.«

Er reichte mir den Arm, und ich hatte das Gefühl, durch die Straßen zu schweben. Das Haus stand in einer kurzen Sackgasse inmitten einer Reihe von georgianischen Häusern; auf der gegenüberliegenden Seite lag ein Park.

»Es ist bezaubernd«, stellte ich fest.

»Ja. Mein Bruder hatte viel übrig für elegante Einrichtung und die Annehmlichkeiten des Lebens.«

»Wer hält das Haus in Ordnung? Haben Sie Dienstboten?«

»Im Kellergeschoß leben Mr. und Mrs. Evers, die sich um den Haushalt kümmern. Wir kommen sehr gut miteinander aus.

Mrs. Evers ist eine ausgezeichnete Köchin, und der größte Vorzug der beiden besteht darin, daß sie nicht aufdringlich sind. Dazu hat sie mein Bruder erzogen. Wenn man sie ruft, erscheinen sie wie der Geist aus Aladins Wunderlampe, und sie ziehen sich, wenn sie nicht benötigt werden, in ihr Kellergeschoß zurück.«

»Mit den beiden haben Sie wirklich Glück, denn unsere Diener halten uns praktisch unter Beobachtung. Sie registrieren alles, was wir tun, erzählen es weiter und schmücken es aus.«

»Ich stehe keineswegs unter Beobachtung, was sehr angenehm ist.«

Er sperrte die Haustür auf, und wir betraten die Halle. Ich bemerkte eine Pendeluhr und eine Eichentruhe, auf der eine glänzend polierte Messingschale stand. Die Stille wurde nur durch das Ticken der Uhr unterbrochen. Ich hätte nicht mitkommen sollen, dachte ich beklommen.

Er sah mich an. »Es ist wunderbar, daß ich Sie in meinem Haus begrüßen darf.«

»Ich freue mich darauf, es zu besichtigen.«

»Hier befinden sich das Eßzimmer und die Küche, im ersten Stock sind ein Salon und das Arbeitszimmer, und im zweiten Stock zwei Schlafzimmer. Wie Sie sehen, ist das Haus relativ klein, aber ich brauche wirklich nicht mehr Platz.«

»Außerdem nehme ich an, daß Sie sich die meiste Zeit auf Ihrem Besitz in Cornwall aufhalten.«

Er führte mich in den Salon im ersten Stock. Die Fenster reichten vom Fußboden bis zu Decke, die apfelgrünen Vorhänge waren mit goldenen Borten besetzt, und die Bezüge der Möbel waren in einem etwas dunkleren Grün gehalten. Die Einrichtung wirkte überaus elegant.

»Erlauben Sie, daß ich Ihnen den Mantel abnehme.« Er half mir aus dem Mantel und hängte ihn über einen Stuhl. Dann schloß er mich in die Arme und küßte mich.

Einen Augenblick lang leistete ich keinen Widerstand. Es war ein himmlisches Gefühl, das ich noch nie erlebt hatte, und ich vergaß darüber alles ringsum.

Dann löste ich mich von ihm und versuchte, den Kuß als freundschaftliche Begrüßung hinzustellen. Es war ein armseliges Täuschungsmanöver.

»Es hat keinen Sinn, uns einzureden, daß es zwischen uns nichts gibt, nicht wahr?« fragte er.

»Und was verstehen Sie darunter?« erkundigte ich mich scharf.

»Das Gefühl, das uns verbindet. Es war von Anfang an vorhanden. Sie waren damals noch ein Kind, aber ich habe es deutlich gespürt. Natürlich erschien es mir damals lächerlich. Sie waren ein kleines Mädchen, und ich hatte mein bisheriges Leben aufgegeben und mich den Zigeunern angeschlossen. Ich kann Ihnen gar nicht sagen, wie sehr ich damals meine Handlungsweise bedauerte. Wissen Sie noch, wie wir einander kennengelernt haben?«

»Nur vage. Sie saßen unter einem Baum, trugen ein orangefarbenes Hemd und spielten Gitarre. Spielen Sie das Instrument heute noch?«

»Gelegentlich. Ich habe damals eine Rolle gespielt ... ich habe mir vorgemacht, daß ich ein Zigeuner bin.«

»Sie hatten goldene Ringe an den Ohren.«

»Ja, ich wollte möglichst echt wirken. Als ich Sie erblickte, wußte ich, daß ich noch nie einen Menschen wie Sie gesehen hatte.«

»Ich hatte bestimmt noch nie jemanden wie Sie gesehen. Aber ich wußte ja auch nur wenig über die Zigeuner.«

»Mein erster Gedanke war: Ich dürfte sie nicht auf diese Weise kennenlernen. Es müßte auf einem Ball geschehen, und sie sollte älter sein. Sie sollte siebzehn, es sollte ihr erster Ball sein, und der erste Tanz sollte mir gehören. Ich begriff erst in diesem Augenblick, was ich getan hatte, als ich meine alte Lebensweise, meine Familie, alles um einer Laune willen aufgab.«

»Das glaube ich Ihnen nicht.«

»Ich schwöre Ihnen, daß es die reine Wahrheit ist.«

»Sie sind trotzdem nicht nach Hause zurückgekehrt.«

»Sie wissen, wie stolz die Jugend ist. Man macht einen Schritt und weigert sich zuzugeben, daß es ein Fehler war. Ich war entschlossen, an meiner Entscheidung festzuhalten, aber ich habe Sie nie vergessen. Und dann geriet ich in Gefahr, mein Leben zu verlieren, und da sind Sie gekommen und haben mich gerettet. Beweist das nicht, daß uns das Schicksal füreinander bestimmt hat?«

»Von solchen Dingen halte ich nicht viel. Ich weigere mich auch, in bestimmten Ereignissen eine Schicksalsfügung zu sehen. Wir bestimmen unser Leben selbst.«

»Nachdem ich Sie jetzt wiedergefunden habe, will ich Sie nie mehr verlieren.«

»Sie werden uns bestimmt besuchen. Sie sind Tamarisks Vater und werden möglichst oft Ihre Tochter sehen wollen.«

»Das habe ich nicht gemeint. Ich liebe Sie. Ich habe Sie immer geliebt. Ich habe während der Hölle der Überfahrt und später in meiner Hütte immer nur an Sie gedacht. In der Nacht bin ich ins Freie hinausgetreten, habe zu den Sternen emporgeblickt und daran gedacht, daß sich jetzt ein ganz anderer Sternenhimmel über Ihnen wölbt. Damals lag eine ganze Welt zwischen uns, heute bin ich fest entschlossen, mich nicht mehr von Ihnen zu trennen.«

»Ich kann nicht mehr lange bleiben«, wehrte ich ab. »Zeigen Sie mir das Haus, und dann erledige ich meine Besorgungen.«

Er stand auf, ergriff meine Hände, zog mich an sich, und wir blieben einen Augenblick lang so stehen. Mich erfaßte eine seltsame Mattigkeit. Ich wußte nicht, was sie zu bedeuten hatte, sie war jedoch bestimmt eine Warnung. Ich mußte dieses Haus so rasch wie möglich verlassen.

Er stieg vor mir die Treppe hinauf.

»Wie schon gesagt: klein, aber sehr wohnlich.«

Wir hatten den Treppenabsatz erreicht, und er öffnete eine Tür, die in ein großes Schlafzimmer mit einem Himmelbett führte. Die Vorhänge waren aus grünem Samt und paßten zu den Gardinen an den Fenstern; das Grün wiederholte sich auch im Muster des Teppichs.

»Ihr Bruder hatte eine Schwäche für Grün«, stellte ich fest.

»Es war seine Lieblingsfarbe. Gefällt sie Ihnen?«

»Sehr, sie belebt den Raum.«

Er schloß die Tür, und ich sagte: »Zeigen Sie mir bitte noch das nächste Zimmer, dann muß ich gehen.«

Er zog mich neben sich auf das Bett. »Was machen Sie aus Ihrem Leben?«

Mein Lachen klang bestimmt nicht echt. »Ich tue nichts anderes als die meisten Menschen, ich lebe es.«

»Sie leben nur halb, Jessica, denn Sie verschließen sich der Wirklichkeit.«

»Mein Leben ist sehr real.«

»Sie existieren nur. Warum haben Sie das getan?«

Ich wandte mich ihm zornig zu. »Ich mußte es tun. Warum haben Sie Ihr Zuhause verlassen und sind Zigeuner geworden? Warum haben Sie einen Mann um eines Mädchens willen getötet und deshalb beinahe mit Ihrem Leben dafür bezahlt?«

»Ja, warum tun wir diese Dinge eigentlich? Müssen wir ewig dafür büßen, daß wir uns einmal hinreißen ließen?«

»Sie müssen nicht büßen. Sie haben Ihr Schicksal auf bewundernswerte Weise gemeistert. Ich werde nie vergessen, was für eine gute Figur Sie auf dem Ball der Inskips gemacht haben. Niemand hätte Ihnen Ihre Vergangenheit angesehen.«

»Das habe ich nicht gemeint – daß man über seine Fehler hinwegkommen muß. Sie können sich nicht von der Welt abkapseln und in Eversleigh dahinwelken.«

»Ich welke nicht dahin, sondern führe ein äußerst sinnvolles Leben.«

»Sie glauben doch nicht im Ernst, daß ich Sie wieder gehen lasse, nachdem ich Sie endlich gefunden habe?«

Damit brachte er mich aus der Fassung, denn ich hatte diese Antwort herbeigesehnt. Jetzt hätte ich das Zimmer verlassen müssen, aber ich war nicht dazu fähig. Ich wollte nur eines: bleiben.

»Wie es so schön heißt, ich muß so liegen, wie ich mich gebettet habe«, antwortete ich.

Er schüttelte den Kopf. »Sie und ich werden miteinander glücklich werden.«

»Das ist nicht möglich.«

Er zog mich an sich und küßte mich leidenschaftlich.

Nein, meldete sich mein Gewissen. Doch eine andere Stimme widersprach: Bleib. Hör auf, dich zu wehren. Wem schadest du damit?

Schaden? Ich war mit Edward verheiratet.

Edward würde es nie erfahren.

Damit war die Entscheidung gefallen. Ich hatte vor mir selbst eine Entschuldigung gefunden, und obwohl ich mir sehr verderbt vorkam, war ich gleichzeitig aufs höchste erregt. Es war unausbleiblich, daß ich der Versuchung erlag.

Er hörte nicht auf, mich zu küssen.

»Du kannst nicht mehr zurück«, stellte er fest.

Ich versuchte gar nicht erst, mich von ihm loszureißen.

»Bitte, Jessica«, fuhr er fort. »Ich habe so viele Jahre davon geträumt. Der Gedanke an dich hat mir die Kraft gegeben, diese sieben Jahre zu ertragen. Ich werde sie wiederfinden, habe ich mir immer wieder eingeredet. Und jetzt habe ich dich gefunden und werde dich nie wieder von mir lassen.«

Ich liebte ihn. Es war ganz anders als die oberflächliche Neigung, die ich einmal für Peter Lansdon empfunden hatte. Es war ein überwältigendes Gefühl, die unstillbare Sehnsucht, mich mit ihm zu vereinen. Ich wußte, daß ich ohne ihn nicht glücklich werden konnte.

»Ich weiß, daß du mich liebst«, drängte er.

»Ich kann und darf es nicht.«

»Das ändert nichts daran, daß du mich liebst.«

»Ich muß an meine Pflicht denken, Jake. Ich habe bis heute nicht gewußt, was für einen schrecklichen Fehler ich begangen habe, aber es ist nun einmal geschehen, und ich muß damit leben.«

Statt mir zu antworten, streifte er mir das Kleid von den Schultern. Ich leistete keinen Widerstand.

Es war also geschehen. Ich war verwirrt, euphorisch, und hatte das Gefühl zu träumen. Doch es war Wirklichkeit – er lag neben mir, ich liebte ihn, hatte ihn immer geliebt und würde ihn ewig lieben.

Er küßte mich zärtlich. »Du darfst nicht traurig sein. Es war uns so bestimmt. Du konntest nicht mehr so dahinleben ... jedenfalls nicht mehr von dem Augenblick an, als ich dich wiedergefunden hatte. Du darfst keine Angst haben.«

»Ich habe Edward betrogen.«

»Edward würde Verständnis dafür haben.«

Ich schüttelte den Kopf. »Er darf es niemals erfahren.«

»Er wird es auch nie erfahren.«

»Ich würde lieber sterben, denn er ist immer so gut zu mir gewesen. Daß ausgerechnet einem Mann wie ihm ein so schrecklicher Unfall zustoßen muß. Ich werde bis an mein Lebensende für ihn sorgen.«

»Es muß nicht immer so bleiben, uns wird sicherlich eine Lösung einfallen.«

»Wir dürfen nie wieder zusammenkommen.«

»Das kommt nicht in Frage. Ein Ehebruch ist keineswegs etwas so Außergewöhnliches, wie du anzunehmen scheinst.«

»Ich weiß, daß Frauen ihre Männer und Männer ihre Frauen betrügen, aber das hilft mir nicht weiter. Es geht nicht um irgendeinen Mann und irgendeine Frau, sondern um Edward und mich.«

»Der Sinn des Lebens besteht nicht darin, daß man sich aufopfert, meine süße Jessica. Das Leben ist dazu da, damit wir es voll genießen. Es war unser Schicksal, es mußte dazu kommen, und angesichts deiner sogenannten Ehe wird dir niemand einen Vorwurf daraus machen.«

»Ich mache mir selbst Vorwürfe.«

»Ich werde dich lehren, es anders zu sehen.«

Er nahm mich in die Arme, und wir liebten einander wieder ... diesmal ruhiger und zärtlicher.

Ich versuchte nicht, mich ihm zu entziehen.

Damit hatte ich mein Dasein von Grund auf geändert. Ich hatte ein neues Kapitel meines Lebens begonnen und würde von nun an ein Doppelleben führen.

VIII

Erpressung

Wenn es bei dem einen Mal geblieben wäre, hätte ich mein
Verhalten vielleicht noch rechtfertigen können. Doch es blieb
nicht dabei. Ich war wie berauscht und erfand immer neue
Entschuldigungen für mich. Ich war eine Frau mit natürlichen
Bedürfnissen, die Edward nicht befriedigen konnte, und hatte
mir deshalb einen Liebhaber genommen – doch das entsprach
nicht den Tatsachen. Ich liebte Jake über alles, und er erwiderte meine Liebe. Ich war davon überzeugt, daß ich ihn
immer schon geliebt hatte. Als wir einander kennengelernt
hatten, war der Funke übergesprungen, und als wir einander
wiedergesehen hatten, war die Leidenschaft aufgeflammt.
Ich redete mir ein, daß Edward Verständnis dafür haben
würde. Es hatte ihn immer bedrückt, daß wir kein normales
Eheleben führten. Ich würde das Unrecht, das ich ihm zu-
fügte, wiedergutmachen, ihn noch liebevoller, noch aufmerk-
samer betreuen.
Ich hatte mir eingeredet, daß ich Jakes Haus nie wieder aufsuchen würde, doch es war vergeblich gewesen. Wir blieben
noch vier Tage in London, und während dieser Zeit benützte
ich jede sich bietende Gelegenheit, um mit Jake zusammenzukommen.
Ich kam mir schamlos vor, doch ich war wahrscheinlich nur
ausgehungert nach Liebe. Zeitweise erfüllte mich wildes
Glücksgefühl; dann wurde ich wieder von Gewissensbissen
gequält. Traurig dachte ich daran, wie bewundernswert Amaryllis ihr Leben gestaltet hatte – sie war ganz glückliche Frau
und Mutter. Vielleicht wäre es mir genauso ergangen, wenn
ich Jake geheiratet hätte.
Jake fühlte sich überhaupt nicht schuldig; er hatte auch nicht

soviel Grund dazu wie ich. Die Ehebrecherin war schließlich ich; er war frei und ungebunden. Er versuchte geduldig, die Last von meinen Schultern zu nehmen, und erklärte mir immer wieder, daß ich keine normale Ehe führte und daß es auf jeden Fall früher oder später so gekommen wäre. Selbst Edward würde es verstehen, falls er jemals davon erfahren sollte.

»Er darf es nie erfahren«, protestierte ich heftig. »Er darf nicht noch mehr leiden.«

»Er würde begreifen...«

Ich schüttelte den Kopf. »Er würde freundlich, verständnisvoll und nachsichtig sein, aber es würde ihn zutiefst treffen. Deshalb darf ich nie wieder hierherkommen.«

Ich faßte diesen Vorsatz oft, aber ich besuchte Jake in seinem Haus immer wieder und konnte es von einem Mal zum anderen kaum erwarten, ihn wiederzusehen.

Es waren seltsame Tage – voller Jubel und voller Scham. Die Stunden vergingen wie im Flug, und dennoch kamen mir diese vier Tage wie ein ganzes Jahr vor. In dieser Zeit stürmte soviel auf mich ein, daß ich über Nacht erwachsen wurde. Ich war kein unschuldiges junges Mädchen mehr, sondern eine leidenschaftliche Frau, die jede erdenkliche List anwandte, um mit ihrem Geliebten zusammenzusein, und der dann plötzlich die Schuld bewußt wurde, die sie damit auf sich lud.

Ich hatte das Gefühl, daß man mir das schlechte Gewissen vom Gesicht ablesen konnte, doch niemand bemerkte etwas, nicht einmal meine Mutter.

Als ich Jake wieder einmal besucht hatte und er mich nach Hause begleitete, standen wir unvermittelt Peter Lansdon gegenüber.

Ich errötete und zog hastig meine Hand aus Jakes Armbeuge. »Was für eine Überraschung, Peter«, stotterte ich. »Ich habe gar nicht gewußt, daß du in London bist.«

Er lächelte. »Geschäfte. In einem meiner Lagerhäuser gibt es Schwierigkeiten.« Ich stellte die beiden Männer einander vor. »Ich habe Besorgungen gemacht und war gerade auf dem Heimweg«, redete ich rasch weiter, »als ich Sir Jake traf.«

»Du wirst doch bald nach Eversleigh zurückfahren?«

»Allerdings. Warst du schon in der Albemarle Street?«

»Nein, ich habe mich direkt zum Lagerhaus begeben.«

»Peter ist sehr beschäftigt«, erklärte ich Jake.

»Die Schwierigkeiten ergeben sich immer dann, wenn man es am wenigsten erwartet«, stellte Peter fest. »Doch ich muß jetzt weiter, denn ich habe noch etliches zu erledigen. Ich komme dann später in die Albemarle Street.«

Wir verabschiedeten uns.

»Glaubst du, daß er etwas gemerkt hat?« fragte ich. »Mußte er erkennen, daß wir zusammengewesen sind?«

»Ich hatte den Eindruck, daß er vollkommen von seinen Angelegenheiten in Anspruch genommen war.«

»Er geht ganz in seinen Geschäften auf«, bestätigte ich erleichtert. »Ich hatte schon Angst, daß wir uns etwas zu auffallend benommen hätten.«

»Du mußt aufhören, ständig ein schlechtes Gewissen zu haben.«

Doch Peter Lansdon hatte mir den Tag verdorben. Er hatte mir zu deutlich zu Bewußtsein gebracht, daß ich auf Abwege geraten war.

Edward freute sich, mich wiederzusehen. »Es ist mir so lang vorgekommen«, meinte er.

»Dabei war es gar nicht so lang.«

»Wie waren die Feiern?«

»Sehr beeindruckend.«

»Ich frage mich, wie lange diese Hochstimmung anhalten wird.«

»Wir haben endlich Frieden, und das bedeutet für das Volk eine große Erleichterung.«

»Die Menschen haben ein kurzes Gedächtnis.«

»Du bist ein richtiger Pessimist geworden, Edward.«

Er lachte. »Es tut jedenfalls gut, dich wiederzuhaben.«

»Ich hoffe, daß James dich pflichtbewußt wie immer betreut hat.«

»O ja. Wir haben oft Piquet gespielt, und ich habe ihm Schach beigebracht. Er dürfte sich zu einem guten Spieler entwikkeln.«

»Das freut mich.«

»Du siehst verändert aus, Jessica.«
Ich wurde blaß. »Wie meinst du das?«
Er legte den Kopf schief und musterte mich. »Du siehst so strahlend aus. Du hast dich in London offensichtlich wohl gefühlt.«

»Das stimmt. Es war so aufregend und der Herzog wurde überall als der große Held gefeiert. Diese Begeisterung reißt jeden mit.«

»Wir sollten die glückliche Stimmung und die Zufriedenheit im Land genießen, so lange wir können.«

»Übrigens hat sich etwas Interessantes ereignet«, bemerkte ich. »Wir haben den Ball der Inskips besucht.«

»Ich nehme an, daß er prachtvoll war.«

»Das stimmt, und wir haben dort einen Sir Jake Cadorson kennengelernt. Du darfst dreimal raten, wer das ist.« Ich versuchte fröhlich zu lachen, hatte aber das Gefühl, daß es gekünstelt klang.

»Ein Geschäftsmann?«

»Nein, eigentlich nicht.«

»Ich habe damit gemeint, ob er ein Geschäftsfreund von Peter ist.«

»Nein, ich erzähle es dir lieber. Erinnerst du dich noch an Romany Jake?«

»Natürlich, der Zigeuner. Den werde ich nie vergessen, weil ich dich durch ihn kennengelernt habe.«

»Heute ist er Sir Jake.«

»Wie hat er das geschafft?«

»Er war kein echter Zigeuner, sondern ist von zu Hause fortgelaufen und hat sich dem fahrenden Volk angeschlossen. Er stammt aus einer alten Familie in Cornwall. Er hat seine sieben Jahre in Australien verbüßt und dann erfahren, daß er den Familienbesitz geerbt hat – und damit den Titel. Die

Inskips hatten ihn als einen der Ehrengäste zum Ball eingeladen.«

»Ich habe ihn nie zu Gesicht bekommen. Hast du ihn wiedererkannt?«

»Erst nach einiger Zeit. Wir haben uns einige Male miteinander unterhalten, und dann hat ihn mein Vater in die Albemarle Street eingeladen.«

»Es müssen sehr interessante Gespräche gewesen sein.«
Ich war froh, daß ich mit dem Rücken zum Licht saß.

»Du weißt ja, daß er Tamarisks Vater ist.«

»Mein Gott, natürlich. Die Affäre mit Dolly.«

»Ich mußte ihn zu uns einladen, denn er will seine Tochter kennenlernen.«

»Das ist nur natürlich.«

»Ich zerbreche mir darüber den Kopf, wie ich das Tamarisk beibringen soll. Wie wird sie deiner Ansicht nach darauf reagieren?«

»Das weiß man bei ihr nie.«

»Ich möchte, daß sie sich vor seinem Eintreffen an die neue Situation gewöhnt.«

»Selbstverständlich. Was für ein Mensch ist er überhaupt?«

»Er dürfte Ende zwanzig, vielleicht auch Anfang dreißig sein, hat dunkle Haare...«

»Ich habe nicht so sehr an die äußere Erscheinung gedacht.«

»Nun ja, er hat gut in den Kreis um die Inskips gepaßt.«

»Das sind die oberen Zehntausend, nicht wahr?« lachte er.

»So kann man es bezeichnen. Er hat mir erzählt, daß er von zu Hause fortgelaufen ist, weil er sich mit seinem Bruder nicht vertragen hat.«

»Und jetzt hat er seinen angestammten Platz wieder eingenommen.«

»So ungefähr.«

»Tamarisk müßte sich eigentlich darüber freuen, daß sie so einen Vater bekommt. Vielleicht wird er sie sogar mit nach Cornwall nehmen.«

»Es ist fraglich, ob sie mitgehen würde.«

»Bei Tamarisk kann man allerdings nie sicher sein. Ich weiß nur eines mit Bestimmtheit ... daß du das Richtige und damit auch Beste für Tamarisk tun wirst.«

Er lächelte mich liebevoll an, und in diesem Augenblick hatte ich das Gefühl, daß meine Schuld beinahe unerträglich war.

Ich versuchte vorsichtig, Tamarisk auf die bevorstehende Überraschung vorzubereiten.

»Hat es dich eigentlich jemals bedrückt, Tamarisk, daß du keinen Vater hast?«

Sie sah mich erstaunt an und überlegte einen Augenblick lang. »Nein.«

»Was würdest du sagen, wenn du plötzlich einen Vater bekämst?«

»Ich will keinen Vater.«

»Warum nicht?«

»Weil er mir vorschreiben würde, was ich tun soll. Der alte Mr. Frenshaw befiehlt dem jungen Mr. Frenshaw immer noch, obwohl dieser auch schon ganz schön alt ist.«

Ich lachte. »Der alte Mr. Frenshaw befiehlt jedem, was er tun soll. Vielleicht würdest du deinen Vater mögen.«

»Ich brauche keinen.«

»Es ist gelegentlich ganz angenehm, wenn man einen hat.«

»Wozu?«

»Nun ja, jeder Mensch hat einen Vater.«

»Ich nicht.«

»Ohne Vater wärst du nicht auf der Welt. Jeder Mensch muß eine Mutter und einen Vater haben.«

Sie sah mich verständnislos an, und weil ich merkte, daß ich auf dünnes Eis geriet, versuchte ich es mit der direkten Methode. »Du hast nämlich einen Vater.«

»Wo?«

»In London. Er möchte dich gern sehen.«

Sie starrte mich verwirrt an. »Wieso denn, wenn er mich gar nicht kennt?«

»Er weiß, daß du hier lebst.«

»Warum ist er dann nicht hier bei mir wie andere Väter?«
»Das ist eine komplizierte Geschichte. Er mußte das Land verlassen und hat lange auf der anderen Seite der Welt gelebt. Jetzt ist er zurückgekommen und möchte dich kennenlernen.«
»Wann?«
»Nächste Woche.«
»Oh!«
Nach einer Pause fuhr sie fort: »Brownie hat heute früh Kleiebrei bekommen müssen, und Stubbs hat sie damit gefüttert. Jonathan kommt am Nachmittag herüber, und wir werden miteinander ausreiten.«
Brownie war ihr Pferd und ihr größtes Glück. Stubbs war einer der Stallknechte.
Die Vorstellung, daß sie bald ihrem Vater gegenüberstehen würde, beeindruckte sie offenbar nicht sehr, denn ihr war alles mögliche viel wichtiger. Daß sie mit Jonathan ausreiten würde, beschäftigte sie weit mehr, daneben verblaßte alles andere.

Wenn ich mir vorstellte, daß Jake in Grasslands wohnen würde, erfaßte mich Unruhe und Besorgnis. Vor allem befürchtete ich, daß wir uns verraten würden.
Ich stellte ihn Edward vor und beobachtete dann die beiden... meinen Ehemann und meinen Geliebten. Edward war sehr höflich, und da Jake vollkommen unbefangen über seine Verurteilung und die Zeit in Australien sprach, kam es zu keiner peinlichen Pause.
Als wir wieder allein waren, stellte Edward fest: »Was für ein bemerkenswerter Mensch. Seine Erlebnisse verleihen ihm eine faszinierende Aura. Er ist zweifellos ein Individualist und wird bestimmt Leben in unser tägliches Einerlei bringen. Du wirst ihn vermutlich nach Eversleigh mitnehmen wollen.«
Ich erwähnte, daß meine Eltern uns einladen würden und daß wir Sir Jake auch in Enderby einführen sollten, obwohl Amaryllis eigentlich keine gesellschaftlichen Verpflichtungen mehr wahrnehmen konnte.

»Das Hauptproblem stellt aber nach wie vor Tamarisk dar.«
Es wurde eine seltsame Begegnung. Sie betrat das Zimmer,
und er ging auf sie zu. Sie blickte ihn neugierig an.
»Du bist also meine Tochter«, stellte er fest.
»Das hat man mir jedenfalls gesagt.«
»Dann war es höchste Zeit, daß wir einander kennenlernen.«
Sie zuckte die Schultern und wandte sich ab.
»Tamarisk«, rief ich empört, »dein Vater hat eine lange Reise
unternommen, um dich zu sehen.«
»Du warst auf der anderen Seite der Welt.« Als sie ihn jetzt
ansah, wirkte sie zugänglicher.
»Ja, und es sieht dort ganz anders aus als hier.«
»Es gibt dort Känguruhs.«
Er nickte.
»Hast du jemals eines gesehen?«
»Ja.«
»Mit einem Jungen im Beutel?«
»Ja, und ich habe Känguruhsuppe gegessen.«
»Du hast es getötet.«
»Jemand mußte es töten, wenn man Suppe daraus kochen
wollte. Aus lebenden Tieren kann man keine Suppe machen.«
»Hast du einen Bumerang gehabt?«
»Ja. Wie ich höre, hast du ein Pferd und bist eine gute Reite-
rin.«
»Magst du Pferde?«
»Sehr sogar. Vielleicht könnten wir gemeinsam ausreiten und
uns dabei in aller Ruhe unterhalten.«
»Einverstanden. Ich gehe in mein Zimmer und ziehe mein
Reitkleid an. Es ist ganz neu.«
»Das ist großartig. Du kannst mir die Gegend zeigen.«
»In Ordnung. Warte hier, ich bin gleich wieder da.«
Als sie das Zimmer verlassen hatte, lächelte ich ihn an. »Du
hast den ersten Schritt geschafft.« Wir waren allein im Zim-
mer.
»Du hast mir so sehr gefehlt, Jessica«, begann er.
»Bitte, nicht hier, nicht in diesem Haus.«

»Wirst du zu mir nach London kommen?«

»Es kann nicht so weitergehen, Jake. Das ist mir klar geworden, seit ich zu Edward zurückgekehrt bin.«

»Er wird es nie erfahren. Und wir brauchen einander.«

»Ich kann ihn nicht weiterhin betrügen.«

»Niemand kann von dir verlangen, daß du wie eine Nonne lebst. Du bist nicht dafür geschaffen.«

»Ich habe bereits bewiesen, daß ich keine Nonne bin, indem ich mein Ehegelöbnis gebrochen habe.«

»Ich liebe dich.«

»Und ich liebe dich ... aber es ist unmöglich. Das müssen wir einsehen. Ich habe mich für Edward entschieden, und ich könnte ihn nie verletzen. Er hat schon so viel gelitten. Du mußt dir vorstellen, daß er seit Jahren ans Bett gefesselt und im eigentlichen Sinn des Wortes kein Mann mehr ist.«

»Ist es denn für uns leicht, wenn wir nicht miteinander glücklich werden können?«

»Du wirst jemand anderen finden.«

»Es gibt nur einen einzigen Menschen, an dem mir etwas liegt.«

»Das redest du dir ein. Wenn wir einander nicht zufällig bei den Inskips getroffen hätten ...«

»Dann wäre ich hierher gekommen und hätte dich gefunden. Seit dem Augenblick, als wir einander vor so vielen Jahren kennenlernten, war es unvermeidlich. Es war uns vorbestimmt.«

»Wir müssen stark sein, und ich für meinen Teil bin dazu entschlossen. Was ich in London getan habe, war Wahnsinn. Das weiß ich, seit ich wieder mit Edward zusammen bin.«

Tamarisk stürzte strahlend in ihrem neuen Reitkleid ins Zimmer.

»Ich bin fertig«, verkündete sie.

»Dann also los«, sagte Jake.

Er hielt ihr die Tür auf, und als sie hinausging, drehte er sich zu mir um und warf mir eine Kußhand zu.

Ich war froh, weil das Zusammentreffen der beiden besser

verlaufen war, als ich angenommen hatte. Tamarisk war zwar noch mißtrauisch, konnte jedoch seinem Charme bestimmt nicht lange widerstehen.

Damit war vielleicht neben Jonathan noch ein weiterer Held in ihr Leben getreten.

Ich suchte Edward auf.

»Wie ich sehe, ist alles gutgegangen«, empfing er mich. »Du siehst sehr zufrieden aus.«

»Sie reiten gerade miteinander aus. Sie wird ihn bestimmt liebgewinnen.«

»Er ist ja auch ein sympathischer Mensch. Ich frage mich nur, ob er sie uns wegnehmen wird.«

»Das müssen die beiden entscheiden.«

»Sie wird vielleicht Cornwall kennenlernen wollen.«

»Du vergißt Jonathan. Sie hängt leidenschaftlich an ihm.«

»Das stimmt. Es würde ihr sicherlich nicht leichtfallen, ihn zu verlassen.«

»Ich hätte nichts dagegen, wenn sie ihren Vater nach Cornwall begleitet.«

»Sie stellt für dich eine Art Verpflichtung dar.«

»Daran habe ich nicht gedacht. Sie ist frühreif, und es bereitet mir Sorgen, daß sie so sehr an Jonathan hängt. Er ist keineswegs ein Kostverächter.«

»Ich bin davon überzeugt, daß Jonathan sich zu Hause nichts zuschulden kommen läßt.«

»Hoffentlich. Ihre leidenschaftliche Ergebenheit könnte ihn in Versuchung führen.«

»Das glaube ich nicht. Es stimmt, daß er hinter jeder Schürze her ist, aber Tamarisk ist etwas anderes. Er würde sich bestimmt zusammennehmen, wenn es um sie geht.«

»Er könnte sich hinreißen lassen. Schließlich erfüllt sie ihm jeden Wunsch. Außerdem ist sie frühreif und für ihr Alter schon sehr gut entwickelt.«

Edward schüttelte den Kopf. »Ich bin davon überzeugt, daß Jonathan sich beherrschen wird. Im Grunde ist er ein anständiger Kerl.«

Du nimmst von den Menschen immer nur das Beste an, dachte ich. Was würdest du sagen, wenn du wüßtest, daß deine Frau in London in einem Haus in der Blore Street ihre Zurückhaltung vergessen und dich mehrere Male mit dem Mann betrogen hat, der jetzt Gast in deinem Haus ist?

Man konnte Edward eine gewisse Naivität nicht absprechen; er erinnerte mich manchmal an Amaryllis, die ebenfalls bedingungslos an das Gute im Menschen glaubte. Menschen wie die beiden weckten meinen Beschützerinstinkt. Ich gelobte mir, daß Edward nie die Wahrheit erfahren würde. Flüchtig fiel mir ein, daß Peter Jake und mich Arm in Arm in der Blore Street überrascht hatte. Er war vielleicht kein sehr scharfer Beobachter und hatte andere Dinge im Kopf, aber andere Leute würden aus einer solchen Situation gewisse Schlüsse ziehen.

Es gab nur eine einzige Möglichkeit, Edward vor der Erkenntnis zu bewahren, daß seine Frau ihm nicht treu war. Bis jetzt hatte niemand unser Geheimnis entdeckt. Wir durften nie wieder sündigen.

Leah hatte eine wichtige Rolle in unserer Romanze gespielt, war später mit Tamarisk in unseren Haushalt aufgenommen worden und gehörte jetzt zur Dienerschaft. Sie gab ein ausgezeichnetes Kindermädchen für Tamarisk ab, und ich fragte mich oft, was ich ohne sie getan hätte. Sie war ruhig und hielt sich abseits. Die jungen Männer interessierten sie nicht, obwohl etliche von ihnen nur auf ein wenig Ermutigung warteten. Es hieß, daß sie infolge eines »Erlebnisses« Angst vor Männern hatte.

Wir wußten, um welches Erlebnis es sich handelte, denn es hatte ihren Retter beinahe das Leben gekostet und ihm sieben Jahre Zwangsarbeit eingetragen.

Und jetzt stand sie ihm gegenüber.

Als Jake und Tamarisk vom Ausritt zurückkehrten, erwartete sie die beiden. Ich hatte es für vernünftiger gehalten, sie darauf vorzubereiten. Sie war zuerst blaß und dann rot geworden.

»Es ist lange her«, sagte sie.

»Ja«, bestätigte ich.

»Ich werde nie vergessen, was er für mich getan hat.«

»Das ist verständlich.«

Nun ritten die beiden in den Hof. Jakes Gesicht war gerötet und seine Augen leuchteten vor Freude. Seine Tochter bezauberte ihn offenbar. Sie sah in ihrem Reitkleid entzückend aus, und er konnte stolz auf sie sein.

»Es war ein schöner Ausritt, Leah«, erzählte Tamarisk begeistert. »Wir sind um die Wette geritten, und er hat mich nur knapp geschlagen.«

»Leah«, sagte er. »Kleine Leah.«

Er trat zu ihr und ergriff ihre Hände. Sie blickte zu ihm auf, und ich erkannte die innige Liebe in ihren Augen. Es rührte mich zutiefst.

»Du kümmerst dich also um meine Tochter?«

Sie nickte mit Tränen in den Augen. »Ich habe an Sie gedacht.«

»Ich habe ebenfalls an dich gedacht, Leah«, antwortete er sanft.

»Was Sie für mich getan haben...«

»Es ist lange her.«

»Man hat es Ihnen vorgeworfen und wollte Sie deshalb hängen...«

»Aber jetzt stehe ich heil und gesund vor dir.«

»Sie sind jetzt ein Edelmann; Sie haben nie zu uns Zigeunern gehört.«

»Ich habe mich wenigstens bemüht.«

Ich hatte das Gefühl, daß mir die Rolle des Lauschers an der Wand zugefallen war und ich sie eigentlich allein lassen sollte.

»Komm, Tamarisk«, forderte ich sie auf. Merkwürdigerweise gehorchte sie mir. Sie lief in den Stall, um nachzusehen, ob Brownie gut versorgt war. Ich ging in den Garten, um das Wiedersehen nicht zu stören.

Ob Leah ihn wohl liebte? Für sie war er ein Held. Sie hatte sein Kind von uns weggeholt, weil sie dadurch das Gefühl hatte, daß Jake ihr nahe war, und sie liebte Tamarisk jetzt abgöttisch.

Was empfand Jake eigentlich für Leah? Er hatte sehr liebevoll zu ihr gesprochen. Als er sich den Zigeunern angeschlossen hatte, war ihm das unschuldige, junge Mädchen ans Herz gewachsen, und er hatte sein Leben aufs Spiel gesetzt, um sie vor dem Wüstling zu retten.

Wie stand er heute Leah gegenüber? In mir regte sich Eifersucht.

Er war für weibliche Reize empfänglich. Ich erinnerte mich, wie er mit Dolly getanzt hatte. Dolly hatte ihn geliebt – und was hatte er für sie empfunden? Sie hatte ihm leid getan, aber sie hatte auch sein Verlangen geweckt, und er hatte diesem Verlangen bedenkenlos nachgegeben. Ergriff er in dem Haus in der Blore Street genauso bedenkenlos die sich bietende Gelegenheit?

Wie stand es um Leah? Hatte sie es damals, als er bei den Zigeunern lebte, für möglich gehalten, daß aus ihnen ein Paar würde? Warum nicht? Jetzt war natürlich alles anders. Er war ein Landedelmann, und für Leah war in seinem Leben kein Platz mehr. Oder irrte ich mich da?

Für mich sah die Lage nicht gerade rosig aus. Ich konnte bestenfalls nur insgeheim einen Platz in seinem Leben einnehmen.

Er hatte offenbar bemerkt, daß ich in den Garten gegangen war, denn er folgte mir.

»Endlich allein«, seufzte er.

Ich hatte mich auf die Holzbank gesetzt, und er nahm neben mir Platz. Wie immer erregte mich seine Nähe.

»Die arme Leah war sehr gerührt«, stellte ich fest.

»Das stimmt. Das Wiedersehen mit mir hat ihr alles wieder in Erinnerung gerufen. Ich bin jetzt erst recht froh, daß ich diesen Unhold getötet habe. Sie war ein so sanftes Mädchen.«

»Das ist sie heute noch, und sie kommt wunderbar mit Tamarisk zurecht. Wenn du Tamarisk nach Cornwall mitnehmen solltest, müßte Leah sie begleiten.«

»Tamarisk wird dich nicht verlassen wollen. Für sie bin ich ein Fremder. Sie weiß noch nicht, wie sie sich zu mir stellen soll.

Jessica, könnten wir nicht irgendwo... allein beisammen sein?«

»In diesem Haus?« rief ich entsetzt. »Auf keinen Fall.«

»Es ist unendlich schwer für mich, dir so nahe und zugleich so fern zu sein.«

»Das können wir nicht ändern.«

»Wirst du nach London kommen?«

»Ja... nein...«

Er lächelte. »Du wirst kommen. Du mußt. Wir werden uns etwas einfallen lassen. So kann es nicht weitergehen.« »Ich sehe keine andere Möglichkeit.«

»Du meinst heimliche Rendezvous... verstohlene Zusammenkünfte...«

»Wir müssen nehmen, was sich uns bietet.«

»Es hätte nie soweit kommen dürfen.«

»Es war unvermeidlich.«

»Erzähl mir von Leah.«

»Was willst du hören?«

»Wie hat sie sich verhalten, als sie dir plötzlich gegenüberstand?«

»Sie war tief gerührt.«

»Ich glaube, daß sie dich liebt.«

»Sie ist mir dankbar.«

»Und du?«

»Ich mag sie.«

»Liebst du sie? Sie ist schön.«

»Das stimmt. Aber ich liebe jetzt und für immer eine einzige Frau.«

Einen Augenblick lang lehnte ich mich an ihn, dann fiel mir ein, daß wir uns in der Nähe des Hauses befanden und daß jeden Augenblick jemand herauskommen konnte. Ich erhob mich; er stand im nächsten Augenblick neben mir, schloß mich in die Arme und küßte mich – zunächst zärtlich und dann leidenschaftlich.

»Nicht hier«, wehrte ich ab und hatte damit zugegeben, daß ich mich an einem anderen Ort anders verhalten würde.

»Wann kommst du nach London?« fragte er.

»So bald wie möglich.«

»Vielleicht kannst du Tamarisk mitnehmen. Sie sollte öfter mit ihrem Vater beisammensein.«

»Sie ist eine sehr gute Beobachterin – was ist, wenn ...?«

»Wir müssen eben vorsichtig sein.«

»Das Ganze muß ein Ende haben«, wiederholte ich.

Ich löste mich von ihm und verließ mit ihm den Garten. Er reichte mir seinen Arm. Ich blickte zum Haus und fragte mich, ob uns vielleicht jemand beobachtete.

Jakes Besuch war ein großer Erfolg.

»Ich mag ihn«, erklärte mein Vater. »Er bringt Leben ins Haus.«

Meiner Mutter gefiel er ebenfalls, sie äußerte sich aber zurückhaltender über ihn; hatte sie vielleicht erraten, daß meine Gefühle für ihn tiefer gingen, als gut war?

Er hatte vorgeschlagen, daß Tamarisk ihn in London besuchen sollte, weil er ihr dort so vieles zeigen wollte. Anschließend wollte er sie nach Cornwall mitnehmen.

Ich erklärte ihr, sie müsse sich vor Augen halten, daß Jake ihr Vater war und daß sein Haus auch das ihre sein konnte, wenn sie es wollte.

»Mir gefällt es hier«, wandte sie ein. Dabei sah sie Jonathan an, der zufällig neben uns stand.

Im Augenblick galt unser aller Sorge Amaryllis. Der Zeitpunkt der Entbindung kam heran, und Dickon behauptete, daß Claudine sich aufführe wie eine alte Glucke.

»Amaryllis ist ein gesundes Mädchen, und die Frauen sind dazu da, um Kinder zu gebären. Was soll die Aufregung?«

»So kann nur ein überheblicher Mann sprechen«, stellte meine Mutter fest. »Natürlich macht sich Claudine Sorgen. Jede Mutter tut es. Auch ich mache mir Sorgen und werde erst ruhiger sein, wenn das Kind auf der Welt ist. Und wenn ich mich richtig erinnere, warst du ganz schön besorgt, als Jessica zur Welt kam.«

»Ich habe geahnt, daß es bei ihr nicht mit einer normalen, ruhigen Geburt abgehen würde.«

»Damit hast du dich geirrt. Es war eine vollkommen problemlose Entbindung, und sie war vom ersten Augenblick an ein entzückendes Kind.«

»Ein ewig brüllender Schreihals«, widersprach mein Vater.

»Den du vom ersten Tag an angebetet hast.«

Ich liebte diese zärtlichen Plänkeleien zwischen meinen Eltern.

Was für glückliche Menschen sie doch waren. Tante Sophie hatte es auch immer behauptet – obwohl meine Mutter den Mann ihrer Wahl zuerst nicht heiraten durfte und eine daher nicht sehr befriedigende Ehe eingegangen war. Dann war sie während der Französischen Revolution nur um Haaresbreite dem Tod entronnen und hatte erst spät in Eversleigh ihr Glück gefunden.

Die arme Tante Sophie hingegen hatte immer nur sich selbst bedauert und nie begriffen, daß es nur von uns abhängt, was wir aus unserem Leben machen.

Das sagte ich mir immer vor – und ganz besonders jetzt. Ich hatte den guten, freundlichen Edward geheiratet, und es war meine Pflicht, für ihn zu sorgen und ihm jeden Kummer zu ersparen.

Ich mußte lernen, dieses Leben zu lieben, mußte aufhören, vom Unmöglichen zu träumen, mußte vergessen, daß ich die Grenzen der Moral und des Anstands überschritten hatte und durfte nie wieder vom rechten Weg abweichen.

In den letzten Tagen vor der Geburt von Amaryllis' zweitem Kind war ich viel mit ihr zusammen, und es bedrückte mich immer mehr, daß ich kein Kind haben konnte. Doch diesen Wunsch mußte ich mir versagen, denn wenn ich ein Kind bekam, konnte es nicht das meines Mannes sein.

Ich mußte mich damit begnügen, Amaryllis Gesellschaft zu leisten und mit ihrer Tochter Helena zu spielen.

Diesmal dauerte die Entbindung lang, und die arme Amaryllis tat mir leid, doch ich konnte mir ihre Freude beim ersten

Schrei ihres Kindes sehr gut vorstellen. Noch dazu war es ein Sohn.

In der ganzen Familie herrschte eitel Wonne. Peter war vor Freude beinahe außer sich. Es ist doch unglaublich, wie hoch Männer Söhne einschätzen. Ich ärgerte mich darüber, obwohl ich mich natürlich mit Amaryllis freute.

Amaryllis lag blaß und geschwächt im Bett, aber sie war sichtlich stolz und strahlte genauso wie in der ersten Zeit ihrer Ehe.

Es war gemein von mir, sie zu beneiden, doch ich konnte nicht anders. Ihr fällt so viel in den Schoß, dachte ich. Und was habe ich vorzuweisen? Gewissensbisse.

Ich mußte mich zusammenreißen; ich durfte nie so werden wie Tante Sophie . . . verbittert, weil das Leben an mir vorbei-gegangen war. Ich hatte mir meinen Lebensweg selbst vorge-zeichnet. Natürlich kann man nicht immer etwas dagegen tun, wenn das Leben eine unerwartete Wendung nimmt. Konnte Sophie etwas dafür, daß sie bei dem Feuerwerk entstellt wor-den war? Konnte Edward etwas dafür, daß er so schwer verletzt worden war? Doch man darf sich nicht in seinem Unglück vergraben. Jemand hat einmal gesagt: Hol deine traurigen Erinnerungen nicht hervor, um sie schwimmen zu lehren; hol sie hervor und ertränke sie. Diesen Satz mußte ich mir einprägen. Ich küßte Amaryllis.

»Ich bin die glücklichste Frau der Welt«, lächelte sie.

»Wie wirst du ihn nennen?«

»Peter«, antwortete sie sofort, »nach seinem Vater.«

»Hat sich Peter für diesen Namen entschieden?«

»Ja, und ich bin auch dafür.«

Das Kind wurde also Peter getauft, und weil es etwas verwir-rend war, zwei Peter in einem Haushalt zu haben, nannten wir den Kleinen bald nur noch Peterkin.

Mein Vater war von dem Jungen sichtlich begeistert.

»Endlich ein Mann in diesem Weiberhaushalt!«

»Würdest du David und Jonathan etwa nicht als Männer bezeichnen?« erkundigte ich mich.

»David wird nie einen Sohn bekommen. Und was Jonathan betrifft... bei ihm bin ich mir meiner Sache nicht sicher.«

»Du bist ihm gegenüber voreingenommen«, protestierte meine Mutter.

»Wieso bin ich voreingenommen?«

»Du verzeihst ihm die Geschichte mit dem Glücksspiel und die Affäre mit Westons Tochter nicht.«

»Wenn er Eversleigh übernimmt, muß er sich anständig aufführen.«

»Jeder junge Mann muß sich die Hörner abstoßen.«

»Aber nicht auf seinem eigenen Grund und Boden.«

»Den Spielklub hat er immerhin in London besucht.«

»Glücksspiele sind der Ruin für einen Gutsbesitzer. Sie sind der erste Schritt bergab.«

»Bitte halte nicht schon wieder einen Vortrag über die Gefahren des Glücksspiels, Dickon.«

»Man kann nicht oft genug davor warnen.«

»Das hast du bereits hinlänglich zu verstehen gegeben. Und jetzt denke an deinen Urenkel, über den du dich so sehr freust. Du solltest Amaryllis dankbar sein.«

»Es wäre mir lieber gewesen, wenn Jessica...«

Sie unterbrach ihn: »Besuchen wir Peterkin.«

Es war ein erheiternder Anblick, wenn mein Vater mit dem Kleinen in den Armen im Kinderzimmer herummarschierte.

»Der Herr ist in das Kind vernarrt«, hieß es beim Personal.

Damit hatten sie recht.

Die Taufe des kleinen Peterkin löste in Enderby die übliche Geschäftigkeit aus. Die Taufkleidchen wurden herausgeholt und begutachtet, und wir berieten lange darüber, wer zu der Taufe eingeladen werden sollte.

Die Barringtons kamen aus Nottingham, natürlich in Begleitung von Clare. Ich fühlte mich in Clares Gegenwart immer unbehaglich und dachte oft daran, daß es für Edward besser gewesen wäre, wenn er sie geheiratet hätte. Sie wäre ihm bestimmt eine treue Frau gewesen, denn sie liebte ihn zweifellos innig. Die Männer entschieden sich so oft für die falschen Frauen, hatte mir ein Dienstmädchen einmal gesagt.

Jake hatte seinen Aufenthalt verlängert, aber er konnte schließlich nicht unbeschränkt bei uns bleiben. Er war äußerst ungern abgereist, nachdem er mir das Versprechen abgenommen hatte, daß ich sofort nach der Taufe nach London kommen würde.

»Bring Tamarisk mit«, bat er. »Ich muß meine Tochter endlich näher kennenlernen. Wenn nicht, komme ich wieder nach Grasslands. Gott segne das Kind. Sie liefert mir den Vorwand dafür, daß ich dich besuche.«

Er nahm unsere Affäre nicht so schwer wie ich – er hatte es leicht, er betrog ja niemanden.

Ich liebte sein dominierendes Wesen, obwohl es mich manchmal irritierte. Dazwischen redete ich mir immer wieder ein, daß ich nie mehr sündigen würde.

Die Taufe verlief ohne Zwischenfall. Peterkin war ungewöhnlich friedlich, und ich weiß nicht, wer stolzer auf ihn war – sein Vater oder der meine.

Beide Männer hatten endlich den langersehnten männlichen Erben.

Amaryllis sah wunderschön aus und strahlte vor Glück. Ihr Ehehimmel war von keinem Wölkchen getrübt.

In der großen Halle von Eversleigh fand ein Empfang statt, bei dem die üblichen Trinksprüche ausgebracht wurden. Peterkin schlief indessen längst friedlich in seiner Wiege, und einige Gäste gingen hinauf, um ihn zu bewundern, darunter auch ich. Das alte Kinderzimmer von Eversleigh war mit neuem Leben erfüllt. Helena saß auf dem Fußboden und baute eine Burg aus Holzklötzchen. Die vollkommene Idylle, dachte ich neidisch.

Mrs. Barrington hatte wohl meinen Gesichtsausdruck bemerkt, denn sie ergriff meine Hand und drückte sie.

»Ich möchte unter vier Augen mit dir sprechen, Liebes, sobald wir allein sind.«

Weil ich ein schlechtes Gewissen hatte, erschrak ich. Ich

befürchtete immer, daß jemand unser Geheimnis entdeckt hatte.

Dann war es soweit.

»Setz dich, meine Liebe«, begann sie. »Ich mache mir ein bißchen Sorgen.«

»Weshalb denn?«

»Deinetwegen. Du siehst etwas abgespannt aus.«

»Abgespannt?«

»Du hast dich verändert. Wahrscheinlich bist du übermüdet.«

»Ganz bestimmt nicht.«

Sie streichelte meine Hand.

»Du bist ein wunderbarer Mensch. Wir sprechen immer wieder darüber, was du für Edward getan hast. Ich weiß, wie gern du ihn hast... aber ich glaube, daß du allmählich müde wirst.«

»Was meinst du damit?«

»Ich meine, daß du die ganze Zeit nicht aus dem Haus kommst und daß dich dieses eintönige Leben erschöpft.«

»Das stimmt nicht. Ich bin doch zu den Waterloo-Feiern nach London gefahren. Edward hat darauf bestanden, daß ich meine Eltern begleite, und daraufhin habe ich mich dazu entschlossen.«

»Das verstehe ich, mein Liebes, aber ich finde, daß du Hilfe brauchst. Deshalb haben wir beschlossen, daß Clare hierbleiben und dich unterstützen wird.«

»Clare?«

»Warum nicht? Sie ist für Edward wie eine Schwester. Sie mögen einander.«

»Ich weiß, daß sie Edward immer gern gehabt hat.«

»Er mag sie ebenfalls. Aber ich denke dabei vor allem an dich. Sie wird dir das Leben erleichtern.«

»Das ist doch nicht notwendig.«

Daß Clare zu uns kam, war wohl das letzte, was ich wollte. Sie hatte mir immer ablehnend gegenübergestanden. Sie wird mich beobachten, dachte ich, und ich konnte es mir nicht leisten, ständig einen wachsamen Beobachter um mich zu haben. Sie würde Gründe suchen, um mich kritisieren zu können, und das würde ihr bei Gott nicht schwerfallen.

Ich setzte mich noch einmal zur Wehr, aber Mrs. Barrington war fest entschlossen.

»Daß wir nach Nottingham zurückgekehrt sind«, fuhr sie fort, »hat uns beide mit neuer Lebenskraft erfüllt. Vater wollte sich eigentlich noch nicht zur Ruhe setzen und hatte sich nur dazu entschlossen, weil ihm die Schwierigkeiten mit den Arbeitern sehr zu schaffen machten. Das ist Gott sei Dank jetzt vorbei. Das Gericht hat immer strengere Strafen verhängt, und daraufhin sind die Arbeiter zur Vernunft gekommen.«

»Ja«, stimmte ich zu und dachte an Fellows, der gehängt worden war.

»Deshalb kommen wir ohne weiteres ohne Clare zurecht, und sie kann dich bei Edwards Betreuung unterstützen.«

»Das ist wirklich sehr freundlich von dir, aber ich werde ganz gut alleine fertig.«

»Das weiß ich, Liebes. Aber Clare bleibt bei dir, und ich schicke ihr ihre Sachen hierher nach.«

Ich konnte nur noch eines tun . . . mich liebenswürdig bedanken.

Jake hatte geschrieben – an mich und an Tamarisk.

Ich hatte zum ersten Mal in meinem Leben einen Liebesbrief erhalten: mein Geliebter beteuerte mir, wie einsam er sich ohne mich fühlte. Er mußte demnächst nach Cornwall reisen und ertrug die Vorstellung nicht, so weit von mir entfernt zu sein. Ich sollte möglichst bald mit Tamarisk nach London kommen, weil er ohne mich nicht leben konnte. Er erlebte im Geist die Stunden in der Blore Street immer wieder und ertrug den Gedanken an eine Trennung nicht.

Nachdem ich den Brief gelesen hatte, versteckte ich ihn in meinem Schreibtisch; ich würde ihn bestimmt noch oft lesen.

Tamarisk freute sich über ihren Brief, denn obwohl sie versuchte, gleichgültig zu tun, machte es sie glücklich, einen Vater zu haben. Sie hatte sich regelrecht in ihn verliebt.

»Möchtest du nach London fahren?« fragte ich sie beiläufig.
»Ich hätte nichts dagegen«, meinte sie, aber ihre Augen leuchteten.
»Dein Vater hat mir vorgeschlagen, mit dir nach London zu kommen. Das würde dir doch Spaß machen, nicht wahr?«
»Ich habe nichts dagegen«, wiederholte sie.
Ich beschloß, die Angelegenheit mit meiner Mutter zu besprechen. Sie fuhr sehr gern nach London, hielt Jakes Vorschlag für eine gute Idee und fand ebenfalls, daß Tamarisk öfter mit ihrem Vater zusammenkommen sollte.
»Vielleicht will er sie nach Cornwall mitnehmen«, fügte sie hinzu.
»Meinst du damit, daß sie ständig bei ihm leben soll?«
»Warum nicht? Es wäre nur natürlich.«
»Die Frage ist, ob Tamarisk nach Cornwall möchte.«
»Sie könnten ja Leah mitnehmen.«
Die Vorstellung, daß Leah mit Jake in Cornwall leben sollte und daß ich meilenweit entfernt in Eversleigh saß, quälte mich. Ausgerechnet die schöne Leah, die entweder bereits in Jake verliebt war oder sich demnächst in ihn verlieben würde.
»Ich glaube nicht, daß Tamarisk Jonathan verlassen will«, fügte meine Mutter hinzu, »obwohl ich dafür wäre.«
»Ihre Zuneigung für Jonathan bereitet dir Sorgen.«
»Es ist mehr als eine Zuneigung, sondern beinahe schon eine große Leidenschaft. Sie ist ein sehr leidenschaftliches Kind. Und Jonathan ... nun ja, er ist nicht gerade ein Muster an Tugend. Es macht ihm natürlich Spaß, daß sie ihn anhimmelt.«
»Jeder Mensch hat es gern, wenn man ihn bewundert.«
»Sie ist frühreif.«
»Sie ist trotzdem noch ein Kind.«
»Manche Kinder entwickeln sich sehr schnell zu Erwachsenen. Dein Vater hegt Jonathan gegenüber einige Vorbehalte.«
»Wegen des Glücksspiels im Klub.«
»Das hat die Zweifel ausgelöst. Nein ... wahrscheinlich war es schon die Geschichte mit der Tochter des Pächters. Dein

Vater macht sich Sorgen wegen der Zukunft des Besitzes...
mehr als früher.«

»David leitet das Gut großartig.«

»Ja, aber er hat keinen Sohn. Zum Glück gibt es jetzt den
kleinen Peterkin.«

»Hat Vater etwa vor, ihm schon in der Wiege beizubringen,
wie man ein Gut führt?«

»Natürlich nicht, aber der Kleine ist für deinen Vater von
großer Wichtigkeit. Wenn Jonathan sich nicht bessert, kann
Peterkin das Gut übernehmen.«

»Jonathan wird seine Sache bestimmt gut machen.«

»Er ist seinem Vater so ähnlich.«

»Der nach allem, was ich gehört habe, ein faszinierender
Gentleman war.«

»Das stimmt. David ist der solidere der beiden Brüder gewesen, und genau darauf legt dein Vater Wert.«

»Dabei muß er in seiner Jugend seinem Sohn Jonathan recht
ähnlich gewesen sein, und das bedeutet, daß auch sein Enkel
etwas von ihm geerbt hat.«

»Dein Vater ist einmalig. Er konnte leichtsinnig und unbekümmert sein und trotzdem alle seine Unternehmungen erfolgreich zu Ende führen. Ich bedauere sehr, daß er und
Jonathan einander nicht besser verstehen. Doch zurück zu
deiner Reise nach London. Nachdem Clare jetzt bei dir
wohnt, solltest du dich leichter freimachen können.«

Es fiel mir schwer, nicht zu zeigen, wie sehr ich mich auf diese
Reise freute.

»Es müßte allerdings bald sein«, meinte ich.

»Dein Vater will demnächst nach London fahren. Er möchte,
daß Jonathan dort jemanden kennenlernt. Wir könnten also
wieder alle zusammen reisen. Amaryllis wird bestimmt nicht
mitkommen wollen. Ich möchte wissen, warum sie nicht gelegentlich Peter begleitet, er ist doch ständig unterwegs.«

»Sie interessiert sich nicht für seine Geschäfte und möchte
natürlich die Kinder nicht allein lassen.«

Wir besprachen dann noch die Reise in allen Einzelheiten.

Als ich Clare mitteilte, daß ich nach London reisen würde, versicherte sie mir, daß ich mir wegen Edward keine Sorgen machen müsse. Sie würde sich darum kümmern, daß es ihm an nichts fehlte. Ich bedankte mich, und sie wehrte mit dem Hinweis ab, daß sie ja nach Grasslands gekommen war, damit ich mir gelegentlich ein wenig Abwechslung gönnen konnte. »Ich möchte Ihnen Ihre Aufgabe erleichtern«, fügte sie hinzu, und ich versuchte, den Unterton in ihrer Stimme zu überhören.

Wir machten uns also wieder einmal auf den Weg – meine Eltern, Tamarisk und ich in der Kutsche, Jonathan zu Pferde. Als wir das Haus in der Albemarle Street betraten, fiel mir auf, daß wir ein neues Dienstmädchen hatten. In London wechselte die Dienerschaft häufig. Die jungen Mädchen heirateten, kündigten, und die Haushälterin stellte dann einen Ersatz ein. Auf dem Land blieben Mädchen, die heirateten, meist auf dem Besitz und arbeiteten weiterhin für den Gutsherrn.

Prue Parker war hübsch, aber nicht auffallend. Sie wirkte zurückhaltend, und die Haushälterin behauptete, daß sie sehr schüchtern sei.

Jonathan musterte sie eingehend. Er verhielt sich jeder Frau gegenüber so. Meiner Meinung nach schätzte er seine Chancen bei ihr ab.

Jake besuchte uns an dem Tag unserer Ankunft.

»Sie können es wohl nicht erwarten, Ihre Tochter wiederzusehen?« fragte meine Mutter.

»Das ist richtig, aber außerdem freue ich mich, die gesamte Familie wiederzusehen.«

Er blieb zum Abendessen und erzählte uns, daß er inzwischen in Cornwall gewesen war und demnächst wieder hinunterreisen müsse. Er würde sich aber noch einige Zeit in London aufhalten und hoffte, daß er die Gelegenheit haben würde, seine Tochter näher kennenzulernen.

Am nächsten Tag führte er sie aus. Er forderte mich auf, sie zu begleiten, doch ich hatte meiner Mutter versprochen, mit ihr einige Besorgungen zu machen. Einen Tag danach lud Jonathan Tamarisk zu einer Bootsfahrt auf dem Fluß ein, und damit bot sich Jake und mir die erhoffte Gelegenheit.

Natürlich hätte ich sie nicht ergreifen sollen, und ich hatte das auch vorgehabt, aber mein Widerstand schwand sehr rasch, und ich suchte wieder das Haus in der Blore Street auf.

Er wiederholte, daß er die Trennung nicht ertragen könne, und schmiedete wilde Pläne. Einen Augenblick lang bildete ich mir ein, daß wir sie in die Tat umsetzen könnten.

Doch ich kam um die Tatsache nicht herum, daß ich mit Edward verheiratet war. Es gab für mich kein Entrinnen aus dieser Ehe.

Ich fragte mich, wie lange Jake warten würde, denn Geduld war nicht gerade seine Stärke. Er konnte sich viel schwerer als ich damit abfinden, wenn seine Pläne durchkreuzt wurden; aber er hatte ja auch kein schlechtes Gewissen.

Wenn ich an die Zukunft dachte, sah ich Jahre voll heimlicher Zusammenkünfte, voll unerfüllter Sehnsucht vor mir. Und auch die wenigen heimlichen Zusammenkünfte waren von der Schuld überschattet, die ich auf mich lud.

»Es wäre schön, wenn wir für immer in diesem Haus bleiben könnten«, seufzte er. »Wir beide ganz allein...«

»Du vergißt, daß dieser Besuch deiner Tochter gilt, die du besser kennenlernen willst«, rief ich ihm ins Gedächtnis.

»Jonathan hat sie uns dankenswerterweise heute abgenommen.«

Ich erschrak. Dankenswerterweise? War es möglich, daß Jonathan über uns Bescheid wußte? Half er uns, zusammenzusein? Das würde ihm ähnlich sehen. Jonathan war wahrscheinlich der einzige, der für unsere Lage Verständnis aufbringen würde.

Die Vorstellung, daß möglicherweise jemand unser Geheimnis durchschaut hatte, beunruhigte mich.

Diese Sorge verließ mich auch in den Augenblicken höchster Leidenschaft nicht. Dann dachte ich an Amaryllis, die sich in der Geborgenheit ihres häuslichen Glücks sonnte, und beneidete sie wieder.

»Es kann so nicht weitergehen«, wiederholte ich zum tausendsten Mal. Jake sah mich nur lächelnd an. Er wußte genausogut wie ich, daß wir jede sich bietende Gelegenheit ausnützen würden. Und er würde dafür sorgen, daß sich uns genügend Gelegenheiten boten.

Als wir das Haus verließen, fiel mir ein Mann an der Straßenecke auf, der sich umdrehte und in die entgegengesetzte Richtung davonging. Ich bildete mir ein, daß ich ihn bereits in dieser Straße gesehen hatte – vielleicht bei meinem letzten Besuch in London. Doch ich vergaß ihn sofort wieder.

Jake begleitete mich nach Hause.

Wir waren zu Bett gegangen. Ich war sehr müde und schlief beinahe sofort ein, wurde aber nach kurzer Zeit durch laute Stimmen geweckt. Ich schlüpfte rasch in Schlafrock und Pantoffeln und trat auf den Korridor. Eine Frau weinte, und der Lärm kam aus dem Zimmer meiner Eltern.

Ich lief hin, trat ein und blieb wie angewurzelt stehen. Mein Vater stand mit zornrotem Gesicht vor Jonathan, der den Eindruck machte, als wäre er eben aus dem Bett geholt worden. Neben ihm stand Prue; ihr Mieder war zerrissen, sie hatte einen Kratzer auf dem Hals, schluchzte und versuchte, ihre Brüste mit den Händen zu bedecken.

»Lauter Lügen!« schrie Jonathan. »Ich habe sie nicht in mein Zimmer gerufen, sie ist von selbst gekommen.«

»O Sir«, stöhnte Prue, »niemand glaubt mir.«

»Sei still«, schrie sie mein Vater an. »Willst du das ganze Haus aufwecken?«

»Er hat mich kommen lassen, Sir, wirklich ... auf meine Ehre. Und kaum war ich im Zimmer, da hat er mich gepackt und mir das Mieder zerrissen. Ich hatte solche Angst.«

»Geht alle auf eure Zimmer«, befahl mein Vater. »Wir sprechen morgen früh weiter.«

»Sie werden mir nicht glauben«, jammerte Prue. »Sie werden alle behaupten, daß ich ein verderbtes Mädchen bin, und das stimmt nicht. Ich habe noch nie ...«

»Wir werden dich nicht grundlos verurteilen.« Mein Vater funkelte Jonathan an. »Aber jetzt ist nicht der richtige Augenblick für solche Diskussionen.«

Meine Mutter stand auf und zog ihren Schlafrock an.

»Komm, Prue«, forderte sie das Mädchen auf. »Geh jetzt schlafen. Morgen früh reden wir weiter.«

»Das Mädchen lügt wie gedruckt«, stellte Jonathan fest.

»Halt den Mund!« fuhr ihn mein Vater an. »Und verschwinde. Kannst du das Mädchen beruhigen, Lottie?«

Ich trat zu Prue. »Komm mit, du kannst mir alles erzählen.«

Sie sah mich an. »Ich habe nie... ich schwöre es...«

»Es ist schon gut«, beruhigte ich sie. »Wo ist dein Zimmer?«

»Ich schlafe mit Dot und Emily in einem Zimmer.«

»Wir werden dich erst einmal ein wenig in Ordnung bringen.« Meine Mutter sah mich erleichtert an. »Kümmerst du dich darum, Jessica?«

»Ja.«

Jonathan packte mich am Arm. »Ich schwöre dir, daß sie von selbst gekommen ist.«

»Es ist spät, Jonathan, und wir wollen die Dienerschaft nicht wecken. Geh jetzt auf dein Zimmer. Morgen früh wird sich alles aufklären.«

»Es ist ein übler Trick.«

»In Ordnung, aber geh jetzt.«

Mein Vater geriet immer mehr in Zorn, der sich gegen Jonathan richtete, und ich wollte der Szene so rasch wie möglich ein Ende setzen.

Es gelang mir, Jonathan und das Mädchen aus dem Zimmer zu schieben – und draußen stand ich plötzlich Tamarisk gegenüber.

»Was ist los?« rief sie.

»Nichts, geh wieder schlafen.«

Sie sah Jonathan an. »Ist alles in Ordnung?« fragte sie ihn.

Er nickte lächelnd.

Sie lief zu ihm und packte ihn am Arm. »Du siehst so komisch drein.«

»Ich bin zornig.«

»Doch nicht meinetwegen?«

»Natürlich nicht.«

»Wegen Jessica?«

Er schüttelte den Kopf.

»Warum ist Prues Bluse zerrissen? Warum weint sie?«

»Vergiß es.«

Sie klammerte sich an seinen Arm. »Will dir jemand etwas tun?«

»Ja.«

»Das lasse ich nicht zu.«

»Natürlich nicht.«

Ich griff ein. »Geh auf dein Zimmer, Jonathan. Und du auch, Tamarisk. Morgen früh sprechen wir uns wieder. Du kommst mit mir, Prue.«

Ich führte sie in mein Zimmer und schloß die Tür hinter uns.

»Du wirst dir jetzt erst einmal das Gesicht waschen und deine Kleidung in Ordnung bringen. Erzähl mir nun ganz genau, was geschehen ist.«

»Ich habe heute Spätdienst gehabt und wollte gerade schlafen gehen, als Mr. Jonathan nach mir läutete.«

»Ja, und?«

»Ich bin hinaufgegangen und habe angeklopft.«

»Und was hat sich dann abgespielt?«

»Er hat ›Herein!‹ gerufen. Ich bin eingetreten, und er hat im Bett gelegen. Er hat gesagt: ›Komm zu mir, Prue‹, und ich bin zum Bett hingegangen. Dann hat er mich gepackt und mich zu sich heruntergezogen. Ich habe mich gewehrt und geschrien, und er ist sehr ärgerlich geworden. Ich habe mich losgerissen und bin in das Zimmer von Mr. und Mrs. Frenshaw gelaufen, weil ich mir gedacht habe, daß ich dort vor ihm sicher bin. Aber sie werden mir keinen Glauben schenken, Mrs. Barrington, sie werden ihm glauben.«

»Sie werden die Wahrheit erfahren wollen, und die werden sie glauben.«

»Ich bin doch nur ein Dienstmädchen und er... sie werden

mir vorwerfen, daß ich lüge, sie werden sagen, daß ich ein schlechtes Mädchen bin, und werden mich ohne Zeugnis davonjagen.«

»Jetzt hör mir einmal zu, Prue. Morgen früh werden wir dir einige Fragen stellen, und wenn du sie wahrheitsgemäß beantwortest, werden wir dir auch glauben.«

Sie schüttelte den Kopf. »Sie werden nicht . . .«

»O doch, sie werden. Jetzt wasch dir das Gesicht.«

Sie hielt still, während ich mit einem feuchten Tuch ihr Gesicht säuberte.

»So, jetzt siehst du schon viel besser aus. Dein Mieder ist wirklich arg zerrissen. Glaubst du, daß du in dein Zimmer schlüpfen kannst, ohne daß dich jemand sieht?« Sie nickte.

»Schön, dann geh leise hinüber. Die anderen Mädchen werden wahrscheinlich schon schlafen. Morgen früh wird sich alles aufklären.«

»Es hat keinen Sinn. Was gilt schon mein Wort gegen das seine? Er gehört zur Familie . . .«

»Das spielt für Mr. Frenshaw keine Rolle. Er wird die Wahrheit herausfinden und für Gerechtigkeit sorgen.«

»Danke, Mrs. Barrington«, flüsterte sie.

Ich begleitete sie zur Tür und sah ihr nach.

Du bist doch wirklich unvernünftig, Jonathan, dachte ich.

Am nächsten Tag herrschte im ganzen Haus Bestürzung. Prue war verschwunden.

Dot berichtete es mir brühwarm und genoß es offensichtlich, daß sie diejenige war, die mir diese schlechte Nachricht überbrachte.

»Sie ist fort, Mrs. Barrington. Einfach verschwunden. Sie hat all ihre Sachen mitgenommen. Emily und ich haben nichts gemerkt. Ihr Bett ist unberührt. Sie ist wahrscheinlich auf Zehenspitzen hinausgeschlichen, damit wir nichts hören.«

Die arme Prue, dachte ich. Die Schande war zuviel für sie, denn sie war davon überzeugt, daß niemand ihr glauben würde.

Mein Vater war wütend. »Ich habe allmählich genug von dem jungen Mann.«

»Du kennst noch gar nicht den ganzen Sachverhalt«, rief ich ihm ins Gedächtnis, »und ziehst voreilige Schlüsse.«

»Hier kann man nur zu einem einzigen Schluß gelangen.«

»Oberflächlich gesehen, ja.«

»Du setzt dich schon wieder für ihn ein. Siehst du denn nicht, daß wir ihn diesmal auf frischer Tat ertappt haben?«

Zwischen ihm und Jonathan kam es zu einer heftigen Auseinandersetzung, und wenn meine Mutter nicht eingegriffen hätte, wären sie handgreiflich geworden.

Als Jonathan das Zimmer meines Vaters verließ, war er außer sich.

»Du teilst wahrscheinlich die allgemeine Meinung über mich?« fragte er mich.

»Und wie lautet die allgemeine Meinung?«

»Daß ich versucht habe, das Mädchen zu vergewaltigen.«

»Hast du es getan?«

»Ich schwöre, daß ich es nicht getan habe.«

»Was hat sie dann in deinem Schlafzimmer gesucht?«

»Frag sie, sie ist von selbst zu mir gekommen, ich habe sie nicht gerufen.«

»Sie hat aber behauptet, daß du nach ihr geklingelt hast.«

»Sie lügt.«

»Willst du damit sagen, daß sie einfach hineinspaziert ist?«

»Allerdings. Ich war am Einschlafen.«

»Und sie hat sich dir angeboten?«

»Vermutlich, ich hatte keine Zeit nachzudenken, ich war zu schlaftrunken. Du wirst mir genausowenig glauben wie die übrigen, Jessica, aber ich bin vollkommen unschuldig.«

»Wenn du es mir sagst, glaube ich dir. Was hat sie damit bezweckt?«

»Frag mich etwas Leichteres.«

»Ist sie deinem Charme erlegen? Sie wirkte eigentlich sehr zurückhaltend, und die Haushälterin hat sogar behauptet, sie wäre schüchtern.«

»Solche Mädchen sind manchmal gerade die schlimmsten...
oder die besten, es kommt auf den Gesichtspunkt an.«

»Es ist eine schlimme Geschichte, Jonathan. Du kennst doch
meinen Vater.«

»Er gehört nicht gerade zu meinen glühenden Bewunderern.«

»Die Schwierigkeit besteht darin, daß du ihm zu ähnlich bist.«

»Aus diesem Grund sollte er eigentlich mehr Verständnis für
mich aufbringen. Er war in seiner Jugendzeit bestimmt kein
Tugendbold. Am meisten ärgert es mich, Jessica, daß man mir
etwas vorwirft, daß ich nicht getan habe, wo es doch genügend
andere Dinge gibt, die man mir sehr wohl vorwerfen könnte.«

»Auch über diese Geschichte wird Gras wachsen.«

»Es ist zu dumm, daß das Mädchen verschwunden ist. Ich
wäre ihr gern Aug in Aug gegenübergestanden.«

»Ich möchte nur wissen, warum sie sich aus dem Staub gemacht hat.«

»Angeblich hat sie die Schande nicht ertragen. Meiner Meinung nach hat sie ein schlechtes Gewissen.«

»Meine Eltern werden diese Ansicht leider nicht teilen.«

»Darauf kann ich wetten. Wieder ein schwarzer Punkt für
mich.«

»Mach dir nichts draus. Die Aufregung wird sich legen.«

»Wenn mich dein Vater nicht inzwischen vor die Tür setzt.«

»Das glaube ich nicht.«

»Der Alte ist wütend. Wieder ein kleiner Nagel für den Sarg
des Erben von Eversleigh. Mich scheint ein böser Geist zu
verfolgen. Erinnere dich bitte an den anonymen Brief über
meine Spielschulden, und jetzt das...«

»Prue kann unmöglich etwas mit deinen Spielschulden zu tun
haben. Ich würde annehmen, daß andere kleine Sünden nicht
ans Tageslicht gekommen sind.«

Er brachte ein Lächeln zustande.

Tamarisk kam zu uns gelaufen und ergriff Jonathans Arm.

»Was werden sie mit dir tun?«

»Mich jagen.«

»Was heißt das?«

»Sie werden sich geschlossen gegen mich stellen.«

»Wer? Jessica?«

»Nein, Jessica steht auf meiner Seite.«

»Ich auch.«

»Das weiß ich, Zigeunerin.«

»Ich werde immer deine Freundin sein, und hasse jeden, der gegen dich ist.«

»Du bist wirklich eine faire Freundin.«

»Geht es um Prue?«

»Sie ist fortgelaufen«, antwortete ich.

»Wohin?«

»Das weiß niemand. An deiner Stelle würde ich jetzt ausreiten, Jonathan. Ein ordentlicher Galopp läßt dich alle Sorgen vergessen.«

»Ich begleite dich«, schlug Tamarisk vor.

»In Ordnung. Zieh dich um.«

Wir verließen London, weil uns die Affäre mit Jonathan und Prue den Aufenthalt verleidet hatte. Mein Vater war übelster Laune, und weder meine Mutter noch ich konnten ihn aufheitern.

Amaryllis besuchte uns in Grasslands, und Peter begleitete sie. Es kam selten vor, daß ich sie zusammen sah, und noch seltener, daß sie Zeit für Besuche hatten.

Edward leistete uns in seinem Rollstuhl Gesellschaft.

James hatte vor einiger Zeit vorgeschlagen, daß Edward in ein Zimmer im Erdgeschoß übersiedeln sollte, aus dem er leichter in den Garten gelangen konnte. Es war eine ausgezeichnete Idee, denn Edward hatte dadurch mehr Bewegungsfreiheit.

Wir saßen im Salon und tranken Tee.

Es war ein warmer Oktobertag, und die Türen zu der Terrasse standen weit offen. Der Geruch brennenden Laubs drang zu uns herein, und gelegentlich ging ein Mann vorbei, der die Blätter mit einer langen Heugabel aufspießte und ins Feuer warf.

Das war Toby Mann, der neue Gärtnergehilfe. Der alte Robert, den die Barringtons aus Nottingham mitgebracht hatten, war gestorben, und Toby hatte sich im richtigen Augenblick um die Stellung beworben und sie auch erhalten. Er war ein sehr tüchtiger Arbeiter. Er boxte auch gelegentlich, und die Bediensteten nannten ihn Champion.

Wie so oft, schweiften meine Gedanken von dem Geplauder um mich herum ab und wandten sich Jake zu. Ob er auch an mich dachte? Hatte er vor, nach Cornwall zu fahren? Wie gern hätte ich ihn begleitet! Sollte ich ihn mit Tamarisk in Cornwall besuchen? Das war unmöglich, die Entfernung war zu groß. Wenn Tamarisk ihn besuchte, dann mußte Leah sie begleiten. Dieser Gedanke beunruhigte mich. Leah hatte Jake sehr gern gehabt und liebte ihn womöglich noch immer. Sie war sehr schön und Jake treu ergeben.

Amaryllis erzählte des langen und breiten von ihren Kindern, und Peter hörte ihr leicht ungeduldig zu. Wahrscheinlich kannte er diese Geschichten schon auswendig. »Der arme Jonathan wirkt in letzter Zeit etwas bedrückt«, bemerkte er plötzlich.

»Es geht noch immer um die Affäre in London«, erklärte Amaryllis. »Du warst ja dabei, Jessica, nicht wahr?«

»Ja.«

»Glaubst du, daß dein Vater ihn nach Pettigrew Hall zurückschicken wird?« erkundigte sich Peter.

»Ich glaube nicht. Es wird vorübergehen.«

»Im Augenblick sieht es aber nicht so aus«, widersprach Amaryllis. »Wenn sie sich doch nicht ununterbrochen in den Haaren liegen würden.«

»Selbst in der besten Familie sind kleine Meinungsverschiedenheiten unvermeidlich«, tröstete sie Peter. Dann wandte er sich an mich: »Wie hat das Mädchen ausgesehen, Jessica? Ich kann mich nicht an sie erinnern.«

»Du hast noch nie ein Auge für Frauen gehabt«, neckte ihn Amaryllis.

»Sie war noch nicht lange bei uns im Dienst. Sie war still und eher schüchtern«, antwortete ich.

»Und Jonathan hat die Situation ausgenützt, was?«

»Er schwört, daß es nicht der Fall war.«

»Er kann kaum etwas anderes tun.«

»Das stimmt nicht. Jonathan ist erstaunlich ehrlich. Er hat mir erzählt, daß sie von selbst in sein Zimmer gekommen ist.«

»Warum hätte sie das tun sollen?« wollte Amaryllis wissen.

»Weil Jonathan ein sehr attraktiver junger Mann ist«, erklärte Peter. »Das stimmt doch, Jessica?«

»Ich kenne mich mit solchen Dingen nicht aus, aber du hast vermutlich recht.«

»Diesmal dürfte er jedoch wirklich in der Patsche sitzen, denn ich glaube nicht, daß der Sturm vorübergeht.«

»Immerhin erbt er nach David das Gut«, wandte ich ein.

»Vergiß nicht, daß wir jetzt unseren kleinen Peterkin haben. Damit steht Jonathans Thronanspruch auf etwas wackligen Füßen.«

»Es ist alles in allem eine unerfreuliche Geschichte«, bemerkte Edward. »Dem Anschein nach ist Jonathan schuldig ... aber der Schein trügt oft.«

Er blickte bedrückt vor sich hin, und mich beschlich Unruhe. Ich hörte in letzter Zeit aus allen seinen Bemerkungen eine geheime Bedeutung heraus.

»Ich wäre nicht überrascht«, fügte Peter hinzu, »und ich würde es auch für eine gute Lösung halten, wenn man Jonathan nahelegen würde, sich unauffällig zurückzuziehen.«

»Ich bin der gleichen Meinung wie Jessica: er ist der Erbe. Schließlich hätte sein Vater Anspruch auf Eversleigh gehabt, wenn er am Leben geblieben wäre. Jonathan wird mit zunehmender Verantwortung auch vernünftiger werden.«

Ich lächelte Edward an. Sein Urteil war immer so ausgewogen, und er setzte sich stets für die Benachteiligten ein. Es fiel mir schwer, Jonathan als Benachteiligten zu sehen, aber in diesem Fall hielten ihn alle für schuldig.

»Meine Mutter und ich machen uns wegen des Mädchens Sorgen«, erwähnte ich. »Wir würden gern wissen, wohin sie sich gewandt hat.«

»Das arme Kind«, bedauerte sie Peter. »Ich fürchte, daß dieser

Zwischenfall Jonathans Großvater mehr denn je gegen seinen Enkel aufbringen wird.«

Der Tee wurde gebracht. Ich schenkte unseren Gästen ein und brachte Edward dann seine Tasse. Er lächelte mich zärtlich an. Wir hatten ein kleines Brett zimmern lassen, das man quer über Edwards Rollstuhl legen konnte und das uns gute Dienste leistete. Darauf stellte ich die Tasse. Als ich mich abwandte, verfing sich mein Ärmel in dem Brett, die Tasse fiel zu Boden, und das Brett glitt hinterher. Edward versuchte, es festzuhalten und fiel aus dem Rollstuhl. Ich schrie erschrocken auf, und Peter stürzte herbei. Edward war sehr blaß und litt offensichtlich Schmerzen.

Peter versuchte, Edward hochzuheben, doch es gelang ihm nicht, und ich rief nach James.

Er erschien sofort, bückte sich und hob Edward hoch. Im nächsten Augenblick schrie er auf, Edward lag wieder auf dem Boden, und James krümmte sich vor Schmerzen.

»Was ist denn los, James?« fragte ich.

»Ich habe mir etwas gezerrt, und jede Bewegung verursacht mir unerträgliche Schmerzen im Rücken.«

»Ich versuche es noch einmal«, schlug Peter vor.

»Sie brauchen Hilfe«, widersprach James.

»Toby ist draußen«, rief ich. »Ich hole ihn.« Ich lief ans Fenster und erblickte Toby, der im Feuer stocherte.

»Toby«, rief ich, »kommen Sie schnell.«

Er kam herbeigelaufen, warf einen Blick auf Edward und begriff sofort, was geschehen war.

»Wir möchten Mr. Barrington wieder in seinen Stuhl setzen, Toby«, erklärte James.

»In Ordnung«, erwiderte Toby. Peter trat zu ihm. »Ich schaffe es schon allein, Sir«, wehrte Toby ab, hob Edward scheinbar mühelos auf und setzte ihn in den Rollstuhl.

»Ist alles in Ordnung, Edward?« fragte ich.

»O ja. Ich mache mir nur wegen des armen James Sorgen.«

James war kreidebleich, und auf seiner Stirn standen Schweißperlen. »Es wird vorübergehen«, murmelte er.

Er wollte Edwards Stuhl in sein Zimmer schieben, doch ich hielt ihn zurück. »Das kann Toby besorgen, James, denn Ihnen fällt es bestimmt schwer. Haben Sie eine Ahnung, was Ihnen zugestoßen ist?«

»Ich habe das schon früher gehabt; es tritt ganz plötzlich auf. Doch es geht vorbei; ich brauche nur ein wenig Ruhe.«

»Dann gönnen Sie sich doch diese Ruhe. Wie wäre es, wenn Toby Ihnen ein wenig zur Hand ginge?« Toby lächelte.

»Das würde ich sehr gern tun, Mrs. Barrington.«

»Ich habe geglaubt, daß Sie gerne im Garten arbeiten.«

»Das stimmt, aber wenn ich hier dringender gebraucht werde...«

»Das werden Sie allerdings. Um das Unkraut und das Verbrennen des Laubs sollen sich die anderen kümmern. Sie gehen auf Ihr Zimmer, James, und ruhen sich aus. Auch du brauchst Ruhe, Edward, denn du hast einen Schock erlitten. Deshalb würde ich meinen, Toby, daß Sie Mr. Barrington jetzt auf sein Zimmer bringen.«

James sah erleichtert, aber auch zugleich ein wenig verlegen aus, als wäre es eine Schande, daß er nicht völlig gesund war. Wenn es ihm möglich gewesen wäre, hätte er sich am liebsten nichts anmerken lassen.

»Ich helfe Ihnen«, machte sich Peter erbötig.

»Ich schaffe es schon, Sir.«

Toby freute sich offenbar darüber, daß er sich nützlich machen konnte.

»Ich komme mit, Edward«, sagte ich. »Bitte entschuldigt mich«, fügte ich zu den anderen gewandt hinzu.

»Du bleibst hier, Jessica«, widersprach Edward. »Toby genügt zu meiner Betreuung vollauf.«

Ich nickte, denn in solchen Situationen gehorchte ich ihm widerspruchslos.

Toby zog die Tür hinter sich zu.

»Der arme Edward«, bedauerte ihn Peter.

»Das ist alles so traurig«, murmelte Amaryllis, die zweifellos ihr erfülltes Leben mit dem meinen verglich.

»Es war ein Glück, daß sich dieser Toby in Rufweite befunden hat«, fügte Peter hinzu.

»Er war sehr hilfsbereit«, bestätigte Amaryllis.

Ich unterhielt mich weiter mit ihnen über Belanglosigkeiten und dabei mußte ich daran denken, wie glücklich die beiden waren. Sie hatten einander kennengelernt, sich ineinander verliebt, geheiratet und zwei prächtige Kinder bekommen. Dann verglich ich ihr Leben mit dem meinen, das so ganz anders verlaufen war.

Zum Glück hatte der Sturz keine ernstlichen Folgen für Edward gehabt. Im Gegenteil, er behauptete, daß er froh darüber war, weil James auf diese Weise einen Helfer bekommen hatte. Edward hatte bereits eine Zeitlang Bedenken wegen James gehabt.

»Ich habe gewußt, daß ich für ihn zu schwer bin«, sagte er.

»Toby ist ein sehr angenehmer junger Mann.«

»Ja, er ist sehr hilfsbereit. Doch das alles bedrückt mich sehr. Du, James, Clare und jetzt auch Toby – ihr seid alle damit beschäftigt, einen unnützen Krüppel zu betreuen. Dabei mache ich mir deinetwegen die meisten Sorgen, Jessica. Es ist einfach zuviel für dich.«

»Was soll dieser Unsinn?«

»Du bist jung, schön und gesund – und an mich gefesselt. Das sollte nicht sein.«

»Bitte, Edward, du hast mir versprochen, nicht so zu reden. Schließlich war es mein freier Wille.«

»Manchmal fassen die Menschen vorschnell Entschlüsse und sind dann daran gebunden. Das ist kein Leben für dich, Jessica. Ich muß dich nur mit Amaryllis vergleichen, die eine glückliche Ehefrau und Mutter ist.«

»Ich möchte auf keinen Fall mit ihr tauschen.«

»Du bist so gut, Jessica.«

Wenn er nur wüßte, dachte ich. Ich war in Versuchung, ihm alles zu gestehen, es ihm zu erklären. Ich liebe dich, Edward, aber ich liebe Jake auf andere Art. Es hat nichts damit zu tun, daß du behindert bist. Ich liebe Jake so, wie ich keinen anderen Menschen lieben kann. Wenn ich mit ihm beisammen bin, bin ich ein anderer Mensch, und alles ist aufregend und wunderbar.

Wie konnte ich ihm das sagen?

Er hatte recht. Ich hatte mich in einem unüberlegten Augenblick für diesen Weg entschieden und mußte jetzt dabei bleiben.

Seine nächsten Worte erschreckten mich. »Was ist mit diesem Mann... mit Tamarisks Vater?«

»Was soll mit ihm sein?«

»Was für Pläne hat er?«

»Was meinst du damit?«

»Wird Tamarisk bei ihm bleiben?«

»Wir müssen ihr Zeit lassen, sich zu entscheiden.«

»Möchte er sie zu sich nehmen? Bist du in London öfter mit ihm zusammengekommen?«

»O ja. Er hat bei uns zu Abend gegessen, und Tamarisk war einige Male mit ihm zusammen.«

»Glaubst du, daß sie zu ihm ziehen möchte?«

»Sie gewinnt ihn langsam lieb, aber sie hängt sehr an Jonathan.«

»Ja, es ist beinahe schon eine große Liebe. Es ist erstaunlich, daß ein so junges Mädchen so leidenschaftlich empfinden kann.«

»Tamarisk ist ein leidenschaftlicher Mensch.«

»Auch diese Phase wird vorübergehen.«

»Im Augenblick will sie sich dort aufhalten, wo Jonathan ist.«

»Mit der Zeit wird sich alles klären.«

»Du meinst, daß wir nichts überstürzen sollen?«

»Genau. Sorgen wir nur dafür, daß sie ihren Vater möglichst oft sieht. Es würde ihn bestimmt freuen, wenn wir ihn zu uns einladen.«

»Er wird London nicht so ohne weiteres verlassen können. Er hat dort geschäftlich zu tun und muß sich noch um seinen Besitz in Cornwall kümmern.«

»Dann bleibt dir vorläufig nichts anderes übrig, als möglichst oft mit Tamarisk nach London zu fahren, damit sie dort mit ihrem Vater zusammenkommen kann.«

»Das ist richtig. Vielleicht sollte ich noch vor Weihnachten hinauffahren... wenn es dir recht ist.«

»Selbstverständlich. Um mich kümmert sich ja eine ganze Heerschar von Leuten.«

»Macht es dir nichts aus, wenn ich verreise?«

»Natürlich fehlst du mir. Du fehlst mir sogar sehr, aber andererseits tröstet mich der Gedanke, daß du ein bißchen ausspannen kannst. Ich weiß, wie sehr du diese Aufenthalte in London genießt. Du kommst immer wie verjüngt zurück.«

Es bedrückte mich schwer, daß ich ihn betrog. Doch gleichzeitig jubelte ich innerlich, weil ich Jake wiedersehen würde. Ich fragte Tamarisk, ob sie wieder nach London fahren wolle, und sie wollte wissen, ob Jonathan mitkommen würde. Ich wußte es nicht, nahm aber an, daß er nach den letzten katastrophalen Ereignissen keine große Lust dazu haben würde.

»Was ist aus dem Mädchen geworden?« erkundigte sich Tamarisk.

»Was für ein Mädchen?«

»Diese Prue. Was soll ihr Jonathan denn getan haben?«

»Jonathan behauptet, daß er ihr nichts getan hat.«

»Dann hat er ihr auch nichts getan. Warum also die ganze Aufregung?«

»Es ist ohnehin alles vorbei.«

Sie stampfte auf. »Gar nichts ist vorbei. Urgroßvater Frenshaw ist sehr böse auf Jonathan, und vielleicht hinterläßt er ihm Eversleigh nicht.«

Wo hatte sie das wieder her? Vermutlich lauschte sie an Türen und fragte die Dienerschaft geschickt aus. Darauf verstand sie sich.

»Das Mädchen ist in sein Schlafzimmer gekommen«, fügte sie hinzu. »Er hat sie nicht gerufen.«

»Wer hat dir das erzählt?«

»Das ist unwichtig«, wies sie mich streng zurecht. »Sie ist in sein Zimmer gekommen, obwohl er nicht nach ihr geklingelt hat. Dann hat sie ihm Vorwürfe gemacht und behauptet, daß er ihr das Kleid zerrissen hat. Sie hat gelogen.«

»Das alles ist vorbei«, wiederholte ich. »Ich will mich nicht mehr damit beschäftigen.«

»Ich will die Wahrheit wissen. Ich werde Prue Parker dazu bringen, daß sie die Wahrheit gesteht.«

»Prue Parker ist fort, und wir werden sie nie wiedersehen.«

»Sie muß irgendwo stecken.«

»Hör zu«, kam ich auf meine ursprüngliche Frage zurück. »Willst du nach London fahren und deinen Vater wiedersehen?«

»Ja.«

»Schön, dann fahren wir.«

Diesmal begleiteten uns David und Claudine. Keiner von ihnen hatte eigentlich Lust gehabt, Eversleigh zu verlassen, aber David mußte Verschiedenes für das Gut besorgen. Peter befand sich bereits in London. Er war einige Tage zuvor abgereist – dringender Geschäfte halber, wie er behauptete. Als wir im Haus der Albemarle Street eintrafen, war er da.

Ich konnte meine überschwengliche Freude darüber, daß ich Jake wiedersehen würde, kaum unterdrücken. Es würde schwierig sein, mit ihm allein zusammenzutreffen, weil ich mich um Tamarisk kümmern mußte. Diesmal war kein Jonathan zur Stelle, der sie mir abnahm.

Jake freute sich natürlich über das Wiedersehen. Tamarisk fragte ihn über sein Haus in Cornwall aus, was mich zu der Annahme verleitete, daß sie vielleicht doch mit ihm dorthin fahren würde. Sie war zweifellos von ihm fasziniert, aber das erging jedem so. Bei einem unserer Besuche verließ Tamarisk das Zimmer einmal für kurze Zeit, und wir konnten ungestört miteinander reden.

»Wann?« fragte er.

»Es ist schwierig«, antwortete ich. »Tamarisk ist da...«

»Du könntest einmal am Abend kommen...«

»Das ist kaum möglich.«

»Wir könnten behaupten, daß wir ein Konzert oder ein Theater besuchen. Wer ist außer dir noch mitgekommen?«

»David und Claudine.«

»Sie werden dich nicht so scharf beobachten wie deine Mutter. Ich habe manchmal den Eindruck, daß sie etwas ahnt.«

»Das ist gut möglich. Sie ist sehr scharfsichtig, besonders wenn es um mich geht.«

»Dieser Zustand ist unerträglich«, stöhnte er. »Wir müssen zusammenkommen. Ich ertrage es nicht, darauf zu warten, daß du dich endlich davonschleichen kannst. Ich werde mir einen Grund ausdenken, warum du in London leben mußt.«

»Wir können nicht in diesem Haus zusammenkommen, das gehört sich einfach nicht.«

»Wir könnten in einem Gasthof absteigen... ich werde ein Haus mieten...«

Ich schüttelte den Kopf.

»Was sollen wir also tun, Jessica?«

»Am vernünftigsten wäre es, wenn wir uns trennen. Wenn Tamarisk dich nach Cornwall begleitet, wäre es die beste Lösung.«

»Dann könnte ich dich nie mehr oder nur noch selten sehen.«

»Es gibt keine gemeinsame Zukunft für uns, Jake.«

»Unsinn. Du liebst mich, und ich liebe dich.«

»Es ist zu spät. Jemand hat gesagt, daß es im Leben darauf ankommt, sich im richtigen Augenblick am richtigen Ort zu befinden. Das war bei uns beiden nicht der Fall.«

»Dann müssen wir dem Schicksal etwas nachhelfen, Jessica.«

Ich schüttelte den Kopf. »Das ist unmöglich. Ich kann Edward nicht verletzen, ihm noch größeren Kummer zufügen. Er vertraut mir. Ich kann ihn nicht so schwer enttäuschen.«

»Er würde Verständnis dafür haben.«

»Das stimmt, aber das würde nichts daran ändern, daß es ihn schwer treffen würde. Er würde es nur zu gut verstehen. Ich werde ihn nie verlassen.«

»Und was wird aus mir? Aus uns?«

»Wir sind zwei starke, gesunde Menschen. Wir müssen uns bemühen, aus dem, was uns bleibt, das Beste zu machen.«

»Du verurteilst uns zu einem inhaltslosen Leben.«

»Du hast eine Tochter, die ein vielversprechendes Kind ist. Sie wird dir viel Freude bereiten, und wenn es dir gelingt, ihre Zuneigung zu erringen, wird sie immer getreulich zu dir halten.«

»So wie sie zu Jonathan hält. Und zu wem noch?«

Ich zuckte die Schultern, und er fuhr fort: »Zu dir? Zu den Menschen, die soviel für sie getan haben? Ich gebe zu, daß sie eine Persönlichkeit ist, und ich würde mich freuen, wenn sie mir ihre Zuneigung schenkt, aber ich sehne mich nicht nach einer Tochter, sondern nach dir, Jessica, dem einzigen Menschen, den ich liebe.«

»Ich sehe keinen Ausweg. Vielleicht wird es uns mit der Zeit leichter fallen, damit fertig zu werden.«

»Ich habe nicht die Absicht, das Leben an mir vorübergehen zu lassen.«

»Was wirst du tun?«

»Ich werde einen Weg finden.«

»Du machst mir ein wenig Angst, wenn du so sprichst. Ich habe den Eindruck, daß du skrupellos sein kannst.«

»Damit hast du bestimmt recht.«

»Es gibt keinen Ausweg... es sei denn, ich gestehe es Edward, und dazu werde ich mich nie entschließen.«

»Wenn er es wüßte, würde er es verstehen. Es ist unnatürlich, daß du zu einem solchen Leben verurteilt bist.«

»Er ist meine erste Plicht.«

»Deine Pflicht ist dir wichtiger als deine Liebe?«

»In diesem Fall kann es nicht anders sein.«

Er schüttelte den Kopf. »Ich werde einen Weg finden«, wiederholte er.

Tamarisk kam ins Zimmer.

»Sprecht ihr über mich?«

»Du bildest dir immer ein, daß die Leute kein anderes Gesprächsthema haben. Findest du, daß du so interessant bist?«

»Ja«, antwortete sie, und wir lachten alle.

Als wir uns verabschieden wollten, meinte Jake, daß er uns begleiten würde.

»Das ist nicht notwendig«, wehrte ich ab. »Ich will noch ein Geschäft aufsuchen, und außerdem ist es nicht weit zu uns nach Hause.«

Er begleitete uns zur Tür und winkte uns nach. Ich war tief in Gedanken versunken, weil mir seine Worte nicht aus dem Sinn gingen. Er hatte so entschlossen erklärt, daß er einen Weg finden würde. Was hatte er vor? Es gab nur eine Lösung: Er konnte Edward aufsuchen und ihn bitten, mich freizugeben. Wenn er sich dazu entschloß, würde ich nie wieder glücklich sein können. Der Gedanke an Edward würde mich mein Leben lang verfolgen.

Wir bogen um die Ecke der Blore Street, und ich erblickte eine junge Frau, die einige Meter vor uns die Straße rasch überquerte.

Im nächsten Augenblick lief Tamarisk hinter ihr her. Die Frau bog um eine Ecke, und Tamarisk lief ihr nach.

Was hatte sie jetzt wieder vor? Ich begann ebenfalls zu laufen. Ich wollte nicht, daß sie in den Straßen von London allein unterwegs war. Sie kannte natürlich den Weg in die Albemarle Street, aber es war äußerst unüberlegt von ihr, plötzlich ohne ein Wort davonzurennen.

Als ich um die Ecke bog, betrat die Frau gerade ein Haus, und Tamarisk folgte ihr.

Ich lief, so rasch ich nur konnte.

Dann erkannte ich das Haus. Es war Frinton's Club, das verrufene Etablissement, in dem Jonathan fünfhundert Pfund verloren hatte.

»Wohin gehst du, Tamarisk?« rief ich.

Ich stieß die Tür auf und trat ein. Der Fußboden der Halle war mit einem leuchtend roten Teppich bedeckt. Die Wände waren weiß getüncht. An einem Pult saß ein Mann und starrte hinter Tamarisk her.

»Wohin willst du?« wollte er gerade wissen, unterbrach sich

aber, als er mich erblickte. Ich kümmerte mich nicht um ihn, sondern ließ Tamarisk nicht aus den Augen, die gerade durch eine Tür verschwand. Ich stürzte hinter ihr her.

In dem Zimmer befanden sich zwei Männer und mehrere Frauen. Ich starrte die Gruppe verwirrt und verständnislos an. Eine der Frauen war unser ehemaliges Dienstmädchen Prue Parker. Aber es war eine ganz andere Prue Parker als die, die ich kannte! Ihr Gesicht war sorgfältig geschminkt, und sie trug einen eleganten, hellblauen, pelzbesetzten Mantel; ihre Handschuhe waren hellgrau und paßten zu ihren Schuhen. Mir wurde klar, daß sie die Frau war, der Tamarisk gefolgt war.

Das war aber noch nicht alles. Das Mädchen neben ihr kannte ich ebenfalls. Als ich es zum ersten Mal gesehen hatte, hatte sie getan, als wäre sie blind. Ja, neben Prue Parker saß das Mädchen, daß mich in das leerstehende Haus gelockt hatte.

Doch der größte Schock war der Anblick des Mannes, der sich erhoben hatte und uns anstarrte, als traue er seinen Augen nicht.

Es war Peter Lansdon.

Die Stille schien kein Ende zu nehmen. Keiner von uns konnte offensichtlich glauben, was er sah, und jeder versuchte, eine Erklärung dafür zu finden.

Peter faßte sich als erster. »Jessica?« murmelte er.

Ich antwortete nicht. Mein Blick wanderte zwischen ihm und den beiden Frauen hin und her.

»Wie bist du hier hereingekommen?« stammelte er.

»Durch die Tür.«

»Das ist kein Aufenthaltsort für dich.«

»Damit hast du recht.«

»Ich muß dir alles erklären.«

»Allerdings.«

Er hatte sich wieder gefaßt und kam auf mich zu. Alle anderen schwiegen. »Ich bringe dich und Tamarisk nach Hause.«

»Ich will sie mitnehmen!« rief Tamarisk und zeigte auf Prue.

»Sie hat gelogen. Sie war schuld, nicht Jonathan.«

»Ja, ja«, beruhigte sie Peter. »Ich habe alles herausgefunden.
Ich bringe euch jetzt nach Hause und erkläre euch alles.
Kommt mit.«
Ich erfaßte mit einem Blick die Situation. Er war in die Ge-
schichte verwickelt. Er kannte das blinde Mädchen; er kannte
Prue Parker, er kannte diese Klubs. Es waren also doch keine
gewöhnlichen Klubs, denn hier spielten sich seltsame Dinge
ab. In was war ich da hineingestolpert?
Er ergriff sowohl Tamarisk als auch mich am Arm.
»Du mußt es ihnen erzählen«, schrie Tamarisk. »Du mußt es
Großvater Frenshaw erklären. Es war nicht Jonathan, es war
Prue. Sie soll mit uns zurückkommen und die Wahrheit gestehen.«
»Du kannst dich auf mich verlassen«, redete ihr Peter zu. »Ich
werde alles klarstellen und Jonathan vollkommen reinwa-
schen.«
Damit gab sich Tamarisk schließlich zufrieden.
Ich schwieg verwirrt und ungläubig.
Als wir auf die Straße traten, begann Peter mit seiner Erklärung: »Ich habe das Mädchen gefunden und versucht, ihr auf
den rechten Weg zu helfen. Sie hat sich die ganze Geschichte
ausgedacht, um Jonathan zu kompromittieren. Natürlich
wollte sie ihn erpressen.«
»Jetzt ist ja alles gut«, Tamarisk war erleichtert. »Es tut mir
nur leid, daß Jonathan nicht hier ist. Wann können wir nach
Hause fahren und es Jonathan und allen anderen erzählen? Ich
war es, die sie gefunden hat. War das nicht klug von mir? Ich
habe sie nur an ihrem Gang erkannt, denn sie ist jetzt ganz
anders angezogen. Aber sie hat mich nicht täuschen können.«
Wir erreichten unser Haus, und Tamarisk lief sofort hinein,
um David und Claudine brühwarm zu berichten, was geschehen war.
Die beiden hörten fassungslos zu, als Peter erzählte, daß er
Prue entdeckt und zur Rede gestellt hatte. Sie hatte zugegeben, daß sie versucht hatte, Jonathan zu kompromittieren, um
ihn dann erpressen zu können. Doch dann hatte sie Angst

bekommen und war fortgelaufen. Peter hatte sich vorgenommen, sie auf den rechten Weg zurückzubringen und bereits in einem anständigen Haushalt eine Stelle für sie gefunden. Er hatte mit ihr vereinbart, daß er sie in dem Klub, in dem sie arbeitete, aufsuchen würde, denn er wollte ihr die gute Nachricht selbst überbringen. In diesem Augenblick waren wir hereingeplatzt.

»Ich habe sie gesehen«, wiederholte Tamarisk. »Ich habe sie erkannt, nicht wahr, Jessica?«

»Du bist ein sehr kluges Kind, Tamarisk.«

Nachdem wir die Geschichte in allen Einzelheiten durchgesprochen hatten, erwähnte Claudine, daß sie und David zu den Mattons eingeladen waren, die Tamarisk unbedingt kennenlernen wollten. »Willst du mitkommen, Jessica?« fragte Claudine. Ich zog es vor, zu Hause zu bleiben.

Die drei machten sich also auf den Weg, und sobald sie fort waren, kam Peter in mein Zimmer.

Er sah mich beinahe herausfordernd an und fragte: »Na und?«

»Existieren deine berühmten Lagerhäuser überhaupt?« fragte ich. »Führst du überhaupt Rum und Zucker ein?«

»Ich kann beide Fragen mit Ja beantworten.«

»Dein Hauptgeschäft besteht aber in einer anderen Art von Häusern. Könnte man sie als Freudenhäuser bezeichnen?«

»Ich habe nichts dagegen einzuwenden.«

»Was willst du von mir?«

»Ich möchte wissen, zu welchen Schlußfolgerungen du gelangt bist.«

»Ich habe lange nachgedacht ... auch darüber, unter welchen Umständen wir einander kennengelernt haben, und mir sind gewisse Dinge klargeworden. Hoffentlich hast du kein kompliziertes Lügengewebe gesponnen, denn ich würde dir sowieso kein Wort glauben.«

»Das weiß ich; ich habe sehr bald gemerkt, daß du sehr scharfsichtig bist. Du würdest ein kompliziertes Lügengewebe sehr bald durchschauen, deshalb wäre es Zeitverschwendung, eines zu erfinden.«

»Ich halte dich für einen Intriganten und einen Abenteurer.«

»Es wäre sinnlos, wenn ich es leugne.«

»Du hast die Bekanntschaft mit meiner Familie gesucht, weil bei uns Geld zu holen war.«

Er nickte.

»Das Zusammentreffen im Gasthaus war allerdings ein Zufall, nicht wahr?«

»Ja. Ich habe dort erfahren, wer dein Vater ist, und der Wirt hat mir noch eine Unmenge Einzelheiten über deine Familie erzählt.«

»Und da bist du zu der Erkenntnis gelangt, daß die Tochter des Hauses die richtige Frau für dich wäre. Daraufhin hast du dir den Kopf darüber zerbrochen, wie du mit uns in Verbindung treten kannst. Mein Vater ist ein vorsichtiger Mensch, der sich häufig geschäftehalber in London aufhält. Das hat dich auf die Idee gebracht, nicht wahr?«

»Vollkommen richtig.«

»So kam es also zu der Episode mit dem blinden Mädchen. Es war ein Mädchen aus einem deiner ›Lagerhäuser‹.«

»Wir waren im Begriff, eines dieser Häuser aufzulassen. Dadurch verfügten wir über den Schauplatz der Handlung.«

»Es war ein glücklicher Zufall, daß du ausgerechnet an diesem Tag mit deinem Lockvogel unterwegs warst.«

»Wir hatten dir schon einige Male aufgelauert, doch erst diesmal ergab sich die Gelegenheit.«

»Es war ein ungewöhnlicher Anfang für unsere Bekanntschaft, und er sicherte dir unsere Dankbarkeit. Sobald du dir so Zugang zu meiner Familie verschafft hattest, begannst du, mir den Hof zu machen.«

»Das war sehr angenehm, denn du bist eine überaus attraktive Frau.«

»Danke; aber du hast dich dann doch für Amaryllis entschieden.«

»Du warst zu unternehmungslustig, zu neugierig. Du hättest dich bestimmt sehr bald genauer für meine Geschäfte interessiert.«

»Amaryllis war fügsamer, deshalb hast du sie gewählt.«

»Und du hast dich verärgert dem Gentleman zugewandt, der jetzt dein Mann ist. Es war dein Pech, daß du bei diesem Entschluß bleiben mußtest, nachdem er verletzt worden war. Aber du hast es dir selbst zuzuschreiben.«

»Und da du Amaryllis' Vermögen verwaltest, erweiterst du dein offenbar sehr einträgliches Geschäft ständig.«

»Es wirft schöne Gewinne ab. Amaryllis' Vermögen hat sich seit ihrer Heirat mit mir vergrößert.«

»Ist es tatsächlich noch ihr Vermögen?«

»In dieser Beziehung bin ich sehr vorsichtig. Ich habe mit ihrem Geld gearbeitet, es mir aber nicht angeeignet. Wenn dein Vater oder ein anderes Familienmitglied meine Geschäfte überprüfen will, kann er mir nichts vorwerfen. Ich habe ein reines Gewissen.«

»Wie ehrenhaft von dir! Was Amaryllis wohl sagen würde, wenn sie erfährt, wofür du ihr Geld verwendest.«

»Sie wird es nie erfahren. Sie ist eine zufriedene Frau und Mutter, und das soll sie auch bleiben.«

»Ich bin froh, daß ich endlich weiß, was um mich herum vorgeht. Ich weiß jetzt, warum du Jonathan bei Frinton's eingeführt hast. Ich weiß, von wem der anonyme Brief stammt. Und dann hast du die kleine Affäre mit Prue Parker inszeniert. Du bist fest entschlossen, Jonathan in den Augen meines Vaters in Mißkredit zu bringen.«

»Das ist nicht mehr nötig, seit wir Peterkin haben. Ein männlicher Nachkomme in der richtigen Linie. Ich werde dafür sorgen, daß er ein weitaus besserer Gutsherr wird, als es Jonathan je sein könnte.«

»Das ist ungeheuerlich. Und ausgerechnet Tamarisk mußte dich entlarven.«

»Das Kind ist eine wahre Landplage. Hoffentlich übersiedelt sie bald zu ihrem Vater.«

»Du überraschst mich, weil du dich so gelassen gibst. Es macht dir anscheinend nichts aus, wenn man dich entlarvt.«

»Wenn du mich entlarvst, stört es mich tatsächlich nicht.«

»Was soll das nun wieder heißen? Du willst doch bestimmt nicht, daß mein Vater erfährt, womit du dein Vermögen machst. Du bist ein Zuhälter – das ist der schmutzigste Beruf, den es gibt. Du würdest es auch nicht gern sehen, wenn mein Vater erfährt, wie übel du Jonathan mitgespielt hast.«

»Das möchte ich auf gar keinen Fall.«

»Und dennoch nimmst du offenbar an, daß ich deine Geheimnisse nicht verraten werde.«

»Das stimmt.«

»Wie wird mein Vater deiner Meinung nach reagieren, wenn er erfährt, daß du Prue absichtlich ins Haus gebracht, in Jonathans Zimmer geschickt und ihr den Auftrag erteilt hast, einen Vergewaltigungsversuch von Jonathan vorzutäuschen?«

»Er wäre natürlich empört, aber er wird es nie erfahren. Er wird erfahren, daß ich zufällig auf Prue gestoßen bin, die als Prostituierte auf die Straße gegangen ist. Ich war entsetzt, denn sie hatte noch vor kurzer Zeit als Dienstmädchen in unserem Haus gearbeitet. Ich habe sie zur Rede gestellt, und sie hat mir gestanden, daß sie Jonathan kompromittieren und dann erpressen wollte. Sie wußte, daß er bei seinem Großvater schlecht angeschrieben ist und daß für ihn viel auf dem Spiel stand. Der Plan scheiterte, denn Jonathan spielte nicht mit; deshalb behauptete sie, daß er sich auf sie gestürzt hätte. Doch dann bekam sie es mit der Angst zu tun, und weil sie befürchtete, daß die Wahrheit an den Tag kommen würde, machte sie sich aus dem Staub. Sie hatte keine Arbeit, und deshalb blieb ihr nichts anderes übrig, als auf die Straße zu gehen. Sie arbeitete für den Klub, in dem du uns entdeckt hast, und als ich für sie eine Stelle als Dienstmädchen in einem anständigen Haushalt gefunden hatte, suchte ich den Klub auf, um es ihr mitzuteilen. Dann bist du mit Tamarisk hereingeplatzt.«

»Glaubst du wirklich, daß ich dich ungeschoren davonkommen lasse?«

»Es wird dir nichts anderes übrig bleiben.«

»Wieso denn? Ich weiß ja nicht, was du noch alles im Schilde führst. Ich finde, daß Amaryllis das Recht hat zu erfahren, wofür ihr Geld verwendet wird. Auch meine Familie muß es erfahren, denn du gehörst jetzt zu ihr.«

»Niemand darf Schande über die Familie bringen.«

»Du hast es bereits getan. Es war ein schwarzer Tag, als du in unsere Familie hineingeheiratet hast.«

»Jeder von uns hat seine kleinen Schwächen, auch du, Jessica. Diese Geschichte wird unser kleines Geheimnis bleiben.«

»Du nimmst zuviel als gegeben an.«

»Ich bin dazu berechtigt. Möge derjenige, der ohne ›Sünde‹ ist, den ersten Stein werfen.«

Ich schwieg, weil mich Angst erfaßte.

»Du bist bestimmt nicht frei von Sünden, meine liebe Jessica. Denk nur an deine leidenschaftliche Liebesaffäre mit dem faszinierenden Sir Jake.«

Mir stieg das Blut in die Wangen, und ich stammelte: »Was meinst du damit?«

»Ich bin dir gegenüber offen gewesen und erwarte das gleiche von dir. Glaubst du denn, daß ich nicht weiß, was vorgeht? Du hast ein Verhältnis mit dem gutaussehenden Gentleman. Du besuchst sein Haus ohne Begleitung und bleibst mehrere Stunden dort. Wie du siehst, Jessica, hat keiner von uns das Recht, über den anderen den Stab zu brechen.«

Ich sah sein lächelndes Gesicht wie durch einen Schleier. Dieser Mensch hatte mein Geheimnis entdeckt.

»Setz dich«, forderte er mich auf. »Das war ein Schock für dich. Ich habe schon vor einiger Zeit bemerkt, was zwischen euch ist – du konntest es nicht lange vor mir verbergen. Du strahlst vor Liebe, Jessica. Ich nahm mir vor, euch genauer zu beobachten. Es ist immer gut, wenn man über Informationen verfügt – man weiß nie, wozu man sie brauchen kann. Deshalb habe ich dich von einem meiner Leute beobachten lassen.«

»Das heißt, daß er mir gefolgt ist.«

»Zu und von deinem kleinen Liebesnest. Du schlimme Jessica! Doch es ist natürlich verständlich. Ich tadle dich deswegen nicht und werde dein Geheimnis wahren... solange du meines wahrst.«

»Und wenn ich nicht schweige?«

»Dein liebenswürdiger Ehemann wäre bestimmt traurig, wenn er erfährt, daß seine Frau nur so oft nach London reist, um mit ihrem Liebhaber zusammenzukommen. Das würdest du doch bestimmt nicht wollen.«

Ich schwieg, denn ich hatte das Gefühl, daß mich die Wände des Zimmers einschlössen. Am liebsten hätte ich ihn aufgefordert zu gehen, denn er erschreckte mich. Er hatte sich verändert, und sein Gesicht war böse geworden. Er hatte die Maske fallen lassen, die er getragen hatte, und zeigte sich jetzt so, wie er wirlich war.

Er lächelte zynisch.

»Wir schließen einen Vertrag«, meinte er. »Du verrätst mich nicht, und ich verrate dich nicht.«

Er trat zu mir, faßte mich am Arm und näherte sein Gesicht dem meinen. »Vergiß es ja nicht, ein Wort von dir, und ich bin bei deinem Mann und erzähle ihm von den lustigen Nachmittagen in der Blore Street. Hast du mich verstanden, Jessica?«

Ich nickte stumm. Dann riß ich mich los und lief aus dem Zimmer.

IX

Selbstmord oder Mord?

Ich war nach Grasslands zurückgekehrt. Seit jenem Gespräch
mit Peter Lansdon hatte ich keinen ruhigen Augenblick mehr
gehabt. Ich war vor unserer Abreise nur ein einziges Mal mit
Jake zusammengekommen und hatte nicht gewagt, ihm davon
zu erzählen, weil ich überzeugt war, daß er etwas gegen Peter
unternehmen würde. Ich war genauso schuldig wie Peter; er
erpreßte mich, und ich erpreßte ihn.

Jake hätte wahrscheinlich nichts dagegen gehabt, daß alles ans
Tageslicht kam. Er haßte es, untätig zu sein, und Geduld
zählte nicht zu seinen Stärken. Er neigte zu unüberlegten
Handlungen, hatte sich den Zigeunern angeschlossen und
dann den Mann getötet, der Leah vergewaltigen wollte. Er
würde wahrscheinlich sagen: »Laß ihn doch reden. Alle sollen
erfahren, was für ein Mensch er ist – und wir nehmen die
Folgen auf uns.«

Er würde zu Recht annehmen, daß uns diese Enthüllung
zusammenführen würde. Ich wollte mit Jake vereint sein, ich
wollte mit ihm in seinem Haus leben und Kinder von ihm
bekommen. Doch ich konnte Edward nicht verletzen. Ich
konnte nicht seine heile Welt zerstören, deren Mittelpunkt ich
war. James, Toby und Clare würden ihn zwar weiterhin betreuen, doch es war meine Gegenwart, die ihm das Leben
erträglich machte.

Wenn ich Edward so schwer enttäuschte, könnte ich meines
Lebens nicht mehr froh werden.

Ich erzählte Jake also nichts davon. Doch das Gespräch mit
Peter wirkte sich auf mein Verhalten aus, und Jake spürte, daß
etwas nicht stimmte.

Es beunruhigte und quälte ihn.

Peter Lansdon war vor uns nach Enderby zurückgekehrt, hatte sofort seine Geschichte erzählt, und ich mußte zugeben, daß sie plausibel klang. Er betonte, wie froh er darüber war, daß er in der Lage gewesen war, das kleine Mißverständnis zwischen Jonathan und seinem Großvater beizulegen.

In Eversleigh wurde über nichts anderes gesprochen als über Prue Parker und darüber, wie großartig Peter dieses Problem gelöst hatte. Mein Vater schämte sich ein wenig und versuchte, freundlicher zu Jonathan zu sein. Jonathan war froh, daß sich seine Unschuld herausgestellt hatte.

Als wir heimkamen, begrüßte Tamarisk Jonathan überschwenglich. Sie erzählte ihm immer wieder, daß sie es gewesen war, die Prue erkannt hatte und ihr gefolgt war, weil sie entschlossen gewesen war, zu beweisen, daß Jonathan unschuldig und Prue schuldig war. »Und dann ging sie in das Haus«, erzählte sie, »und Peter war auch dort…«

Niemand hielt es für seltsam, daß wir sie gesehen hatten, als sie zu Peter unterwegs war, und daß Peter ausgerechnet diesen Klub als Treffpunkt gewählt hatte. Die Geschichte war so spannend, daß niemand auf Einzelheiten achtete.

Außerdem hatte Peter auch die letzten Zweifel zerstreut: »Sie hat mit diesem Klub in Verbindung gestanden, und es war für mich am einfachsten, mich dort mit ihr zu treffen.«

Er wehrte ab, als ihn die anderen dazu beglückwünschten, daß er das Rätsel gelöst hatte.

Ich hätte ihnen am liebsten zugeschrien, daß es ein Rätsel geblieben wäre, wenn Tamarisk das Mädchen nicht auf der Straße erkannt und wir Peter nicht im Klub überrascht hätten. Doch ich mußte schweigen.

Ich wollte nicht wieder nach London fahren, denn ich brachte es nicht über mich, Jake aufzusuchen. Vielleicht wurde ich noch immer überwacht. Peter hatte alles zerstört. Ich kam mir jetzt genauso verderbt und schlecht vor wie er. Doch ihn störte es keineswegs, daß ich über ihn Bescheid wußte; er bezeichnete seine Verderbtheit als Schlauheit.

Wenn sich unsere Blicke trafen, lächelte er mich vielsagend an.

Ich bekam den Eindruck, daß er mich abschätzte. Er hatte mir ja erklärt: »Du bist eine attraktive Frau«, und hatte damit gemeint: attraktiver als Amaryllis. Doch er hatte sich für sie entschieden, weil er sie leichter lenken konnte. Ich hätte ihn ohnehin nie geheiratet, weil ich nie in ihn verliebt gewesen war. Wollte er womöglich einen noch höheren Preis für sein Schweigen verlangen? Zum Glück hatte ich genügend Druckmittel gegen ihn in der Hand, um ihn abweisen zu können. Er hatte etwas Kaltes, Glattes, Schlangenartiges an sich, und ich fragte mich, wieso Amaryllis noch immer in ihn verliebt war. Er war klug, setzte die Maske auf, die er gerade brauchte, veränderte seine Persönlichkeit, schlüpfte aus seiner Haut – wie eine Schlange.

Er erschien mir in meinen Träumen.

Wenn ich nachts aus einem solchen Alptraum aufschreckte, empfand ich manchmal das Bedürfnis, zu Edward zu gehen und ihm alles zu gestehen. Ich wollte ihm versprechen, daß ich für immer bei ihm bleiben und Jake nie wiedersehen würde. Jake mußte Tamarisk zu sich nach Cornwall nehmen, weit weg von uns.

Nur ein Geständnis konnte mich von Peter Lansdon befreien.

»Fehlt dir etwas?« fragte meine Mutter. »Seit deinem Aufenthalt in London siehst du schlecht aus.«

»Mir geht es ausgezeichnet.«

Hätte ich ihr nur mein Herz ausschütten können! Sie hätte mich verstanden. Aber ich wagte es nicht.

»Weihnachten kommt mit Riesenschritten näher«, fuhr sie fort. »Es ist erstaunlich, wie schnell die Zeit vergeht. Wir müssen bald mit den Vorbereitungen beginnen.«

Ich stimmte ihr zu.

Sie war nicht die einzige, der meine Veränderung auffiel.

»Sind Sie krank?« erkundigte sich Clare.

»Warum fragen Sie?«

»Seit Sie aus London zurückgekehrt sind, wirken Sie verändert, angespannter. Ist Ihnen auf der Reise etwas zugestoßen?«

»Nicht, daß ich wüßte.«

In Clares Gegenwart fühlte ich mich immer unbehaglich. Sie machte sich im Haus nützlich, las Edward stundenlang vor und spielte Piquet mit ihm. Sie war mir eine große Hilfe, doch ich wurde den Eindruck nicht los, daß sie gegen mich war.

Auch Leah war uns eine große Hilfe. Wenn Tamarisk sich in London aufhielt, half sie ebenfalls beim Pflegen Edwards.

»Jetzt habe ich sogar zwei Dienerinnen«, scherzte Edward, »nämlich Clare und Leah. Die beiden Mädchen sowie James und Toby verwöhnen mich nach Strich und Faden.«

»Vergiß nicht dein drittes Dienstmädchen, mich«, erinnerte ich ihn.

»Du bist nicht mein Dienstmädchen, sondern meine Königin.«

Ich lachte, aber mein Herz war schwer. Es war unmöglich, daß ich mein Gewissen erleichterte und ihm alles beichtete.

Allmählich wurde Jake ungeduldig. Er war nach Cornwall gereist, weil seine Anwesenheit dort erforderlich war, doch bald wieder nach London zurückgekehrt.

Er schrieb mir wieder. Der Brief war eine leidenschaftliche Bitte an mich, ihn in London zu besuchen. Wenn ich mich weigerte, wollte er nach Grasslands kommen. Er hatte sich überlegt, wie er vorgehen wollte, denn er konnte nicht ewig warten. Wir vergeudeten unser Leben, denn wir gehörten zusammen.

Der Brief beunruhigte und entzückte mich zugleich.

Ich wußte, daß ich seine Briefe verbrennen sollte, brachte es aber nicht übers Herz. Sein letztes Schreiben steckte ich in mein Mieder und trug es einen Tag lang mit mir herum, doch dann legte ich es zu dem ersten Brief in die Schublade meiner Kommode. Ich las die Briefe immer wieder; sie trösteten mich, und ich träumte, daß das Unmögliche möglich wurde.

Als meine Mutter und ich uns wieder einmal über Weihnachten unterhielten, fragte ich: »Wie lösen wir das Problem mit Tamarisks Vater?«

»Vielleicht will er mit ihr nach Cornwall fahren.«

»Das würde sie nie tun. Sie hängt mehr denn je an Jonathan.«
»Wahrscheinlich müssen wir ihn dann hierher einladen.«
Ich zögerte.
»Macht es dir große Schwierigkeiten? Dann können wir ihn
auch in Eversleigh unterbringen.«
»Nein, er sollte in dem gleichen Haus wohnen wie Tamarisk.«
»Er hat offenbar keine Eile, wegen des Kindes einen Ent-
schluß zu fassen.«
»Ich glaube, daß er wartet, bis Tamarisk sich entschieden
hat.«
»Es ist schon eine recht verfahrene Geschichte. Da sieht man,
daß ein geregeltes, normales Familienleben für ein Kind von
entscheidender Bedeutung ist.«
»Ich bin ganz deiner Meinung«, stimmte ich zu.
»Eversleigh wird wie üblich zu Weihnachten voller Gäste
sein, denn es kommen nicht nur die Pettigrews«, erwähnte
meine Mutter.
»In Grasslands ist Platz genug.«
Die Vorstellung, daß er in meinem Haus wohnen würde,
erfüllte mich einerseits mit Erregung, andererseits mit Angst.
Peter würde zu Weihnachten bestimmt nach Enderby kommen. Die drei Familien verbrachten die Feiertage praktisch
zusammen, und ich würde sehr oft mit Peter zusammentref-
fen. Ich dachte voll Unbehagen daran, daß er mich und Jake
beobachten und belustigt lächeln würde.
Dann schrieb ich Jake und lud ihn ein.
Nachdem ich den Brief abgeschickt hatte, ging ich auf mein
Zimmer und wollte seine Briefe noch einmal lesen, denn sie
gaben mir das Gefühl, daß er bei mir war, und ich erlebte die
zauberhaften Augenblicke in der Blore Street wieder.
Ich zog die Schublade auf und tastete hinter den Handschuhen
und Taschentüchern nach den Briefen.
Sie waren nicht da.
Ich wußte genau, daß ich sie hier hineingelegt hatte. Ich zog
die Schublade ganz heraus und durchsuchte dann die ganze
Kommode. Von den Briefen keine Spur.

Ich geriet in Panik. Jemand hatte die Briefe gestohlen.

Ich war entsetzt, als ich daran dachte, daß ein Fremder die Briefe gelesen haben könnte. Der Dieb konnte nur Peter sein. Ich mußte ihn sofort zur Rede stellen und die Briefe zurückverlangen. Was würde er dafür haben wollen? Ich hätte nie auf seine Erpressung eingehen dürfen, denn ich wußte, daß Erpresser ihre Forderungen immer höher schrauben. Ich hätte diesen teuflischen Pakt nie schließen dürfen. Ich war außer mir vor Angst.

Als ich die Treppe hinunterlief, kam mir Clare entgegen.

»War Peter gestern hier?« erkundigte ich mich.

»Ja, er und Amaryllis haben kurz hereingeschaut, während Sie ausgegangen waren. Ich habe vergessen, es Ihnen zu erzählen.«

»Ich muß sofort mit Peter sprechen.«

Ich ritt nach Enderby, aber Peter war nicht da.

»Er ist in die Stadt geritten, weil er morgen nach London fährt«, erklärte mir Amaryllis.

»Schon wieder?«

»Seine Geschäfte nehmen ihn sehr in Anspruch«, meinte sie stolz.

Ich überlegte, ob ich ihn suchen sollte. Nein, denn dadurch würde ich ihm verraten, daß ich Angst hatte. Falls er mir drohte, daß er die Briefe Edward zeigen wollte, würde ich sofort zu meinem Vater gehen und ihm reinen Wein über Peter einschenken. Ich war vor Peter sicher, weil ich zuviel über ihn wußte.

Ich blieb etwa eine Stunde aus. Als ich zurückkehrte, war es im Haus still. Edward wartete bestimmt schon darauf, daß ich zu ihm kam. Ich würde ihm von den Weihnachtsvorbereitungen meiner Mutter erzählen und erwähnen, daß wir ihrer Ansicht nach Tamarisks Vater zu den Feiertagen einladen sollten.

Die Briefe gingen mir nicht aus dem Sinn, und ich stellte mir vor, daß sie Edward in die Hände fielen. In diesem Fall war es besser, wenn ich Edward selbst alles erzählte, ihm erklärte, wie es dazu gekommen war, und ihm versicherte, daß es nie wieder geschehen würde.

Wie schlau ich doch war! Ich täuschte nicht nur Edward, sondern auch mich selbst. Ich sehnte mich nach Jake, und wenn er kam, würde mir alles andere gleichgültig sein.

Ich begab mich in mein Zimmer und zog mich um.

Als ich hinunterging, stieß ich auf Leah, und mir fiel ein, daß sie ohne weiteres Gelegenheit gehabt hatte, die Briefe an sich zu nehmen. Sie liebte Jake und hatte Tamarisk zu sich gelockt, weil sie Jakes Tochter war. Seit Leah bei uns lebte, war sie sanft und fügsam, aber im Grunde ihres Wesens war sie wahrscheinlich immer noch die leidenschaftliche Zigeunerin. Hatte sie mit der Scharfsinnigkeit der Liebenden erraten, daß Jake und ich ein Verhältnis miteinander hatten? Hatte sie meine Briefe entwendet und gelesen? Oder war es Clare gewesen? Clare liebte Edward und nahm bestimmt das Recht für sich in Anspruch, ihm nahe zu sein. Was würde Clare von der Frau halten, die ihr den Mann weggenommen hatte, den sie liebte, und ihn jetzt betrog?

Falls Clare die Briefe an sich genommen hatte, würde sie sie Edward zeigen? Würde sie mich als Ehebrecherin bloßstellen? Meine Unruhe stieg. Jeden Morgen dachte ich beim Erwachen voller Angst daran, was mir der Tag bringen würde.

Weihnachten stand vor der Tür. Jake sollte am nächsten Tag eintreffen.

Es war kalt geworden, und ich betrachtete besorgt den Himmel. Ich befürchtete, daß es schneien würde und daß Jake dann seine Reise aufschieben mußte.

Ich sehnte mich nach ihm und hatte gleichzeitig Angst davor, daß er meine guten Vorsätze über den Haufen werfen würde. Ich ging in den ersten Stock hinauf in das Zimmer, in dem er schlafen würde. Es war der Raum, in dem das Himmelbett mit den roten Vorhängen stand, zu dem die roten Gardinen und der Teppich paßten. Ich hatte die Einrichtung geändert, als ich eingezogen war. Es war ehemals Mrs. Trents Zimmer gewesen; es hatte sehr düster gewirkt, und ich wollte die Erinnerung an sie auslöschen.

Im Kamin brannte ein helles Feuer, um die Kälte aus dem unbenützten Raum zu vertreiben.

Jake würde bestimmt versuchen, mich hierher zu locken, aber ich mußte diesmal standhaft bleiben.

Ich setzte mich ans Fenster und beobachtete die flackernden Schatten, die das Feuer an die Wände warf.

Die Tür wurde vorsichtig geöffnet, und Leah kam herein.

Sie zuckte zusammen, als sie mich erblickte – wir waren gleichermaßen erschrocken.

»Ich... ich wollte nur nach dem Feuer sehen«, stotterte sie.

»Ein Kaminfeuer kann immer gefährlich sein, auch wenn man das Schutzgitter vorgelegt hat.«

»Natürlich. Es könnten Funken auf den Teppich fallen.«

Leah wandte sich zur Tür.

»Einen Augenblick, Leah«, bat ich sie. »Setz dich.«

Sie nahm Platz, und ich fuhr fort: »Im Feuerschein sieht das Zimmer wirklich gemütlich aus, nicht wahr?«

Edward war hier untergebracht gewesen, bevor er ins Erdgeschoß übersiedelte, und ich hatte oft hier gesessen und ihm vorgelesen. Damals war ich zufrieden gewesen und hatte mich im Glorienschein der aufopfernden Ehefrau gesonnt. Doch Selbstaufopferung wirkt nur eine Zeitlang befriedigend; nach einer Weile wird sie zur Last. Wenn der Zustand kein Ende nimmt und ewig andauert, wird man böse – nicht auf sich selbst, sondern auf die Person, für die man sich opfert.

Ich durfte nie zeigen, daß Edward mir auf die Nerven ging. Die Menschen sind wirklich pervers! Sie ärgern sich darüber, daß der andere ein guter Mensch ist. Wenn Edward etwas launenhafter, etwas unduldsamer gewesen wäre, hätte ich meinem Zorn freien Lauf lassen und mich abreagieren können. Aber so mußte ich mich seiner würdig erweisen.

»Leah«, fragte ich plötzlich, »denkst du jemals an die alten Zeiten?«

»O ja, Mrs. Barrington.«

»Sehnst du dich nach den Wagen und dem freien Leben der Zigeuner zurück?«

Sie schüttelte den Kopf. »Ich fühle mich hier wohl. Nachts war es oft bitterkalt, und bei Tag brannte die Sonne auf uns herab oder der Wind beutelte uns durch. Ich habe mich daran gewöhnt, in einem richtigen Haus zu leben.«

»Außerdem ist Tamarisk hier. Falls sie nach Cornwall übersiedelt, wirst du wahrscheinlich mit ihr gehen.«

»Wird sie denn nach Cornwall übersiedeln, Mrs. Barrington?«

»Ich nehme es an.«

»Ich weiß aber, daß sie hierbleiben möchte.«

»Sie wird bei ihrem Vater leben wollen.«

»Noch vor kurzem wußte sie überhaupt nicht, daß sie einen Vater hat.«

»Aber jetzt weiß sie es, und ihr Platz ist bei ihm.«

»Da bin ich nicht so sicher«, widersprach Leah. »Ihr Platz ist dort, wo sie glücklich ist.«

»Sie ist ein merkwürdiges Kind. Du kennst sie besser als ich, Leah, denn sie läßt niemanden an sich heran.«

»Sie mag Sie, Mrs. Barrington ... auf ihre Art. Und sie mag auch mich ... auf ihre Art.«

»Sie hat sehr ausgeprägte Vorlieben und Abneigungen. Kannst du verstehen, warum sie von uns fortgelaufen ist, um ein freies Leben zu führen?«

»Sir Jake hat es seinerzeit ebenfalls getan.«

»Das stimmt, und eine Zeitlang war er Romany Jake. Das alles ist lange her, Leah.«

»Und doch kommt es mir vor, als wäre es gestern gewesen, so deutlich steht die Erinnerung vor meinen Augen.«

Ich blickte sie durch das dunkler werdende Zimmer an. Einen Augenblick lang lag Entsetzen auf ihrem Gesicht, und ich wußte, daß sie den Augenblick wieder erlebte, als dieser Mann über sie hergefallen war und Jake sie gerettet hatte. Das würde sie nie vergessen.

Sie hatte Jakes Tochter von uns weggelockt, und doch sah sie jetzt aus, als könne sie kein Wässerchen trüben, während sie in Erinnerungen versunken vor sich hinblickte.

Liebte sie Jake? Wußte sie, daß wir ein Verhältnis hatten? Hatte sie die Briefe aus meiner Schublade genommen?

Wir schraken beide zusammen, als die Tür aufging.

Clare schaute ins Zimmer.

»Ihr sitzt in der Dunkelheit beisammen?« fragte sie.

»Ich habe nach dem Feuer gesehen, und Leah hatte den gleichen Gedanken gehabt. Und dann haben wir begonnen zu plaudern.«

Clares Blick wanderte zwischen uns hin und her. »Soll ich eine Kerze anzünden? Das Zimmer sieht im Feuerschein fast unheimlich aus.«

Sie entzündete eine Kerze und betrachtete uns dann wieder. Ich konnte ihren Gesichtsausdruck nicht deuten, aber sie schien etwas zu verschweigen.

Was denkt sie? fragte ich mich. Was weiß sie?

Sie hatte recht, das Zimmer wirkte plötzlich wirklich unheimlich.

Jake traf zwei Tage vor Weihnachten ein, und meine Freude über das Wiedersehen kannte keine Grenzen. Ich war davon überzeugt, daß jeder, der uns gemeinsam sah, unsere Gefühle erraten mußte. Ich führte Jake selbst in das rote Zimmer, und sobald wir die Tür hinter uns geschlossen hatten, zog er mich an sich.

»Das Warten hat mich wahnsinnig gemacht.«

»Aber jetzt bist du hier, Jake. Du hast recht, es war eine sehr lange Zeit.«

»Ich habe mich entschlossen«, fuhr er fort. »So kann es nicht weitergehen, etwas muß geschehen.«

Er wollte mich nicht loslassen, und ein Schauer überlief mich.

»Nicht hier, Jake, nicht in diesem Haus.«

»Etwas muß geschehen ... und zwar bald.«

»Ja, aber hab noch etwas Geduld und warte. Wir werden darüber sprechen.« Dann versuchte ich, mich in meine Rolle als Gastgeberin zu retten. »Ich hoffe, daß du alles hast, was du brauchst.«

Er lachte unbekümmert, wie es seine Art war. «Es gibt nur etwas, das ich brauche, und du weißt genau, was es ist.«

»Ich muß jetzt hinuntergehen; es gibt Leute in diesem Haus, die mich beobachten.«

»Du wirst beobachtet?«

»Von Leah, weil sie dich liebt, und von Clare, weil sie Edward liebt.« Ich löste mich von ihm. »Wir essen um sieben. Könntest du bitte kurz vorher in der Halle sein?« Damit war ich fort.

Es wurde ein angenehmer Abend. Ich wunderte mich darüber, wie unbefangen Jake sich Edward gegenüber verhielt. Niemand wäre auf den Gedanken gekommen, daß er mit Edwards Frau ein Verhältnis hatte.

Um Tamarisk eine Freude zu bereiten, durfte sie mit uns essen. Ich freute mich, weil sie ihrem Vater nicht nur über London, sondern auch über Cornwall Fragen stellte.

Er erläuterte die Unterschiede zwischen der englischen und der australischen Landwirtschaft, und seine Ausführungen waren so interessant, daß Tamarisk spontan erklärte: »Ich möchte nach Australien fahren.« Worauf er antwortete: »Vielleicht nehme ich dich eines Tages mit.«

Als ich Edward an diesem Abend eine gute Nacht wünschte, setzte ich mich zu ihm, und wir unterhielten uns noch eine Weile.

»Dieser Mann bezaubert Tamarisk allmählich«, bemerkte er.

»Den Eindruck habe ich auch.«

»Eines Tages wird sie bestimmt bereit sein, ihm nach Cornwall zu folgen.«

»Wir müssen abwarten. Ich bin noch immer davon überzeugt, daß sie lieber bei Jonathan bleiben wird.«

»Sie ist ein treuer Mensch, und das gefällt mir an ihr.«

Ich wünschte ihm hastig Gute Nacht. Wenn man ein so schlechtes Gewissen hat wie ich, ist Treue nicht das richtige Gesprächsthema.

Am nächsten Tag ritt ich mit Tamarisk und Jake nach Evers-leigh, um meiner Mutter bei den Weihnachtsvorbereitungen zu helfen.

Das Haus befand sich in hellem Aufruhr. Die Gärtner brach-ten Pflanzen aus den Glashäusern und befestigten Stechpal-menzweige und Efeu an den Bildern in der Galerie und an den Wänden der großen Halle. Misteln wurden an jenen Stellen aufgehängt, wo die Gäste die Möglichkeit hatten, sich unter sie zu stellen und einander zu küssen. Aus der Küche duftete es nach Backwerk.

Meine Mutter schwankte zwischen Freude und Verzweiflung. Sie liebte Feste, bei denen alles der Tradition gemäß verlief. Jonathan war mit ein paar Gärtnern fortgegangen, um den Weihnachtsbaum zu holen, und Tamarisk erklärte sofort, daß sie ihnen dabei helfen wolle.

»Heute treffen die Pettigrews ein«, erwähnte meine Mutter. »Du weißt, was für ein Putzteufel Lady Pettigrew ist. Ihrem scharfen Blick entgeht auch nicht das kleinste Stäubchen.«

»Die Dienerschaft in Pettigrew Hall ist bestimmt froh, wenn sie sie ein paar Tage los sind«, scherzte ich.

Tamarisk steckte bei Jonathan, und weil meine Mutter immer wieder betonte, daß alles in Ordnung sei und es für uns nichts zu tun gäbe, verabschiedeten Jake und ich uns nach einer Weile. Meine Mutter wollte offensichtlich bei den Weih-nachtsvorbereitungen nicht gestört werden.

Als wir in den Sattel stiegen, meinte Jake: »Es tut gut, mit dir unter vier Augen zu sprechen, auch wenn es nur für kurze Zeit ist.«

Ich fiel in Galopp, und er hielt sich auf gleicher Höhe.

»Wohin reiten wir?« fragte er.

»Ans Meer«, rief ich.

Ich roch bereits das Meer... den Geruch nach Tang und nassem Holz und den undefinierbaren Duft des Ozeans. Ich atmete tief ein und war einen Augenblick lang glücklich; meine Ängste und Zweifel schwanden, und ich gab mich ganz der Seligkeit hin, mit Jake zusammenzusein.

Als wir das Kliff erreichten, ließen wir die Pferde in Schritt fallen; ich ritt durch die Schlucht zum Strand hinunter, und Jake folgte mir.

An diesem Morgen war das Meer schiefergrau; die Wellen trugen Schaumkrönchen und schlugen leise plätschernd an den Strand.

»Das Meer ist immer ein überwältigender Anblick, ganz gleich, in welcher Stimmung es sich befindet«, stellte ich fest.

»Das ist richtig«, stimmte mir Jake zu, »aber du sollst nicht ablenken. Wie steht es mit uns beiden?«

»Du weißt die Antwort selbst, du wohnst bei uns und hast mit Edward gesprochen. Du mußt inzwischen zu der Einsicht gelangt sein, daß mir die Hände gebunden sind. Ich kann Edward auf keinen Fall sagen, daß ich ihn verlasse.«

»Und du könntest den Rest deines Leben so verbringen?«

»Ich habe mich damit abgefunden.«

»Du hast dich damit abgefunden, bevor dir die Konsequenzen klar wurden.«

»Du meinst, bevor du zurückgekommen bist.«

»Erst durch meine Rückkehr hat sich deine Einstellung geändert, nicht wahr?«

Ich schwieg.

»Was sollen wir tun, Jessica?« fügte er hinzu.

»Nichts. Wir können überhaupt nichts daran ändern. Es wäre am besten, wenn du fortgehst und wir einander vergessen.«

»Glaubst du denn, daß ich dich jemals vergessen kann?«

»Ich weiß es nicht. Vielleicht im Lauf der Zeit.«

»Niemals«, widersprach er. »Du kannst doch nicht ernstlich annehmen, daß ich mich mit diesem Zustand abfinde.«

»Es geht nicht darum, ob du dazu bereit bist oder nicht. Dieser Zustand ist unabänderlich, das mußt du zur Kenntnis nehmen.«

»Du bist bereit, mich um Edwards willen aufzugeben?«

»Ich habe keine Alternative. Ich weiß, daß ich nie mehr glücklich sein werde, weil mich der Gedanke an dich täglich und stündlich verfolgen wird. Doch wenn ich Edward verlasse, würde ich ständig an ihn denken. Ich habe mich damit abgefunden, dieses sinnlose Leben bis zu meinem Tod zu führen. Ich habe diese Situation selbst herbeigeführt und kann sie jetzt nicht mehr ändern.«

»Ich werde nicht zulassen, daß du diesen Vorsatz verwirklichst.«

»Wie willst du es verhindern, Jake?«

»Ich werde eine Lösung finden. Ich werde nicht ruhen, bis mir ein Ausweg eingefallen ist.«

»Galoppieren wir am Strand entlang. Das vertreibt die trüben Gedanken, und es war immer schon mein größtes Vergnügen. Komm jetzt.«

Ich gab meinem Pferd die Sporen, und er folgte mir. Meine Haare flatterten im Wind, und einen Augenblick lang verdrängte das Glück des Reitens alles andere. Meine Probleme traten in den Hintergrund; ich vergaß die Ansprüche, die sowohl Jake wie Edward an mich stellten; ich vergaß, daß ich meinen Mann betrogen hatte, daß Peter Lansdon mich erpreßte und daß sich jemand Jakes Briefe angeeignet hatte. All das war nicht mehr wichtig, als ich zwischen dem grauen Meer und dem weißen Kliff über den feuchten Sand galoppierte. Doch als wir im Schritt hintereinander die Schlucht hinaufritten, die zur Straße führte, fielen mir Jakes Worte wieder ein: »Ich werde eine Lösung finden.«

Der Weihnachtstag brach an, mild und feucht.

Wir hatten die Mitternachtsmesse besucht und anschließend heißen Punsch getrunken und Pasteten gegessen. Dann ritten Jake, ich und Tamarisk nach Grasslands, während Amaryllis und Peter nach Enderby zurückkehrten.

»Du mußt morgen früh herüberkommen, Jessica«, schlug meine Mutter vor. »Du mußt dabeisein, wenn die Sternsinger kommen.«

»Gern. Aber zum Mittagessen reite ich nach Grasslands zurück und komme dann um sechs Uhr mit der ganzen Familie wieder.«

Damit war meine Mutter einverstanden.

Als ich am Weihnachtsmorgen erwachte, erfüllte mich wieder jene seltsame Mischung aus Erregung und Besorgnis, die ich jetzt so oft empfand.

Ich brachte Edward mein Geschenk – einen seidenen Schlafrock, denn es kam immer häufiger vor, daß er sich nicht ankleiden ließ und den ganzen Tag im Schlafrock im Rollstuhl verbrachte.

Das Geschenk freute ihn sehr, und dann überreichte er mir das meine. Es war ein ringsum mit Diamanten besetzter Ewigkeitsring. Er war sehr schön, und ich schrie entzückt auf.

Seine nächsten Worte beunruhigten mich allerdings, denn er sagte: »Ich habe Clare gebeten, ein Schmuckstück auszusuchen, das ihrer Meinung nach zu dir paßt.«

Clare hatte also den Ewigkeitsring gewählt! Wollte sie mich daran erinnern, daß ich bis an mein Lebensende an Edward gebunden war? Was ging in ihrem Kopf vor? Ich war jetzt mehr denn je davon überzeugt, daß sie es war, die die Briefe gefunden hatte.

Ich steckte mir den Ring an. »Er ist wunderbar.«

»Es soll dich daran erinnern, daß ich dich ewig lieben werde. Ich sage es dir zu selten. Ich bin von Natur aus zurückhaltend, und es gibt Dinge, die sich zu schwer in Worte fassen lassen. Ich werde dir nie sagen können, wie dankbar ich dir für alles bin, was du für mich getan hast. Als ich erfuhr, daß ich von nun an ein Krüppel sein würde, erfaßte mich Verzweiflung, und ich spielte mit dem Gedanken, meinem Leben ein Ende zu bereiten. Und dann erklärtest du mir, daß du mich heiraten wolltest.«

»Und du hast versucht, es mir auszureden.«

»Das mußte ich tun. Ich hatte nicht das Recht, dich zu einem Leben zu verurteilen, das für eine junge, gesunde Frau unerträglich sein muß. Doch als du darauf bestandest, war ich egoistisch und gab dir nach. Du hast mir Kraft gegeben weiterzuleben. Wenn du bei mir bist, wenn du mich liebevoll umsorgst, kann ich alles ertragen. Du bist wunderbar.«

»Du beschämst mich so sehr, Edward.«

»Warum solltest du dich schämen? Deine Gegenwart macht mich glücklich. Wenn ich dich am Morgen sehe, freue ich mich darüber, daß ich am Leben bin. Ich würde alles für dich tun, was in meiner Macht steht.«

»Das tust du ohnehin.« Ich küßte ihn, und er schloß mich in die Arme. Ich war tief gerührt; ich liebte ihn. Es ist möglich, daß eine Frau zwei Männer gleichzeitig liebt. Ich liebte Edward wegen seiner Sanftmut, seiner Selbstlosigkeit, seiner Güte und wegen der tiefen Liebe, die er für mich empfand. Ich liebte Jake, weil er vor Leben sprühte, erregend und der Mann war, der mir das vollkommene Glück schenken konnte – vorausgesetzt, daß ich damit Edward nicht verletzte.

Ich löste mich von ihm, und er küßte den Ring auf meinem Finger. In diesem Augenblick legte ich insgeheim ein Gelübde ab. ›Ich werde so lange für dich dasein, Edward, wie du mich haben willst‹, versprach ich.

Wir gingen am Vormittag zur Kirche, und dann ritt ich nach Eversleigh. Die Sternsinger kamen, und ich half meiner Mutter, sie mit Kuchen und Wein zu bewirten.

Zum Mittagessen kehrte ich nach Grasslands zurück und ritt am Nachmittag mit Jake, Tamarisk und Clare aus.

Bei diesem Ausritt hatte ich kaum Gelegenheit, mit Jake zu sprechen. Er hielt sich zwar in meiner Nähe, aber ich ermutigte ihn nicht. Die zärtliche Szene mit Edward war mir noch zu frisch im Gedächtnis.

Clare wich nicht von meiner Seite, als wolle sie mich an meine Pflichten Edward gegenüber erinnern.

Der Abend verlief wie zahlreiche Weihnachtsabende vorher auch. Auf dem Tisch in der großen Halle standen die silbernen Armleuchter, die nur bei festlichen Gelegenheiten hervorgeholt wurden, und bei jedem Platz lagen Stechpalmenzweige. Die traditionellen Weihnachtsgerichte wurden aufgetragen, und wir saßen lange bei Tisch, bevor wir uns in den Wintergarten zurückzogen, wo wir uns mit Gesellschaftsspielen unterhielten, bis die große Halle für den Ball geräumt war. Ich saß neben Edward, als Jake zu uns trat und mich zum Tanz aufforderte.

Ich lehnte ab. »Ich möchte lieber meinem Mann Gesellschaft leisten.«

Doch Edward wollte davon nichts wissen. »Du mußt tanzen, ich sehe dir so gern dabei zu.«

»Ich möchte lieber bei dir bleiben.« Jake ergriff mich bei den Händen. »Sie soll doch tanzen, nicht wahr?« fragte er Edward.

Nun bestand Edward darauf, daß ich mit Jake tanzte.

»Ich werde gut auf sie achtgeben«, versprach Jake.

»Davon bin ich überzeugt«, erwiderte Edward.

Mir war dabei nicht wohl zumute, und ich grollte Jake. Ich war noch immer weich gestimmt, und Jake kam mir sehr leichtfertig vor. Er begriff offenbar nicht, was ich für Edward empfand.

Während wir tanzten, ließ uns Edward nicht aus den Augen. Er dachte bestimmt daran, wie grausam es vom Schicksal gewesen war, ihm seine Kraft und sein Mannestum zu rauben. Er konnte nie mehr ein normales Leben führen und mußte untätig zusehen, wie seine Frau mit einem anderen Mann tanzte.

Ich weiß nicht, was in diesem Augenblick stärker war – das Verlangen, mich Gefühlen hinzugeben, die nur Jake in mir wecken konnte, oder meine Zuneigung zu Edward und damit der Entschluß, ihn nie wissen zu lassen, daß ich mein Ehegelübde gebrochen hatte.

»Du *mußt* es ihm einmal gestehen, Jessica«, drängte Jake.

»Wie stellst du dir das vor?«

»Erzähl es ihm einfach.«

»Du hast selbst gesehen, was für ein selbstloser Mensch er ist.«

»Er wird dich bestimmt verstehen.«

»Das weiß ich. Aber ich kann ihn nicht verlassen.«

»Jeder von uns dreien ist vor eine Entscheidung gestellt. Du mußt entscheiden, welche Art von Leben dir wichtiger ist; er muß entscheiden, ob er dich an sich fesseln und deshalb sein

Leben lang unter Gewissensbissen leiden will; und ich muß entscheiden, wie lange ich diesen Zustand noch ertragen will.«

»Diese Entscheidung liegt nicht bei dir, Jake.«

»Da bin ich nicht so sicher.«

»Ich muß mich entscheiden, und ich weiß seit langem, daß ich Edward nicht verlassen kann.«

»Liebst du ihn mehr als mich?«

»Natürlich nicht. Ich würde sofort mit dir gehen, wenn es Edward nicht gäbe. Ich habe ihn geheiratet und bleibe bis ans Lebensende seine Frau.«

»Und was wird aus uns?«

»Du wirst nach Cornwall zurückkehren und mich vergessen.«

»Ich werde bestimmt nach Cornwall zurückkehren und dich genauso bestimmt niemals vergessen. Ich bin nicht bereit, auf dich zu verzichten, Jessica, und ich werde einen Ausweg finden. Glaube mir, daß wir irgendwann irgendwie vereint sein werden.«

»Nein, Jake. Wenn ich bis heute noch im Zweifel gewesen wäre, so weiß ich jetzt mit aller Bestimmtheit: Ich werde bei Edward bleiben solange er mich braucht.«

Clare tanzte mit Lord Pettigrew vorbei, der ein recht schwerfälliger Tänzer war. Sie musterte uns scharf. Was dachte sie? Sie wußte, daß Jake und ich ein Verhältnis hatten, denn sie hatte die Briefe entwendet. Sie haßte mich, weil ich ihr Edward weggenommen hatte.

Natürlich wußte ich jetzt, daß es das einzig Richtige gewesen wäre, wenn Edward Clare geheiratet hätte. Sie hätte ihn bestimmt aufopfernd gepflegt und wäre damit vollkommen zufrieden gewesen. Sie hatte ihn immer schon geliebt. Wahrscheinlich hatte sie bereits als Kind bewundernd zu ihm aufgeblickt, weil er freundlich zu dem armen Waisenmädchen gewesen war, das die Barringtons in ihr Haus aufgenommen hatten. Er hatte gespürt, wie einsam sie war, und hatte sich ihr gegenüber mitfühlend und verständnisvoll verhalten. Damit hatte er sich ihre Ergebenheit für ewige Zeiten gesichert. Sie hatte bestimmt gehofft, daß er sie heiraten würde, das hätte sie als Erfüllung ihres Lebens empfunden. Dann war ich zwischen sie und Edward getreten, hatte ihn ihr genommen und hatte jetzt ein Verhältnis mit einem anderen Mann.

Ich konnte gut begreifen, daß sich Clare mir gegenüber so feindselig verhielt.

Ich war froh, als es Mitternacht war und wir uns verabschiedeten. Wir mußten Edward nach Hause bringen und waren deshalb mit der Kutsche gekommen, in der wir alle Platz fanden: Edward, Jake, Clare, ich und Tamarisk.

Toby war ebenfalls mitgekommen, um Edward in die Kutsche zu heben. James' Rücken war noch nicht ganz in Ordnung, und wir waren sehr froh, daß wir Toby als Hilfe hatten.

Wir verabschiedeten uns von meiner Mutter und den übrigen Gästen und bestiegen die Kutsche.

»Es war ein wunderschöner Weihnachtstag«, stellte Jake fest. »Es geht doch nichts über die alten Traditionen.«

Edward pflichtete ihm bei und erzählte dann von den Weihnachtsbräuchen in Nottingham, bis wir in Grasslands ankamen.

Toby trug Edward mit Jakes Hilfe in sein Zimmer. Clare wünschte uns eine gute Nacht und nahm Tamarisk mit, die bereits halb schlief.

Als ich an Edwards Zimmer vorüberging, kam Jake gerade heraus. »Ich bin sehr froh, daß wir Toby haben«, bemerkte er. »Er ist ein kräftiger junger Mann.«

»Gute Nacht, Jake.«

Er ergriff meine Hand und küßte sie. »Komm mit«, flüsterte er.

Ich schüttelte den Kopf.

»Begleite mich nur hinauf und sag mir gute Nacht.«

Ich begleitete ihn in sein Zimmer. Im Kamin brannte das Feuer, und flackerndes Licht fiel auf die roten Vorhänge vor den Fenstern, die zugezogen waren. Der Raum wirkte sehr behaglich.

Er schloß die Tür und zog mich an sich. »Bleib bei mir.«

»Nein, ich muß mich jetzt zu Edward setzen. Das tue ich

jeden Abend, sobald James oder Toby ihn zu Bett gebracht
haben.«

»Dann komm nachher zu mir.«

»Nein, Jake, nicht hier.«

»Spielt der Ort denn eine Rolle?«

»O ja.«

»Was für krause Vorstellungen du doch hast, Jessica. Zeit und
Ort spielen überhaupt keine Rolle. Wichtig ist nur, daß wir
zusammen sind.«

»Edward ist so nahe.«

Er sah mich zärtlich und zugleich verzweifelt an. »Bitte, ver-
bring die Nacht mit mir.«

»Ich kann nicht. Ich hätte das Gefühl, daß sich Edward bei uns
im Zimmer befindet. Damit hätte ich ihn endgültig betrogen.«

»Wenn du es dir recht überlegst, hast du ihn bereits endgültig
betrogen.«

»Ich sehe es anders als du. Vielleicht sind Männer von Natur
aus untreu, und die Gesellschaft toleriert es daher, solange es
geheim bleibt. Was ich getan habe, war unrecht und ganz
besonders gemein, weil ich einen Mann wie Edward betrogen
habe. Ich hasse mich selbst dafür.«

»Weil du liebst und geliebt wirst?«

»Nein, nicht deshalb. Meine Liebe wird mir immer Kraft
verleihen, und ich werde nie aufhören, dich zu lieben, Jake.
Aber ich bin fest entschlossen, Edward nicht zu verlassen und
bei ihm zu bleiben, solange er mich braucht. Darauf habe ich
ihm mein Wort gegeben, und das werde ich halten.«

»Soll das heißen, daß ich fortgehen, dich verlassen und mich
mit den wenigen gestohlenen Augenblicken des Glücks begnügen soll?«

»Du wirst mich mit dem Bewußtsein verlassen, daß ich dich
genauso liebe wie du mich.«

»Meine Liebe zu dir schließt alle anderen Überlegungen aus.
Ich würde nie zulassen, daß sich uns ein Hindernis in den Weg
stellt. Für mich gibt es nur ein Ziel: daß wir für immer vereint
sind.«

»Du hast doch selbst gesehen, wie es um mich und Edward steht.«

»Ich habe gesehen, daß Edward an dir hängt, und ich glaube, daß er sehr traurig wäre, wenn du fortgehst. Aber er würde bestimmt kein Opfer von dir verlangen.«

»Er ist der selbstloseste Mann auf der Welt.«

»Ja, er verfügt über Vorzüge, die mir fehlen. Trotzdem liebst du mich. Du liebst mich so sehr, daß du sogar dein Ehegelübde gebrochen hast.«

»Das stimmt, aber du mußt mich verstehen. Ich muß bei Edward ausharren, solange er auf mich angewiesen ist. Ich bin seine Frau. Es ist zu spät für uns, Jake.«

»Es ist niemals zu spät.«

Außerdem weiß jetzt jemand über uns Bescheid, dachte ich. Jemand hat deine Briefe an sich genommen. Ich hätte es Jake gern erzählt, um ihm begreiflich zu machen, daß wir uns vorsichtig verhalten mußten. Doch ich zögerte. Er würde darüber hinweggehen und finden, daß es unwesentlich war. Eines Tages würde ohnehin jeder erfahren, daß wir ein Verhältnis hatten, weil Jake die Dinge nicht auf sich beruhen lassen wollte.

Ich löste mich von ihm.

»Ich muß jetzt zu Edward. Ich sitze jeden Abend eine Zeitlang vor dem Schlafengehen bei ihm. Er freut sich darauf.«

»Komm zurück«, bat er.

Ich antwortete nicht, sondern verließ das Zimmer, und in diesem Augenblick hörte ich, wie eine Tür leise geschlossen wurde. Es konnte die Tür zu Tamarisks oder Clares Zimmer gewesen sein.

Ich ging zu Edward ins Erdgeschoß hinunter. Er lag im Bett und erwartete mich, und sein Gesicht leuchtete auf, als er mich erblickte.

Ich setzte mich an sein Bett. Auf dem Nachtkästchen stand das Schlafmittel, das er brauchte, weil er oft nicht einschlafen konnte.

Er sah müde aus; es war ein anstrengender Tag gewesen.

»Nach diesem langen Tag mußt du erschöpft sein«, bemerkte ich.

»Weihnachten stellt schließlich eine Ausnahme dar.«

»Hast du dich gut unterhalten?«

»Sehr. Ist unser Gast bereits zu Bett gegangen?«

»Sofort nach unserer Rückkehr. Er schläft wahrscheinlich schon tief und fest.«

»Das solltest du auch tun.«

»Ich begebe mich direkt von hier ins Bett.«

»Ich sehe es so gern, wenn du tanzt. Wie schade, daß ich ...«
Ich seufzte, und er unterbrach sich sofort: »Entschuldige, das war ein Anfall von Selbstmitleid.«

»Du hast ein Recht darauf. Gott weiß, daß du dich die meiste Zeit tapfer hälst.«

»Ich dürfte mich nicht selbst bemitleiden, wo ich doch dich an meiner Seite habe.«
Ich küßte ihn. »Schlaf gut.«

»Ich bin noch überhaupt nicht schläfrig. Wahrscheinlich ist Weihnachten gleichbedeutend mit Aufregung.«

»Möchtest du dein Schlafmittel?«

»Ja. Ich habe James gebeten, es in meine Reichweite zu stellen.«
Ich reichte ihm das Glas, er trank und verzog das Gesicht.

»Schmeckt es nicht gut?«

»Ein bißchen bitter.«

»Ich werde jetzt gehen.« Ich beugte mich über ihn und küßte ihn noch einmal. Er erwiderte den Kuß zärtlich.

»Gott segne dich, Edward, für alles Glück, das du mir geschenkt hast.«
Er lächelte ironisch, und ich schüttelte mahnend den Kopf.

»Vergiß nie, Jessica, daß ich immer nur das Beste für dich will.«
Ich küßte ihn rasch noch einmal und verließ das Zimmer.
Immer, wenn er von seinen Gefühlen für mich sprach, schämte ich mich und kam mir verderbt vor.
Ich ging die Treppe hinauf und bemerkte, daß Jakes Tür einen

Spaltbreit offenstand. Ich blieb stehen und schaute ein paar Sekunden hin. Dann machte ich einen Schritt auf sie zu.

Plötzlich hatte ich das Gefühl, daß mich jemand beobachtete. Daraufhin drehte ich mich um und ging in mein Zimmer. Ich zog die Tür entschlossen hinter mir zu, obwohl ich die ganze Zeit gegen das Verlangen kämpfte, zu ihm zu gehen, meiner Sehnsucht nachzugeben, die Grundsätze über Bord zu werfen, an die ich mich so verzweifelt klammerte.

Ich ging zu Bett, konnte aber nicht einschlafen. Ich dachte noch lange an Jake, der in seinem Zimmer vergeblich auf mich wartete.

Es war symbolisch für unsere Zukunft.

Ich durfte seinem Drängen nicht nachgeben, sondern mußte mein Leben Edwards Pflege widmen. Ich zitterte davor, daß Jake zu mir kommen könnte, denn ich wußte, daß ich ihm keinen Widerstand leisten konnte. Endlich schlief ich ein.

Am nächsten Morgen erwachte ich, weil jemand an meine Tür klopfte.

»Herein«, rief ich. Es war Jenny, eines der Dienstmädchen. Sie war schneeweiß und sah verängstigt aus.

»Was ist geschehen?« fragte ich, während ich aufstand.

»O Madam, würden Sie bitte sofort kommen. Es geht um den Herrn. James läßt ausrichten, daß er mit Ihnen sprechen möchte.«

»Wo befindet er sich?«

»Im Schlafzimmer des Herrn.«

Ich griff nach meinem Schlafrock und lief in Edwards Zimmer hinunter. Er lag sehr bleich und still im Bett.

Mir wurde kalt, und ich begann zu zittern.

»Bitte, lieber Gott, laß es nicht wahr sein«, murmelte ich, trat ans Bett und ergriff Edwards Hand. Sie war kalt und glitt schlaff aus meinen Fingern.

»James?« rief ich.

Er trat zu mir und schüttelte den Kopf. »Ich fürchte...« begann er.

»Er kann doch nicht tot sein, James«, stammelte ich.

»Ich habe um den Arzt geschickt.«

»Wann...«

»Ich bin heute früh wie üblich mit dem Frühstück gekommen. Zuerst ist mir nichts aufgefallen. Ich habe die Vorhänge zurückgezogen und guten Morgen gewünscht. Er hat nicht geantwortet. Daraufhin bin ich ans Bett getreten und habe gesehen... Ich konnte es nicht glauben. Dann habe ich Jenny zu Ihnen geschickt.«

«Aber wie, James...?«

James blickte zum Glas hinüber, das auf dem Nachtkästchen stand und das ich Edward gestern abend gereicht hatte.

»O nein«, stöhnte ich.

»Wir werden es erst mit Sicherheit wissen, wenn der Arzt da war.«

»Doch außer seiner Verletzung hat ihm doch nichts gefehlt... Jedenfalls nichts, das zu seinem Tod führen konnte.«

James schüttelte den Kopf. »Setzen Sie sich, Mrs. Barrington. Sie sind ja leichenblaß.«

»Es ist doch nicht möglich«, grübelte ich.

»Es bedrückte ihn sehr, daß er so hilflos war. Wir müssen abwarten, was der Arzt feststellt.«

Clare stürzte ins Zimmer. »Was ist geschehen? Die Leute behaupten...«

Sie blickte von Edward zu mir. »Das kann doch nicht wahr sein...« Sie starrte mich an. In ihren Augen las ich Verzweiflung und Mißtrauen.

»Hoffentlich trifft der Arzt bald ein«, sagte ich.

Die Stille im Zimmer war unerträglich. Das Ticken der Pendeluhr dröhnte in meinen Ohren. Ich träume, dachte ich, Edward kann nicht tot sein.

Endlich erschien der Arzt, und wir ließen ihn mit Edward allein. Als er nach einiger Zeit aus dem Zimmer trat, war sein Gesicht sehr ernst.

»Mein innigstes Beileid, Mrs. Barrington«, wandte er sich an mich.

»Ich kann es nicht glauben, Doktor. Warum... wieso...«
»Ich bin sicher, daß es das Schlafmittel war. Wieviel hat er genommen?«
»James macht es immer zurecht.«
»Es war die übliche Dosis, Doktor«, erklärte James.
»Gestern abend muß er aber mehr eingenommen haben.«
»Das war es also«, murmelte ich.
Ich dachte daran, wie ich gestern abend an seinem Bett gesessen und er den Ewigkeitsring geküßt hatte. Er wollte immer nur das Beste für mich. Mir kam ein schrecklicher Gedanke. Hatte er die Dosis absichtlich erhöht, um mir meine Freiheit zu geben? Das konnte er doch nicht tun. Ich hatte ihn keinen Augenblick glauben lassen, daß ich frei sein wollte. Oder hatte er vielleicht die Wahrheit erraten?
Clare sah mich entsetzt an.
»Befand sich die Flasche in seiner Reichweite?« fragte der Arzt.
Ich wußte, daß diese Frage von entscheidender Bedeutung war. Hatte Edward die tödliche Dosis selbst genommen oder hatte sie ihm jemand ins Glas geschüttet?
James antwortete zögernd. »Die Flasche befindet sich in dem Kästchen neben seinem Bett. Er war vermutlich imstande, es zu öffnen und das Fläschchen herauszunehmen.«
Der Arzt nickte. »Natürlich wird eine Autopsie erforderlich sein.«
Ein schrecklicher Gedanke ließ mich nicht mehr los, und ich versuchte, mir genau ins Gedächtnis zu rufen, was gestern alles geschehen war. Jake hatte Toby geholfen, Edward zu Bett zu bringen. Das Glas hatte neben seinem Bett gestanden, als ich das Zimmer betrat, und ich hatte es ihm gereicht.
Welche Menge des Schlafmittels war im Wasser aufgelöst worden? Er durfte nur eine bestimmte, sehr geringe Menge nehmen; mehr wäre gefährlich gewesen. Der Doktor hatte uns wiederholt darauf aufmerksam gemacht, daß eine größere Dosis tödlich sein konnte.
Jake hatte sich im Zimmer befunden, weil er Toby geholfen

hatte. Er hatte bereits einmal einen Mann getötet, und er hatte immer wieder beteuert: »Ich werde einen Weg finden.« Verzweifelte Angst erfüllte mich.

Der Arzt war gerade gegangen, und Clare, Jake, James und ich saßen im Salon. Keiner von uns sprach. Ich wagte nicht, Clare anzusehen, denn ich las die Anklage in ihren Augen. Ich wagte auch nicht, Jake anzusehen, denn ich hatte Angst davor, was ich in seinen Augen lesen würde.

Schließlich brach James das Schweigen. »Wie konnte das geschehen? Ich hätte nie geglaubt, daß er sich dazu entschließen würde. Er glaubte daran, daß man sein Leben zu Ende leben muß, unabhängig davon, welche Leiden einem auferlegt werden. Selbstmord widersprach seinen Grundsätzen.«

»Wo wurde das Schlafmittel aufbewahrt?« fragte Jake. »Konnte er es vom Bett aus erreichen?«

»Wenn er sich Mühe gab«, antwortete James. »Das kleine Kästchen hat gleichzeitig als Tisch gedient. Es wäre für ihn nicht gerade einfach gewesen, die Flasche zu erreichen, aber er hätte es schaffen können.«

»Er hätte es nie getan«, widersprach Clare sehr heftig, »ich weiß, daß er nie daran gedacht hätte.« »Gibt es denn eine andere Möglichkeit?« fragte Jake seltsam ruhig.

Stille trat ein, und Clare blickte mich anklagend an. Ich schaute zu Jake hinüber. Einen Augenblick lang sahen wir einander in die Augen. Ich wußte nicht, was mir sein Blick mitteilen wollte, aber der Gedanke ließ mich nicht los, daß er bereits einmal getötet hatte und daß es ihm beim zweiten Mal vielleicht leichter gefallen war.

Nein, dachte ich, das ist nicht denkbar. Vorher hatte zwar ebenfalls eine Schranke zwischen uns bestanden, aber diese wäre unüberwindlich. Ich mußte die Wahrheit herausbekommen, denn vorher konnte ich keine Ruhe finden.

»Was ist gestern abend wirklich geschehen?« fragte ich. »Wann konnte die Medizin in das Glas praktiziert worden sein? War Edward irgendwann allein im Zimmer?«

»Sir Jake und Toby haben ihn aus dem Rollstuhl gehoben«, erinnerte sich James. »Und wir haben ihn gemeinsam ins Bett gelegt. Ich habe Wasser in das Glas eingeschenkt, das Schlafmittel hinzugefügt und es auf das Nachtkästchen gestellt. Wir haben uns wie jeden Abend unterhalten, und Mr. Barrington war guter Laune. Aber er hat natürlich nie seine wahren Gefühle gezeigt. Und was ist dann geschehen? Ich glaube, daß wir alle das Zimmer verlassen haben.«

»Ich bin zurückgeblieben und habe noch ein paar Worte mit ihm gewechselt«, stellte Jake richtig.

Mein Herz schlug schneller. Du bist also mit ihm allein gewesen, Jake, dachte ich, auch wenn es nur wenige Minuten gewesen sind.

»Als Sie ins Zimmer gekommen sind, Mrs. Barrington, war Mr. Barrington jedenfalls allein.«

»Hatte er da das Schlafmittel bereits eingenommen?« fragte Jake.

»Nein, er hat es für gewöhnlich erst kurz bevor ich ging genommen. Er wollte nicht schläfrig werden, während wir uns unterhielten. Ich bin eine Weile bei ihm geblieben, und wir haben miteinander geplaudert. Er hat das Wasser mit dem Schlafmittel getrunken, während ich mich noch im Zimmer befand, und ich habe ihm das Glas abgenommen und auf das Kästchen zurückgestellt.«

»Ich kann das nicht verstehen«, wiederholte James. »Ausgerechnet am Weihnachtsabend. Selbst wenn er vorgehabt hätte, aus dem Leben zu scheiden, er hätte niemals den Weihnachtsabend dafür gewählt.«

»Dann muß es jemand anderer getan haben«, stellte Clare mit merkwürdig glitzernden Augen fest.

In der darauffolgenden Stille wagte keiner von uns, die anderen anzusehen.

Ich hielt es plötzlich nicht mehr im Zimmer aus, stand auf und erklärte: »Ich muß jetzt vieles erledigen.«

Mit diesem Worten verließ ich den Raum.

Der Rest des Tages ist mir nicht deutlich in Erinnerung geblieben, denn er verging wie ein böser Traum. Wir verständigten Edwards Eltern; meine Eltern sowie Peter und Amaryllis kamen nach Grasslands.

Amaryllis umarmte mich zärtlich mit Tränen in den Augen. »Es ist so fürchterlich, Jessica. Der arme Edward hat dich so sehr geliebt. Doch die Hinterbliebenen sind immer diejenigen, die eigentlich am meisten leiden. Edward war ein wunderbarer Mensch, und wir werden ihn nie vergessen.«

Ich wußte, daß mir Amaryllis' Zuneigung und Unterstützung sicher waren. Peter beobachtete uns ironisch lächelnd, und ich konnte mir ausmalen, was er sich dachte.

»Möchtest du auf einige Zeit zu uns nach Eversleigh kommen?« fragte meine Mutter. »Vater sagt, du sollst dir keine Sorgen machen, er wird sich um alles kümmern. Es kommt bestimmt zu einer gerichtlichen Untersuchung der Todesursache, und es ist vielleicht besser, wenn du zu uns ziehst, bis alles vorüber ist.«

Ich erwiderte, daß ich lieber in Grasslands bleiben wolle.

»Und was ist mit Tamarisk? Vielleicht sollte ich wenigstens sie mitnehmen? Falls sie Schwierigkeiten macht, kann Jonathan herüberkommen und sie dazu überreden.«

»Darüber wäre ich sehr froh«, antwortete ich. »Es ist besser, wenn sie die Untersuchung nicht aus nächster Nähe miterlebt.«

»Die Barringtons werden bestimmt bald eintreffen. Es muß ein schrecklicher Schlag für sie sein; Edward war ihr ein und alles, vor allem seit seiner Verletzung.«

Es schien eine Ewigkeit zu dauern, bis es endlich Abend war und ich mich zurückziehen konnte. Ich war Jake den ganzen Tag über aus dem Weg gegangen; ich wollte über so vieles mit ihm reden und hatte doch Angst vor allem, was unausgesprochen bleiben würde. Allerdings war ich davon überzeugt, daß er mir die Wahrheit sagen würde, wenn ich ihn geradeheraus fragte. Aber wollte ich die Wahrheit wissen? Im Grunde meines Herzens hatte ich Angst vor ihr.

Ich ging zu Bett, obwohl ich wußte, daß mich der Schlaf fliehen würde. Ich dachte an den vorhergehenden Abend und versuchte, mir alles ins Gedächtnis zu rufen, was Edward und ich gesprochen hatten. War er anders gewesen als sonst? Ich versuchte, aus seinen letzten Worten eine tiefere Bedeutung herauszuhören und wollte mir einreden, daß Edward sich selbst das Leben genommen hatte. Wenn es der Fall war, dann war es bestimmt nach reiflicher Überlegung geschehen. Ich erinnerte mich daran, wie er mich dazu überredet hatte, mit Jake zu tanzen, und wie sehnsüchtig mir seine Blicke gefolgt waren. Edward hatte das Recht, diese Welt zu verlassen, wenn das Leben für ihn unerträglich geworden war – doch niemand anderer hatte das Recht, ihm diese Entscheidung abzunehmen. Nur wenn ich sicher war, daß Edward sich nach dem Tod gesehnt und ihn selbst herbeigeführt hatte, konnte ich über die Tragödie hinwegkommen. Wenn es zu keiner restlosen Aufklärung kam, konnte mich niemand – auch Jake nicht – jemals wirklich glücklich machen.

Wie konnte ich die Wahrheit erfahren?

Die Tür zu meinem Zimmer ging langsam auf. Einen Augenblick lang glaubte ich, daß es Jake war, und setzte mich auf, um ihn sofort wieder wegzuschicken. Doch es war Clare.

Sie trat an mein Bett. »Edward ist tot«, stellte sie fest, als wäre mir diese Tatsache unbekannt. »Er mußte sterben, damit Sie Ihren Liebhaber heiraten können, nicht wahr?«

»Was sagen Sie da?«

»Sie wissen bestimmt, daß ich Edward so innig geliebt habe, wie es Ihnen niemals möglich gewesen wäre. Als ich zu den Barringtons kam, war ich erst sieben Jahre alt und eine arme Verwandte. Sie ließen es mich natürlich nicht spüren, aber in ihrer Freundlichkeit lag immer ein wenig Herablassung. Edward gab mir das Gefühl, daß ich ein vollwertiger Mensch und nicht nur die arme, lediglich aus Mitleid aufgenommene Verwandte war. Er war anders, er mochte mich wirklich. Er hätte mich bestimmt liebgewonnen, wenn Sie nicht dazwischengetreten wären und alles zerstört hätten.«

»Es tut mir leid, Clare.«

»Es tut Ihnen leid? Sie haben nie an ihn, an mich oder an sonst jemanden gedacht, sondern immer nur an sich selbst. Lange Zeit wollten Sie nichts von ihm wissen, und dann haben Sie sich von einem Tag auf den anderen entschlossen, ihn doch zu nehmen. Dann wurde er zum Krüppel, war an den Rollstuhl gefesselt und Sie bewiesen durch eine großartige Geste, was für ein edler Mensch Sie sind.«

»So war es nicht.«

»Ich weiß genau, wie es war. Sie haben geglaubt, daß Peter Lansdon Sie heiraten wollte. Sie waren davon überzeugt, daß Ihnen kein Mann widerstehen kann. Als er sich dann für Amaryllis entschied, bedeutete es einen ungeheuren Schock für Sie, und Sie dachten aus Trotz: Schön, dann nehme ich eben Edward. Deshalb haben Sie sich mit ihm verlobt. Als Sie dann von ihrer edelmütigen Rolle genug hatten, haben Sie sich einen Liebhaber genommen, den eleganten Sir Jake. Und ich wäre glücklich gewesen, wenn ich Edward mein Leben lang hätte pflegen dürfen.«

»Sie sehen es falsch, Clare.«

»Ich sehe alles. Halten Sie mich für blind? Ich weiß, was vor sich geht, und ich besitze Beweise.«

Ich starrte sie an, und sie lachte. »Leugnen ist sinnlos, denn ich besitze zwei Briefe, die er Ihnen geschrieben hat. Diesmal werden Sie mich nicht wieder beseite schieben können. Diese beiden Briefe sind Beweisstücke, und ich werde sie dem Gericht vorlegen. Sie und Ihr Liebhaber waren an diesem Abend bei Edward. Hat Sir Jake die Überdosis Schlafmittel in das Glas getan, oder sind Sie es gewesen? Vielleicht haben Sie es in dem Augenblick getan, als Sie ihm gute Nacht wünschten. Sie haben ja selbst zugegeben, daß Sie ihm das Glas gereicht haben. Wer das Schlafmittel hineingetan hat, ist eigentlich unwichtig.«

»Um Himmels willen, Clare, was wollen Sie damit sagen?«

»Ich glaube, daß Sie und Ihr Liebhaber Edward getötet haben.«

»Das ist nicht wahr. Ich hätte ihm um nichts in der Welt ein Leid zugefügt.«

»Tatsächlich? Obwohl Sie Ihren Liebhaber in Ihr Haus geholt hatten?«

»Sie wissen so vieles nicht.«

»Doch ich weiß auch sehr viel. Bilden Sie sich ja nicht ein, daß ich Sie davonkommen lasse. Ich werde bei der gerichtlichen Untersuchung die Briefe vorlegen und damit den Beweis für Ihre Schuld liefern.«

»Die Briefe sind kein Beweis.«

»Sie sind ein Beweis dafür, daß zwei Menschen in diesem Haus ein Interesse an Edwards Tod hatten und daß beide an dem bewußten Abend bei ihm waren. Beide hatten Gelegenheit, ihm die tödliche Dosis des Schlafmittels ins Glas zu praktizieren.«

»Das ist Wahnsinn, Clare.«

»Ich halte es für gesunden Menschenverstand.«

Mit diesen Worten verließ sie das Zimmer.

Ich legte mich zurück. Sie befand sich also im Besitz der Briefe und würde sie auch gebrauchen. Damit stand fest, daß Jake und ich ein Motiv hatten, Edward zu ermorden. Ich hätte Edward nie etwas angetan; aber Jake?

In dieser Nacht schloß ich kein Auge.

Am nächsten Morgen stand ich zeitig auf, ging zu den Ställen und sattelte ein Pferd. Ich mußte ins Freie, um in Ruhe überlegen zu können. Ich ritt zum Meer hinunter und den Strand entlang, doch an diesem Morgen war es kein Vergnügen, weil meine Gedanken immerzu um Clare und die Briefe kreisten. Ich hatte mit meiner Vermutung, daß sie sie gestohlen hatte, recht gehabt.

Ich konnte Jake noch nicht gegenübertreten, denn ich hatte zuviel Angst vor dem, was ich erfahren würde.

Doch es gab einen Menschen, an den ich mich immer gewandt hatte, wenn ich in Schwierigkeiten war: meine Mutter.

Ich ritt nach Eversleigh.

Sie war nicht erstaunt, mich zu sehen. »Ich muß sofort mit dir sprechen«, fiel ich mit der Tür ins Haus. »Unter vier Augen.«

»Selbstverständlich.« Sie ging mit mir in den kleinen Salon neben der Halle, schloß die Tür und sagte: »Hier wird uns niemand stören.«

Ich erzählte ihr alles – daß Jake und ich ein Verhältnis hatten, daß ich fest entschlossen gewesen war, Edward nie weh zu tun.

Sie nickte verständnisvoll. »Das ist nur natürlich, Jessica, daraus kann man dir keinen Vorwurf machen.«

Doch als ich ihr von Jakes Briefen erzählte, die Clare gestohlen hatte, wurde sie sehr ernst.

»Aus den Briefen geht eindeutig hervor, daß wir ein Verhältnis haben und daß Jake darauf drang, daß ich Edward verlasse und zu ihm nach Cornwall komme. Clare droht mir damit, daß sie die Briefe bei der gerichtlichen Untersuchung als Beweis für unsere Schuld vorlegen wird.«

Meine Mutter schwieg, zutiefst beunruhigt.

»Ich habe Angst«, schloß ich. »Sie wird es so darstellen, als hätten entweder Jake oder ich – oder wir beide – Edward getötet.«

»Diese Briefe darf niemand zu Gesicht bekommen«, stellte meine Mutter fest.

»Clare hat mich immer gehaßt. Sie hat Edward geliebt und hat gehofft, daß er sie heiraten wird. Er hätte es vielleicht auch getan, wenn ich nicht dazwischengekommen wäre. Das verzeiht sie mir nie, und jetzt sieht sie eine Chance, sich zu rächen.«

»Wir müssen etwas dagegen unternehmen.«

»Ihr Entschluß steht fest.«

»Wir müssen noch vor der gerichtlichen Untersuchung in den Besitz dieser Briefe gelangen«, erklärte meine Mutter entschieden. »Sie wird sie nie aus der Hand geben.«

Daraufhin sagte meine Mutter das, was sie immer in schwierigen Situationen gesagt und worüber ich oft gelacht hatte: »Ich werde mit deinem Vater sprechen.«

Diesmal lachte ich nicht.

»Du solltest jetzt nach Grasslands zurückkreiten, mein Liebes«, fuhr sie fort. »Ich werde Vater vorschlagen, daß Jake zu uns übersiedelt, denn es ist besser, wenn er sich nicht im gleichen Haus aufhält wie du. Wir werden erklären, daß es angesichts von Edwards Tod schicklicher ist, wenn er zu uns zieht. Tamarisk ist auch hier, und Jonathan kümmert sich sehr liebevoll um sie. Kinder dürfen nicht mit solchen Problemen belastet werden. Die Barringtons werden bald eintreffen, und Clare befindet sich ohnehin in Grasslands. Hoffentlich macht sie dir das Leben nicht zur Hölle.«

Ich klammerte mich wortlos an sie. Sie küßte mich und tröstete mich: »Es wird alles in Ordnung kommen. Dein Vater und ich werden dafür sorgen.«

Jake sah ein, daß es richtig war, wenn er nach Eversleigh zog. Ich hatte keine Gelegenheit, alleine mit ihm zu sprechen, bevor er Grasslands verließ, und ich suchte sie auch nicht. Wenn ich allein mit ihm gewesen wäre, hätte ich ihn geradeheraus fragen müssen, ob er Edward getötet hatte, und ich hatte Angst vor seiner Antwort.

Mr. und Mrs. Barrington trafen in Begleitung ihrer Tochter Irene und deren Mann ein. Irenes Kinder befanden sich bei den Eltern ihres Mannes. Alle waren tief unglücklich, und Mrs. Barrington fiel mir weinend in die Arme.

Später unterhielten wir uns. »Der arme Edward war ein so edler Mensch«, sagte Mrs. Barrington. »Er war immer ein braves Kind, anderen gegenüber rücksichtsvoll und hilfsbereit. Er konnte sein Glück nicht fassen, als du darauf bestandest, ihn zu heiraten. Der arme Junge! Daß ausgerechnet er so schwer heimgesucht werden mußte. Doch du hast bewiesen, wie sehr du ihn liebst und hast ihn dadurch unendlich glücklich gemacht. Ich segne den Tag, an dem du in sein Leben getreten bist.«

Clare wird mit ihr sprechen, dachte ich, und ihr die Briefe zeigen. Was wird sie dann von mir halten? Was wird sie sagen, wenn sie erfährt, daß ich mein Ehegelübde gebrochen habe? Dann wird sie bestimmt anders von mir denken.

Meine Eltern besuchten uns in Grasslands, doch sie sprachen kaum über die Tragödie. Mein Vater erwähnte sie nur ein einziges Mal: »Der arme Edward konnte den Gedanken, daß er bis an sein Lebensende auf die Hilfe anderer angewiesen war, nicht ertragen. Ich hätte genauso gehandelt wie er.«

Mein Vater war davon überzeugt, daß Edward Selbstmord begangen hatte, und war bestrebt, alle anderen zu der gleichen Meinung zu bekehren.

Bei der gerichtlichen Untersuchung würde er mit dieser Methode nicht durchdringen. Ich hatte noch nie einem solchen Verfahren beigewohnt, aber ich wußte, daß das Urteil unumstößlich war. Das Gericht würde darüber entscheiden, ob es sich um Selbstmord, Tod aus natürlichen Ursachen oder Mord durch einen oder mehrere Täter handelte. Im letzteren Fall folgte unweigerlich ein Gerichtsverfahren.

Am Tag vor der gerichtlichen Untersuchung ließ mich meine Mutter durch einen Diener bitten, nach Eversleigh zu kommen.

Ich ritt sofort hinüber.

Es war spät am Nachmittag, und im Haus war es still. Sie erwartete mich in der Halle und begrüßte mich mit den Worten: »Jonathan ist mit Tamarisk ausgeritten, und Sir Jake begleitet sie.«

»Was ist geschehen?« fragte ich.

»Komm mit in unser Schlafzimmer. Vater erwartet uns dort.«

»Bitte, erzähl mir, was geschehen ist!«

»Man kann sich auf deinen Vater verlassen. Er wird dir alles erklären.«

Zu meiner Überraschung befand sich außer ihm auch Mrs. Barrington im Schlafzimmer, die mich in die Arme schloß und mich küßte. »Du bist bestimmt überrascht, mich hier zu sehen.«

Auch mein Vater küßte mich.

»Setz dich«, forderte er mich auf. »Es ist alles in Ordnung. Morgen wird bei der gerichtlichen Untersuchung das Urteil auf Selbstmord lauten.«

»Wieso?«

»Ich habe mit Sir Jake gesprochen und weiß, daß er mit Edwards Tod nichts zu schaffen hat.«

»Woher willst du das wissen?«

»Weil er es gesagt hat. Ich bin ein Menschenkenner. Er wäre nie so dumm gewesen, so etwas zu tun. Er wußte, daß er bei Edward auf Verständnis hoffen konnte und daß dich dieser freigeben würde.«

»Aber er hat doch nicht mit Edward geredet?«

»Nein, aber er hatte es vor.«

»Woher willst du es dann wissen?«

»Toby hat mir erzählt, daß Edward zwei Nächte vor seinem Tod mit ihm gesprochen hat. Er fand, daß es für ihn keinen Zweck hatte, weiterzuleben, und hat hinzugefügt, daß er manchmal in Versuchung sei, eine zusätzliche Dosis des Schlafmittels ins Wasserglas zu schütten, denn damit würde er friedlich einschlafen und hätte es hinter sich. Toby wird vor Gericht in diesem Sinn aussagen, und das ist natürlich entscheidend. Es gibt niemanden, der auch nur den geringsten Grund hatte, Edwards Tod zu wollen.«

»Und was ist mit den Briefen?«

Mein Vater griff in die Tasche und zog zwei Blatt Papier heraus. Ich entriß sie ihm.

»Wo hast du sie her?«

»Ich habe sie, das ist das Wichtigste. Ich wollte, daß du sie selbst siehst und dich vergewisserst. Sie sind es doch?«

»Ja, aber ich verstehe nicht ...«

Auf dem Frisiertisch stand eine brennende Kerze, und ich hatte mich darüber gewundert, denn es war noch hell. Mein Vater nahm mir die Briefe aus der Hand und hielt sie in die Flammen. Wir sahen zu, wie sie verbrannten.

Meine Mutter blies die Kerze aus. »Damit haben wir es hinter uns.«

»Hat Clare euch die Briefe freiwillig gegeben?« fragte ich.

Meine Mutter schüttelte den Kopf. »Ich habe Mrs. Barrington ins Vertrauen gezogen, habe ihr alles erklärt, und sie hat verstanden.«

Sie lächelte Mrs. Barrington zu, und diese bestätigte: »Ja, Jessica, ich habe es verstanden. Du hast meinen Sohn glücklich gemacht, und ich bin dir dafür ewig dankbar. Deine Mutter hat mir begreiflich gemacht, daß du diesen Mann liebst und daß er dich ebenfalls liebt ... und ich liebe dich jetzt noch mehr, weil du Edward nicht verlassen hast, sondern bei ihm geblieben bist. Ich wollte dir helfen. Clare kann sehr neidisch und eifersüchtig sein. Sie war immer ein schwieriges Kind, immer sofort beleidigt. Edward wurde besser mit ihr fertig als alle anderen, und sie hat ihn sehr gern gehabt. Eine Zeitlang habe ich angenommen, daß sie einmal heiraten würden ... aber es ist anders gekommen, und er war mit dir so glücklich. Als ich erfuhr, daß es belastende Briefe gibt, wollte ich dir daher helfen.

Clare besitzt eine hübsche Schatulle, die ihr Edward zu ihrem vierzehnten Geburtstag geschenkt hat. Sie war ihr kostbarster Besitz, und sie bewahrte ihre kleinen Schätze darin auf. Clare ist ein Gewohnheitsmensch. Der Schlüssel zu dieser Schatulle befindet sich an einem Schlüsselring – einem weiteren Geschenk von Edward –, und diesen Schlüsselring legte sie immer in die dritte Schublade ihrer Kommode. Ich erriet, daß sich die Briefe in der Schatulle befanden, und wußte auch, wo ich den Schlüssel zu suchen hatte. Die arme Clare ist zu uns gekommen, als sie sieben Jahre alt war. Sie war das Kind eines Vetters zweiten Grades, und ihre Eltern waren arm. Ihre Mutter war gestorben, und ihr Vater wußte nicht recht, was er mit ihr anfangen sollte. Er war froh, als wir uns erbötig machten, sie zu uns zu nehmen. Sie war immer neidisch. Vielleicht wäre sie ein anderer Mensch geworden, wenn ihr Leben anders verlaufen wäre. Sie erinnerte sich stets aller Mißgeschicke, die sie erlitten hatte, und war der Meinung, daß die anderen Menschen ebenfalls leiden sollten. Sie war nur glücklich, wenn sie mit Edward zusammen war. Er hätte sie vermutlich auch geheiratet, wenn du nicht gekommen wärst, denn es hätte sich wahrscheinlich von selbst ergeben. Vielleicht hätte sie sich dann anders entwickelt. Jedenfalls wußte ich von der Schachtel und dem Schlüssel, wartete darauf, daß sie fortging, und lief dann in ihr Zimmer. Ich fand den Schlüssel, öffnete die Schatulle, und vor mir lagen die Briefe. Ich habe sie deiner Mutter gebracht.«

»Das hast du für mich getan?«

»Wie können wir Ihnen jemals danken?« fragte meine Mutter.

»Ich weiß, daß Edward es gewollt hätte. Er hätte nie zugelassen, daß du unglücklich wirst, Jessica. Ich tue es also nicht nur für dich, sondern auch für meinen Sohn.«

»Damit ist alles in Ordnung«, wiederholte mein Vater, »und es wird zu keiner Anklage kommen.« Meine Erleichterung war so groß, daß ich nicht sprechen konnte.

Mein Vater faßte mich am Ellenbogen und führte mich zu einem Stuhl. Ich setzte mich zu meiner Mutter, und sie legte mir den Arm um die Schultern.

»Auch das geht vorbei, mein Liebling«, sagte sie. »Die Erinnerung daran wird immer undeutlicher werden, und eines Tages hast du es vergessen.«

Als ich nach Grasslands zurückritt, hätte ich erleichtert sein müssen, doch ich war noch immer bedrückt. Ich tappte im dunkeln und befürchtete jeden Augenblick, daß ich eine schreckliche Entdeckung machen würde.

Ich sehnte mich verzweifelt danach, mit Jake zu sprechen, ihm Fragen zu stellen, die Wahrheit zu erfahren. Er würde mich bestimmt nicht belügen. Schätzte er ein Menschenleben gering ein? Er hatte einmal einen Mann getötet und deshalb keine Gewissensbisse empfunden. Was für ein Leben hatte er auf dem Sträflingsschiff geführt? Er hatte bestimmt Tod und Entsetzen in den verschiedensten Formen kennengelernt. Wurde ein Mensch dadurch hart, war er dann imstande, sich alles zu holen, was er haben wollte, ganz gleich, um welchen Preis?

Ich wollte mit ihm sprechen und wagte es andererseits doch nicht.

Als ich mich dem Haus näherte, kam ein Reiter auf mich zu. Es war Peter Lansdon, einer der Menschen, die ich im Augenblick auf gar keinen Fall sehen wollte.

»Jessica!« rief er.

»Hallo.«

»Amaryllis kommt zu dir herüber. Sie macht sich Sorgen um dich, weil du so abgespannt aussiehst. Es ist eine schreckliche Geschichte.«

Ich schwieg.

»Kommst du gerade aus Eversleigh?« erkundigte er sich. »Dein Vater strengt wohl seinen Verstand aufs äußerste an.«

»Was meinst du damit?«

»Eine solche Situation ist für den überlebenden Ehepartner immer schwierig. Es ist doch bezeichnend, daß der Ehepartner immer der Hauptverdächtige ist, wenn ein Mann oder eine Frau auf nicht ganz geklärte Weise sterben.«

Ich haßte ihn, haßte seinen kühlen, hochmütigen Blick... Wie konnte Amaryllis einen solchen Menschen lieben? Wie konnte ich ihn jemals in romantischem Licht gesehen haben? Er war ein Mensch, der seine Persönlichkeit ebenso schnell wechseln konnte wie seine Kleidung. Darin bestand das Geheimnis seines Erfolges.

»Ich bin sicher«, fuhr er fort, »daß deine Eltern dich aus jeder schwierigen Situation, in die du gerätst, herausholen werden. Was für ein Glück für dich, daß du einen Vater hast, der nicht nur in dich vernarrt und entschlossen ist, dich aus jeder mißlichen Lage zu befreien, in die du dich bringst, sondern der auch über genügend Einfluß verfügt, um seine Entschlüsse in die Tat umzusetzen.«

»Die Wahrheit wird ans Tageslicht kommen. Etwas anderes wollen mein Vater und ich nicht.«

»Die Wahrheit? Die volle Wahrheit und nichts als die Wahrheit?« fragte er mit hochgezogenen Brauen.

»Wir wollen die Wahrheit.«

»Es gibt jedoch einen kleinen Teilaspekt der Wahrheit, der besser ein Geheimnis bleiben sollte. Du weißt, wovon ich rede, denn wir haben schon darüber gesprochen.«

»Und was willst du jetzt?«

»Ich bin kein Erpresser, ich nütze nur die sich mir bietende Gelegenheit. Es wäre idiotisch von mir, dich zu erpressen, wo doch dein grimmiger Vater über dich wacht. Jeder von uns beiden kennt ein Geheimnis des anderen. Was ich von dir will, ist ewiges Schweigen. Nehmen wir einmal an, daß bei einer gerichtlichen Untersuchung alles gut geht und du und dein Liebhaber von jedem Verdacht reingewaschen werdet. Nehmen wir an, daß ihr beide heiratet. Dann könntest du vielleicht zu dem Schluß gelangen, daß es keine Rolle spielt, wenn die Welt erfährt, daß du vor dem Tod deines Mannes einen Geliebten gehabt hast. Das Urteil ist verkündet, der Fall abgeschlossen. Du könntest der Ansicht sein, daß du jetzt die Möglichkeit hast, alles zu erzählen, was du über Peter Lansdon und seine keineswegs ehrenhaften Aktivitäten in London weißt. Ich pflege kein Risiko einzugehen. Ich will, daß du mir jetzt, vor der gerichtlichen Untersuchung, ewiges Stillschweigen schwörst.«

»Und wenn ich es nicht tue?«

»Dann zwingst du mich dazu, dem Coroner zu erzählen, daß du ein Motiv hattest, deinen Mann aus dem Weg zu räumen, weil ich nämlich – rein zufällig natürlich – entdeckt hatte, daß du dich heimlich mit deinem Liebhaber in London triffst.«

»Du bist abscheulich.«

»Manchmal muß man rücksichtslos sein, wenn man sich in der Welt durchsetzen will.«

»Was wohl Amaryllis dazu sagen würde, wenn sie erfährt, was für einen Mann sie geheiratet hat.«

»Amaryllis ist dem Mann, den sie geheiratet hat, treu ergeben. Sie hat ihren Entschluß nie bereuen müssen.«

»Das kommt mir seltsam vor.«

»Wieso eigentlich? Der Eindruck, den wir auf andere machen, ist von Person zu Person verschieden. Für dich bin ich der lasterhafte Sünder. Für Amaryllis bin ich der schwer arbeitende, erfolgreiche Geschäftsmann und zugleich der vollkommene Ehemann und Vater. Du urteilst zu oberflächlich. Wenn ich mit Amaryllis beisammen bin, bin ich genau der Mensch, den ich dir soeben geschildert habe, ebenso wie ich der verderbte Abenteurer bin, wenn ich mit dir zusammen bin. Diese beiden Menschen wohnen in meiner Brust, Jessica. So ist das Leben nun einmal. Ich glaube natürlich nicht, daß du die tödliche Dosis in das Wasserglas getan hast. Aber was ist mit dem anderen, der sich damit seinen sehnlichsten Wunsch erfüllen konnte? Was ist mit dem leidenschaftlichen Jake? Gib mir dein Wort, mein Geheimnis für ewig bei dir zu behalten, und ich erzähle bei der gerichtlichen Untersuchung nicht, was ich von dir und Cadorson weiß.«

Mir fiel der lange zurückliegende Tag ein, an dem Leah Amaryllis und mir die Zukunft aus der Hand gelesen hatte. Sie hatte damals gesagt, daß Amaryllis glücklich sein würde, weil sie das Negative und die Gefahren rings um sich nicht wahrnahm. Wir recht sie behalten hatte! Amaryllis war immer so gewesen, und deshalb hatte sie das Leben immer als schön empfunden. Sie sah das Böse nicht, und deshalb existierte es nicht für sie.

Mir fiel auch ein, daß Tante Sophie immer nur das Böse gesehen hatte, und deshalb unglücklich gewesen war. Die Menschen sind zum Großteil selbst dafür verantwortlich, ob sie glücklich oder unglücklich werden, denn jeder formt in gewisser Weise sein Leben selbst. Diese Wahrheit trat am deutlichsten in einer Situation wie der meinigen zutage.

»Wie entscheidest du dich?« drängte Peter. »Geloben wir beide Schweigen?«

»Ich werde nie erzählen, was ich weiß«, antwortete ich langsam.

»Ich werde mich genauso verhalten, geliebte Jessica.« Er lüftete den Hut und gab seinem Pferd die Sporen.

Endlich fand die gerichtliche Untersuchung statt.

Jake, Amaryllis, Peter, James, Toby und ich sollten als Zeugen aussagen, weil wir die letzten waren, die Edward lebend gesehen hatten.

Ich saß zwischen meinen Eltern. Das Gesicht meines Vaters war angespannt und ernst, und er sah alt und müde aus. Wieviel davon auf Schlaflosigkeit und Sorge zurückzuführen war, wußte ich nicht. Ich wußte nur, daß ihn die Gefahr, die mich bedrohte, in tiefe Besorgnis gestürzt hatte.

Jake schilderte in seiner Zeugenaussage, wie er Toby geholfen hatte, Edward zu Bett zu bringen. Er erklärte auch, daß es eigentlich James' Aufgabe gewesen wäre, daß man ihm aber infolge seiner Zerrung Toby als Helfer zugeteilt hatte. Das war alles.

Dann berichtete James, daß er die Dosis in das Wasserglas getan und das Glas auf das Nachtkästchen gestellt hatte. Er hatte das Zimmer gemeinsam mit Toby verlassen, Sir Jake war noch einige Minuten geblieben, hatte mit Mr. Barrington geplaudert und war dann ebenfalls auf sein Zimmer gegangen.

Dann war ich an der Reihe. Ich erzählte ihnen, daß wir am Abend des Weihnachtstages nach Hause zurückgekehrt waren und daß Toby meinen Mann aus dem Wagen gehoben und in den Rollstuhl gesetzt hatte. Nachdem Edward zu Bett gebracht worden war, hatte ich ihn aufgesucht, wie ich es jeden Abend getan hatte. Das Wasserglas mit der Medizin hatte auf dem Nachtkästchen gestanden, und ich hatte es ihm wie jeden Abend gereicht, bevor ich gute Nacht sagte.

Hatte die Flüssigkeit anders ausgesehen als sonst?

Mir war nichts aufgefallen.

Hatte mein Mann eine Bemerkung fallen lassen?

»Er hat das Gesicht verzogen, als er trank, aber das tat er jedesmal, weil die Medizin bitter schmeckt.«

Hatte mein Mann jemals erwähnt oder angedeutet, daß er eine Überdosis nehmen könnte?

»Nie!« antwortete ich.

Das war alles.

Tobys Aussage brachte dann die Sensation.

Er erzählte, daß er als Gärtner angestellt gewesen war, bis Mr. James More sich den Rücken gezerrt hatte und Mr. Barrington nicht mehr heben konnte. Von da an hatte Toby nur noch Mr. More bei der Betreuung von Mr. Barrington unterstützt.

Hatte Mr. Barrington jemals angedeutet, daß er sich das Leben nehmen wolle?

»Ja, einmal.«

»Wann war das?«

»Am Abend vor dem Weihnachtstag.«

»Was genau sagte er damals?«

»Er betrachtete das Glas und sagte: ›Manchmal habe ich das Gefühl, daß ich zu vielen Menschen zur Last falle.‹ Dann fragte er mich, ob ich es für unmoralisch hielte, wenn jemand sich das Leben nimmt, und fügte sofort hinzu, daß er den gesunden Menschenverstand für wichtiger halte als die Moral.«

»Befand sich das Fläschchen mit dem Schlafmittel an einem Ort, den Mr. Barrington mühelos erreichen konnte?«

»Es befand sich im Kästchen. Mr. Barrington konnte es nicht mühelos erreichen, er hätte sich dazu strecken müssen.«

»War es dann vernünftig, das Fläschchen dort zu lassen?«

»Man hätte es nicht entfernen können, ohne daß Mr. Barrington es bemerkte.«

Aus Tobys Aussage ging klar hervor, daß sich das Schlafmittel in Edwards Reichweite befunden und daß dieser mit dem Gedanken gespielt hatte, sich das Leben zu nehmen.

Das Urteil lautete auf Selbstmord.

Ich saß im Garten des alten Château in Burgund. Charlots und Louis-Charles' Kinder spielten auf der nahen Wiese Ball, und ihr fröhliches Geschrei drang zu mir. Die Trauben an den Rebstöcken reiften bereits.

In ein paar Wochen würde die *vendange* beginnen.

Ich befand mich seit acht Monaten hier, denn ich hatte mit meinen Eltern England bald nach der gerichtlichen Untersuchung von Edwards Tod verlassen. Meine Eltern hatten gefunden, daß es am besten war, wenn wir für einige Zeit verreisten.

In den darauffolgenden Monaten waren mir meine Eltern eine große Stütze gewesen. Sie wußten, daß ich im Grund meines Herzens nicht an Edwards Selbstmord glaubte. Er war ein Stoiker gewesen und hatte sich mit allem abgefunden, was ihm das Leben brachte. Selbst wenn er erfahren hätte, daß ich Jake liebte, hätte er das Unvermeidliche akzeptiert. Aber er hätte nie diesen Ausweg gewählt. Ich wußte, daß jemand die zusätzliche Dosis in das Glas getan hatte.

Meine Mutter und Mrs. Barrington hatten dafür gesorgt, daß wir möglichst rasch abreisten, weil beide der Meinung waren, daß ich auf andere Gedanken kommen mußte. Außerdem war es besser, wenn Jake und ich einander eine Weile nicht sahen. Auch wenn das Urteil auf Selbstmord gelautet hatte, blieb der Verdacht bestehen. Ich konnte mich weder sofort offen zu Jake bekennen, noch jeden Tag mit ihm zusammenkommen. Außerdem war ich mir meiner Gefühle nicht sicher. Er war mit Edward allein gewesen, hatte also Gelegenheit gehabt, das Schlafmittel in das Glas zu tun, und hatte mir außerdem einige Zeit zuvor erregt erklärt, daß er eine Möglichkeit finden werde, mich zu heiraten.

Diese Worte würden mich mein Leben lang verfolgen.

Deshalb hatte meine Mutter vorgeschlagen: »Wir müssen von hier fort, und da können wir gleich zu Charlot fahren. Er hat uns so oft eingeladen. Das Château wird dir bestimmt gefallen, Jessica, und die Kinder sind entzückend. Du wirst dich dort sicherlich wohlfühlen.«

Für meinen Vater war es ein großes Opfer gewesen, England zu verlassen. Er hatte Frankreich und die Franzosen nie gemocht und würde sich nach England zurücksehnen; andererseits wollte er mit meiner Mutter und mir beisammen sein und war ebenfalls der Meinung, daß ich Grasslands so schnell wie möglich auf einige Zeit verlassen sollte.

Da ich zu teilnahmslos gewesen war, um selbst eine Entscheidung zu treffen, war ich mit allem einverstanden gewesen, was meine Eltern beschlossen.

Tamarisk übersiedelte zu Amaryllis nach Enderby und war glücklich, weil sie viel mit Jonathan zusammensein konnte, der versprochen hatte, ein Auge auf sie zu haben. Die Barringtons fuhren mit Clare nach Nottingham zurück. Sie wollten später nach Schottland zu Irene und ihrer Familie übersiedeln. Jake begab sich auf seinen Besitz in Cornwall. Er schrieb mir häufig und betonte jedesmal, daß er nur auf meine Zustimmung wartete, um zu mir zu kommen und mich zu holen. Es galt als schicklich, daß eine Witwe nach dem Tod ihres Mannes ein Jahr verstreichen ließ, ehe sie eine neue Ehe einging. Ihm waren solche Konventionen gleichgültig; je früher wir heirateten, desto besser.

»Du wirst zu mir kommen«, schrieb er, »und wirst weit von Grasslands entfernt am anderen Ende von England leben. Ich warte auf dich, sehne mich nach dir und hoffe, daß du an mich denkst. Niemand hier wird erfahren, was geschehen ist, und wenn wir dann nach London reisen, wird alles längst vergessen sein. Wer kümmert sich überhaupt um Konventionen? Liebende haben es noch nie getan.«

Wenn ich seine Briefe las, sah ich ihn vor mir. Während der langen, heißen Tage dachte ich nur an ihn; nachts träumte ich von ihm.

Wie würde ich zu ihm stehen, wenn er käme, fragte ich mich. Würde ich nicht jedesmal, wenn ich ihn erblickte, auch das Zimmer in Grasslands mit dem Kästchen und dem Glas darauf vor mir sehen?

Was war an jenem Abend geschehen? Würde ich es je erfahren? Konnte ich den Mann lieben, der meinen Ehemann ermordet hatte? Doch – konnte ich den Mann, den ich liebte, einer solchen Tat verdächtigen?

Ich war zutiefst verunsichert.

Vielleicht war meine Mutter deshalb mit mir hierher gefahren. Vielleicht bezähmte mein Vater deshalb seine Ungeduld und seine Sehnsucht nach Eversleigh.

Ich akzeptierte ihre Fürsorge und suchte bei ihnen Halt. Ich konnte nicht anders, denn ich wagte noch nicht zurückzufahren. Ich mußte mir zuerst über meine Gefühle im klaren sein. Wenn ich heimkehrte, würde Jake es als Zeichen auffassen, zu mir zu kommen. Und was dann? Sollte ich ihn dann fragen: ›Sag mir die Wahrheit, Jake, hast du Edward getötet?‹ Er würde es verneinen – doch würde ich ihm glauben? Obwohl ich ihn liebte, würde ich nicht sicher sein. Doch – würden solche Überlegungen eine Rolle spielen, wenn ich ihn wirklich liebte?

Die Weinlese war vorüber, und ich hatte dabei geholfen. Ich hatte gesehen, wie die Bauern aus der Umgebung herbeiströmten und in den Weinbergen arbeiteten.

Es war ein warmer Abend, und draußen wurde das Weinlesefest gefeiert. Ich befand mich in meinem Zimmer, dessen große Flügeltür auf den steinernen Balkon ging. Wenn ich hinaustrat und mich über das schmiedeeiserne Gitter beugte, spürte ich die Düfte der Nacht, erblickte die beiden Wachttürme neben dem Château, die Charlot und Louis-Charles so liebevoll instand gesetzt hatten, und hörte Geigenklänge und den Gesang der Arbeiter.

Eine Kutsche rasselte auf das Kopfsteinpflaster des Hofes, hielt, und Jake stieg aus.

Er blickte auf, und ein paar Sekunden lang sahen wir einander schweigend an. Dann drehte ich mich um, lief zu ihm hinunter, und er schloß mich in die Arme.

»Jetzt sind wir beisammen«, sagte er, »und werden uns nie wieder trennen.«

»Jake, Jake«, flüsterte ich. Er hielt mich so fest, daß ich kaum Luft bekam. »Wie bist du überhaupt hierher gekommen?«

»Auf den Flügeln der Liebe«, lachte er. »In Wirklichkeit war es die übliche langweilige Reise. Ich habe mich so sehr nach dir gesehnt; ich reise erst ab, wenn du mit mir kommst. Ich will nicht mehr warten. Für mich ist nur noch eines wichtig: daß wir beisammen sind.«

In diesem Augenblick wußte ich auch, daß nichts anderes wichtig war. Es war mir gleichgültig, was er getan hatte. Wichtig war nur, daß er zu mir gekommen war.

X

Die Lösung

Jake fuhr mit mir nach Cornwall, und wir heirateten dort. Sein Haus war eigentlich ein Schloß und lag hoch oben auf dem Kliff. Es war kühn und wehrhaft wie eine Festung dem Meer zugewandt, und der Garten, der sich zum Strand hinunterzog, leuchtete im Sommer in allen Farben des Regenbogens; der gelbe Ginster blühte beinahe das ganze Jahr hindurch, und im Frühling und Sommer kamen Rhododendren, Azaleen und Hortensien dazu.

Das Haus war beinahe feudal. Ich wunderte mich immer wieder darüber, daß Jake all diese Herrlichkeit aufgegeben und sich den Zigeunern angeschlossen hatte. Aber so war er – unberechenbar, der absolute Individualist. Das war einer der Gründe, warum das Leben mit ihm so aufregend war.

Ich liebte ihn vorbehaltlos; für mich stand fest, daß ich ihm überallhin folgen würde, ganz gleich, was er getan hatte.

Meine Eltern waren damit einverstanden, daß ich ihn heiratete. Ich konnte meine Melancholie nur dadurch überwinden, daß ich die Vergangenheit vergaß und ganz neu anfing.

Durch die Haltung meiner Eltern war es mir leicht gefallen, diesen Weg einzuschlagen.

Meine Mutter hatte es für das Beste gehalten, daß Tamarisk zu Amaryllis zog. Tamarisk war zwar von Jake fasziniert, doch die wichtigste Person in ihrem Leben war und blieb Jonathan. Wenn sie mit ihm beisammen war, war sie ein anderer Mensch – weicher, vernünftiger, nachgiebiger, sogar höflich. »Sie erinnert mich daran, wie ich als junges Mädchen war, als ich in Dickon verliebt war«, meinte meine Mutter. »Man hat uns damals getrennt, weil meine Eltern es für das Beste hielten, aber ich habe ihn nie vergessen... obwohl jeder von uns jahrelang mit jemand anderem verheiratet war. Erst als wir einander wiederfanden, erlebte ich die Erfüllung und die volle Befriedigung. Ich kann Tamarisk verstehen, und es ist gut, wenn sie in unserer Nähe bleibt. Sie ist ein frühreifes Kind und wird täglich erwachsener. Wahrscheinlich wird sie eines Tages Jonathan heiraten. Um Tamarisk muß man sich keine Sorgen machen, sie versteht es, sich durchzusetzen. Und du mußt dich jetzt von der Vergangenheit lösen, Jessica, und endlich glücklich werden.«

Kurz vor unserer Abreise nach Frankreich hatten die Barringtons Grasslands verlassen. Sie wollten nie mehr wiederkommen, denn nach Edwards Tod konnten sie nicht mehr dort leben. Sie wollten sich überlegen, was mit dem Haus geschehen würde.

Als ich heiratete, schlugen meine Eltern vor, es zu verkaufen. Jake und ich kehrten nicht nach Grasslands zurück. Wir verließen Frankreich gemeinsam mit meinen Eltern und trennten uns in Dover von ihnen. Meine Eltern reisten nach Eversleigh weiter, Jake und ich nach Cornwall.

Meine Mutter wünschte mir zum Abschied nur: »Werde glücklich«, während mir mein Vater erklärte: »Du hast die richtige Entscheidung getroffen. Jake ist der Mann, zu dem du gehörst. Er wird dich nie im Stich lassen.«

Was sie wohl über Edwards Tod dachten? Sprachen sie darüber, wenn sie allein waren? Akzeptierten sie die Theorie, daß Edward Selbstmord begangen hatte? Tobys Aussage schien keinen Zweifel daran zu lassen. Doch weil ich Edward besser kannte als all anderen, glaubte ich nicht recht daran. Ich hätte meine Vermutungen gern vergessen, doch sie ließen sich nicht vertreiben und tauchten immer wieder auf, sogar dann, wenn ich am glücklichsten war.

Wir reisten gelegentlich nach London, und meine Eltern sorgten dafür, daß sie gleichzeitig mit uns dort eintrafen. Die ersten Weihnachten nach Edwards Tod verbrachten sie bei uns in Cornwall. Ich konnte kaum glauben, daß seit dieser verhängnisvollen Nacht erst ein Jahr vergangen war.

Für mich waren es kaum fröhliche Weihnachten, dazu war die Vergangenheit noch zu gegenwärtig. Ich erlebte das Ganze noch einmal, ging jeden einzelnen Augenblick im Geist wieder durch, und dann drängten sich mir die alten Fragen auf. Hatte Edward es getan, weil er wußte, daß Jake und ich ein Verhältnis hatten? War ich daran schuld?

Wie stolz war ich, als mein Sohn zur Welt kam – und wie stolz war erst Jake! Wir nannten ihn Jake, und er wurde bald nur noch Jacco gerufen, was in Cornwall »Eroberer« bedeutet. Er eroberte alle Herzen im Sturm; die Dienerschaft betete ihn an, und Jake hielt ihn für das vollkommenste Kind, das je zur Welt gekommen war. Obwohl ich ihn auslachte und behauptete, daß er in Jacco nur ein Spiegelbild seiner selbst sähe, teilte ich insgeheim seine Meinung über unseren Sohn.

Ich hätte vollkommen glücklich sein müssen. Ich war es auch beinahe. Doch gelegentlich regten sich immer noch die alten Zweifel in bezug auf Edwards Tod.

Die Monate vergingen schnell, und ich freute mich sehr, als ich wieder schwanger wurde. Jacco war jetzt achtzehn Monate alt und ein entzückendes Kind.

Und dann ging mein größter Wunsch in Erfüllung: ich bekam eine Tochter.

Es war drei Tage nach der Entbindung. Ich lag im Bett, meine Tochter schlief in ihrer Wiege neben mir, und Jake hatte sich gerade zu uns gesetzt, als ein Dienstmädchen hereinkam und meldete, daß ein Gentleman mich sprechen wolle. Er kam von weit her, und das Mädchen bezeichnete ihn als »Ausländer«; in Cornwall wurde allerdings jeder Fremde so genannt.

Jake ging hinaus, um nachzusehen, wer es war.

Etwa zehn Minuten später kehrte er mit dem Fremden ins Zimmer zurück. Jake zog einen Stuhl an mein Bett und forderte den Fremden auf, Platz zu nehmen.

»Das ist Mr. Tom Fellows«, stellte er ihn vor. »Ich habe ihn hereingeführt, weil er dir etwas mitzuteilen hat.«

»Mr. Tom Fellows«, wiederholte ich und musterte ihn aufmerksam, weil mir sein Gesicht bekannt vorkam.

»Sie fragen sich, wer ich bin, Lady Cadorson«, begann er. »Ich muß mich dafür entschuldigen, daß ich Sie ausgerechnet zu diesem Zeitpunkt belästige, aber es handelt sich um etwas überaus Wichtiges. Ich bin hier, weil ich einem Sterbenden etwas versprochen habe.«

Jetzt erinnerte ich mich wieder an den Namen Fellows. So hatte der Mann geheißen, der Edward niedergeschlagen hatte und dafür gehängt worden war.

»Sie erinnern sich offenbar nicht mehr an mich«, fuhr der Mann fort. »Sie haben mich einmal in der Fabrik von Mr. Barrington kennengelernt, wo ich zusammen mit meinem Vater die Maschinen bewachte.«

Ich erlebte im Geist diesen verhängnisvollen Tag wieder. Ja, ich hatte Vater und Sohn Fellows gesehen.

»Ich erinnere mich«, sagte ich.

»Sie kennen auch meinen Bruder, denn er hat bei Ihnen gearbeitet. Er nannte sich Toby.«

»Toby ist Ihr Bruder!«

»Ja. Nach dem Tod Ihres Mannes ist er nach Nottingham zurückgekehrt.«

»Aber sein Familienname hat doch nicht Fellows gelautet.«

»Er hat seinen Namen geändert, weil der seine bekannt war. Nach seiner Rückkehr nach Nottingham hat er wieder als Gärtner gearbeitet. Als er einen Baum fällte, kam es zu einem Unfall, und er wurde schwer verletzt. Er lebte noch eine Woche; während dieser Zeit plagten ihn Gewissensbisse, und er ließ mich schwören, daß ich Sie aufsuchen und Ihnen sein Geständnis persönlich überbringen würde.«

»Was für ein Geständnis?«

»Er war erst zehn Jahre alt, als unser Vater gehängt wurde. Er hatte ihn sehr verehrt und ihm stundenlang zugehört, wenn er seine Theorien entwickelte. Mein Vater war der geborene Führer, denn es gelang ihm durch seine Ansprachen, die Menschen um sich zu scharen.«

»War er einer der Anführer der Ludditen?«

»Nein. Er hielt es für Wahnsinn, die Maschinen zu zerstören, weil man den Fortschritt nicht aufhalten kann. Doch an dem Tag, an dem die Aufrührer die Fabrik von Mr. Barrington überfielen, ließ er sich von ihnen mitreißen. Sie wissen, was dann geschah. Er wurde zum Tod verurteilt. Mein Bruder ist nie darüber hinweggekommen und hat nur noch an Rache gedacht. ›Aug' um Auge, Zahn um Zahn‹, pflegte er zu sagen. Für ihn war Ihr Mann die Verkörperung des Feindes. Er wollte sich erst zufriedengeben, wenn der Tod seines Vaters durch einen anderen Tod gerächt worden ist. Den Rest wissen Sie. Er hat bei Ihnen gearbeitet und war fest entschlossen, Edward Barrington oder dessen Vater zu töten. Er war immer ein Sonderling gewesen und hielt es für eine Fügung des Himmels, als er Mr. More als Hilfe zugeteilt wurde. Er tötete Ihren Mann als gerechte Strafe für den Tod unseres Vaters. Doch als er dann selbst dem Tod gegenüberstand, war er über seine Tat entsetzt. Er behauptete, daß er erst Ruhe finden würde, wenn Sie alles erfuhren, denn der schwere Verdacht lastete auf etlichen Menschen, darunter auch auf Ihnen, und er hatte von Ihnen nur Güte und Freundlichkeit erfahren. Er flehte mich an, Sie zu finden und zu ihm zu bringen, damit er Ihnen alles gestehen könne, und als sich das als unmöglich erwies, bat er mich, Ihnen sein Geständnis persönlich mitzuteilen.«

»Ich danke Ihnen dafür, daß Sie gekommen sind.« Ich war tief gerührt. »Ich verstehe die Gefühle des armen jungen Mannes.«

»Es tut mir leid, daß ich Sie nicht gefunden habe, bevor er gestorben ist, denn dann hätte ich ihm berichten können, daß Sie ihm verziehen haben. Er führte als Milderungsgrund an, daß er sich gemeldet hätte, wenn jemand anderer des Mordes angeklagt worden wäre. Er hatte sich bemüht, es wie einen Selbstmord aussehen zu lassen.«

»Dann hat also Toby die Äußerungen meines Mannes über einen Selbstmord nur erfunden. Es ist mir immer schwergefallen, es zu glauben.«

»Mein Bruder hat mir nur gesagt, daß er dafür gesorgt hat, daß es wie ein Selbstmord aussieht. Er hätte nie zugelassen, daß ein anderer wegen Mordes verurteilt wird.«

Jake stand auf. »Meine Frau ist müde. Unsere Tochter ist erst wenige Tage alt.«

»Ich bitte um Verzeihung, aber ich mußte mich dieser Pflicht entledigen.«

»Wie soll ich Ihnen dafür danken, daß Sie gekommen sind?« fragte ich.

»Ich werde veranlassen, daß Ihnen eine Erfrischung vorgesetzt wird.« Jake geleitete ihn zur Tür und warf mir, bevor er das Zimmer verließ, ein strahlendes Lächeln zu.

Ich betrachtete mein Kind, das in der zweihundert Jahre alten Wiege der Familie friedlich schlief, und war froh, daß ich kurze Zeit allein sein konnte, denn ich hätte die Gefühle, die mich bewegten, unmöglich verbergen können.

Jetzt kannte ich die Warheit, und damit war die Angst, die mich immer wieder heimgesucht hatte, für immer vorbei.

Jake kehrte zurück.

»Der arme Kerl hatte seit vierundzwanzig Stunden nichts gegessen.«

Er trat ans Bett und ergriff lächelnd meine Hand.

»Jetzt weißt du, daß ich es nicht getan habe.«

»Ich bin so glücklich, Jake.«

»Ich habe die ganze Zeit gewußt, daß du mich für Edwards Mörder hältst und mich trotzdem geheiratet hast. Dein Verdacht schmerzte mich, aber ich tröstete mich damit, daß du mich wirklich lieben mußt, wenn du trotz dieses Verdachts meine Frau geworden bist. Was kann ein Mann mehr von einer Frau verlangen?«

»Es tut mir leid, Jake.«

Er küßte mir die Hand.

»Ich habe es dir längst verziehen. Ich werde nie vergessen, daß deine Liebe zu mir so groß war, daß du deine Zukunft aufs Spiel gesetzt hast, nur um mit mir zusammensein zu können. Nachdem du jetzt weißt, daß ich unschuldig bin, wirst du mich dann mehr denn je lieben?«

»Das ist nicht möglich, weil ich dich immer schon von ganzem Herzen geliebt habe.«

»Ich danke dir.« Er stand unvermittelt auf und trat zur Wiege, weil er nicht zeigen wollte, wie tief er gerührt war.

»Ich glaube tatsächlich, daß sie mir nachgerät«, sagte er. Ich war genauso gerührt wie er. »Ihr könnt Schlimmeres passieren.«

Linda Sole

Leidenschaften, Glück und Schicksal - eine meisterhafte
Erzählerin bewegender Liebesgeschichten.

01/9053

Außerdem erschienen:

**Die sanfte Macht des
Vergessens**
Roman
01/8671

**Der weiße Sommer des
Abschieds**
Roman
01/8846

Wilhelm Heyne Verlag
München